# 時は流れて

## 日中関係秘史五十年

（上）

劉徳有
王雅丹訳

藤原書店

劉 徳有

時光之旅
我経歷的中日關係

1961年10月7日、毛沢東主席は北京の中南海勤政殿で、黒田寿男、三島一氏ら日本の友人と会見した。その際、自筆の魯迅詩「万家墨面没蒿萊」を贈った。画面左端は著者。

1962年1月3日、安井郁氏の一行と会見する毛主席。画面右から二人目は通訳をする著者。

1964年1月27日、毛主席は人民大会堂北京の間で、鈴木一雄、高野好久、西園寺公一の諸氏と会見し、日本人民の反米愛国闘争を支持する声明を発表した。通訳は著者（画面右から二人目）。

1963年10月5日、石橋湛山元首相（画面右から二人目）に伴われて、北京飯店で行なわれた日本商品展覧会の祝賀パーティーに出席した周恩来総理。画面右端は著者。

1959年3月15日、浅沼稲次郎氏の率いる日本社会党代表団の一行と会見する周恩来総理。画面左から二人目は通訳をする著者。

1959年10月21日、人民大会堂上海の間で周恩来総理の歓迎を受ける松村謙三氏。通訳は著者（画面左端）。

1959年10月25日、北京から密雲行きの汽車のなかで行なわれた周恩来・松村謙三“車中会談”。通訳は著者（画面右端）。

1979年2月26日、人民大会堂で共同通信社社長渡辺孟次氏と会見する鄧小平副総理。
画面右から二人目は通訳をする著者。

江沢民主席と著者（1994年5月18日、北京にて）。

1992年10月25日、天皇、皇后両陛下は中国をご訪問中、北京の故宮博物館をご参観になられた。皇后陛下の画面右隣は案内役をつとめる著者。

1955年12月、郭沫若氏は中国科学代表団を引率して日本を訪問。写真は、日本学術会議を訪れた際、茅誠司会長（最前面）と南原繁氏（右）の歓迎を受ける郭沫若団長（右から二人目）。画面左端は著者。

1955年12月6日、衆議院を訪れた郭沫若氏（右）。左端のソファに腰を下ろしているのが益谷秀次衆議院議長。通訳は著者（画面中央）。

王震氏（中央）を団長とする中国農業代表団は、1957 年 11 月 10 日、東京羽田空港に到着、熱烈な歓迎を受けた。画面左端は著者。

1985 年 7 月 23 日、28 年前に岡山で撮った写真を持ちよって、思い出話に花を咲かせる王震氏と著者の小学校時代の恩師矢木博氏（画面右）。中央は著者。東京の高輪プリンスホテルにて。

1983 年 9 月、中国国際交流協会代表団は日本を訪問。これは京都での記念撮影。画面前列左から四人目が団長の李一氓氏。その左隣は吉村孫三郎氏。後列左から三人目が著者。

京都の嵐山に遊ぶ中国貿易代表団。前列画面右から二人目、両手を前にしているのが雷任民団長。その左が著者。

中日友好 21 世紀委員会第一回会合は、1984 年 9 月 10 日、東京で開かれた。写真は開幕式の模様。

1987 年 11 月 21 日、竹下登首相は首相官邸で中日友好 21 世紀委員会の双方の委員と会見した。写真は、著者と握手する竹下登首相。

1998 年 8 月 29 日、テレビ朝日主催の番組「朝まで生テレビ」の市民大討論に出場、“日中関係の未来”について語る著者（画面右から二人目）。

1998 年 12 月 6 日、東京で行なわれた中日平和友好条約締結 20 周年記念シンポジウムに出席した著者(画面右から二人目)。挨拶をしているのは、元副総理後藤田正晴氏。

# 日本の読者へ——こころとこころの触れ合いを

さきに中国で出版された拙著『時光之旅——我経歴的中日関係』（商務印書館）がこの度『時は流れて——日中関係秘史五十年』というタイトルで日本語版に〝変身〟して上梓される運びとなったことは、著者にとってこの上ない喜びであり、感無量である。

私はどちらかというと暢気な方で、いつも自分では若いつもりでいたのだが、気がついてみると、いつの間にか齢《よわい》すでに古希を過ぎてしまった。じつは、私は一九三一年に大連で生まれ育ち、新中国が誕生した翌々年から日本関係の仕事を手がけるようになり、以来五十年間、ずっと日本と関わりあってきた。若いころは大連で、人民政府の勧めで残留した日本人技術者の子弟のための学校で中国語を教えたのを皮切りに、一九五二年の暮、北京にきてからは、日本向けの雑誌『人民中国』の翻訳・編集をし、その後一九六四年から一九七八年の六月までの十五年間、『光明日報』および新華通信社の東京駐在特派員として、取材などで日本の方々にいろいろお世話になった。帰国してからは、外文出版局と中央政府の文化部で日本との文化交流の仕事に携わってきたが、第一線から退いた今でも、日本との友好交流の仕事は続けている。

そんなわけで、この本が中日国交回復三十周年にあたる今年に、日本の読者の皆様に読んでいただけるのも、なにかの縁ではないかと、我ながら不思議な気がしてならない。

ご存知のように、この五十年間、中日関係は大きく変貌した。私はこの変化の中に身を置いてきたが、時には通訳、時には記者として、歴史的とでも言うべき重要な場面にたびたび居合わせ、また時には微力ながらもそうした友好交流を直接手がけたりした。特に、五〇年代から六〇年代の中頃にかけて中日関係がまだ正常化される以前に、仕事の関係でしばしば毛沢東主席や周恩来総理、劉少奇主席、鄧小平副総理、陳毅副総理、王震副主席、郭沫若氏らの通訳を仰せつかったが、自慢ではなく、そのことは私の生涯にとって忘れることのできない貴重な体験となった。

五十年前をふりかえると、当時の中日関係はまだ民間の往来に限られていたが、双方の努力によって、中日関係も当初の小さな〝せせらぎ〟から、今日のような滔々《とうとう》たる歴史の潮流に発展した。当事者の一人として、まことに喜びに堪えない。

しかし、中日関係の中で、二十世紀に発生し、徹底的に解決されないまま残されたいくつかの問題、たとえば日本の一部に見られる〝歴史認識〟問題や台湾に対する煮え切らない態度など、見過ごすわけにはいかない問題が存在していることも否めない事実であろう。これらの問題は二十一世紀に持ち越さざるを得ず、そのため、中日両国が二十一世紀に向けて平和と発展のための友好協力パートナーシップを構築するのに、不安定で予測しがたい要素が加わってしまった。こうした問題を解決し、偶発的あるいは突発的な要素が中日関係の大局に副次的な作用や破壊的な結果をもたらすことを避け、中日関係の各分野でバランスのとれた協調性を保持しながら、共同の繁栄を求めていくためには、どうすべきかを真剣に考える時がすでに来ているように思われる。新旧世代の交代期にさしかかっている中日友好事業の発展の中で、いまこそ両国人民、とりわけ若者たちのあいだに、きびしい試練に耐えられるような、しかも「情」に重きを置いた人間関係を築くことがきわめて重要だと考える。

私は、このことを念頭に入れて、個人の体験を交えながら回想録風にまとめたのがこの本である。この本の中国語版が出版されたのは、三年前であるが、あれから三年の月日がたった今も、中日関係の基本や今後の発展趨勢に対する私の見方は、少しも変わっていない。

私に言わせれば、平和、発展、友好、協力、これが二十一世紀の中日関係のキーワードだと思う。そして、これは中日両国民の共通の願いであり、目指すべき目標でもあると確信している。この目標を実現させるには、国交回復時の原点に立ちかえることが肝要であり、その上で、相互理解と相互信頼を強めることがこれまでのいかなる時期よりも重要になってきている。私たちの交流は、ムードづくりに留まってはならず、心を開き、腹を割った、魂の触れ合いでなければならないと思う。中日両国は、たしかに文化的に多くの共通点を持っている。しかし、同時に「相違」が存在することも率直に認めなければなるまい。ある意味で、中日文化は「異文化」なのである。たとえば、日本で人口に膾炙している子規の名句「柿食へば鐘がなるなり法隆寺」であるが、中国の日本文学研究者である李芒氏は、この句を「方啖一顆柿、鐘声悠婉法隆寺」と訳した。出色の出来栄えというべきであろう。しかし、これを読んだ中国の読者には、真っ先にこんな疑問が浮かぶはずである。「なぜ柿を食うと、法隆寺の鐘が響くのだ？りんごを食ったのではダメなのか？」ところが、日本人がこの句を読めば、きっと秋の気配の色濃く立ち込める奈良のイメージが心に浮かび、そこからさまざまなことを連想するであろう。このような「相違」を認めてはじめて、相互理解を深め、真底から己を知り相手を知ることができ、そこから相互信頼も生まれてこよう。

もしこの本が中日両国民の相互理解と相互信頼に少しでもお役にたつことができれば、これにすぐる喜びはない。

その意味で、出版人の鋭敏な感覚によって、いち早く拙著に目をつけられ、日本語版の出版を快くお引き受け下さった藤原良雄先生と藤原書店に深甚なる謝意を表明したい。私は、友人・藤山純一氏を介して藤原社長のお名前を知ったのだが、残念ながら、まだ一度もお目にかかったことがない。〝硬派一筋〟に生きた出版人として、藤原氏はこれまでに日本と外国の名作を数多く世に送り出され、とくに野間宏の『完本 狭山裁判』、『作家の戦中日記』などの出版は有名で、大きな反響を呼んでいると伺っている。私自身、野間宏氏とは一九六〇年代いらいの懇意で、氏のお許しを得て『残像』の中国語訳をさせていただいたこともあり、この本の日本語版の出版にあたっては、中国語版に収められていない、野間氏についての思い出を特にいれていただき、氏を偲ぶことができたことは、著者として喜びもまた一入である。

この本は、もともと中国の読者を対象に、中国語で書かれたものである。中国語版が出版されて間もなく、『北京週報』に書評が載り、本書が「単に一知識人の回想だけでなく」、「中日国交正常化以前の『中日外交前史』の臨場感のある基礎資料」であり、「中日交流の一側面を照射した記録」であると過分なお褒めの言葉をいただき、その上、「この本は決して中国語版だけで終わることはない。日本の読者の皆さんが日本語で読める日が来ることを信じている」と激励してくださったが、はからずもそれが実現したわけである。このたび日本語に翻訳する際に、読者の習慣と実情を考えて、文章や字句などの面で若干のアレンジをしたが、むろんオリジナルにはあくまでも忠実である。

日本語の翻訳は、東京在住の東南アジア文化友好協会評議員の王雅丹さんにお願いし、何かとたいへんお世話になった。昨年の春、王さんが翻訳を始められたとき、失礼ながらあのような華奢なおからだでこんな膨大な量の本を翻訳するのにはたして耐えられるだろうか、と正直言って心配だった。それを見事にこなされた王さんに心からのねぎらいの言葉を贈るとともに、王さんをあたたかく支援してくださった協会の皆様に感謝申し上げる次第である。

ちなみに、私はこの五十年間、日本との文化・学術交流にも多くたずさわってきたが、そのことについては、今年の六月商務印書館が出版した拙著『心霊之約——我親歴的中日文化・学術交流』（中国語版）におさめられており、この本の中ではほとんど触れられていない。この点、ご了承を願いたい。言うまでもなく、『心霊之約』は本書の姉妹篇であり、いずれ日本語版をおとどけできるようになるのではないかと期待している。

ともあれ、日本の読者の皆様にこの本を読んでいただけるのは、私にとって幸せであり、心から嬉しく思っている。本書に思い違いや適切さを欠く点が多々あろうが、お読みのうえ、忌憚のないご批判、ご叱正を賜れば幸いである。

（原文日本語）

二〇〇二年六月一五日　北京にて

劉 徳有

# 時は流れて（上）　目次

## 忘れ難い瞬間

## 記者時代



（以下下巻）

## 下巻目次

# 時は流れて

## 日中関係秘史五十年　（上）

# 序

誰でも「個人史」を持っている。自覚の有無にかかわらず、誰もが「個人史」を毎日書き進めている。しかし、みんながみんなそれを活字にするとはかぎらない。

私は、平凡な人生を送り、書くに値する価値など全く持たない人間であるといつも思っていた。だから、仕事に追われがちであったこともあり、何かを書き残そうと考えたことは一度もなかった。

そうしているうちに、一九九六年に第一線から身を引いた。たまたま、その翌年は、中日国交正常化の二十五周年の節目であり、さらに、その翌年は中日平和友好条約締結の二十周年目であった。

まもなく、二〇〇〇年が近づき、今にも新しい世紀が到来するように感じられるようになったので、さすがの私にも、長年に亙り対日関係に関わってきた自分の歩みを振り返るよい時期であると思えるようになった。改めて、自らの来し方を回想すると感無量の思いが胸をつくこともあった。

やがて、周囲の友人達の勧めもあり、私にも真剣に人生を回顧する気持が涌いてきた。これがこの『時は流れて――日中関係秘史五十年』という書物の成立の由来である。

だが、本書は厳密には「回顧録」ではない。人生の各方面をもっと包括的に描いたものでなければ回顧録とは呼べないというのが、私の考えである。少なくとも、主要な側面がきちんと記録されている事が回顧録の最低限の条件だとも思うからだ。ところが、本書で触れたのは、私の人生のほんの一側面でしかなく、私が書いたのは、戦後中日関係について、私自身が直接観察した部分だけである。しかも、すべては、外交関係という狭い分野の記述でしかない。

私は、人間の生涯は、その人が生れ落ちた時代や場所、あるいは社会環境から切り離して考えることはできないと思う。われわれの人生は、時代に影響され、時代によって制約されるものなのである。

一九四九年春、私は大連で就職した。それはちょうど中国人民が、それまでの政府を倒し、新しい世界をつくりあげようとした瞬間であり、まさに血湧き肉踊るような偉大な時代の幕開けに立ち会っているのだと思えたものである。私はそのように時代の波に呑まれ、仕事に就いたのであった。

いま人生を振り返り、その特徴を端的に表現するならば、それは、大連で最初の職に就いて以来、対日関係の仕事に絶えることなく従事してきたという点であろう。

私は大連の日僑学校（日本人学校。日僑とは中国に滞在する日本人居留民）で中国語の教師になった。この学校は、戦後も大連に残留した日本人技術者の子弟のために大連市人民政府が創った学校である。一九五二年冬に転職して北京へ向うまで、私はその学校に奉職した。これが、私の最初の対日関係の仕事となった。

その後、北京では、『人民中国』の創刊にかかわった。この月刊誌は日本人向きのもので、十数年にわたり、私は編集と翻訳に参加し、また中国代表団の一員として日本を訪問する機会も何度かあった。

そうしているうちに、十五年間に亙り駐日特派員を務めることとなり、帰国後は、文化部（部は日本の省にあたる）部長補佐となり、やがて文化部副部長として全世界を対象とする対外文化交流の責任者となったが、主な仕事は常に日本との文化交流であった。
一九九六年に退官してからは、中国対外文化交流協会副会長として民間交流に携わるようになり、日本を訪問する事もしばしばである。
一言で言えば、一九五二年から半世紀にわたり、私は日本とずっと関わりを持ってきたのだ。

一九五〇年代から一九六〇年代半ばにかけて、私は毛沢東《もうたくとう》、劉少奇《りゅうしょうき》、周恩来《しゅうおんらい》、陳毅《ちんき》、王震《おうしん》、郭沫若《かくまつじゃく》氏などの中国の最高指導者達の通訳を務めた。大変光栄に感じ、その気持ちは今でもはっきりと覚えている。改革開放後、私は対日重要文献の翻訳、あるいは和文原稿審査などの仕事にも携わるようになった。鄧小平《とうしょうへい》、鄧穎超《とうえいちょう》、胡耀邦《こようほう》、江沢民《こうたくみん》主席などの訪日の際の和文演説原稿は私が決裁した。

戦後の中日関係で、私は常に具体的な仕事に関わってきた。ジャーナリスト出身者には達意の文章を書く才人が少なくないが、どうやら、私は文才には恵まれなかったようで、過去を回顧し、両国関係に関わる重要な出来事に触れても、深いところまで筆が届かぬと感じることばかりだった。

私は、戦後中日関係の重大な出来事のほとんどを直接に経験した。だが、事件の全貌については、まだ見えてこないことがたくさんあると感じている。そのため、本書でも、戦後の中日関係について包括的に述べようとは一度も企図しなかった。それは第一不可能であるし、試みる必要もないことであると思った。

私は、自分の目で見た事だけを書き残す事にしたが、読者の理解の便宜を考え、所々に必要な背景資料を加えた。したがって本書では、戦後の中日関係の変化と発展の記述に重きをおいたが、それは資料に厳密に依拠した通常の意味での「歴史」を構成するものではない。あくまでも、私個人が実際関与した出来事について、当時の場面を再現したものである。その中にはその出来事のいきさつが含まれるが、多くの個性溢れる人も次々に登場する。当然のことながら、私は中日間の文化・学術交流にもたずさわってきたが、その部分については、別の機会にゆずりたいと思う。

本書を執筆するにあたり、当初、時系列順に章立てを構成しようと考えたが、結局、読者の便宜と理解のために、一部の出来事については、歴史的な順序を入れ替えたことをお断りしておきたい。その結果、本書の柱となる出来事は次のようになった。

一、「大連から北京へ」――日本関係の仕事に就職するまでの経過と仕事。
二、「日本歴訪」――中国訪日代表団に随行しての訪日。
三、「忘れ難い瞬間」――毛沢東、劉少奇、周恩来氏など中国共産党、政府指導者の通訳体験。
四、「記者時代」――特派員として日本に滞在し、中日国交正常化、中日航空協定及び中日平和友好条約調印時のきわめて困難な過程について詳述した。
五、「新世紀へ向けて」――一九八四年から一九八八年までの五年間、私は中日友好二十一世紀委員会の中国側委員を務めた。委員会の人物、忘れ難い出来事などを記述した。
六、「往事回想」――半世紀にわたる対日関係業務で、私が特別に感じたことを記した。
七、「歴史を鑑に」――私が中日国交正常化二十周年、二十五周年並びに中日平和友好条約調印二十周年記念にあたって書いた原稿を紹介した。本章では、二十一世紀の中日関係について、自分の考えや意見を率直に述べたつもりである。天皇皇后両陛下の北京訪問の模様も報告している。

八、「開拓者シルエット」――対日仕事に携わり、たくさんの中日両国の先輩に接し、語り伝えるべきことは多いが、能力に限界があるため、数名の先輩を記念する文章をまとめた。

戦後の中日関係の発展は、おおざっぱに言えば、①民間交流時代、②半官半民時代、③国交正常化時代、④官民協力時代の四段階に分けられる。今から、半世紀もの過去の出来事を追想することは実に困難な作業である。長い歳月が経過しただけではなく、改革前の時代は、ノートさえとることが許されなかったので、記憶に頼るしかないことも度々あった。十分調べたつもりではあるが、誤りがまだ散見されるのではないかと危惧される。しかし、本書で言及した出来事は、すべて私が立ち会った事実に基いており、虚構のものはない。

私は、中日両国人民の相互理解を深め、中日友好を推進する目的でこの本を書いた。中日両国関係が世界でも稀に見る独特な関係である事はいうまでもない。

中日関係史は他に類似のない三要素で構成されている。

第一には、中日両国は一衣帯水の隣邦であり、二千年に及ぶ友好関係を保ってきたという歴史がある。第二には、近代における日本軍国主義者による中国侵略の歴史があった。これにより、中国人民は深刻な災禍に見舞われたが、中国侵略は日本国民にも多大な被害を与えた。第三は、戦後の歴史である。数十年にわたり、両国の友好人士と見識者による国交正常化への努力の歴史があった。

二十世紀が終ろうとする今、われわれはしっかりと歴史の経験をまとめ未来を展望しなければならない。江沢民主席は訪日の際に、「中日共同宣言」を発表したが、そこでは、平和と発展のための友好協力パートナーシップを築きあげるべき二十一世紀の目標が設定されている。

冷戦が終り、世界が多極化し、経済もグローバル化していく中で、中日関係も多元的に発展し始めた。中日両国は、アジア太平洋地域ばかりでなく、世界的にもこれまで以上に重要な役割を果すべきだと私は考える。中日両国人民は、子々孫々まで友好的に付き合うために、平和かつ発展的な政治・経済新秩序の形成のために、努力しなければならない。もし、本書を通じ、読者が、戦後中日関係の変化を知り、理解を深めることができたとしたら、著者にとっては望外の喜びである。

私は、戦後の歴史についてのみ記述するつもりであった。しかし、歴史とは連続したものであり、便宜的に切りとって記述することはできないものであるから、戦前に遡り、私の出生からお話しすることにした。その方が、読者にとって、物語の時代背景も理解しやすく、流れも滑らかになると考えたからである。

舞台は戦前の大連から始まる。戦後、私が仕事で使うことになる日本語は、日本の植民地時代に覚えたものであった。この時、覚えさせられた日本語が、新中国が成立した後に、党や人民のために使われるようになろうとは、当時の私は知るよしもなかった。

それでは、私の出生まで歴史を遡ることにしよう……

# 生まれて一ヶ月目に「九・一八事変」

## 植民地大連に生まれる

一九三一年旧暦の七月、私は大連《だいれん》に生まれた。

大連というと、人々はあの遼東半島の南にある、美しい海浜都市を思い起こすだろう。青々とした星海公園の海水浴場が目に浮かんだり、目覚しい発展を遂げている都市建設と生気に満ちた金州の経済特区を思い浮かべる人もいるだろう。また、新鮮な魚や海老、ナマコや鮑、甘い林檎、そして、五月の清々しい香りを漂わせるアカシヤを懐かしく思う人も少なくないだろう。大連は、遼東半島における「北方の真珠」に譬えても決して言い過ぎではない。

しかし、私が生まれた当時の大連は、今とは違い悲惨だった。内外を驚かせた「九・一八事変」（満州事変）が勃発した時、私は生後一ヶ月で、大連は既に日本の植民地下にあった。物心がつく頃になると、両親は「お前の『満月』の日に、『奉天事変』が発生したのだ。町中、号外だらけだったよ」とよく言ったものだ（中国では生後一ヶ月に「満月」を祝う習慣がある）。

私の本籍は河北《かほく》省平郷《へいごう》県の乞《きつ》村だった（今の邢台《けいたい》専区）。乞村の田舎には今まで一度も帰ったことがないが、小さい頃、父親からよく話に聞いていた。アルカリ性の土壌は瘠せていて、収穫は少なく、人々の食卓にのぼるのは糠や野草だけだった。飢えに耐え切れない人々が故郷を去るのはごく普通のことだったという。

父も十四歳の時に、郷里に別れを告げ、一人東北地方へ向かった。食べ物を乞い、飢えを忍びながらの少年の一人旅で、辿り着いたのが大連だった。一九二〇年のことだった。

最初の頃、父はある店で丁稚をしていたが、その後、多少のお金を工面して小さな店舗を構えて雑穀を売っていた。後に、売り物を文房具にし書籍も置いた。夫婦経営の小さな店だった。

子供の頃、私は学校に行く以外は社会との接触がなかった。しかし、この小さな店を通して見たり感じたりしたものは、日本帝国主義統治下での、中国人の悲惨な生活ぶりだった。

その頃、文化への弾圧は日増しに強くなって行った。大連の文化は中国の他の地区のそれより遅れをとったかに見えたが、日本の統治によって中国の民族文化が完全に断絶されることはなかった。それは、大連が独特な地理的条件にあったため、植民地という特別な情況下にあっても、祖国の文化と様々な繋がりを持ち続けることが出来たからだ。

太平洋戦争が勃発する前から、店には一九二〇～三〇年代に北京、上海などの都市で出版された進歩的な作家の作品が並べてあった。上海の商務印書館の本もたくさんあり、茅盾《ぼうじゅん》、巴金《ばきん》、老舎《ろうしゃ》の小説、夏衍《かえん》のルポルタージュ『包身工』など、全部棚に並べて売られていた。しかし、それは当局の許すことではなかった。

　時々、私服の刑事が顧客を装って、店にやって来て検査をしていた。「偽の客」が、カウンターの前に立ち、本を買う素振りをして調べていた。そして、何冊かの進歩的な本を引っ張り出し、脅かすように、「これらの本は全部禁書だ。なぜ並べて売るのだ！　没収だ！」と父に吠えた。これが「顧客」ではなく、日本警察の手先だということが判っても、もう遅かった。刑事は本を小脇に抱え、意気揚々と去っていた。

　刑事と言えば、今でもはっきりと覚えていることがある。それはある冬の午後のこと、店に二人の顧客が入って来て、「万国旗が欲しい」と言った。接客に出た父が、カウンターの中から「万国旗」を出して客に渡した。男が父の前で「万国旗」を振り広げると、一連の国旗に挟まれた一枚の中国国旗が出て来た。それを見ると、今まで立てていたコートの襟を下ろし、初めて顔を見せた。「俺は沙河口（大連の区の名前）警察署の者だ。この旗は禁止されているものだ。お前はそれを知らんのか。売る奴は処罰されるんだぞ。お前は『反満抗日』だろう？　明日の午前、署の俺のところに来い！」と父を怒鳴りつけた。

　こういう刑事は特高警察に属していて、中国人の皆から恨まれていた。彼らの「仕事」は、各界の動きを監視し、出版物の検査、そして、進歩的な組織の活動や抗日運動を偵察し弾圧することだった。父が言われた「反満抗日」の罪は、当時では相当に重く、生半可なものではなかった。

　翌日の午前、父は指定された時間に「沙河口警察署」へ出頭した。当時の日本警察署は、とても恐ろしい存在だった。父の身に何か起こりはしないか心配で、母と私は家の中で居ても立ってもいられなかった。一秒一秒、時間が過ぎるのが遅く感じられた。

やがて、正午に近づき、父の姿がようやく見え、親子の心はやっと落ち着いた。父の話によれば、警察署に着いた父は、あの凶悪な刑事に容赦なく叱責され、その上、「始末書」を書けと命令されたという。そこで、父は、当時の慣例にしたがい、近くの「代筆事務所」に行って、始末書を書いてもらった。そして、それを警察署に渡すと、家に帰ることが許されたという。

日本の統治者は中国人を日本に同化させようと、大連で文化奴隷政策を実行し、人心の征服を狙っていた。その結果、大連の文化に多少植民地色がついていたが、中国人は同化されることもなく、人心ももちろん征服されることはなかった。ごく少数の漢奸や日本統治者の手先以外、大連の中国人は中国文化の特質、いわゆる文化構成の深層にある社会心理や価値観、ものの考え方、さらに、これらを表現するための行動規準、風俗習慣などを終始捨てることはなかった。ある意味で、日本の植民地当局がとった民族差別や高圧的な政策は、むしろ、人民大衆の敵対感情と反抗心を一層激化させた。人々が自らの文化と特徴を守ろうとする思いが非常に強かったからだ。

経済面でも、当時の大連庶民の生活は大変苦しく、悲惨なものだった。殊に、「七・七事変」(蘆溝橋事変)勃発後、日本当局が「関東州」の経済を「戦時体制」とし、侵略戦争の拡大と共に、中国東北地域に対する略奪と搾取は次第に苛酷になって行った。

大連では、「配給制」が実施されていた。市民にはトウモロコシ粉が配給されることになっていたが、実際には、喉を通らないドングリ粉が時々配給され、しかも、非常に少なかった。成人男子は毎月一〇キロ足らず、女子は八・一キロで、子供、老人はさらに減らされた。それに引き替え、日本人は優遇され、米と豆が配給されていた。中国人がもし「闇市」で米や小麦粉などを手にしたら、直ちに「経済犯」

として「罪」を問われ捕まってしまった。

私の家族は大所帯だったので、食べていくだけでも大変だった。子どもたちに食事を譲った母が、隠れた所で腐ったリンゴを口にしていた姿を想い出すと今でも胸が痛む。家は大連郊外近くの沙河口にあり、周囲は貧乏人の家ばかりだった。特に山東省などから難を逃れてきた人たちが多く、彼らの生活は想像以上に苦しかった。大晦日の夜、ビュウビュウと吹きつける北風の中、路地裏に身を寄せる貧しい人たちの悲鳴が絶えず聞こえていた。

日本統治者の残酷で野蛮な剥奪によって、大連の経済は崩壊寸前だった。太平洋戦争勃発後、当局は商店に対し、いわゆる「物価停止令」を実行して、経済統制はさらに厳しくなった。父は当局の要求に応じ、「停」という丸い判を作ってすべての商品の値札に押した。値段がストップし、永久に変わらないという意味だった。こうなると、元々経営困難だった店はますます悪くなり、ついにはつぶれてしまい、「閉門大吉」（店じまいのこと）となった。そして、父も、生計のために、南沙河口にある大連機械工場へ働きに出ることになった。

## 日本人向けの学校に入学

政治の圧力が強まる中、大連市民は表面上は国事に触れることは無かったが、友人同士では、既に政策の行き詰っていた日本の統治者のことを秘かに話題にしたりして、早く敗れてしまえと思っていた。実のところ、すでに一九二〇~三〇年代から、大連では、中国共産党や他の進歩的な組織があり、活動を続けていた。もちろん、幼い私はそれを知らなかった。ただ、小学校低学年の時に、家近くの路上にたくさんの焼け残った穀物が晒されているのを見たことがあった。ジメジメとした穀物は、水をかけられたことを物語っていた。大人達の押し殺したような声で話す言葉から、その穀物は大連港にある倉庫のもので、放火されたもののように思われた。

それは、共産党員を含む愛国進歩青年の「抗日放火団」の活動によって、敵に与えた一撃だったことが、中国の解放後に明らかになった。「抗日放火団」は「国際工作班」とも言われ、ソ連赤軍参謀部情報班の指導の下で活躍していたそうだ。その任務は、日本占領区内の軍事施設や戦略物資を破壊することで、一九三四年から一九四〇年にかけての六年間に、大連で組織的な放火や爆破事件を五〇件も実行し、侵略者に多大な打撃を与えたという。

父は、二〇年代の傅景陽《ふけいよう》が大連中華工学会、大連鉄路工場労働者ストライキをリードしたことを小さい私によく話してくれた。家は大連鉄路工場付近にあり、母方の祖父がそこで大工をしていたので、父はストライキについて近所の人や祖父から多くのことを聞くことができた。父は、闘争の細部まで知っていて、語る時はいつも目が輝いていた。

人目を恐れていた父は、常に周りに注意をして他人のいないのを確認してから話し始めた。その労働者のリーダー、傅氏は、幼い私にとっては神秘的で素晴らしい存在だった。

当時の大連には既に中国共産党の地下組織が存在して、数回の大きな反抗運動も彼らによるものだという事が全国解放後になって明らかになった。そして、その傅景陽は大連の第一陣の共産党員の一人だった。日本の統治下で、大連の共産党組織は四回もの大きな破壊の危機に見舞われたが、依然として成長していた。日本統治の末期、山東《さんとう》省で神出鬼没した八路軍のことが大連市民の間でよく話題になった。

人々は「八路軍」と言わず、ただ、指で八の字を作るだけでその意味は充分解かった。しかし、当時の私は、まだ八路軍を共産党に結びつける事ができなかった。

そんな私も次第に成長して、どこの学校に行ったらよいかという事になった。当時、日本の統治者はその統治のため、大連で植民地教育を実施していた。それ故、当時の教育は二種類に分かれ、日本人には植民主義の考え方を植えつける特別教育を、中国人には愚民的な考えを教え込む奴隷化教育を実施していた。

小学校は、日本人向けの「大連霞尋常小学校」に通っていたが、後に、名前が「大連霞国民学校」に変わった。私が日本人向けの学校に行けたのは、全く偶然の事だった。

小さい頃の私はとっても腕白だった。ある日、いたずらした私が父に叱られたところに、丁度、店の常連客の近所の王さんが買い物に来ていて、

「うちの甥子は『満鉄』の幼稚園に通っているけど、なぜお子さんをそっちに行かせないの」と訊いてきた。

「うちの子なんかがあゝいうところに行ける筈ないでしょう」と、父が呟くように答えた。

すると、王さんは「私が話してみるから」と返事したのだった。

果して、王さんが言ってくれた通り、私はその幼稚園に二年間通うことができた。そして、卒園すると、園長先生が近くの「霞尋常小学校」を推薦してくれた。六年後、小学校が終わり中学校に入る時、丁度、進学試験が要らなくなったところだったので、私は無試験で、同じく日本人向けの「大連中学校」に入ることができた。学生は大多数が日本人で、中国人はほんの僅かだった。

当時私は、家では母国語の中国語を使い、学校ではすべて日本語を使っていた。小学校と中学校に在学中、私は、単に日本語を覚えただけでなく、たくさんの知識を学んだ。しかし、成長するにつれ、学校内で教わった「大日本帝国」の宣伝や、中国への差別、侮蔑などの考え方が受け容れ難くなり、苦痛に感じるようになった。小さい私が、ちゃんとしたイデオロギーを持っていた訳ではなかったが、しだいに学校に嫌気がさし、ときには反感さえ覚えていた。

特に「修身」の授業はそうだった。小学校から中学校まで、毎週二回、朝の一限目が修身の時間だったことから、如何に当局がこれを重視していたか判るだろう。中学校の時、「タヌキ」というあだ名の校長の池田が修身の先生だった。毎回、授業を始めるとすぐ、学生に目を瞑って座禅をさせた。そして、「皇国思想」や、「万世一系」、「忠君愛国」を初め、大和民族の「優越」、「聖戦必勝」、「武運長久」など、でたらめな理屈と言いたい放題のことを言った。座っている私は思いが乱れ、聞くのがいやだった。

毎朝、朝礼があった。学生全員に、東京の皇居に向かい、「東方遙拝、最敬礼！」の号令にあわせて九〇度の「最敬礼」をさせた。表面上合わせていた私は、いつも心の中で「東方要敗！」と叫んでいた（「要敗」の発音は「遙拝」に似ている）。本当のところ、恐らくほとんどの大連市民は同じ思いを抱いていただろう。

大連中学校の朝礼は他の中学校と異なるところがあった。それは、季節を問わず上半身裸で朝の体操をしなければならないことだった。夏はまだしも、冬の厳しい寒さを凌ぎながらの体操は本当に辛かった。

さらに、軍事教練のため、学校には日本軍人までが配置された。軍事教練は日本の中学校では必修課目で、当局はそれを通じて、日本人学生の「大和魂」を育て、ファシズム思想を教え込もうとしていた。

学生の管理もファシズム的だった。前髪の形から「W」というあだ名の数学の鈴木先生には、もう一つのあだ名「狂犬」があった。彼の学生に対する酷い態度がそのあだ名から想像できよう。彼の教える数学は分かりにくいものだったが、分からない学生の方がいつも体罰を喰らった。私は数学の成績がさほどよくなかったので、黒板の前に呼ばれ、計算間違いをした時に、拳骨で殴られたこともあった。

「W」が担任をしていたクラスに、中国の学生Lがいた。ある日、Lは歴史のノートを忘れたので家に取りに帰り、急いで学校に戻った時は、既に朝会が始まっていた。当番の生徒が、遅刻した生徒を列の後ろに連れて行って、立たせた。あの日、皮肉にも遅刻した人の中で、Wのクラスの生徒が一番多く、一際目立っていた。

その光景を見て激怒したWが、朝礼が終わるや否や、遅刻した生徒の前へ仁王立ちになると、一人ずつびんたを食わせた。特に、Lへの処遇は最も酷く、頭、顔などに猛烈な攻撃を容赦なく加えた。殴られっぱなしのLを見て、私は心の中で思った。「なぜ中国の学生がこんな酷い目に遭わなければならないんだ。これが差別でなかったら一体何だろう」と。

## 「勤労奉仕」の途中で「玉音放送」を聞く

一九四五年、日本帝国主義者が降伏する少し前だが、学校にいた私は日本人の様子が、今までとは違い少し変だということに気づいた。何かに怯えているように見えた。

その年、私は中学二年生になった。しかし、新学年が始まったのに、何人かの先生の姿が見当たらない。後に、兵士の数が減ってしまい、若くない彼らも、徴兵された事を教えられた。

学校に新しい先生が来た。しかし、彼らは真面目に教えず、くる日もくる日も学生に「勤労奉仕」ばかりさせた。しかもその内容たるや、「防空」用の「貯水池」を掘る程度のことだった。数日後、クラスの中で熱狂的に「皇国に忠実」であった数名の生徒が突然いなくなった。「予科練」の少年航空兵に志願して、「肉弾」になろうとしていたことを後で聞かされた。

八月九日、ソ連は正式に日本に宣戦布告し、中国東北部へ出兵した。それを聞いた学校当局は、二年生を連れ出し、ソ連軍の戦車を阻止するため「戦車壕」を造ろうとした。本当のところ、「貯水池」にせよ、「戦車壕」にせよ、役に立つような代物ではなく、無駄で、子どもの遊びに等しいものだった。

八月十五日午前、まだ作業中だった私達は、突然、「列を作って近くの下藤小学校のグランドに集合し、正午の『重大放送』を聞くように」との通知をもらった。正午になり、通知通り集合した。拡声器から、聴き苦しい雑音に混じって人が話しているのが分かった。しかし、それが一体誰なのかも、話の内容も全く判らなかった。すると、「頭を下げろ！」と命令されたので、もしかしたらそれは天皇の話だろうと皆が推測した。その意味不明な放送を聞いた後、われわれはまた列を組んで食事をとるため現場に戻った。お湯を取りに本校舎に行った数名の日本人学生が、日本がポツダム宣言を受諾し無条件降伏したとのラジオニュースを聞き、慌てて作業現場に戻って来て、みんなに告げた。

私を含む中国人の生徒は、「小日本《シャオリーベン》、今度こそお陀仏だ！　私たちが待ち焦がれていたこの日がやっと来た！」と喜びを押さえる事ができなかった。しかし、日本の武装解除が終わっていなかったので、われわれは自分の喜びをそっと心に納め、顔には出さなかった。こうして、嫌な「勤労奉仕」は早々に片づけられた。

この時以来、私は日本植民者が作った大連中学校と永遠に別れた。

そして、大連は、再びわが祖国の懐の中に帰ってきた。

八月二十二日午後、ソ連の軍用飛行機が次々と旅大（旅順、大連地域の略称）の上空に飛来した。空を仰ぐと、飛行機の翼にある、赤い星がはっきりと見えた。鮮やかな赤だった。ソ連軍は大連周水子《しゅうすいし》空港と旅順口土城子《どじょうし》空港に着陸し、地上部隊も次々に旅大地域にやって来た。喜びに溢れた大連市民は、様々な形で自分たちの解放を祝った。

同年十一月、大連市人民政府の成立が宣言された。

そして一九四九年の一月、人民政府が小学校の先生を募集したので、私はこれに応募した。結果は「合格」だった。

その年の三月、一人の人民教師が誕生したのである。

# 大連から北京へ

# 人生の一大転機

## 教師になる

人生に、「もしも」という言葉が許されるならばだが、私は、最初の就職先から大連日僑学校に転勤しなければ、後に、大連を離れ、北京へ行くという人生最大の転機を迎えることもなく、おそらくは、長年に亙る対日外交の仕事につく事もなかっただろうと考えるのである。

一九四五年八月、日本帝国主義者の降伏によって、故郷の大連は事実上解放された。当時、ソ連赤軍は大連で司令部を設立し、旅大地域の情勢をほぼ掌握した。中国共産党の地下組織も積極的に活動を展開し自らの影響を拡大しつつあった。

一方、中国全土において解放戦争の情勢は急速度で進展していった。一九四八年十一月には、中国人民解放軍は「遼瀋戦役」で勝利を収め、東北全域を解放した。引き続いて「平津戦役」が勃発したが、敗北への恐怖のあまりに、蒋家王朝は生きた心地がしなかっただろう。

この年の十二月三十日に、毛沢東氏が新華社に、「革命を最後まで進めよ！」との一九四九年の新年祝辞を書き示して、全国の人心を大いに奮い立たせた。そして、ちょうどその頃、大連市人民政府教育局が小学校教員募集の広告を新聞に掲載した。

私にとってその募集は極めて良いニュースだった。日本投降後はずっと家に居て父親の小さな商売を手伝い、一家の生計を助けていたが、やはり心は落ち着かなかった。まだ十代だったが、家を出たいと思い、進学すべきか、あるいは仕事に就くべきか、心の中であれこれと考えていた。そんな折、新聞の小学校教師募集の案内を見て、私は即座に申込み、そして試験に合格した。心から嬉しかった。

私は大連沙河口区第四完全小学校に配属になり、教師となった。一九四九年三月のことだった。

朝鮮戦争勃発後の一九五一年の春、大連の小学校の一部が分割されることになった。完全小学校はそのままで、住宅区域の余った民間住宅を利用して新しい小学校が設立され、元の小学校から教師と生徒の一部が新学校に移る事になった。私も「第四完小」から近くの昌平《しょうへい》小学校に移され、少年先鋒隊の指導員に任命された。

中国では、「革命」の要求に応じて仕事が変わる事はごく普通で、本来快く服従すべきだったが、私にはこの異動がどうしても納得できず、「第四完小」の新しい校長が異分子を排斥するためにしたものと思い込み、不愉快だった。そして、新しい職場に就いても、しばらくの間不満を抱いていた。

そんなある日、大連市人民政府教育局から一本の電話をもらった。訳もわからず不安を抱えたまま、私は路面電車に乗り込んだ。

「私の不満が上に知られてしまったか」、「誰かがそれを上に報告したのか」、「絶対に批判される」……。心は乱れた。しかし教育局に入った時は覚悟も決まり、心の準備はできていた。

教育局の中に、もう一人の教師らしき男が座って待っていた。

「以前習った日本語はまだ覚えていますか？」と、私達二人を応対した教育局の人が突然訊いた。

「五年も使っていませんので、少しぎこちなくなっていると思います」と答えた後、私は考えた。

「どうしていきなり日本語のことを訊くんだろうか……」。いくら考えてもその真意を探る事ができなかった。

私より先に来ていたもう一人の男が、「私の場合も大体同じです」と答えた。彼は私より年上で、中山区の某小学校の金常陸《きんじょうりく》先生だと後で知った。

教育局の人が、市政府ビル内の「外事処」という札が貼ってある部屋まで案内してくれた。中では二人の官員が迎えに来たが、一人は秘書の姜広起《きょうこうき》氏、もう一人は私が大連放送局主催のロシア語講座で勉強した時の先生翟海《てきかい》氏であった。翟先生は市長韓光《かんこう》氏のロシア語通訳で、毎日講座で会っていたこともあり親しい間柄だったが、私が日本語ができることは知らなかったようだ。

あの日の会話の主役は姜さんだった。

「現在大連にいる日本人住民の一部の人は、技術者として活躍しています。その子女の教育のため、『大連日僑学校』を作りました。この学校では二人の中国語の先生を必要としていますので、貴方達二人に行ってもらうことに決定しました。勿論、授業は日本語で行ないます。以前、高という中国語の先生がいましたが、漢字でなく、ラテン化ピンイン（ローマ字綴りのようなもの）を教えていました。まだピンインが広く使われていなかったので、受けはよくありませんでした」。

今になって、やっと、自分が呼び出された理由が分かった。

姜はさらに続けた。

「大連の日僑は、『大連日僑勤労者組合』という組織を持っています。委員長の名は関勉です。学校はこの労働組合直属ですから、明日そこに出向して下さい」。

昌平小学校に戻り教育局の決定を報告したところ、「全然聞いていない」と、校長は驚いたようだった。彼女はこの新しい学校から私を手放したくないと思っていたようだったが、ここまで来ては、上級の命令に従うより他になかった。

## 大連日僑労働組合

「大連日僑労働組合」と呼ばれていた正式名「大連日僑勤労者組合」は、友好広場の北西側にある、赤い煉瓦の屋上の尖ったビルの中にあった。以前はキリスト教の教会だったそうで、隣は友好映画館だった。労働組合の二階の部屋で、一人の男が満面笑顔で私達を迎えた。男は背があまり高くなく、肥っていた。関勉委員長だった。女性一人も同席していて、ふくよかな感じの日僑学校の校長先生、麻生《あそう》二三子《ふみこ》であった。初対面なので日本語で挨拶を交わしたが、私にとっては五年ぶりの日本語だった。

実際のところ、日本が降伏した後、私は「もう二度と日本語を話すことはない」と思っていた。まだ幼かったので国際情勢について正確な判断ができず、また日本軍国主義者と日本人民を分けて考える事もできず、ただ単純かつ感情的に、日本は第二次世界大戦で敗れ、もう「亡国」に至ったと思っていた。

だから、日本人民が戦後新しい基礎の上に自国を再建し、美しい未来を造ろうなど想像もしていなかった事で、もう日本語は使えない、しかも永遠にと思っていた。日僑学校に来て初めて、革命のためにも日本語が役に立つ事に気付き、それは革命の道具にもなるのだと意識した。

関勉委員長と麻生校長は歓迎の意を表して、それから、関氏が組合の現状を簡単に説明した。関氏は典型的な日本の東北なまりがあり、後に人から聞いたのだが、宮城県の貧農出身の彼は、若くして徴兵され中国山東省の戦地に派兵され、そこで、ある戦闘中に八路軍の捕虜となったのだという。徹底的な軍国主義教育を受けた彼は、捕虜となった当初、非常に頑迷で、絶対に投降するものかと最後まで抵抗していた。しかし、教育され、思想上の感化を受けてから彼は目覚め、人民の立場に立ち、反戦活動に参加するようになった。日本降伏後は東北丹東《たんとう》市に移り日僑の仕事に携わるようになり、その後、大連にやって来た。日僑労働組合の第五代目の委員長であった関氏は、かつて「在華日本共産主義者同盟」の書記と、同盟旅大地域工作委員会の責任者を務めた事もあるという。

日僑学校校長の麻生氏の説明によると、「大連日僑学校」の正式名は「大連市日僑学校」で、一九四七年二月に設立されて以来、様々な変遷を経て、ようやく今の場所、嶺前《りょうぜん》区文化街に落ち着いたという。学校は初等部（小学部）、中等部（中学部）及び高等部（高校部）の三部門から成り、在籍生徒数は二百名足らずであった。生徒のほとんどは大連市内に住んでいたが、少数の中等部と高等部の生徒は、家が甘井子《かんせいし》区にあったため、学校の宿舎に住んでいたという。

さらに、麻生氏の話から、甘井子区に小学校だけの分校があることも分かった。

麻生氏は中国語を交えながら話した。流暢な中国語で、発音がとても綺麗だった。はきはきした彼女の話し振りには情熱が溢れていて、人を魅了する力があった。

「お二人の仕事は具体的にこうしたいと思っています。劉先生は中学一年の担任で、全初等部の中国語を担当してもらいます。初等部の仕事はとても重要です。基礎ですからね。金先生には中学二年の担任と全中等部と高等部の中国語を担当してもらいます。何か異存がありますか？」

「ありません。全力を尽くして頑張らせていただきます」と、私達は答えた。

教科書について麻生氏に訊くと、「原則的には以前のようなピンインしか教えない方法は望ましくありませんが、どれが良いかは先生達に任せます」と答えた。

最後に私達が「赴任」について訊いた。麻生先生が、当日は学校の講堂で歓迎式典が行なわれるので、私に挨拶をするようにと言った。

少々不安を感じ、私は「日本語で話すのでしょうか」と尋ねると、「そうですよ、でも大丈夫でしょう。心配は要りませんよ」と、麻生先生が微笑んだ。

家に帰り、初対面の生徒にどんな挨拶をしようか、と繰り返し考えた。そして、日本語の下書きを準備しようと、原稿用紙に思いついたことを全部書いた。何を書いたかは忘れたが、ただ、何回も何回も書き直したが、結局、最後まで満足できなかった事だけははっきり覚えている。しかし、「醜い嫁も舅と姑に会わなければならない」（中国の諺）と思い、私は書いた原稿を暗記して、式典には「暗唱」して臨もうと決心した。

## 大連市日僑学校

青泥窪橋《チンニーワ》から老虎灘《ろうこたん》行きの路面電車に乗り、文化街で下車すると、西に五分ほど歩いたところに日僑学校があった。校舎は一見して、民家を改築したものだと分かった。丘の下には初等部の校舎があり、丘の上にあるかつての鳥羽氏公邸は中高等部の校舎だった。学校は初めからここにあったわけではなく、一九四九年、第三回目の日僑帰国の後、生徒数が激減したため、静浦《しずうら》から移って来たものだった。

歓迎式は、中高等部の講堂で行なわれた。麻生先生が金先生と私を紹介した後、私はステージに上がった。胸がドキドキして、ステージの下は黒い固まりのように見え、考える余裕など全く無く、ただひたすら、用意しておいた下書きの通りに一気に「話」を終えた。いや「話した」というより「暗記した」と言った方が正しいかも知れない。さぞかし「流暢」だったに違いない。

こうやって、就任後の初任務を無事果たし終えたのである。

勤めてみて初めて、少年時代に通った大連霞国民学校の先生がいる事を知り驚喜した。堀正巳という男の先生で、教わった事はなかったが、顔をはっきりと覚えていた。自己紹介をすると堀先生はとても嬉しそうだった。この時、先生との距離がグンと縮まった気がした。

大連日僑学校の先生は、一部は残った日本占領期の日本人教師、一部は大連解放後に日僑学校を卒業した若い先生達だった。初等部は若い先生達が担当し、中高等部は、堀正巳先生が歴史を担当、麻生校長が一部の授業を兼ねるほか全て、会社の技術者が担当していた。技術者は非常勤で担当科目は、中学・高校の数学、物理、化学、自然、ロシア語、英語、美術、音楽、体育などであった。各分野の専門家である彼らにとっては、中学生と高校生を教えるのはたやすいことであったようだ。

今日の日本ではよく知られている作家、芥川賞を受賞した『アカシヤの大連』の著者、清岡卓行氏は、英語と数学を教えていたことも後で知った。一九二二年大連生まれの彼は、一九四〇年に勉学のため東京へ行った。一九四五年の春には再び大連に戻り、ここで日本の敗戦を迎えた。その後一九四七年春から一九四八年夏にかけて、日僑学校で先生をしていた。もちろん、彼と一緒に仕事をした事はなかった。

もう一人のロシア語非常勤の先生、中村正氏は、ロシア語はもちろん、中国語も完璧だった。日本帰国後は永く東方書店で編集の仕事に携わり、『日英中経済・貿易用語大辞典』を編纂した。日本国際貿易促進協会の専務理事萩原定司氏も、化学の先生をしていた事がある。非常勤の先生の中には、子女が日僑学校の生徒である場合も少なくなく、私も中村先生と萩原先生のお子さんを教えた事がある。

私の机は初等部の教員室に置かれていた。同じ部屋に、一年の木村先生、二年の山田先生、三年の野口先生、四年の関先生、五年の浜田先生、そして六年の大塚先生がいた。私以外は全員女性だった。四年の関先生は初等部の責任者で、名前は三千子、関勉委員長のご夫人だった。聞いたところでは、彼女の結婚前の名前は小山道子で、大連に来る前には丹東周辺で活躍していたという。

先輩の先生の話によると、初期の日僑学校での最も難しい問題は、どんな教科書にするかだった。過去、日本が旅大地域を統治していた時に使っていた教科書、特に語学と歴史の教科書は、軍国主義を宣伝するもので、神の国、侵略は道理に適っている、八紘一宇、大東亜共栄などばかりが書いてあった。軍国主義が破綻した今、人民政府が樹立され、今まで使われていた教科書は勿論使用できなくなった。

当時の校長、堀正巳氏は、学校経営について三つの方針を打ち出した。新しい日本を打ち立てるため、第一に軍国主義を排除すること、第二に侵略戦争を批判すること、第三に世界平和を勝ち取ることだった。氏は、「この原則に基づき新しい教科書を作ろう」と言った。そして、たとえ、部分的に過去の教科書を使っても、厳しい検査や、削除、訂正をする必要がある、と先生達に強調した。当時の日僑学校には印刷環境が整っていなかったので、先生たち自らが謄写版を作って教科書を製作した。一九五一年に私が日僑学校に来る時まで、そのような状況が続いた。

私は金常陞先生と相談し、過去のピンインを中心とする教科書の代わりに、中国の小学校、中学校、高校に対応できるように、旅大地域の中国学校で広く使用されている「国文」の教科書を採用し、日僑学校の生徒が消化できるレベルを考え、中国の学校における教学の進度に合わせながら、内容を厳選し分量も減らすことにした。また、高校の卒業生が中国の大学に進学しても言語上の支障がないようにと授業の内容を工夫した。

言うまでもなく、日僑学校の生徒にとって、中国語は外国語として習うものだった。中等部と高等部の学生は中国語以外、英語とロシア語も学習しなければならず、負担感はかなりあったと思うが、それでも生徒達の、中国語に対する強い情熱が感じられた。もちろん、皆、成績も良かった。

この理由はいろいろ考えられるが、中国に住んでいることが子供達には何よりの学習環境だったのだろう。特に低学年の生徒は、放課後近所の子供と一緒に遊んだりして自然に中国語が身に付いて行った。中国語を勉強する上で、一番の難関はやはり発音だと私は実感した。四声や巻舌音と非巻舌音（例 zh, ch, sh, ri と z, c, s, li）、それから尖音と寛音の区別（例 an と ang, in と ing）などはもっとも難しく、すぐ理解した生徒もいれば、母国語の影響のためなかなか要領を得ない生徒もいた。また、高学年の生徒は理解力はあったが、読む・話すという能力はやはり相対的に弱かった。

翌年の一九五二年に入ると、麻生校長は私の仕事分担を見直し、私は大学入学試験を控えた高校三年の中国語の授業も担当することになった。当時私は二十一歳で、生徒達の年齢は大体十七、八歳だったが、休学などの理由から私と同い年の生徒もいた。初めての授業はびくびくもしたが、時間が経つにつれ少しずつ慣れていった。

この年の二月から三月にかけ、前年度の卒業生に対して中国語の補習授業をすることになった。彼らは卒業する前年の七月に行なわれた大学の入学試験を受けたが全滅だった。しかし彼らは心を新たにして復習に専念し、翌年の試験に再び挑戦しようとしていた。

私自身が大学の入学試験を受けたことがなかったので、受験対策のための授業という点では多少盲目的なところがあった。しかし小学校の先生をしていた頃、国語の教師訓練の授業を受けたことがあり、その時教わった内容は深みがあり、レベルも高く、良く纏まっていたので、当時のノートをずっとそばに置いてあった。幸い、これが大変役に立った。私はノートに書いてある内容を基に、授業の準備をして生徒に教えた。

教室がなかったため、補習は小さな実験室で行なわれた。実験室とは言っても、かつて民家の小さな蔵を改造したものだった。ところが、学生達の勉学に対する熱心かつ真剣な態度は感動的ですらあり、いまだに授業に臨む彼らの真面目な顔つきが目に浮かぶ。そして、大学入学試験への二回目の挑戦結果は、全員が合格だった。嬉しかった。

日僑学校では、他の中国学校と同様、試験の点数を五段階に分ける、いわゆる「五段階制」が採用されていた。大連市の教育部門が、「一〇〇点には科学性がない、それは学生を一〇〇等分することだ。学生に一〇〇種類の評価を与えるのは不適切でありまた不可能なことで、五等分こそ最も科学的だ」と、ソ連が先に実施していたという「五段階制」の普及に積極的で、「お兄さんのソ連に学んで五段階制を採用すべき」という事になったのだ。

今から見れば、それはまったくでたらめな理論で、馬鹿げたものだった。実のところ「五段階制」はソ連の先進的な経験ではなく、十月革命前のツァー支配下のロシアで広く使われていたものだ。日僑学校の先生も「五段階制」の採用についてわれわれと同じ見解であったが、時代が時代でもあり、納得できなくても固く従い、不満の流露や議論は許されなかった。恐ろしい「反ソ」のレッテルが待ちうけていたからだ。いったん「反ソ」と決めつけられると批判がずっと付き纏うのは軽い方で、運が悪ければ、二度と立ち上がる事はできなくなるのだ。

日僑学校の仕事は私にとって、日本語を勉強する絶好のチャンスであった。小さい頃日本語を学んでいたが、中学二年の途中でお終いになった。それは、二年生になってすぐ日本が降伏したため学校生活も同時に終わってしまったからだ。したがって日本語はせいぜい基礎ができた程度で、それに、まだ十二、三歳の少年だった私は、生活圏も極めて狭く、先生や学校の友達の外、人と接する機会はほとんどなく社会経験も少なかった。そのため、知っている日本語は語彙も限られ、複雑な意思を表現する事ができなかった。

日本の降伏から日僑学校に行くようになるまで、五年の歳月があったが、この五年は世界がひっくり返るような変化があちこちで起きた。

中国の社会にも大きな変革が起こり、新しいものがどんどん出現し、人々の考え方や人間関係も変わりつつあった。飛躍的に発展して行く社会の波に乗り遅れまいと、人々は日々懸命だった。日僑学校もそのような社会情勢の中で、他の中国学校と同じようにいつも会議が開かれていた。

会議の中で、私は日本人教師達がいつも新しい言葉を口にしていることに気がついた。「討論」、「批判と自己批判」、「情勢」、「任務」、「路線」、「左翼」、「右翼」、「日和見主義」、「自由主義」などで、日本語に元からある言葉で、左翼陣営の中では良く使われていたようだが、私には聞いたことのないものばかりで、すごく新鮮だった。

会議に参加するからには、発言をしなければならない。しかも日本語でするのが当然なので、奇妙な日本語を喋ってしまわないか心配で、最初の頃はただ聞くだけだった。しかし、ずっと黙っているわけにも行かず、不本意ながらも、中国語で話しをして麻生先生に通訳してもらう、という形で口を開いた。これが日本語の勉強に格好の経験になった。私は麻生先生の通訳を注意深く聞いていたが、やがて、少しずつ大胆になり、ついには日本語で意見を述べる事ができるようになった。

ある日、教育学に関する本を学習するようにと、先生方に一冊の中国語の本が配られた。タイトルと著者は思い出せないが、麻生先生から日本語に翻訳するように頼まれた。そこで私は仕事の合間を縫って早速翻訳を始めた。

最初の頃は毎日翻訳した箇所を麻生先生にチェックしてもらい、それを学校の謄写担当者に渡し、印刷したものを先生方に配った。しかし、何回かやってみると、麻生先生が面倒だから方法を変えようと言った。

そこで、麻生先生の提案により、先生方が毎朝行なっている授業前の勉強時間を利用し、私が中国語の原本を見ながら日本語で本の内容を紹介する事にした。特別な問題がある時には、議論を交わすことになった。

勉強会はずっと続けられ、翻訳も最後まで行なわれた。中国語をその場で日本語に訳すとは言っても、事前の準備が必要であった。わからないところでもあれば、じかに先生方に訊き教えてもらった。これは絶好の日本語学習の機会になった。

戦後の日本政府が日本語の綴り方や仮名などの使い方について大きな改革をしたことは、日僑学校に来てから初めて知った。常用されていた漢字が減らされ、用語と表現方法も簡易化され通俗的で解りやすくなった。これは私が最初に出勤した日に掲示板を見て分かったことで、あの時の意外な気持ちは今でも覚えている。五月一日の欄に、カタカナで「メーデー」と書いてあるのを見て、とても新鮮な感じがした。日本統治下の大連では「メーデー」という言い方を聞いたことがなかったからだ。日本人民も「メーデー」を過ごすのか、中国人が「五・一国際労働節」と呼ぶこの労働人民の祭日を、日本人は「メーデー」と呼んでいるかと思った。

日僑学校にいる間、私は自分の知識不足を痛感した。語彙不足のため聞いたことのない言葉が多く、もっと日本語の力をつけないと仕事もうまくいかない、努力するより外に方法はないと思った。

当時瀋陽に居留していた日本人住民によって、民主新聞社という新聞社が創設され、日本語版新聞『民主新聞』と雑誌『前進』が発刊されていたが、日僑学校にいたので、このような出版物に触れることができた。特に、『前進』には、毎号、日本語に翻訳された中国の短篇小説が載せられていて、とても面白かった。中に「鮑秀蘭《ほうしゅうらん》」という人が翻訳した小説がよく出ていて、どんな人なのかは全く知らなかったが、綺麗な文章だったのでずっと敬服していた。

後に北京に転勤してようやく、鮑は永く鞍山《あんざん》に住んでいた伊藤克という日本人女性であり、「鮑秀蘭」はペンネームで、中国語を日本語に翻訳する時によく使っていたものだと分かった。彼女にはもう一つのペンネーム「蕭蕭《しょうしょう》」があり、日本語を中国語に翻訳する時に使っていたという。

当時の私は知識欲が旺盛で、鮑の翻訳した小説を夢中で読み、自分もこのように日本語を自由に操ることができたらと思っていた。こうやって、日本語の新聞と雑誌に触れることを通して、新しい言葉や表現をメモして日本語を学んでいった。単語を記録するノートはあっという間に一杯になった。偶然私のノートを見つけた堀正巳先生が、「この中には私の知らない言葉もありましたよ」と誉めてくれた時には、とても励まされたような気がした。

この頃、私は戦後の日本でよく唱われていた歌をたくさん覚えた。大連日僑学校には「鼓笛」隊があり、大連地域でもかなり有名だった。「鼓笛」隊というのは、名前の通りに太鼓と笛で合奏するもので、「五・一」国際労働節や国慶節で活躍していた。隊の指導者は、同じ教員室の木村先生のご主人で、教え子木村信吾の父親、木村遼次さんだった。

鼓笛隊はキャンパスで練習をすることもあり、楽譜をもらったことがあった。面白い曲ばかりで、「晴れた五月」、「世界をつなげ花の輪に」、「赤旗の歌」、それから日本語の「インターナショナル」などは、全部その時に覚えたものである。

一方、学校は教育機関であるとはいっても、社会の縮図の一つだということを日僑学校にいて知った。私が日僑学校に赴任する前から、既に日僑労働組合内部には矛盾やごたごたがあって、人間関係に影響を与えていた。その影響は少なからず学校内部にまで影響して、一部の高学年の生徒が日本人教師と対立する事なども稀に起こった。金先生と私はこのような事が仕事に悪い影響を及ぼさないかと心配したが、二人は巻き込まれないようにしようと決意し、また、当事者同士が落ち着いて問題の解決にあたれるようにと心から願っていた。

一九五二年、夏休みも終わりに近いある日、大連教育局から一通の通知が届いた。「アジア・太平洋地域平和会議」が北京で開かれるため、臨時通訳として私と金州のある中学校の王文質《おうぶんしつ》先生が召集された、というものだった。これが契機となって大連を離れる事になったのだが、仕事を共にして来た教師や生徒と別れる事になろうとは思いもよらなかった。

大連市人民政府教育局の紹介状を携え、私は、北京へ行く喜びを胸に抱き、王文質先生と一緒に北上の夜行列車に乗り込んだ。列車は闇に包まれる遼南平野をひた走り、瀋陽へと向かった。

# 大連から瀋陽へ、瀋陽から大連へ

## 「アジア・太平洋地域平和会議」前の瀋陽

早朝、汽車は瀋陽《しんよう》駅に止まった。

出張は初めてだったので、すべてが面白く感じられた。

朝食を駅近くの小さなレストランで済ませると、私達はすぐ東北人民政府人事部に向かい、北京行きの手続きをしようとした。

応対してくれる人に紹介状を渡し、手続きの終わるのを待っていた。しかし、相手の人は何回も紹介状を読み返すと、少し残念げに言った。

「お二人には北京へ行って頂きません。東北を参観したいという会議の代表がいらっしゃるので、瀋陽ではそのための接待班を作ります。お二人にはそのために来て頂きました」。

頭から水をかけられたような感じだった。

「ええっ、北京に行かない？　瀋陽に残るんですか？」と、思わず問い質した。

「アジア・太平洋地域平和会議」に参加するという通知を受けた時から、私はずっと北京のことを思っていた。いきなり行かなくてよいと言われ、失望の淵に立っているように感じた。

宿は「東北旅社」に決定したが、その後間もなく、接待班のオフィスが東北人民政府交際処、すなわち当時の遼寧賓館内にあるため、仕事の便宜を考え、そこに移ることになった。

接待班の責任者は交際処処長の李桂森《りけいしん》氏で、副処長の文遅《ぶんち》氏は臨時人員であった。文氏は、当時瀋陽では青年団の仕事に携わっていたという。後に、北京へ転勤し、青年団中央の勤めを経てから、中国駐大阪総領事を経て、帰国後は外交部部長補佐の任に就いた。

瀋陽に集まってきた通訳人員は、日本語の私と王文質以外、長春の東北師範大学から一人の英語の先生も来た。名前は朱で、名教授朱光潜《しゅこうせん》の子息だという。接待班には通訳の他に、連絡、事務そして保安などの人も全部揃えた。私達は、数人で一つの大きな部屋に住み、仕事も生活も共にしていた。

ある日、交際処で動員大会が開かれたが、「動員」を行なったのは、東北人民政府文化部部長の劉芝明《りゅうしめい》氏だった。接待班のメンバー、交際処の人、事務の人、それから遼寧賓館の従業員も参加した。交際処の李処長が挨拶をして、劉氏が引き続いて話をした。話の内容は、今度の接待工作の意義や重要さ、さらに注意事項であった。

当時、新中国が成立したばかりで、外国の賓客はまだ少なかった。地方にとって、このような重要な外国訪問団の来訪は、確かに、大きな出来事であって、重要視されるのも当然の事だった。劉部長は「外賓に対して『高ぶらず卑屈にならず』、というのが正しい態度です。質問に対して、答えられるものだけを答え、答えられないものまで無責任に返答することは絶対に避けましょう」と、繰り返し強調した。

「通訳はとても重要です。通訳がいなければ外賓の話を理解できないでしょう。外賓がつまらないことを言った時、こっちが皇帝の聖旨として扱ったらとんだ間違いをすることになります。また、わが国の国際問題に対する基本的な認識、国内の現状も把握しなければなりません。質問されて、何も答えられないではいけないのです」。

さらに劉部長は、「運転手は服装をきちんとして、礼儀も正しくなければならなりません。それから、外賓を乗せた時には大蒜《にんにく》や葱を食べるのもやめて欲しいし、オナラも我慢して下さいよ」と、こんなこともと思うほど詳細に注意事項を述べた。聞いていた人たちは、笑いをこらえきれず、会場の気分が盛り上がって行った。

われわれが瀋陽に集まったのは八月下旬だった。「アジア・太平洋地域平和会議」は十月上旬であったので、最初の頃、具体的な仕事がなかったが、しばらくして、二つの仕事をすることになった。

一つは、外賓の見学先の案内書を翻訳することだった。接待班は幾つかの参観ポイントを決め、その主管部門に書面の紹介資料を提出してもらった。外賓が来た時使うために、こういった説明書らしきものはすべて外国語に翻訳されなければならなかった。

そこで、私は王文質さんと一緒に各参観ポイントの説明書を翻訳し始めた。これら参観先は、工場もあれば農村もあり、教育施設から文化古跡まであらゆる分野に及んだ。難しい言葉がいっぱい出てきて、翻訳するのに苦労した。

最大の困難は、参考資料や辞書が一冊も無いことだった。仕方なく、私達は自分の知っている言葉を全部掘り出して翻訳を続けた。苦痛の日々だったが、翻訳の質も想像できよう。

やがて、「仕上がったものを『民主新聞』社に持って行き、そこの達人に直してもらえ」という指示を受け、救われたようでほっとした。こうして、達人の訂正と潤色が加えられ、文章はようやく読めるものになった。

当然、訳文を『民主新聞』社に持っていくのは、若い私の仕事だった。

『民主新聞』は、前にも述べたように、日本降伏後もなお中国東北地方に残留していた日本人住民が発行した新聞である。場所は和平区にあり、宿泊先の遼寧賓館から余り離れていなかった。そしていつも、社長の井上林《いのうえはやし》さんが迎えてくれた。

井上さんの部屋はとても小さく、設備も粗末だった。彼の部屋に行くと、いつも、椅子に座らせ話をしてくれた。井上さんは服装も質素で、当時の中国の普通幹部と同じものを着ていたので一見中国人に見えた。その井上さんが中国共産党員であることは後に他の人から聞いた。

好奇心から、私は『民主新聞』社の誰が私達の翻訳文を直してくれたかを知りたかった。しかし、結局会う機会はなかった。

直された文章を遼寧賓館に持ち帰り、王文質と二人で手分けして写した。文章を写しながらいつも、どうしてこのように修正されたのかを考え理解しようとした。良い勉強になった。

接待班の第二の仕事は、参観ポイントの事前調査だった。接待に万全を期するために、予め各参観ポイントを細かく調査した。中には数回の検査が行なわれるところもあった。

撫順の露天炭坑も参観に含まれていたので、この世界でも有名な大炭坑を参観することができた。運がいいなと思った。車が鉱区に入り、目前に露天炭坑の姿が現れた時は、長期に亙り、日本帝国主義者の手にあった炭坑が、もう中国人民の懐の中に帰って来たと、感無量だった。さらに、面目を一新した労働者達の仕事に対する情熱も、感動的であった。

## 平和は座して待つのではなく、勝ち取るもの

瀋陽にいても、私達は北京のことをいつも考えていた。

十月初旬に開催される「アジア・太平洋地域平和会議」の準備は着々と進んでいた。日常の仕事に追われる中、その雰囲気と進捗状況を実感できなかったが、している仕事もこの重要な会議の一部であったので、会議に関係する情報には高い関心を持っていた。

九月初旬のある日、『民主新聞』社近くで、私は、ある新聞掲示板に、一九五二年九月五日の日付で公表された郭沫若の日本人民への公開書簡があることに気がついた。タイトルは「アジア・太平洋地域平和会議にあたり重ねて日本人民におくる公開状」。

昨年九月、サンフランシスコ単独「対日講和条約」が調印される前夜、わたくしは、あなたがたに一通の手紙をさしあげましたが、そのご、みなさんの友情あふるる応答をえましたことに、つつしんで謝意を表します。はやくももう満一周年になりますが、現在アジア・太平洋地域平和会議が開催されようとしている前夜にあたって、わたくしは、ふたたびあなたがたに手紙をさしあげ、わが中国人

民およびわたくしじしんの、あなたがたにたいする憂慮をお伝えしないではおれません。

郭氏はアジア・太平洋会議の目的について、次のように語った。

わたくしたちは、みなさんが近年おこなってこられた独立・自由・平和・民主獲得の愛国的行動にたいし、とくに日本がふたたび軍国主義化（事実上はアメリカの植民地化）することに反対する努力にたいして、深甚な敬意をいだいています。これはなにも、中国人民だけのことではなく全世界の平和を愛する正義の人民すべてがそうなのです。今年七月初旬、世界平和評議会は第一回特別会議をベルリンでひらきましたが、そのとき、五九ヵ国の二四〇名の評議員と特別招待をうけた代表の全員一致の挙手によって決定された「日本がふたたび軍国主義化されることに反対し、民主的日本の建設を闘いとる決議」は、真心こめて、あなたがたに、声たからかに呼びかけています。わたくしはここに、その「決議」の最後の二節を、抜き書きしてみたいとおもいます。

「世界平和評議会は、平和・独立・民主を闘いとり、軍国主義勢力に反対する日本人民の英雄的な闘争に敬意を表する。世界平和評議会はまた、アジアと太平洋のすべての諸国の人民に、この闘争を全力をあげて支持するよう呼びかける。そうすることによって、かれらは、かれら自身の平和と民主をも発展させることができるのである。世界平和評議会は、さらにサンフランシスコ条約に署名した各政府の下にある各国の平和を愛する人民にたいし、もう一つの真の平和条約の締結のために闘うよう呼びかける。

この目的を達成するために、世界平和評議会はアジア・太平洋諸国の人民に、一九五二年秋に北京でひらかれるアジア・太平洋地域平和会議に平和・民主勢力を動員すべく全力をあげて努力するよう呼びかける。この会議は、日本およびアジア・太平洋諸国が当面している問題を円満に解決するための助けとなるものである。」

この決議は正しいものであり、平和を愛する世界の人民の意志にピッタリ一致しております。中国人民と、アジア・太平洋地域の各国人民はみな、この熱情にみちた呼びかけを受けいれるとともに、より大きな力をもってみなさんを支持すべく、はやくから、ともに決意しております。みなさんは、アジア・太平洋地域平和会議の開催こそ、そうした決意のもっとも具体的なあらわれであることを、知っておられることでしょう。この平和会議でおこなわれる討議の範囲は、同会議準備会議の提案がしめしているように、四大項目にわかれておりますが、うたがいもなく、日本問題にかんする討論が、かならず会議の中心議題となるでありましょう。なぜなら、アジア・太平洋地域が平和を維持できるか否かは、日本がふたたび軍国主義化されるか否か、日本人民が自由な民主的な生活をかくとくできるか否かということと、不可分に結びついているからです。

われわれの今回の会議は、人民代表の会議であり、その目的は、公明正大なものです。われわれの目的は平和を救うことであります。

郭氏はまた、日本当局が、アジア・太平洋地域平和会議への日本代表の参加に対し、様々な妨害をしていることを暴露し批判した。

国を愛する日本のみなさん！　自由独立を闘いとり、平和民主を闘いとろうとするあなたがたの情熱は、われわれをまったく感激させております。あなたがたが遭遇するであろう障碍も、われわれには火のようにはっきりと見えております。平和の敵は、あなたがたが平和を求めるのを、やすやすと許すはずがないのです。さいきんわれわれは、あなたがたの外務省が、アジア・太平洋地域平和会議に出席する日本人民代表に、「中国大陸にいく日本人の安全を保障できない」ことを口実にして、旅券を発行しないことに決定したと公然と声明したことをききました。これは、はやくからわれわれが予期していたことで、そのいいがかりは、実にばかばかしいものであり、あわれむべきものです。なぜ、このようなことをするのか？　こうすることは、日本政府がアメリカの侵略政策を懸命に奉じて平和を敵視していることを、まさに表明しているものではなかろうか？　……平和代表に旅券が必要ですが、平和運動には旅券が要りません。平和の敵は代表達の北京行きを阻止できますが、平和に対する要求が大気の如く全世界で還流することは阻止できません。したがって、たとえ、あなた方の代表が来ることができなくても、われわれの会議は依然として開かれ、あなた方の精神も大会で伝えることができます。

郭氏は公開書簡の最後に次のように言った。

愛する日本のみなさん！　われわれは、あなたがたの平和代表が、勝利のうちに、北京へこられることを希望します。われわれは、あなたがたを熱烈に歓迎します。……あなたがたの闘争が、こんごどのような困難にあおうと、アジア・太平洋地域一六億人民のあなたがたにたいする支援はかわりません。いな、さらにいままで以上の努力をはらって、あなたがたの闘争を支援するでしょう。平和を闘いとる闘争をたえず拡大させ、深め、もちこたえ強化しようではありませんか。勝利はかならず、人民のものです。

公開書簡を読んで、会議の重点が日本問題にあると強く感じ取った。日本代表が障害を突破してパスポートを取得し北京へ来れるかどうか、この点がこの時から私達の関心の焦点になった。

日本代表は全部で六〇名で、団長は前参議院副議長の松本治一郎氏、スターリン平和賞の大山郁夫氏もその一人であった。これらの代表は日本各地から選ばれた四八八名の候補の中から選ばれた人たちで、代表としての資格が十分あったという。

やがて、九月に入り、代表達は連日外務省に行き、パスポートの発給を強く要求した。ところが、日本政府はただ日を引き延ばすだけで、如何なる動きも見せなかった。そして、九月十九日の午後、外務次官の渋沢信一氏が現われ、「アジア・太平洋地域平和会議に出席する代表にはパスポートを与えません」と宣言した。

さらに醜いのは、渋沢氏が発言する数時間前、日本当局の唆しを受けたごく少数の右翼暴力団員が外務省に行き、パスポートを求める代表達を殴打した。

日本人民とアジア・太平洋諸国の人々が、一層激怒した。

日本政府はあの手この手で種々の妨害をしたが、度重なる困難を乗り越え北京に辿り着いた代表は一三名だった。この中には、「前進座」の中村翫右衛門氏、学者の南博氏、社会活動家の金子健太氏、亀田東伍氏などがいた。

中村翫右衛門氏は密出国して中国に到着したという。日本平和代表団団長松本治一郎氏はパスポートをもらえなかったため、中村氏が団長代理として会議に出席した。

九月二十九日、「アジア・太平洋地域平和会議」の準備委員会が開かれ、劉寧一《りゅうねいいち》秘書長が日本代表の到着を宣言した。そして、日本代表が次々に会場に入って来ると、出席者全員が起立し熱い拍手で迎えた。

新聞報道によると、中村氏は会議の中で日本代表団を代表して、次のような声明を発表した。

「吉田政府はパスポートを発給しなかったり、暴力団員に暴力を振るわせたりして、あらゆる卑劣な手段を使ってわれわれ代表団の出国を妨げようとしました。しかし、われわれ十数人はなお北京にやって来ました。このことは、日本国民の平和に対する熱望とその闘争の力を説明するのに十分であると信じています。さらに、平和を勝ち取るために、日本国民がすでに団結していることもこの事実によって証明されました。われわれは各国の人民と共に、戦争を防止して平和を守ります」。

十月二日、アジア・太平洋地域平和会議が開会した。大会の生放送を聞くために、接待班全員が賓館一階にある大きな部屋に集合した。まるで北京にいるかのように興奮した。そして、開幕の辞を述べる郭沫若《かくまつじゃく》氏の抑揚のある独特な声がラジオから流れてきた。

「平和は座して待つものではなく、勝ち取るものです」。

この言葉は、私の心の底にまで響いた。

アジア・太平洋地域平和会議は十一日間続き、大きな成功を収めた。アジア、オーストラリア、アメリカ、アフリカ、ヨーロッパの四六ヶ国、そして九つの国際民主組織、延べ四百名余りの代表が会議に参加した。最後の全体会議で、朝鮮問題に関する決議、日本問題に関する決議など多くの決議が採択された。アジア及び太平洋地域の平和運動をより強化するため、会議はまた一つの常設連絡機構、すなわちアジア・太平洋地域平和連絡委員会を作ることに合意した。

## 北京への異動

会議が閉幕に近づくにつれ、われわれは代表らの瀋陽参観を具体的に考えるようになった。わくわくしている中、日本代表は東北へ来ないことが通告された。再び、われわれ二人の日本語通訳は失望の深淵に突き落とされたようだった。

東北見学に来た外賓はすべて英語を話したので、私と王文質は完全に「失業状態」になった。仕方なく、二人は参観隊列の後ろについて、「見識」を増すことと、通訳のやり方を見習うことにした。

実際のところ、通訳は全員が外賓に同行して北京から来たのだった。「暇」な私は彼らの通訳を注意深く聞き、観察し、そして考えた。彼らは皆水準が高く、通訳する際に必ず小さいノートを持ち、メモを取りながら話主の言葉を絶えず記入していた。その真剣な姿がとても感動的だった。

特に印象深かった二人の通訳がいて、一人は長身の男性で、もう一人は綺麗な女性だった。後に私が北京外文出版社に転勤することになった時、その二人は共に雑誌『人民中国』編集部に勤めていることが分かった。男性は林戊蓀《りんぼそん》といい、女性は楊友鸞《ようゆうらん》だった。二人はアメリカに留学していたが、新中国成立後、祖国の建設に参加するため帰国したそうだ。当時の私は、このような現場で通訳をした事がなく、彼らを自分の手本として勉強した。もしあの時、すぐ通訳しろと言われたら、果たして自分にはできただろうかと思った事もあった。

ある日、面識のない二人の訪問客が、突然遼寧賓館（東北人民政府交際処）に私を訪ねて来た。話してみると二人は北京から来た人達で、一人は康大川《こうだいせん》といい、もう一人は陳譜《ちんふ》だった。

康大川氏の紹介によると、彼らは改組された国際新聞局を元に設立された中国外文出版社の幹部で、陳譜氏は人事科の科長、康氏は元国際新聞局の人事科長で、今は中国の事情を紹介する月刊誌『人民中国』（日本語版）の出版準備に携わっているとの事だった。

「雑誌『人民中国』は既に英語版とロシア語版があります。今は、情勢が変化して、中央政府は日本語版の発刊を決めました。新しく創刊するので日本語の分かる幹部（国家公務員のこと）が必要です。今回東北地方に来たのも、日本語の堪能な幹部を探すためです」と康氏が説明した。

さらに康氏は付け加えた。

「現在東北各地に居住している日本人は、政府の統一調整によって、これから全員中国の他の地域に移りますので、瀋陽にある『民主新聞』なども停刊しなければなりません。『民主新聞』社に日本人のベテランが多くいます。すでに彼らの一部と北京転勤について話をまとめました。『民主新聞』社で、今大連から臨時に二人の日本語の分かる幹部が交際処に来ていると聞き、その井上社長が君のことを推薦してくれました。

君は今大連の日僑学校に勤めているそうですが、さっき話した理由で大連の日僑も中国の各地に移るので、日僑学校もやめることになるでしょう……どう？　北京に来て仕事してみませんか？」

北京に行くことができ、毛主席と同じ党中央の所在地で仕事ができるとは、なんと幸せだろう。このような夢にも思っていなかったことが、もしかしたら現実になるかも知れないと思うと、心臓の鼓動の音が聞えるような気さえした。絶対にこの得がたいチャンスを逃すまいと、私は迷うことなく「行きたいです！」と即座に返答した。それでもまだ何か足りない感じがして、「組織の決定に固く従います」と加えた。

「君、結婚していますか？」康はまた聞いた。

「まだです」。

「婚約者がいますか？」

「いません」。

「そうですか。それじゃ、これから陳譜さんと一緒に大連に行って、人事異動の手続きをしてきます。また瀋陽に戻りますから、その時にまた会いましょう」と、康は言って私と別れた。

実は、数日前、英語担当の朱さんと暇を見つけて町を散歩し、ある外文書店に入った。カウンターに英語版の『人民中国』が並べてあるのを見て、朱さんは、この雑誌は北京で出版されたもので、とても面白く、自分もその出版社に行って仕事をしたいと、憧れるように言った。朱さんの話を聞いて初めて、わが国に外国向けの広報誌『人民中国』があることを知った。そのわずか数日後に、外文出版社の人が来て、私は北京の日本語版『人民中国』編集部に勤務する事となったのである。なんとも言えない不思議な巡り合わせだった。

康、陳の二人が行った後、交際処の李処長は彼らが日本語通訳を物色に来たことを知り、不快の表情を見せた。思えば、彼の不快には二つの要因があっただろう。その一は、組織の手順通り、先に交際処の責任者と話すことをせずに、直接本人に会ったことだろう。その二は、交際処には元々、この機会を利用して、外国語の分かる幹部を確保しておきたいという「下心」があった。この点については、われわれの間で前から噂になっていた。本当のことを言うと、当時の私はずっと瀋陽に残されることが心配で、北京行きが駄目になっても、絶対に瀋陽には残らずに大連に帰ると決めていた。

もう東北政府に残らなければならない可能性は小さくなったと判断して、私は直ちに大連にいる両親に手紙を書いた。転勤の話を伝え、両親の意見を待った。今まで長期間離れたことが無かったため、両親がどう受け取めるか心配だった。

しかし、本音では、両親の意見を訊くよりむしろ自分の意志を表明したかった。私は手紙に『女は色気を持つべし、男は世を渡るべし』と言われています。世渡りの体験をさせて下さい」と書いた。そして、数日後、両親から、全力支持するとの家書が届いた。

家庭のこの「関所」を通過して、私には、もう後顧の憂いはなくなった。

康大川氏が言った通りに、数日後、「すぐ東北旅社に来て下さい」との電話を受けた。行ってみると、康、陳両氏は既に大連から戻って来て、康氏は、「人事異動の交渉が終わり、大連市党委員会と日僑労働組合の方も異議がありませんでした。君が大連に帰ったら、すぐにでも辞令がもらえるでしょう。大連市党委員会の呉浜《ごひん》さんが君に連絡する筈です。君と一緒に北京へ転勤するのは、大連日報社記者の安淑渠《あんしゅくきょ》さん、大連日僑学校甘井子分校の先生李玉銀《りぎょくぎん》さん、そして大連市党委員会の于鴻運《うこううん》さんです」と教えてくれた。

李玉銀さんは私が推薦した人なので面識はあるが、他の人の名前は全部初耳だった。
十月末の瀋陽は寒い。町中の木が全て寒風により落葉し、樹の幹には一枚の葉っぱも残っていなかった。故郷のことが恋しくなった。

待ちに待った解散の日がようやく来て、交際処の責任者が「今回の臨時の仕事は終了しました」と宣言し、皆がそれぞれの「前途」へ向かって出発した。私も二ヶ月ぶりに故郷の大連へ帰り、普段通りに日僑学校に出勤した。麻生先生と同僚達は私の転勤を知っていたようだったが、それに触れる人はいなかった。

十一月中旬のある日、大連市党委員会から「呉浜さんに連絡して下さい」との通知があった。市委員会に行ってみると、既に安淑渠さんが待っていた。しばらくして于鴻運さんも見え、李玉銀さんは用があって来ていなかった。呉さんから「北京からの辞令が来ているので、すぐ上京の準備をして下さい」と聞いて、われわれ三人は出発日について話し合った。そして、十二月九日が大連を離れ北京へ向かう日となった。

# 『人民中国』と私

## 『人民中国』の発刊

一九五二年十二月十日午前、われわれを乗せた列車は徐々に速度を落とし、北京前門駅のホームに停車した。

私はようやく憧れの地、北京に着いた。

われわれ四人の名前が列記された白い紙を掲げた人が待っていた。外文出版社『人民中国』日本語部の人で、われわれを出迎えるために来ていたのだ。彼は初めて上京する四人の気持ちを察したかのように、駅の構内を出るとわれわれをジープに乗せ、真っ直ぐに天安門広場に向かった。

十二月末の北京は、真冬の寒さがかなり厳しかった。ところが、あの日の太陽はきらきらと照っていて、雲一つない碧空が広がっていた。天安門は明るく、そして美しく、荘厳で迫力があった。じっと天安門を眺める私は、思わず胸が熱くなり、今自分は北京に来ているのだ、と初めて実感した。

ジープは西単《シータン》国会街新華社総社の中庭に停まった。外文出版社は、庭の南西にある三階建てのビルだった。

われわれは二階の東隅にある大きな部屋へ案内された。『人民中国』日本語部の編集室であった。職員は日本人専門家も含め、全員この部屋で仕事をしていた。瀋陽で知り合った康大川氏は、会議が終わって部屋に戻るとすぐにわれわれのところに来て熱い歓迎の意を表した。

正午近くになると、われわれは食堂に案内された。食堂は新華社と共同で使用しており、人が多くてかなり込み合っていた。並べてあった料理は種類も多く、私は生まれて初めて、蛙の炒めものと雀のフライを食べた。珍しくて味もよかった。

当時の外文出版社の職員は、全員赤の琺瑯質の丸いバッジを配られつけていた。バッジには「外文出版社」と書いてあるので、私はかなり誇らしく胸につけていた。

外文出版社は、今の中国外文出版発行事業局にあたるもので、その前身は新聞総署に属した国際新聞局である。国際新聞局は新中国と同じ日に成立したが、その任務は国際宣伝である。具体的には、英語ニュースの放送、英語とロシア語雑誌の出版、英・ロ・独・仏・インドネシア語などの言語による書籍や小冊子の編集、翻訳そして出版、英語特約通信の編集と発送、並びに外国記者の管理等である。

私が北京に来た前年の三月に、中央人民政府文化教育委員会の決定により、国際新聞局は「外文出版社」に改組され、行政上、出版総署の下に置かれた。元来英文のニュース翻訳と編集そして外国記者の管理の仕事は、新華通信社と外交部情報司（司、日本では各省の局に相当する）が分担するようになった。

私が入ったのは一九五二年七月に改組されたばかりの外文出版社だった。外文出版社は事業体（事業機構、生産による収入がなく、国家の経費でまかわれる会社は、中国で事業体と呼ばれる）で、主な仕事は外国向けの宣伝用書物などの翻訳と編集だったので、編集部で『有辨法』（『成せばなる』）、『翻身』（『解放』）などの英語の図書を見かけたこともある。外文出版社の刊行物は、英語の季刊『中国文学』とエスペラントの『人民中国報道』の他、主に英語とロシア語の『人民中国』であった。

『人民中国』の前身は、喬冠華《きょうかんか》氏らが解放前香港で発行した英文の通信誌だそうだ。新中国が成立した後、国際新聞局の指導の下で、一九五〇年一月に英文の『人民中国』雑誌が創刊され、月に二回発行された。その翌年の一月、ロシア語の『人民中国』も発足し、同じく月に二回の発行であった。その時、日本語版はまだなかった。

国際情勢の発展に伴い、対日宣伝の重要性が日を追うごとに確かになってきて、一九五二年から、日本語月刊誌『人民中国』の刊行が検討されるようになり、準備も着々と進んだ。康大川氏が自ら東北地方に赴いて人を探したことも日本語版『人民中国』出版準備の一環だった。

日本語部の部員が各地から集まってきたところに、外文出版社の社長の師哲《してつ》氏がわれわれの大きな部屋にやってきて挨拶をした。当時、師哲氏は毛沢東《もうたくとう》氏のロシア語の通訳と噂されていたので、初めて氏を見た私は神秘的に感じた。

われわれは一つの長いテーブルを囲んで座り、師氏のスピーチを聞いた。師氏の標準語には少々陝西《せんせい》省のなまりがあった。言葉の前後の配置に非常に注意しているように聞こえ、ロシア語から中国語に直訳していると感じさせた。氏は日本語版『人民中国』出版の重要性について語り始め、日本の職員も中国の職員も皆主人公であり、心を一つにして仕事をうまく運ぶようにと励ましの言葉を述べた。仕事中困難に遭遇したら、自分の手で自らの力によって解決して他人のせいにしては行けないと語った氏は、「夜中に一人歩いて、溝や石にぶつかったりして転んだら、どうするのか？　自力で溝を埋め、石をよそに運ぶ以外に、ほかに方法がないでしょう」と面白い比喩を使った。

日本語版『人民中国』が順調に出版できるために、パイロット版を二回出版することになった。

日本語部人員は、翻訳係、初期照合係、原稿審査係、校正係、美術編集係、和文タイピスト係、資料係と通信連絡係などに分けられた。私が配属された翻訳係は、三名の中国人と二名の日本人で構成され、日本人は瀋陽の『民主新聞』社から移籍した林《はやし》 弘《ひろし》さんと戎家実《えびすやみのる》さんだった。

パイロット版第一号で、私は一篇の短篇の翻訳が与えられた。タイトルは「朝鮮における虐殺をやめよ！」で、内容は朝鮮の戦場で米軍が中国と朝鮮の捕虜を無残に殺害する野蛮な行為を非難するものだった。

日本語版『人民中国』に採用された文章は、同誌の英語版の二期から選ばれたものであった。英語版の文章は、原則として、中国語で定稿されるが、外国の専門家に直されてから再び中国語に翻訳された文章もあるので、中には欧化された文句が多く、バタ臭く、理解し難い箇所もあちこちにあった。

「朝鮮における虐殺をやめよ！」もそのような文章だった。私のような英語の分からない人にとって、翻訳は難行苦行といってよかった。あらん限りの力を尽くしてやっと翻訳を終え、日本人専門家の菅沼不二男氏に渡したが、菅沼氏は文章を直しながら私を呼び寄せ、彼も「バタくさい」中国語が分からないと言った。仕方なく、英語版の『人民中国』を見つけ出して、菅沼氏はそれを参照しながら、一文字ごとに修正を入れた。すると、私の原稿は、最後に満篇真っ赤になった。傍に坐ってその修正を見ていて、内心ひどく気をもんでいた。

パイロット版第一号は、「一九五三年一月号」の形で出版された。薄っぺらで、表紙も簡素だった。表紙の「人民中国」四文字は毛主席が『人民中国』創刊のために揮毫して下さったものだと思っていたが、毛沢東が別々に書いた四文字を繋ぎ合わせたことを後になって聞かされた。目次のページに、『人民中国』誌の趣旨が書かれている。

「本誌は、中国人民の生活と新民主主義社会の建設を報道し、中国の芸術、文学、科学、教育その他人民の文化生活面での新しい動向を伝え、中国人民と日本人民との間の理解と友誼を深め、平和をまもる事業に寄与することを目的とするものです。」編集長である外文出版社副社長の劉尊祺《りゅうそんき》氏の名前も目次ページに掲載された。

正直に言うと、パイロット版は読者本位の読みやすい雑誌というより、誰がどう見ても政府公報にしか見えなかった。皆の気持ちも第一号が出せた嬉しさと不満が両方入り混じったもので、今後の改良が期待された。

二回のパイロット版の後、正式創刊日が一九五三年の六月に決められた。日本での販売に間に合わせるために、「創刊号」は二ヶ月前から編集と翻訳作業を始めなければならなかった。そして一ヶ月前までに、印刷と製本を終らせて、船便で日本へ運ぶのだ。日本人の読書習慣を考えれば、雑誌は前月のうちに販売されるのが一番望ましいが、しかし、私達はどうしてもそこまではできなかった。そうするとなると、もっと早くからの編集が要求されるので、日本に届いた時には雑誌の内容が既に古くなっている恐れがあるからである。

大変嬉しいことに郭沫若氏が、毛筆で創刊号に「発刊のことば」をしたためてくれた。それは私が生まれて初めて見た郭氏の自筆だった。郭氏はこのように書いた。

『人民中国』の日本語版は、日本語の文章が読める読者、主として日本の人民に、今日の中国の国家建設事業――政治・経済・文化・教育・社会活動など各分野にわたる事業の実際の姿をつたえ、これによって、読者が正確に迅速に不断に、また事業の発展に即して、比較的に全面的な理解を得られるようにすることを趣旨としている。これは中日両国人民の友誼を促進するためにも、また極東の平和と世界の平和を擁護するためにも必要なことである。

「発刊のことば」は日本語で掲載されており、中国語の原文はなかったが、署名の「郭沫若」の三文字は郭氏の自筆だった。

『人民中国』は毎回文学作品が一篇掲載されたが、ある時には小説だったり、ある時にはルポルタージュだった。「創刊号」には、魏巍《ぎぎ》氏の朝鮮戦地からの通信「前進せよ祖国」が載せられた。

康大川氏はこの文章を私に担当させた。私にとって、これは初めての文学作品で、しかも中国語から日本語へ翻訳するものだった。ところが、私は躊躇もなく、やる気満々だった。今思えば、「なんとか、蛇におじず」のようなものだったろう。しかし、始めてみれば、これは自分の手に負えないものだと分かった。

文学作品の翻訳は実に難しい。かじりつくようにして翻訳をようやく終え、作業工程通りに、日本人職員の林弘さんに手渡して、草稿の初期直しをしてもらおうと思った。ところが、そこで、思いがけないことが発生した。林さんは私の翻訳を読み、修正を入れないまま、数日後私に返してきた。

「自分で直してからだ」と言われた私は、全身氷のようになった。自分の翻訳は直しようもないと分かって、自信を完全に失った。しかし、自分でする以外助けてくれるものはなかった。私は何回も何回もやり直し、全ての能力を使い切ったと思えるほど力を傾け、再び原稿を林弘さんに渡した。林さんは今度はそれを受け取り、手を加えてから、日本人専門家に引き渡した。

林弘さんのやり方は、私を挫けさせたのは確かだが、しかし、それは一時的なもので、このことによって、私はもっと発奮して努力するようになり、一生涯使っても余りある程の有益な経験を手に入れることができた。

日本語版『人民中国』は一九五三年六月一日に創刊されたが、「創刊号」は早くも一九五三年の五月中に出版された。表紙には「五・一」（メーデー）国際労働節の天安門の写真が掲載され、写真の中に毛沢東が微笑みながら少年先鋒隊員から花束を受け取る姿があった。毛氏の両側に朱徳《しゅとく》、彭眞《ほうしん》、劉少奇《りゅうしょうき》と周恩来《しゅうおんらい》らが立っていた。人民中国の四文字は、パイロット版よりかなり改良され、赤地に白く印刷され、明るくて人目を引いた。

外文印刷工場から届いたばかりの「創刊号」にはインクの匂いが漂っていた。われわれは創刊号を手にしながら、感動を抑えきれなかった。特に日本人の職員らは、この雑誌が間もなく昼夜懐かしむ祖国日本の地へ運ばれるかと思うと、心が穏やかにいられようもなかった。

しかし、「好事魔多し」。人々の興が高まったところに、日本人職員の一人が一つの誤植に気づいた。

「五・一」（メーデー）祝典に参加した日本人代表の一人の名前が間違えられ、「児島」が「児玉」になっているのだ。このミスは本文ではく、挿図のキャプションにあった。ほんの一文字の誤植だが、「創刊号」であり、そのうえ日本人代表の名前を間違えていたので、ミスのまま日本に発送するわけには行かない、訂正しなければならないと全員が思った。

訂正の方法は二つある。一つは、そのページを取り外して、新たに印刷したものに差し換えることで、もう一つは、次号に訂正記事を発表することである。しかし、再印刷するのには時間がない、訂正の記事を掲載するのは面目が立たない。結局、総動員で、髭剃りの刃で間違えた字を擦り落とし、爪でアトをきれいにして、その上に活字を下ろした。一冊、一冊を直し、二千冊が終わったのは、東の空がすでに白々としてきた頃だった。

雑誌は日本の読者に歓迎された。その後の七月号は発行部数が九千冊も超え、一番多い時は一〇万冊にのぼったこともある。客観的に言うと、初期の『人民中国』はそれほど立派な雑誌と言えず、時事と一般論は多かったが、各方面の人民生活や中国の現状を紹介する記事は少なかった。

しかし、西側の国々に「竹のカーテンに覆われた国」と呼ばれていた当時の中国は、帝国主義者に厳しく封じこめられ、日本当局からも妨害を受けていたので、一般の日本人が中国を訪問するのはほぼ不可能だった。そんなわけで、日本人にとって中国は、近くて遠い国となり、日本語版『人民中国』は中国事情を知る重要なルートの一つとなっていた。

## 編集部の日本人と中国人

日本語版『人民中国』の創刊とその後の発展において、康大川氏が大きな役割を果たしたことは公の事実である。彼は、大変尊敬されていた。

「なぜ大川という名前なの？　日本人ではないでしょうか？」と、冗談で訊いた人がいたが、康は「元々の名前は康天順でした。仕事の必要に応じて、『天』の上の横棒を取り除いて、『順』の『頁』を外したら、『大川』になったわけです」と教えた。

台湾省出身の康は、東京の錦城学園を出て、早稲田大学商業部を卒業した。一九三八年、抗日戦争に参加するために、康は祖国に戻り上海を経て、湘北（湖南省北部）に駐在した第一九軍に従軍した。その後、彼は郭沫若氏主管の国民党軍事委員会政治部第三庁に移り、日本軍の瓦解と日本軍捕虜管理の仕事に取り組んでいた。

この時期に、彼は「日本人反戦同盟」の責任者の鹿地亘氏とご夫人の池田幸子《ゆきこ》女史と知り合った。

国民党当局に「反乱を企む危険分子」と見なされた康は、貴州《きしゅう》に赴いたところで逮捕され重慶《じゅうけい》に護送された。二年後、彼は重慶の「集中営」（進歩的な人びとを入れる刑務所の一種。国民党の重慶集中営は最も有名である）で抗戦の勝利を迎えた。解放戦争中、康は皖南《かんなん》（皖は中国安徽省の別名、安徽省の長江以南の部分は皖南と呼ばれている）でゲリラ活動をしていて、新中国成立後、上京して国際新聞局の人事科長の任に就いた。『人民中国』発刊の準備が始まると、彼は最初からそれに加わって、『人民中国』にとっては長老のような存在であった。

長期に亙り日本で生活を送ったので、康氏は日本の状況、日本人の生活習慣、趣味、心の動きなどを大変熟知していた。彼はいつも、日本人読者に歓迎されるアイデアや提案を出した。アイデアの数が多くて新鮮だった。

雑誌の編集者にとって、政策の主旨を理解し大筋の方向を把握する上で、絶えず良い題材を提案し選択することは非常に重要である。康氏はこの点で優れた人物である。

康氏は仕事に対して、非常に厳しく、絶対にレベルを下げることはなかった。われわれが翻訳した日本語の文章は、全て彼の手で審査された。彼は、人の見つけ得ない問題を見つけ出し、日本人専門家と相談して、いつも良い結果を出した。

康氏はまた文章のタイトルにとても凝っていた。彼は決して中文の元のタイトルにこだわらず、日本の読者を惹きつけるものが見つかるまで考えていた。そのために、彼はミーティングを開いて、日本人専門家と議論をしたり、皆の意見を集めたりすることもしばしばあった。

次のような内容の文章に遭遇した時のことである。

「抗戦時期の延安で、ある日、お芝居が上演された。聶栄臻《じょうえいしん》が現地農民の子供を自分の懐に抱え、一緒にお芝居を見ていた。当時、子供は聶氏のことを知らなかったが、大人になって、初めてあの時の軍人は聶栄臻であることが分かった」。

文章の中国語タイトルは「甘き記憶」だった。康大川氏は、題名にあまり特徴がなくて、しかも必要のない連想を誘う可能性があると指摘し、「あの人は元帥だった」に変更した。まさに、画竜点睛の一筆であり、さすがの腕前を見せてくれた。

康大川氏は雑誌のレイアウトにも工夫を凝らしていた。毎号の刷り具合を点検するための色校にも、彼は必ず目を通した。品質に少しでも満足できないところがあれば、絶対に譲歩せず、やり直させた。挿図の選択も厳格で、満足できないと、直ちに選び直させた。康大川のこの厳格な態度こそが、雑誌の質と品位の向上を保証した。

初期の『人民中国』編集部の中国人職員は、およそ三種類に分けられた。その一は、日本の留学経験者、第二は台湾省出身者、第三は私のような大連から来た人である。

日本人職員は、一般職員と専門家に区分され、全員、康大川が東北から集めた人達だった。専門家は、翻訳原稿を直す仕事に従事したが、一般職員は、初期の修正と翻訳を担当した。

われわれが北京に来た頃、日本人専門家は菅沼不二男氏一人だけであった。氏はベテラン新聞記者で、東京帝国大学法学部の出身で、戦時中、「同盟通信社」上海支社の特派員をした後、満州の関東軍司令部第二科に勤務した。日本降伏後、彼は中国の革命に参加し、東北の鶴崗辺りで残留日本人向けの宣伝活動に携わった。瀋陽解放後、氏は東北人民政府日僑管理委員会がリードした『民主新聞』社に移籍して、編集の仕事に従事していた。

長期に亙って新聞に関連する仕事に携わってきたので、菅沼氏は論文や時事性の強いいわゆる硬派な文章を直すのが得意だった。長年新聞記者をしていた癖だろうか、彼は文章を直す時に、言葉遣いよりスピードを重視したのではないか、という気がする。

菅沼氏には北京で生まれた息子が一人あった。いよいよその子が学齢になったので、一九六一年八月に家族を連れて日本へ帰国した。後に、彼は筆を断ってビジネスに転じ、和平交易株式会社社長、新日本通商株式会社社会長、そして日中旅行社社長を経て、一九八三年に病没した。

もう一人の専門家、池田亮一氏もやはり瀋陽の『民主新聞』社から来た人であった。元『民主新聞』の編集長を務めていた池田氏は、事務処理などの都合で、北京に来るのが他の人より遅れた。

池田氏は、文学の素養がかなり高く、小説やルポルタージュなどの文学作品を直すのに長じていた。文章を練るために仕事の進度が少々遅く見えたが、彼の手が入った文章は、わずか数箇所の修正を加えただけで、明らかに一段レベルが上がった。私も氏の修正した文章を通じて、大いに勉強になった。

氏は「日本語の素養を高めたかったら、『朝日新聞』一面の『天声人語』と川端康成の文章をたくさんお読みなさい」と私に言ったことがある。彼自身は『天声人語』と川端康成を非常に推賞していた。

池田亮一の本名は三村亮一で、戦前日本共産党中央委員を務め、日共機関紙『赤旗』の編集長であった。一九三二年、裏切り者の密告により、日本共産党は苛酷な弾圧を受け、千五百名の人が起訴された「熱海事件」が起こった。池田亮一もこの事件で警察に捕まって刑務所に入れられた。その後、流刑を受け、満州にある映画会社の「満映」に勤めさせられた。日本降伏後、満映は接収され「東北電影」（原文は東北電影製片工場）となった。その後、「東北電影」が東北辺境の鶴崗辺りに撤退した際に、池田亮一を含め、中国に残留した日本人の多くも鶴崗まで移転した。池田氏は、日本人の政治学習指導員として活躍していた。

普段の池田氏は無口だった。骨董品好きで、特に焼き物収集に余念がなかった。暇さえあればその方面の本を読んだり、琉璃廠《ルリチャン》の骨董屋を回ったりした。たまに掘り出し物が手に入ると、同僚を集めて皆で観賞した。

池田のもう一つの趣味は囲碁である。実力はアマチュア初段だというが、陳毅《ちんき》氏と何回も対局した事があると言われた。一九六三年、池田氏は脳出血のため五十七歳の若さで他界した。陳毅副総理は追悼会に出席して弔辞を述べた。

その後、『人民中国』はまた新たな専門家を加えた。川越敏孝氏、横川次郎氏とご夫人の横川辰子女史だった。

日本籍職員は、前述した林弘氏と戎家実氏であった。当時の二人はまだ若く、戎家の方が少々年長であった。

林は文学好きで、小説や詩などの翻訳が得意だった。林の翻訳した原稿の初期照合は中国人職員の仕事で、私も時々彼の原稿の初期照合をしていた。このような照合によって、私は自分の至らぬ点を感じながら、林を良いお手本として見習った。林は後に中国人女性と結婚して、日本に帰国後、ある貿易会社に就職した。

戎家実は硬派の文章を翻訳するのに長じていた。彼は翻訳速度が非常に早く、長篇を一気に仕上げるのが得意技であった。彼は若い時に「満鉄」に勤務していたが、日本投降後、接収された東北鉄路部門にしばらくいたらしい。彼は残留していた日本人の中の青年知識人で、その後も日本に帰ることはなかった。

外文局の宿舎に住んでいた彼は、近所の商店の店員さんや行商人となじみになり、京劇名優の古レコードを収集するのが趣味だった。彼の集めたレコードの中には、希少品もあったようである。晩年、咽喉癌に罹った彼は、治療しながら宿舎で仕事を続けた。結局不治のため、北京で客死した。

私が『人民中国』に転職して間もない頃に、もう二人の男性日本人職員がいた。松尾藤雄氏と岡田章氏である。

松尾は『人民中国』にいる間に、『毛沢東選集』(第一巻)を翻訳した。

岡田は私と一緒に大連から上京した安淑渠を率いて雑誌のレイアウトを担当した。二人は共に長く中国に滞在することなく、相次いで帰国した。

松尾は帰国後すぐ正式な仕事に就かず、アルバイトをしばらくしてからある旅行会社に入った。岡田は、帰国後『赤旗』から職をもらい、後に私が特派員として日本に滞在した時には、街頭で会った事もある。

日本人職員の中に、二人の女性がいた。一人は菅沼不二男夫人の檀久美であり、もう一人は池田亮一夫人の池田寿美《すみ》である。この二人は作家檀一雄の腹違いの姉妹である。

解放戦争時期、東北の鶴崗炭坑で、一部の残留日本人らが「日本人青年突撃隊」を結成し、石炭を掘り、前線を支援した。檀久美は突撃隊の炊事班にいたが、やがて菅沼氏と結婚し、それから、『人民中国』編集部にやって来た。最初の頃、檀は日本語の資料や新聞書物を管理していたが、後に翻訳係へ移った。池田寿美は、東京美術学校の卒業生で『人民中国』で美術編集をしていたが、毎号のレイアウトから挿画やレタリングまで担当した。

今は、友誼賓館に長期滞在している外国人専門家も少なくないが、当時は皆分散して住んでいた。初期の『人民中国』の日本人専門家は、北京東城南池子《ナンチーツ》の外文出版社の宿舎に住んでいて、中国人職員と同じように路面電車で出勤した。朝の出勤ラッシュの時間帯に、宣武門で下車した彼らが急ぎ足で事務所に入る姿が時々見うけられた。

李薫栄《りくんえい》、李玉銀ら女性職員が、『人民中国』の校正を担当した。李薫栄も瀋陽から来た人で、父親は中国人であるが、日本人の母親を持っているので、日本語が非常に綺麗であった。とてもまじめな女性で、彼女が校正した文章はノーミスと言えるくらいミスが少なかった。李は「校正担当員は、国境で巡邏する兵士と同じぐらい大切だと思います。一人の敵も逃がしてはならないため、常に目を大きく見開いていなければなりません。仮に一人の敵を逃がしたら、それは、業務上の過失になります。本や雑誌などの書物は、読者にとって、誤植などの無いことが当たり前で、ただ一つのミスも許されないと思います」と言ったことがあった。

外文印刷工場の労働者についても一言触れなければならない。『人民中国』の文選、組み版、印刷は全て外文印刷工場で行なわれた。

工場に届いた文章は、全部日本語で、それぞれが特徴のある書体で書かれていた。中には癖のある書体があり、日本語の分かる人にとっても判読し難いものだった。その上、専門家がじかに原稿に修正を加えたので、原稿はますます読みにくいものとなったのだ。しかし、日本語の分からない文選や組み版の担当者らが、誤植なしに活字を組んだというのは、本当に感心すべきことだった。

## 『人民中国』創刊十周年

一九六三年六月、『人民中国』創刊十周年記念に当たり、編集部は記念号の出版を決めた。郭沫若氏に原稿を依頼したほか、中日両国の名士にも、記念と祝賀の原稿を依頼することとなった。

廖承志《りょうしょうし》氏に原稿を依頼するのが私の仕事となった。廖氏は快く依頼を承諾したが、多忙のため、締め切り期限に近づいても編集部に連絡がなかった。心配になったので、何回も秘書を通じて催促した。

そんなある日、国務院外事弁公室から原稿を取りに来るようにとの電話があった。私は急いで国務院へ向かった。

廖氏は私を見て、「まだ書いていないんだよ。少々待ってくれたまえ」と言いながら、私をソファに座らせた。それから、机に戻り、すらすらと書き始めた。

三十分もたたないうちに、彼は完成した文を私に手渡した。嬉しかった私は、彼の筆の速さに感服しながら社に戻る電車の中で文章を開き読み始めた。

日本語版『人民中国』の創刊十周年を祝って

廖承志

『人民中国』日本語版も創刊十周年をむかえました。ふつうなら、雑誌が十年つづいたところで、べつにどうということはありません。しかしいまのような複雑な中日関係のもとで、『人民中国』が十年間続いたということは、やはり喜ばしいことであり、また得がたい事でもあります。一読者としてわたしは、日本語版『人民中国』と中日両国の読者のみなさんに、謹んでお祝いを申し上げたいと思います。

日本語版『人民中国』は、日本の読者に中国の各方面の状況を紹介して、中日両国民の相互の理解を深め、そこから中日両国民の間の友好感情をつちかってゆくことを旨としています。これはなまやさしいことではありません。というのは、中国人には、所詮、日本人ほどすらすら日本文がかけないからで、これは外国人にはおそらく中国人ほど中国文がうまく書けないのと同じ理屈であります。しかし日本語版『人民中国』の編集部の人たちは、いろいろと努力し、日本の友人や中国にいる日本の友人たちの共同の援助のもとに、雑誌の改善をはかるとともに、発行部数をも増やしてきました。このことだけをみても、わたしたちがみんなで支持している中日友好の事業は実を結んでいることがよくわかるので、多くの友人たちの貴い努力は決して徒労ではなかったと言えましょう。

日本語版『人民中国』には、まだいろいろと改善の余地があります。たとえば、月刊雑誌なのに、週間誌のようでもあります。この問題を解決するには、編集部は編集部としてもちろん考えなければなりませんが、それ以外に日本の読者のみなさんからたえず意見を出してもらうようにしなければなりません。どうしたらもっとわたしたちの共同事業〈中日友好〉に役立つ雑誌になるか、どのように編集をしたらもっと日本の広範な読者の要求にあう雑誌になるか、ということであります。

きけば、日本の友人のみなさんは、この数年間いろいろな意見を出してくださっているそうで、わたしたちは非常に感謝しています。いま、中日友好の声は中日両国人民の間でたえず高まり、中日友好促進の運動ももはやさえぎることのできない巨大な流れになっています。このような歴史的な時期に、わたしたち中日両国の『人民中国』の読者が協力してこの『人民中国』をいっそうよいものにしてゆくことは、非常に意義のあることに違いないと思います。

最後になりましたが、この雑誌にとりくんで十年間苦労して来られた編集部の人たちと、雑誌の改善のためにたえず貴重な援助をして下さった日本の友人のみなさんに、改めてお礼を申し上げたいと思います。

廖氏のこの祝辞は一九六四年六月号出版の「記念号」に掲載された。

『人民中国』を改善するために、廖氏はしばしば編集部に意見やアドバイスを寄せた。一九六三年二月二十二日、廖氏は編集部の人員を呼び寄せ懇談をしたが、幸いにも、私もその場に居合わせることができた。

廖氏は、『人民中国』の内容と編集が改良され、読者の評判も良くなり販売部数も増えてきたので、大きな変更を加えない方が良いとし、「雑誌の方針を頻繁に変えることは良くない。ただレイアウトを工夫することが望ましい。もっと生き生きした感じの方が良いだろう」と言った。

廖氏は『人民中国』の毎号に、「重量感のある政治性の強い文章を掲載する必要がある。透徹した解説が必要だが、あまり堅苦しくしないこと。この類の文章は必ずしも雑誌のトップでなくてもいい。それに、中国の各方面に関する総合報道も内容の一つにして、系統だてて紹介したものが良いだろう。経済動向も入れてよい。良い写真を選んで中日貿易の展開に合わせて誌面作りをすると良い」と言った。

写真について、廖氏は雑誌の美術編集を改善しなければならないと強調した。

「今載っている写真は、あまりにも小さすぎる。印刷も良くないし、あちこち分散して格好が悪い。日本の雑誌にはこのようなものはない」と、廖氏は手元にあった『人民中国』最新号を開いて、ある女性パイロットの写真を指差した。

「このような、人の性別が分からないような写真は載せてもしょうがないじゃないか？　良い写真を選んで、雑誌の前の方に数ページか、さもなくば後の方に数ページかを集中的に載せるのがいい。良くない写真を載せるよりはないほうがすっきりする。写真選びにも学問がある。日本の雑誌を参考にしてごらん」。

廖氏はまた続けた。

「ユーモアがあり気楽なものも重要だよ。今は、このような文章が少ない。全ての文章が礼儀正しく正座しているように見えている。これじゃだめだ。中国人は笑うことすらできないと思われるじゃないか。スマートな良い文章を増やさなければならない。これから『北京周報』が創刊されるかもしれない。そうなると、『人民中国』はもっと大胆にならなきゃ。

あなた達の雑誌座談会も、活気がない。皆、用心深そうにして責任を取りたくない発言ばかりをして……いけないよ。座談会はもっと活発でなきゃ」。

廖氏は文学コラムにも大きな関心を寄せた。

「小説はね、作家の先生を『確保』して書いてもらったら良いでしょう。まず、『人民中国』で連載して、それから国内で単行本を発行する。原稿料はできるだけ高くする。読者を増やすのに連載物は効果があるんだよ。ドラマもいいよ。評判のドラマを選んで……、連載は長くてもかまわない。それから、中国の古典文学作品を簡単に紹介してみたら。『紅楼夢』は日本人にあまり知られていないから、専門家に評論や紹介の文章を書いてもらいなさい。それから、中国の映画や、さらに絵を紹介しても良いでしょう。古典の絵でも、現代の絵でも。

雑誌の編集においては、社会の力を借りなければならない。そこで、たくさんの人に文章を書いてもらわなきゃ。北京にはこれだけの文士がいるんですから、いくらだって文章を書いてもらえるでしょう。李初梨《りしょり》に焼き物の紹介を、陳叔通《ちんしゅくつう》に梅の画を、それから朱老総（朱徳総司令。老総は敬称）には蘭の栽培を話してもらって、写真も加えたら、歓迎されること請け合いだよ。鄧拓《とうたく》が五千元で買った蘇東坡《そとうば》の画も使える。そして、われわれには『清明上河図』がある、その紹介文も良いだろう。こういうようなものは絶対人を惹きつける。その他に、われわれにはまだ自慢話があるでしょう。花柳徳兵衛《はなやぎとくべえ》が中国で弟子入りさせたあの張均《ちょうきん》は、花柳さんが『覚えるのに三年かかる』と言ったあの日本舞踊を、すぐマスターしたじゃないか。どうやって教えたか、どうやって覚えたか、書いたら良いでしょう」。

廖氏のこのような意見は、今ではごく当たり前に聞こえるが、しかし、当時支配的だった左寄りの思想風潮のもとで、私達には、そうしたことを考える勇気さえなかったし、考えに及んだとしてもそれを実行しようとする度胸もなかった。

『人民中国』の「創刊号」に発刊の祝辞を書いた郭沫若氏も、雑誌の成長をじっと見守っていた。六〇年代初期、私は編集部責任者の李翼《りよく》氏の指示を受け、「雑誌に対するご意見をお聞きしたい」ということで何回も郭氏に連絡した。郭氏秘書の王廷芳《おうていほう》氏の斡旋で、郭氏はわれわれとの会見に同意した。そこで、一九六二年五月十五日に、私達は大院胡同にある郭氏宅を訪れ、平屋の会議室で、テーブルを囲んで座った。

郭氏は、「編集部が毎号の『人民中国』を届けてくれるよ。今までの『人民中国』は内容から見ると、『左派』に読んでもらうものだね。今後、もっと多くの読者を獲得するために、調子を変える必要がある。健康で面白い文章をたくさん載せていいんだ。ただ、単純に読者の趣味に迎合したり、センセーショナリズムに陥ったりしてはならない」と言った。

雑誌の構成について、郭氏はこのように言った。

「日本人は文芸物が好きで、こういった内容を多くした方が良い。陳叔通宅には、歴代名士の硯がたくさんあるから、彼と話してごらんなさい。硯のコレクションについての逸話を書けば読者が読むでしょう。書道方面では、上海の沈尹黙《ちんいんもく》を訪ねた方が良いでしょう。それから、堅くない学術的な文章でも、新しい見解さえあれば少し載せても良いんじゃない。最近、上海、広州《こうしゅう》の学術界ではこのような文章がたくさん発表されているよ。但し、学術性があまり高いのも困る。読者が読まなくなるからね。それから『人民日報』第六面の短文、例えば『長短録』だが、われわれは面白いと思うが、日本人の読者は興味を持つかね？」

郭氏はまた映画「生活に向かって」（中国名は「走向生活」）を例としてあげた。

「雑誌は映画と同じだよ。四六時中『中心任務』に合わせてお説教する必要はないよ」と言った。

モデルチェンジ前の『人民中国』は、『人民日報』と『紅旗』誌の社説をしばしば転載した。今後も同じにするかどうかについて、われわれは郭氏の意見を訊くと、

「このような社説は、なくてはならないが、多過ぎるのも良くない。雑誌には、核心となる文章が必要だが、他の各方面の文章も必要だ。『牡丹が綺麗なのは、その緑の葉があるからだ』というだろう。夜空も、まん丸の月だけじゃつまらないだろう。月のそばに雲が少しあり、そして、遠くに星が幾つかあることで、月はいっそう綺麗に見えるんだろう」。

郭氏はまた日本語の名詞と中国語の関係について語った。

「日本人は刺身が好きだ。日本語では刺身を sashimi という。これは中国広東省辺りで食べられる生の魚『浸身』（samsm）の発音に似ている。それから、日本語の紙の発音（kami）は、中国古代の発音（kem＝籤）とそっくりだ」と言いながら赤い鉛筆で書いて見せた。

『人民中国』にとっては、もう一つ忘れ難いことがある。それは、一九六三年六月十三日、北京で日本語版創刊十周年、インドネシア語版創刊五周年の記念会が開催され、周恩来総理と陳毅《ちんき》副総理が外文出版社を訪れ展覧会に出席したことである。お二人は、その後のパーティにも参加し、祝賀の辞も述べた。当時、私は外文出版社代表団と一緒に日本を訪問していたので、この盛会に参加することができなかった。

一九六四年夏、仕事の異動があって、私は『人民中国』日本語部と別れを告げた。中日両国の新聞記者交換は一九六四年九月から始まることになっていたが、私は第一陣の特派員に選ばれ日本に派遣されることとなった。そして、その後十五年、ずっと日本で暮らしていた。

一九五二年から一九六四年、私は『人民中国』で十二年を過ごした。この十二年が、その後の日本での記者生活に必要な基礎を築いたと言えるだろう。

# 日本歴訪

## 初の交渉通訳

私が北京に来た一九五二年頃から、中国と日本の間の民間交流が徐々に多くなってきた。日本代表団が幾重もの障害を乗り越え、相次いで中国訪問を実現してから、中国も少数ではあるが代表団を日本へ送ることができるようになった。こういった状況の中で、通訳の必要が次第に増えてきた。

今では、多くの日本語人材が大学で育成され、各分野、領域で活躍し大きな貢献をしている。しかし、当時の状況は今とは違っていた。日本語のできる人はたくさんいたが、「家柄が悪い」とか、「本人の経歴に傷がある」などの理由により、渉外事務の仕事に就くことはできず、重用されることはさらに困難であった。その上、新中国が自ら養成した日本語の人材は、まだまだ独自に仕事する能力は持ち合わせていなかった。したがって、新中国で起用される若い通訳の数は非常に限られていた。選ばれた人は、建国前に日本語を習ったことはあるが、日本の侵略時代に侵略者のために働いたことのない、いわゆる「歴史清白」（経歴に傷がないこと）な人間や、一九五〇年代初期に、勉強や新中国国家建設に参加するため、日本から帰国した愛国青年華僑などであった。

私は多分「歴史清白」の類に属するだろう。北京に来たら、翻訳の仕事を一生懸命やろうと心に決めていたが、思いがけず通訳の現場へと押しやられることになった。

最初の頃、時々ではあったが臨時に接待部門に出向させられ、日常会話の通訳をしていたが、徐々に、重要な場面への参加も許されるようになった。当時の私は、本職の『人民中国』編集の仕事もかなり忙しかったので、そのうちに重要な会見や会談だけに行くようになった。

初めての通訳の仕事は、一九五四年に巡ってきた。

その年の七月に、日本の各政党によって結成された国会議員代表団の一行十六人が、スウェーデンの首都ストックホルムで開かれる世界平和会議に出席し、帰途に北京を訪問した。一行は東単《トンタン》近くの「北極閣」に滞在していた。

団長の松浦周太郎氏は北海道出身の国会議員だった。メンバーは、改進党の桜内義雄氏、中曽根康弘氏、園田直《そのだすなお》氏、自由党の西村直己氏、右派社会党の今澄勇《いまずみいさむ》氏、松前重義《まつまえしげよし》氏、堂森芳夫《どうもりよしお》氏、さらに共産党の須藤五郎氏である。中曽根康弘、園田直の両氏は、若くて有能で、第二次大戦中に徴兵に応じたこともあるので、「青年将校」、「少壮派」と言われた。作曲家で、宝塚の楽団でタクトをとっていた須藤氏は非常に親切な人で、訪問先に向かう道中で、われわれ随行員に日本の歌を教えてくれたりして、皆から「五線譜」という愛称を与えられていた。

私にとって、とても印象深い、初の外賓接待であった。

翌年の一月、北京で「中日民間漁業協議」の交渉が行なわれ、私は王効賢《おうこうけん》氏と林麗韞《りんれいおん》氏らと共に、交渉の通訳を引き受けた。初めての交渉通訳だった。

われわれは崇文区の新僑ホテルに集められ、仕事も生活もホテルの中だった。中国側の代表は主に水産部と水産会社から選ばれ、団長は楊煜《ようい》氏だった。実際のところ、会談は周恩来総理と廖承志氏に直接リードされたもので、中国海軍司令部参謀長の張学思《ちょうがくし》氏も強く支持したと言われている。代表団の事務局長は孫平化《そんへいか》氏で、趙安博《ちょうあんばく》氏も会談に参加した。

日本代表団の主たるメンバーは、村山佐太郎氏、七田末吉《しちだすえきち》氏、山崎喜之助氏らの福岡、下関、長崎を基地にする日本近海底曳網漁業会社及び組合を代表する人々であった。事務局長の丸亀秀雄氏は、農林水産省と深い繋がりを持っていたという。また、安藤という通訳が代表団に同行した。

今回の折衝の目的は、中日双方の漁船が東海と黄海で起こした漁獲紛争と漁業資源保護などの問題をどう解決して行くかにあった。われわれは通常「中日両国は、海を隔てて相対している」と言っているが、ここでの「海」は「東海と黄海」を指している。この大陸棚は魚類が豊富で、世界でも有名な漁場であるため、日本の漁民にとって大きな魅力であった。

中日両国の漁民が共に漁をするこの漁場では、トラブルが続出した。設備も漁獲技術も優れている日本漁船は、秩序など気にもせずに海を横暴に突き進み、技術的に遅れている中国漁船の魚網を破ったり、小魚を大量に捕獲して漁業資源を破壊したりした。さらに我が軍事禁止区域に突入し、漁船と作業員が拿捕されることもしばしばあった。また、海上で暴風などの緊急事態に遭遇した場合に、互いに相手側の港や海岸に寄港し避難しようと思っても、連絡方法や体制が整備されていなかったため不可能だった。

一言で言えば、中日両国の、東海と黄海での安全かつ平和な出漁が保証されていなかったのである。

この問題を解決するには、「漁業協定」を結ぶことが最善の方法であった。理屈から言えば、このような協定は両国政府間で行なうべきものであるが、しかし、当時の日本政府は、まだ中華人民共和国を承認しておらず、両国の国交も回復していなかったので、「協定」は民間団体の「中国漁業協会」と「日本漁業協会」との間で行なわれることとなった。しかしながら、双方の誰もが「この協定は、領海と軍事禁止区域の問題にも触れるもので、両国の政府の了承がないと成立しない」ということは分かっていた。表面上は、交渉はあくまでも民間レベルのものに過ぎなかったが、双方の代表団が自国の政府から何らかのサポートを受けていることは明々白々であった。

言うまでもないが、交渉は双方の利益に関わるもので、激しい論戦を避けられず、言葉のやり取りもかなり強烈になる。しかも、交渉中に使われる漁業用語は極めて専門的で、魚の学名や俗名など、日本語と中国語を結びつけるのは一苦労だった。専門用語も続出して、「トロール船」、「底曳網」など、今まで聞いたこともない言葉が飛び交った。覚えたらすぐ使い、なんとかその場その場を凌いだ。

折衝の間中、中国側は日本漁船の海での「横衝直闖」（原文の中国語である。横暴でルールを守らずに海を突き進むこと）を非難したが、われわれは「横衝直闖」の適切な和訳を即座に見つけることができず、結局「縦横無尽に海を突き進む」という訳でその場を取り繕った。後に、日本代表団は、「縦横無尽に突き進む」という日本語は必ずしも悪い意味ばかりではないと指摘し、その頭に、「無秩序」を加えたらよいだろうと助言してくれたが、われわれは、もちろんそれに同意した。

結局、双方の意見や主張に食い違いが多く、交渉は順調に行かなかった。時には膠着状態に陥り、また再開されるという、まるでマラソンレースのような状況が続いた。交渉は、その年の一月から四月十五日にかけて行なわれていた。

ようやく成立した協定では、東海と黄海について、軍事禁止区域と漁業資源保護区域の外に、幾つかの漁区が決められ、双方の漁船が漁区に進入する艘数も限定された。さらに、双方の漁船が緊急時に相手側の港へ避難することも明確にされた。

私は最後までは会談に参加できなかった。双方が合意に達する前の三月に、中国貿易代表団の訪日準備の仕事が舞い込み、漁業交渉の現場を離れたのである。

三月下旬、通訳として、私は中国貿易代表団に随行し日本へ飛び立った。

初めての日本訪問である。

# 貿易代表団に随行、初めての日本訪問

## 戦後初期の中日貿易

臨時事務室として使っている新僑ホテルのある部屋に、孫平化氏と二人になった。一九五五年一月に中日漁業協定の折衝が始まって以来、関係者全員がこのホテルに集まるようになってすでに一ヶ月以上が経つ。多くの人が毎日事務室に出入りして、その日のように暇な時はほとんどなかった。

「日本に行く仕事があってね。君にも行ってもらおうと考えている」と、孫氏が突然言った。

「でも、私はまだ共産党員ではありませんが、行ってもいいのでしょうか」と、全く心の準備のない私は、半信半疑であった。

「ああ、問題ないよ」。

「それは、いつでしょうか」。

「多分来月になるだろう」。

東京で第三回貿易協定に調印するため、対外貿易部など関連機構が代表団を組織していることを後になって聞かされた。私は、通訳として代表団に随行し東京に行くことになった。

戦後の中日貿易を語ると、第一回の中日貿易協定にまで遡らなければならない。高良《こうら》とみ、帆足計《ほあしけい》、宮腰喜助《みやこしきすけ》ら三名の国会議員は、日本政府の度重なる妨害を乗り越えて、西ヨーロッパを迂回しソ連を経由してから新中国の首都北京に辿り着き、中国国際貿易促進委員会主席の南漢宸《なんかんしん》氏と「第一回中日貿易協定」に調印した。一九五二年のことである。

日本政府は、高良とみらが「安全が保障されていない中共」のような国を訪問することを非難し、「あらかじめ、政府に外遊先を明確に申請していなかったため、パスポート法違反である」と処罰することを公言したが、帰国した高良とみらは、日本国民から熱烈な歓迎と暖かい声援を受けた。

戦後、中日両国の間では法律上の戦争状態が長く続いていたが、そのような状態の中で、様々な困難を乗り越えて調印された「協定」は、非常に重要な意義を持っている。

「協定」は、結ばれた日から同年の年末までに、中日双方がバーターシステムで各々三千万ポンドの輸出と輸入を行なうことを取り決めたが、その最大の特徴は「同類物資の交換」という原則を打立てたことである。

「協定」は二度延長され、十六ヶ月間実施されたが、日本側が輸出しようとする全ての甲類物資及び大部分の乙類物資が、アメリカが列挙した「禁輸」物資のリストに載っていたため、「協定」総額の五%しか実現できなかった。

「第二回中日貿易協定」は、交渉を経て一九五三年十月二十九日に調印された。各々の輸出と輸入総額が三千万ポンドとなっていて、期限を一九五四年十二月三十一日までとし、「同類物資交換」の原則を堅持した。

アメリカによる封じ込め問題がそう簡単には解決できない中、日本政府は各方面からの圧力により一部商品への輸出制限を緩和した。その結果、中日貿易にある程度の進展が見え、十四ヶ月間実施された「第二回貿易協定」は、予定額の三八・八％に達した。これは総額の半分には及ばなかったものの、「第一回協定」より前進したことは確かだった。

日本が中国への輸出制限を継続的に実施したため、両国間の貿易は不均衡にならざるを得ず、中国は輸出超過となった。この問題の根がどこにあるかといえば、やはりアメリカが設けたココムという人為的な障害であり、日本の輸出はココムに多々影響されたのだ。

「第一回中日貿易協定」が締結された当時、私はまだ大連日僑学校にいたが、その半年後に北京の『人民中国』編集部に転勤した。

「第二回貿易協定」が調印された時、『人民中国』はすでに創刊され、ちょうど第四号が出版されたところだった。直接に「協定」関連の仕事には参与していなかったが、携わっていた仕事の内容から日本問題に強い関心を持っていて、中日関係正常化に向けて中国が一連の措置を取ったことを新聞報道で知ることができた。

一九五三年三月、中国紅十字会は日本赤十字社、日本平和連絡委員会、日中友好協会の三団体と在華日本人帰国の問題について協議し、残留していたおよそ四万人の日本人の帰国が計画され着々と実行された。

一九五三年九月二十八日、周恩来総理が北京で、来訪した平和運動指導者の大山郁夫教授と会見したが、『人民中国』は、この周総理が戦後初めて日本の友人と会見した様子を大きく報じた。会談の中で周総理は両国の正常な関係の樹立及び文化、経済の交流について考えを述べた。

われわれは、世界各国との正常な関係、とくに日本との正常な関係の回復を主張しています。しかし日本政府が依然として米国の中国および東方各国を侵略する道具となり続け、依然として中華人民共和国および中国人民を敵視する政策を取り続け、かつ依然として蒋介石残存匪賊とのいわゆる外交関係を保持しつづけるならば、日本は日増しに太平洋における不安の要因となり、従って日本と新中国が講和条約を締結し正常な外交関係を樹立する可能性を阻害するでありましょう。

中日貿易について、周総理はこう語った。

日本の現政府は、公然と米国のいわゆる「禁輸」を実行し、極力中日貿易の発展および文化の交流を阻害しています。この故に、まず、このような阻害を打破するため、両国人民の共同の奮闘が必要です。中日両国間の貿易関係は、必ず平等互恵の基礎の上に樹立しなければなりません……日本は中国の近隣ですから、平和共存の基礎の上に、中日貿易の発展および経済の交流は、全くその広々とした前途を持っているのです。

「第二回中日貿易協定」が調印された翌日の一九五三年十月三十日、『人民日報』は「中日関係を論ず」という社説を掲載し、中国の対日基本方針政策を包括的に論じた。

新中国が成立して既に数年が経っていた。日本の代表団や個人レベルでの中国訪問が相ついだが、中国からは未だ日本へ代表団を送ることができなかった。一九五三年に日本赤十字社などの三団体は、在華日本人引き揚げ問題で多大な協力をしてくれた中国紅十字会に対して謝意を表したいと、日本訪問の招請をした。当時の中国では、代表団が何時訪日できるかについて盛んに議論されたが、結局この招請は二十ヶ月引き伸ばされ、一九五四年十月にようやく、李徳全《りとくぜん》氏を団長、廖承志氏を副団長とする中国紅十字会代表団の日本訪問が実現した。新中国の初めての訪日代表団として、日本で大きな反響を呼んだ。

代表団が日本を訪問する直前の一九五四年十月十二日に、中国とソ連両国政府は「共同宣言」を発表し、「中華人民共和国政府とソ連邦政府の日本との関係についての政策は、社会制度の違う国家が平和的に共存できるという原則に基いており、また、これが各国人民の切実な利益に合致することを信じている。中ソ両国政府は、互恵の条件に基いて日本と広い貿易関係を発展させ、日本と密接な文化的連繋を打ち立てることを主張する……両国政府は、日本との関係を正常化させる措置を取ることを望んでいることを表明する……」と述べた。さらに十二月二十一日、周総理は中国人民政治協商会議第二期全国委員会第一回全体会議の政治報告で、「中華人民共和国政府は六億の中国を代表する唯一の合法政府である。中国政府は一貫して平等、互恵および領土主権の尊重などの原則の基礎の上にあらゆる国と正常な関係を樹立することを主張してきた。我が国は日本とも正常な関係を打ち立てることを希望する。もし日本政府が同様の願望を持ち相応の措置を取るならば、中国政府は段階をふむ措置をとって中国と日本との関係を正常化する用意がある。中国政府は日本と平等互恵の原則に基づき、貿易関係を広範に発展させ、日本と密接な文化提携を打ち立てるよう主張してきたが、この方面は中日両国人民の不断の努力によってすでに若干の成果があり、今後はさらに大きく発展することが期待される」と指摘した。

当時、国際情勢はかつてより少し緊張緩和されてきていた。一九五三年七月、「朝鮮停戦協定」が締結され、中日貿易に多少の転機がもたらされたが、一九五四年九月には、ジュネーブでインドシナ停戦協定が調印され、中国が平和五原則を提出し、さらにアジア・アフリカ諸国首脳会議がバンドンで開かれようとしていた。アメリカの中国に対する封じこめと「禁輸」政策は依然変わっていなかったが、中日貿易を取り巻く環境には新たな変化の兆しが現れていた。

日本の国内情勢も変わっていった。一九五四年に入ると、戦後五回の組閣をした吉田茂内閣が倒れ、民主党鳩山新内閣が発足した。吉田内閣の「アメリカ一辺倒」外交政策を変更しようと、鳩山内閣は対ソ・対中関係における突破口を探ろうとしていた。

鳩山内閣が発足した翌日の十二月十一日、外相の重光葵氏が、日本はお互いが受け容れられる条件の下で、ソ連と中国との国交回復を考えたいと、声明を発表したが、結局アメリカの圧力に屈しその方針を撤回した。

一九五四年に入り、日本から貿易関係者が商談のために中国を訪問するケースが増えてきた。日本の主要都市では社会主義国家との貿易を促進する団体が結成され、各界の名士によって日中・日ソ国交回復国民会議が設立され、大規模な集会やイベントが連日のように行なわれていた。九月二十二日、従来の日中貿易促進組織が基になり、村田省蔵氏を会長とする日本国際貿易促進協会が発足した。その後この協会が推進役を果たし、日本の国会は一つの中国貿易代表団を招請する決議案を通過させた。

村田省蔵氏は一九五五年一月中国訪問した折、中国国際貿易促進委員会に対して正式な招請をした。周総理は村田氏の要望に応じて氏とは北京で会見し、中日関係の改善について五時間にも及ぶ会談を行なった。当時私は日本漁業代表団の接待で、ちょうど新僑ホテルに泊っていた。仕事仲間の王効賢が会見の通訳を担当していたので、周総理と村田氏との会見について知ることができたが、会談の具体的な内容までは知らなかった。

村田省蔵氏は、戦前、貴族院議員、近衛内閣の逓信大臣、鉄道大臣、陸軍省顧問を歴任し、大阪商船社長を務めたこともある。中日関係の重要性においてある程度の理解を示し、双方の橋渡しにもなりたいと考えていた村田氏であるが、その特別な経歴と新中国への知識不足から、中国に対する疑念と不安の感情も抱いていた。

「中ソ友好同盟条約では日本を仮想敵としている。中国は日本国民に友好の情を示しているが、日本人はソ連が信用できないと感じている」、「平和五原則の精神は他国の内政に干渉しないとするが、中国共産党が日本に革命を持ち込む可能性はないか?」、「日本共産党はモスクワと北京の紐付きだと一部の日本人が心配している」、「中国が強くなると、日本を攻撃することはあるか?」など、村田氏はかなり厳しい質問を周総理にしたという。

このような村田氏が挙げたものは、当時の日本財界の典型的な見方と疑惑であった。周総理は村田氏の問いに対し、中国の方針や政策などについて説得力のある説明をした。

当時の日本は、国内の経済状況が好転しつつあった。貿易以外でも全ての経済指数が戦前の最高水準を超えるなど、日本経済はいわゆる「神武景気」の前夜にあった。一方、中国は一九五二年に国民経済回復期を終え、工業、農業の生産が解放前の最高水準を突破し、一九五三年から一九五七年の第一次五ヶ年計画期に入った。経済面から見れば両国の交流の条件は既に整っていた。

このような政治・経済及び国際情勢を背景に、中国は招請を受け、第三回の中日貿易協定を締結するため貿易代表団を派遣した。

## 貿易代表団の結成

当時、代表団が海外に行く時には、出国前の準備が極めて重視された。われわれは北京東単蘇州胡同の小さなビルに集められ、研修のため出発直前まで毎日通った。

研修が始まった後のある日、全体会議が行なわれた。日本で言う「結団式」である。ビルの一階にある大きな広間に全員が集合し、団長の雷任民《らいにんみん》氏のスピーチを聞いた。雷氏との初対面だった。

雷氏は四十歳過ぎで背は高くなかった。大きな目に鋭い眼光、そして素早い動作、一見してそのやり手ぶりが窺えた。対外貿易部常務副部長の氏は、中国国際貿易促進委員会代理主席を兼ねていた。聞くところによると、若い頃、氏は日本の法政大学に学んだという。

「もう時間が随分経ったので、日本語はすっかり忘れてしまった」と、氏はあっさりと言った。

山西省出身の雷氏には少しお国なまりがあったが、ゆっくりとしたテンポで、いつも最適な言葉を捜しているような話し振りだった。

「われわれの代表団は新中国の第一号の訪日貿易代表団です。今度の日本行きの目的は、第三回貿易協定を結び、中日関係を前進させることにあります」と雷氏は語り、「国を出たら、国内にいる時のように何もかも討論してから順序通り事を運ぶ、というやり方は変えなければなりません。手順の簡素化を十分理解して下さい」と、仕事の進め方について細かく説明した。

代表団には二人の副団長がいた。一人は党外の人士、李燭塵《りしょくじん》氏である。李氏は六十歳代で温厚な老紳士であった。天津永利化学会社と九大精塩会社の社長の李氏は、有名な民族資産家である。当時天津工商連合会主席と全国工商連の常務委員を務めていて、後に中国政府軽工業部の部長となった。

もう一人の副団長は盧緒章《ろちょしょう》氏である。全国解放前、地下活動に従事していたが、解放後中国輸出入公司《コンス》の総経理に就任し、われわれが日本を訪問した際は対外貿易部第三局局長であった。がっしりした体格の盧氏はとても質朴で正直であり、いつも毅然としていて、普段はほとんど無口だった。しかし、たとえ彼が何か話そうとしても、強いお国なまりのため、北方の人間の私には聞き取り難いものだった。

これは大型代表団である。当初の人数は三九人で、団長、副団長以外のメンバーは次の通りである。

(肩書きは当時のもの)

秘書長一名　謝筱迺《しゃしょうだい》(中国国際貿易促進委員会連絡部部長)
副秘書長二名　孫平化(中国人民対外文化協会連絡部副主任)
　張紀明《ちょうきめい》(中国国際貿易促進委員会経済研究室主任)
顧問一名　符浩《ふこう》(中国国際貿易促進委員会顧問)
団員八名　李範如《りはんじょ》(中国糧穀油脂輸出公司代理総経理)
　倪蔚庭《げいいてい》(中国輸出入公司副総経理)

商広文《しょうこうぶん》（中国土産公司副総経理）
馮鉄城《ひょうてつじょう》（中国土産輸出公司副総経理）
李景唐《りけいとう》（中国輸出入公司天津分公司総経理）
辛毅《しんき》（中国化工雑品輸入公司代表）
詹武《せんぶ》（中国人民銀行国外業務局局長、中国銀行副頭取）
張致遠《ちょうちえん》（交通部海運総局副局長、中国外輪代理公司代表）

副秘書長の張紀明氏は同時に代表団のスポークスマンを務めた。張氏と顧問の符浩氏は貿易促進委員会の肩書きになっていたが、一人は中国国際放送局に勤務しており、もう一人は外交部に務めていることを当時の日本人でも知っていたようだ。代表団には五名の専門家もいた。

王迪《おうてき》（船舶）
張方佐《ちょうほうさ》（紡織）
徐学昇《じょがくしょう》（電機）
陳氷孝《ちんひょうこう》（船舶）
兪宗蔭《ゆそういん》（金融）

そして、張華増《ちょうかぞう》、陸綬観《りくじゅかん》ら四名の秘書と陳抗《ちんこう》、丁子修《ていししゅう》ら四名の随行員も加えられた。

代表団の形成に関して、廖承志氏と王稼祥《おうかしょう》氏が具体的な指導をしたと言われている。当時、「民間交流、政府連携」という方針があり、諸成員の名刺には政府と民間の二つの身分が並べられ、政府の身分が前方に書かれた。

代表団のもう一つの特徴は、四名の新聞記者が随行したことである。首席記者は『人民日報』社のベテラン女性記者汪溪《おうけい》氏で、他の三名は新華社国内部記者任豊平《にんほうへい》、新華社兼中央人民放送局記者呉学文《ごがくぶん》と『人民中国』雑誌兼『大公報』記者の康大川である。

日本で貿易交渉にあたるこの大型代表団にとって、どのような通訳を選ぶかは非常に重要なことであった。大ベテランの王効賢、貿易業務に詳しい林連徳《りんれんとく》と王兆元《おうちょうげん》、中国国際放送局の方宜《ほうぎ》、『人民中国』雑誌の翻訳係の安淑渠と私の五人が選ばれたが、万全のため、対外貿易部の英語通訳の荘慕蘭《そうぼらん》も随行することになった。

われわれ日本語通訳の勉強の主な内容は、対日政策と貿易用語だった。ある日、当時の情勢や対日政策を説明しにきた孫平化は、中日関係正常化について、「普段われわれは『国交の樹立』より『関係正常化』の方を多く使う。なぜなら、現在の中日両国はまだ法律上の戦争状態にあって、両国関係は正常ではないからだ。国交を結び、平和条約を締結し、この状態を終結させて初めて両国関係の正常化が実現できる。われわれは絶えずこれを推し進めなければならない。一歩の前進であっても『関係正常化』の具体的な現れであって、そして、最後に国交の回復までに至る」と語った。

最も手間をかけたのは貿易用語の学習であった。幸い、対外貿易部で日本貿易に携わっている林連徳氏は、日常使用する言葉を一冊のハンドブックにまとめ、謄写版で印刷してから皆に配った。これが大変動かった。

「L／C、決済、ストック、先物、見返り物資、クレーム、FOB価格、CIF価格、『トーマス方式』、『逆トーマス方式』」など、ハンドブックを開いて目に飛び込んできたのはこういった知らない言葉ばかりだった。

いわゆる「トーマス方式」は戦後の中日貿易で一時的に用いられた納品方式である。従来から日本政府の通商産業省は、日本商社の中国との非禁輸物資の取引方式を限定し、「バーター取引」だけが許されていた。ある時、日中貿易促進会の責任者鈴木一雄氏は、日本貿易産業界の氏の三菱商事時代の同僚である東京貿易商会オーナの松宮康夫氏の代理として、北京で初めての取引を成立させた。それは日本側が先に北海道産の海苔を輸出し、三、四ヶ月後に同じ金額の中国産豆粕を輸入する、というものであった。この「先に輸出、後に輸入」という取引契約は、日本の通産省も認可し「トーマス方式」と言われた。「トーマス」は「TOMAS」のことで、東京貿易商会の電略である。後に、「先入後出」の形での取引、すなわち、中国側の品物が先に決められその後一～十ヶ月の間に日本の品物を確定するというものが許された。これは「反トーマス方式」あるいは「逆トーマス方式」と言われる。

当時の私はこういった貿易用語の本来の意味を知らなかったのでただ丸ごと暗記した。まさに「盗人を見て縄を綯う」というところだった。

貿易関連用語以外に多くの商品名も覚えねばならなかった。農水産品から、鉱物、繊維原料、機械、金物、工具などにわたり範囲が非常に広く、覚えるのが大変だった。中でも一番頭を痛めたのが化工品と化工原料で、知識不足から、いくら頑張って覚えようとしても効果は上がらなかった。

いよいよ代表団三九名は全員広州に集まり愛群大厦に泊った。もうすぐ日本へ出発かと思うと胸が高鳴った。私にとって日本は特別な意味を持つ国で、全く知らないとも言えるし、親しみのある国とも言えるのだ。まだ一度も訪れたことがないが、かねてからの仕事の関係で多少の知識はあった。

広州に着くと予期せぬできごとが発生した。代表団の一人が急に日本へ行くのを止めたいと弱音を吐いたのだ。まだ中日両国関係が正常ではなかった当時、われわれの日本行きは香港を経由して、外国の飛行機で太平洋を越える以外に方法がなかった。飛行機は今のような大型のジェットではなく、プロペラジェットであったため、香港から東京まで七時間もかかった。もしものことがあったらこの広い太平洋上では確かにどうしようもなかった。

特に、当時の海峡両岸の関係は今のようにある程度緊張が緩和されている状況と違い、非常に厳しかった。万が一飛行機が故障して台湾にでも不時着しようものなら、予想のできない事態が起こり得ただろう。私たちの間では「もし飛行機が故障して、海に落ちたら亀の餌になる。もし台湾に着陸したら死ぬ気で徹底的に戦おう」と、いつもこのような冗談を言いあった。

彼はこういったことで諦める気になったのかも知れない。

このような状況の中、代表団の指導部は広州で全団員に対して節操教育を行なった。われわれ通訳班も会議を開き、困難や危険を怖れず、犠牲を厭わない覚悟で新たな任務に就こうと決意を表明した。

「万が一飛行機が台湾に降下することになったら、われわれは映画に登場する英雄に負けず、絶対に屈服しない。あの英雄達はわれわれの良いお手本だな」と孫平化が皆に言った。

孫氏の言葉に励まされ、緊張はかなり緩まった。今と比べると当時の海外行きでは、事前の思想教育が細部まで行なわれ、様々な最悪の状況が想定され不測の事態への対応も万全だった。一人一人の心の中に「もう帰れないかもしれない」という悲壮な気持ちさえあった。

## 渡航証明書

中国から日本へ行くには、香港の日本総領事館で手続きをしなければならなかった。団の指導部は先発隊を香港へ行かせることを決定し、孫平化、呉学文と私が選ばれた。

出発日の早朝、まだ空が白み始める前にわれわれは深圳への汽車に乗り込んだ。初めての深圳から香港行きの旅である。

車窓からは美しく広がる畑が見えた。水牛を使って畑を耕す農民の姿がシルエットのように見え、黒い布の服を着た女が、黒い布ふちの笠を被って天秤棒で荷物を担いで畑を行き来していた。

汽車が駅に入ると、標準語と広東語で駅の名前を知らせていた。およそ四時間の旅だった。当時の深圳は小さく周囲は全部農村だった。近くに小さな町があると聞いたが、行かなかった。

香港アジア貿易会社の職員がすでに駅でわれわれを待ち受けていた。その案内で休憩室に入り昼食もそこで済ませた。北方ではあまり見かけない線米（タイ米に似た長い米）飯が美味しかった。

食事をしている間に、迎えてくれたアジア貿易会社の職員が香港行きの手続きをしてくれた。その後彼の案内で橋を渡り香港側の羅湖《らこ》に着いた。橋の上に数人の香港側の武装警察官がいたが、事前に連絡を受けていたためか通過は非常にスムーズだった。私の推測だが、よくここを通っているアジア貿易会社の人はすでに武装警察官と顔見知りになっていた上、われわれがパスポートを持っていたので通過には何ら支障がなかったのだろう。

羅湖から車で九龍へ向かった。九龍から香港側へ行くのにその頃はまだトンネルがなく、船を使っていた。車ごと対岸まで渡った。

宿泊先は新華社香港支社の招待所であった。摩星嶺の山の上にあり、周囲は緑と色とりどりの花に囲まれ、ベランダから青い海が見えた。

香港でのわれわれの仕事は日本への査証申請であった。新華社香港支社は阿潘《あばん》を呉学文と一緒に日本総領事館に出向かせた。領事は中日国交回復後の第一任日本駐中国公使の林祐一氏であった。

査証申請用紙には国籍欄があり、われわれは「中華人民共和国」と記入しようとした。ところが日本側はこれに同意せず、「中国」と空欄のいずれかにするよう求めた。当然、われわれはこれを承服しなかった。

本当は、「中国」と記入することもできないことではなかった。しかし、当時の日本は中華人民共和国を承認していなかったため、われわれとしては日本当局に「中華人民共和国」と書くことを認めさせたかった。また、国籍を記入しないことは無国籍を意味するので、絶対に譲れないものだった。

日本側の無理な要求に対し、一つ一つ反駁した。交渉が続く中、われわれは逐次広州愛群大廈に電話で連絡をとり、代表団の責任者に状況を報告し指示を受けたが、日本総領事館も東京の外務省と頻繁に連絡をとっていた。膠着状態は数日間に及び事態は全く進展しなかった。そこで、われわれは当時の情勢を冷静に分析した。「中国代表団は北京を出発しすでに広州に到着し、その先発隊も香港で査証を申請している。一方、日本の商工業界及び各界の人士は早急に中国代表団に査証を与えるようにと日本政府に要求している。今の日本政府は内外からの圧力を受けているに違いない。双方に焦る気持ちがあるが、日本側の方がもっと強いだろう」と。

このようにお互い一歩も譲らず、時間ばかりが過ぎて行った。そしてある日、総領事館から呉学文に一本の電話がかかってきた。林祐一領事からだった。林は呉学文に総領事館に来るようにと言うと、呉は「例の問題は解決されましたか」と尋ねた。林氏が「だからさァ」と答え、双方はそれ以上何も言わずに電話を切った。

われわれは即座にこの「だからさァ」を分析し、日本側は国籍欄に「中華人民共和国」と書くことに同意したと判断した。「だからさァ」の意味は『例の問題はもう解決しました』、だから『ここに来て下さい』ということだろう。

早速呉学文は阿潘に伴われ日本総領事館に向かった。果たせるかな、日本側はわれわれの要求通りに手続きをすると明確に表明した。

先発隊が翌日の午前中に東京へ出発することとなっていたので、双方は早朝に日本総領事館ビル前で査証を交付することで合意した。まだ仕事につく前の時間で、他に渡す方法がなかったからである。

翌朝、私達は約束通りに手続きを終えたが手にしたのは査証ではなく、一枚の「渡航証明書」であった。日本総領事館にとってこれは苦心の策であった。もし査証を発行するなら、中華人民共和国外交部発行の外交パスポートやビジネスパスポートの上に査証印を押さなければならず、日本が中華人民共和国を認めることになる。そこで、形式上、中華人民共和国を承認しない姿勢を示す必要がある日本は、一枚の「渡航証明書」を発行してその場を凌ごうとした。

しかし、日本政府の考えはともあれ、われわれはこの攻防を通じ所期の目的を達成することができた。日本総領事館がとった措置は日本国内にも伝わり、日中友好協会は三月二十四日に声明を発表し政府を非難した。

「使節団の入国査証の国籍記入において、わが国政府が、「中華人民共和国」と記入したことは当然すぎるほど当然であり、最初からその措置をとらなかったことを惜しむのみであります。中華人民共和国が厳然と存在しており何人もこれを否認することはできません。わが国貿易代表機関が話し合うのは、中華人民共和国の貿易使節団であり、貿易協定をむすぶのは中華人民共和国の使節団とであります。これは余りにも明瞭な事実であります」。

日中友好協会機関紙『日本と中国』は「南船北馬」のコラムで、「中華人民共和国の通商代表を国籍のない国の代表にすりかえようというたくらみは失敗したが、『国内視察を東京と京阪神地区にかぎる』という不当な制限はまだ固執している」と論じた。

## 妥結をみた貿易交渉

アメリカの圧力を受け、日本は中国に対する一連の制限措置を取っていたが、自らの国益を考えると、一方では中国との関係改善も期待していた。したがって、日本は中国貿易代表団の訪日をそれなりに重視していた。その表われの一つは、鳩山内閣の郵政大臣松田竹千代氏が慣例を破って中国代表団の暗号電報の使用を許したことだった。まだ国交を結んでいない国では極めて異例なことである。

中国貿易代表団一行は、三月二十九日にインドの航空便で羽田国際空港に到着した。一方、われわれ先発隊は、カナダ太平洋航空会社の便で数日先立って東京に到着し、準備作業に入っていた。

代表団は、皇居のお堀近くにあるホテルテートに泊った。最高級クラスではないが、設備が整っていて、しかも貸し切りであったため、非常に便利で居心地が良かった。

ホテルテートは戦前、帝室林野局の所有物であった。戦後一時マッカーサーの「連合軍司令部」に接収されたが、のちに民間貿易禁令が解除され、建物が改築されてホテルテートとなり外国商人の日本での宿泊先として使われるようになった。かつての香港の裕豊銀行もそのホテルに事務所を置いた。一九六〇年代初期に入り、ホテルテートは取り壊され高層ビルが建てられた。パレスホテルである。

ホテルテートの広間には大小問わず全て花や草の名前がついていた。「チェリーの間」、「桐の間」、「菊の間」等々皆美しい名前だった。ホテルの向かい側に消防署があり、夜になると「火の用心」のネオンの文字が煌いていて、人目を引いた。

最初の頃、われわれの朝食は洋食だったが、数日経つと日本に留学したことのある一人が和食を食べたいと言い出し、それからは和食になった。毎朝味噌汁を飲み、偶には納豆も食べることができた。

代表団は日本に着くと、連日、日本側の主催する歓迎会に出席することになった。

到着した翌日の三月三十日の晩、東京大飯店で日中貿易促進議員連盟と日本国際貿易促進協会の共催による歓迎パーティが開かれ、翌三月三十一日の夜、日中貿易促進地方議員連盟全国協議会、東京都議会議員振興貿易連盟及び東京都が東京目白の椿山荘で歓迎会を設け、四月一日の晩、日中友好協会の歓迎レセプションがプリンスホテルで行なわれた。四月二日午後、日本国際貿易促進協会と日中貿易促進議員連盟が東京青年会館で共同歓迎会を催し、日本国際貿易促進協会会長の村田省蔵氏が歓迎の挨拶を述べ、衆議院副議長の杉山元治郎氏、中小企業代表の豊田雅孝氏、労働組合代表の藤田藤太郎氏、婦人代表の山川菊栄女史、文化界代表の南原繁氏もそれぞれ歓迎の意を表した。その夜、日本中小企業実業家による歓迎の宴が開催され、日本の経済、貿易業界及び各界の名士のほか、六百人の中小企業の実業家が列席した。

貿易会談そのものは四月一日から始まった。この日の午後、双方は貿易協定をめぐり第一回の会議を開いた。中国側の出席者は、団長の雷任民と副団長の盧緒章、李燭塵など十四人で、日本側からは、今回の協定のために特設された連合委員会委員長の村田省蔵氏と副委員長の池田正之輔《まさのすけ》氏など一三名が出席した。今後の折衝を円滑に行なうため、双方からそれぞれ二名の「運営委員」を選出した。中国側が謝筱迺と孫平化を推薦し、日本側は宇田耕一と山本熊一を薦めた。協商委員会も同会議の決定により設けられ、その下に四つの小委員会が設置された。小委員会の責任者は次の通りである。

一、総合小委員会（盧緒章、池田正之輔）
二、輸出入小委員会（倪蔚庭、豊田雅孝）
三、決済小委員会（詹武、加納久朗）
四、海運小委員会（張致遠、田島正雄）

日本側は小委員会一つ一つに通訳をつけた。後に著名な学者になった竹内実氏もその一人であり、中西某さんもそうである。日本側の要請で于恩洋《うおんよう》、韓慶愈《かんけいゆ》などの青年華僑も協力してくれた。

われわれ通訳も各委員会に振り分けられた。最初、私は輸出入小委員会になったが、間もなく決算小委員会に移った。

決済は金融問題に関するもので、私の全く分からない分野であったが、とにかく通訳を務めた。当時、この委員会では双方の意見が大きく食い違い、中国側は中国人民銀行と日本銀行が直接決済することを主張したが、日本側は難しいと判断し、加納久朗氏は発言の中で終始、難色を示していた。ところが、経済学者でもある社会党の木村禧八郎氏は日本政府や加納氏とは違って、中国側の主張に近い意見を持っていた。議論は何時までたっても纏まらなかった。

後に日本側は合意可能な協議事項を文字原稿にまとめ委員会に提出した。会議後、私はその原稿を中国語に翻訳し銀行家の詹武氏に渡したが、詹氏はその場で手を加え、素人である私の訳を全部専門用語に直した。

私は王兆元と同じ部屋に泊っていた。われわれの部屋は、事実上の中国代表団の事務局となっていて、日本側から寄贈された資料や記念品などは全て部屋に積み重ねて置かれていた。

私は決済小委員会の仕事以外に事務の仕事も手伝った。事務はかなり煩雑で、深夜遅くまでかかることが多かった。これを見ていた華僑が、夜食を届けてくれた。焼きたての餃子が美味しくて、心まで温まった。

異国の夜に漂う温かい人情がそこにあった。

日本の産業界の多くは、中国代表団が到着する前から何らかの形で接触したいと考えていたため、代表団のスケジュールは貿易交渉以外にもびっしりだった。

ある日、東京の八芳園で雷任民氏ら代表団の責任者が、通商産業大臣の石橋湛山氏、経済企画庁長官の高碕達之助氏及び与党自民党幹事長岸信介氏らと会見した。この会見は、日中、日ソ国交回復国民会議（会長は久原房之助《くはらふさのすけ》氏）事務局長の馬島僴《まじまかん》氏が計画したものである。

日本側の工夫によって、会見は「民間団体が招請して政府関係者が参加する」という形で行なわれた。双方がどのような会話を交わしたかはほとんど忘れたが、実質的な問題に触れなかったことは確かだった。一つはっきりと覚えているのは、石橋湛山氏が「これは日中友好の千載一遇のチャンスである」と言ったことである。

鳩山首相も中国第一号の貿易代表団に会見する意欲を示した。ところが、この総理大臣との会見は結局実現するには至らなかった。聞いたところでは、会見の場所について意見が折り合わず、中国側が東京にしたいと考えていたのに対して、日本側は箱根にしたかったためと言われている。

当時のわれわれは経験不足から、日本側が箱根で会見を行ないたかったのは非公式化しようとの意図からだと判断した。実は会見がどこで行なわれようと気にする必要は全くなく、総理の療養先を会見の場所にすることも、後で考えてみれば情理にかなっていることである。

のちに、鳩山首相との会見が実現できなかった理由について、回顧録に「日本側の申し出た会見時間が、中国代表団が関西から箱根に到着した直後であったため、スケジュール調整が間に合わなかったからだ」と書いた人がいた。私の聞いた理由とはかなり違っていたが「惜しくて残念であった」ことには間違いなかろう。

アメリカの圧力で中国代表団への招請を取り消した大企業も幾つかあったが、代表団からみると、小型車の展示会や中小企業輸出商品展示会など、相変わらず訪問先は多かった。文化芸術やメディア関連の業界人が、貿易主導であったわれわれの代表団に座談会を強く申し入れたことは興味深かった。随行の中国記者もこれに対応して非常に精力的に活動していた。

代表団は日本側が作ったスケジュールに従い東京から大阪、そして京都、神戸、名古屋へと矢継ぎ早の訪問が続いた。そののち、貿易協定に関する文書を作成するために盧緒章副団長が九名の団員（私も含めて）を率いて一足先に東京へ戻った。ところが、東京での折衝は意外に時間を要し一ヶ月以上も続いた。

折衝は一九五三年の貿易協定に基づいて行なわれたが、双方は、政府の支持と保証がないまま今回の民間貿易協定に調印することになれば、今後さらに貿易を拡大することは困難になる、速やかに、この民間貿易協定を政府間協定に移行させて中日貿易を推進する必要がある、という共通の認識を持っていた。当時の中国代表団は「最も望ましいのは、政府間の貿易協定であるが、もしそれが不可能なら、何らかの形で政府と結びつける」という、二つの案を持っていたと私は思っている。これについては一部の日本の友人は楽観的で、曲折や困難は避けられないだろうが、最終的には政府間協定に辿り着くだろうと思っていた。ところが、実際はそう容易ではなかった。

「平等互恵」と「同類物資交換」を原則とすること、期限内におのおの輸出入総額は三千万ポンドとすること、相手国で単独の商品展示会を開くことなどについては、すぐに合意に達したが、他の幾つかの問題については交渉が難航した。

例えば、双方が両国の国家銀行を通じて決済をし、それぞれ相手国で外交特権を持つ貿易代表機構を設置することなどの問題は、直接両国政府に関わり外交上相互承認にまで及ぶものであるため、アメリカの圧力があった日本は、どうしてもそれを認めることができなかった。言い替えれば日本はアメリカを超えて中国との関係を発展させようとする勇気も、またその可能性もなかったということだ。その結果、「政府連携」の突破口はとうとう見つからなかった。

前述した二つの難題をめぐり双方は十分に意見を出し尽くし、貿易協定に以下の内容を盛り込むことに合意した。

第五条　双方の取引における支払いと精算は、中国人民銀行と日本銀行との間で支払協定を締結し、精算勘定を開設して処理するものとする。両国の国家銀行間に協定が締結されるまでは英ポンドによる現金決済とする。

第十条　双方は次のことに同意する。互いに相手国に常駐の通商代表部を置くこと。中国側の通商代表部は東京に置き、日本側の通商代表部は北京に置くこと。双方の通商代表部及び部員は外交官待遇としての権利が与えられること。双方はまた上記のことを速かに実現するよう努力することに同意する。

第十一条　双方はそれぞれの本国政府に要請して、速かに中日貿易問題について両政府間の協議を行ない、協定を締結させるように努力する。

このように、中日の間では初めて両国の国家銀行間で清算と支払をすること、お互いに相手国に常駐の外交官待遇を受ける通商代表部を設けること、そして両国政府間で貿易協定を締結することなどの内容が、中日民間貿易協定に加えられることとなった。

このような合意に至ったことは非常に重要な進展と言えるだろうが、現実はまだ双方の努力目標に過ぎなかった。これらが実現できるかどうかは、中国側には妨げになるものは全くなく、すべて日本政府の態度次第であったため、中国代表団は日本政府のなんらかの保証を得る必要があった。

日本代表団は鳩山首相の支持を得るのにかなり工夫をしたようである。交渉代表の一人、日中貿易国会議員促進連盟代表理事の池田正之輔氏は、あらかじめ鳩山総理の日程を確かめ四月二十七日に国会議事堂の総理大臣室前で鳩山氏を待ち受けた。鳩山首相の乗る車椅子が総理大臣室の前に現れると、池田氏は急いで鳩山氏に向かって間髪を入れずに大きな声で、「総理、協定へのご支持とご協力を頂けますね」と訊くと、鳩山氏は「良いだろう」と答えた。実に短い会話であった。

このような短い会話で通じたのは、池田氏が事前に鳩山氏と連絡をとっていたためと考えられる。もしそうでなかったとしたら、あまりにも真剣さの感じられない態度であったと問われることにもなろう。しかし中国代表団にとって日本政府の保証さえとれれば、日本側内部の事情がどうであれ、それにこだわる理由がなかったのも事実である。

日本側は鳩山氏の態度を根拠に、中国側にどのような形で「政府の保証」をするかについて協議した。その結果、村田省蔵、池田正之輔両氏が個人名義で、雷任民団長に「鳩山総理は第三回中日貿易協定に対して、支持と協力をあたえる旨明言致しました」といった内容の書簡を出し、それに対して中国側が雷任民団長の名義で「村田と池田両氏よりの書簡を受領致しました」という返事をする、そしてこの二通の書簡を協定の付録として協定締結時に交換する、ということで双方が合意した。

このように、大筋での原則がようやく決められ、双方は全体会議を開き、五月四日に調印式を行なうことを決定した。中国側は団長、副団長、秘書長、副秘書長と団員一四名、日本側は国際貿易促進協会と日中貿易促進議員連盟で構成された代表団の代表一三名が、調印式に出席し署名することとなった。

双方はまた「中華人民共和国日本訪問貿易代表団及び日本国際貿易促進協会並びに日中貿易促進議員

連盟の中日貿易交渉にかんする共同声明」を発表することに合意した。「声明」のかなめとなる内容は次の通りである。

今回締結された貿易協定は、両国政府の支持と協力を得ているので、順調に実施されるものであり、中日両国間の貿易関係を正常に発展させるには、両国政府が中日貿易について話し合いをすすめ、また協定を結ぶべきであると双方は認め、それぞれ本国政府にその速やかな実現を促すよう努力するものである。

このように、中国側はボールを先ず日本政府に投げて主導的な立場に立った。

「声明」、「協定」及び「付録の書簡」の文書は全て手順通りに全体会議で承認された。実質的な問題はすでに解決済みであったため会議では言葉の表現を練るだけだった。例えば、商品展示会の場所が「中国の北京と上海」、「日本の東京と大阪」などと表記されていたが、誰もが知っている事実を言う必要はないと、雷任民団長の提案で「中国」と「日本」という文字が抹消された。

## ソ連の貨物船で帰国

言うまでもなく、今回の貿易協定は民間レベルのものであった。本来なら「協定」ではなく「とりきめ」と呼ぶべきものではあるが、これを政府とより緊密に結びつけるために、双方は意図的に「とりきめ」を「協定」にしたのである。しかし、これは民間レベルの非公式なものに過ぎなかった。

前述したように、日本側の一部の人は今度の協定は両政府間で結ぶことになる可能性が非常に高いと楽観視していて、事務局は既に貿易協定書の表紙を作っていた。表紙の上に金色の文字で「日本国中華人民共和国貿易協定」と印刷した。ところが土壇場で双方は、「協定」の性格はまだ政府レベルに達していないと判断したため、表紙を改めて作り直さなければならないことになった。

調印の時間は刻々と近づいていて、それまでに新しい表紙を作らねばならない。日本事務局の二人は深夜まで東京を探し廻り、ようやくある小さな印刷工場を見つけた。ところがその印刷工場には全部の活字が揃っていなかった。このままでは印刷ができない。時間がない！　彼らは四方八方手を尽くし何とか活字を揃えた。そして、ようやく表紙ができあがった。調印当日の朝であった。

五月四日、調印式は新しくできた東京の産経会館で行なわれた。会場の正面に中日両国の国旗が掲げられ、会場中央には馬蹄形にテーブルが並べてあった。中国代表団は中国国旗の側に座り、日本代表団はその向かい側に着席した。式の司会者は日本代表団の平野義太郎氏であった。双方が署名を終え、村田省蔵氏と雷任民団長が続いて挨拶をした。二人は共に「第三回中日貿易協定」の調印を祝うとともに、「協定」が円滑に実施できるかどうかは日本政府の態度如何であることを主張した。

調印式の通訳に選ばれたのは、日本側は竹内実さんで中国側は私だった。前述したように当初私は、主に「小委員会」の通訳を担当し、たまに副団長の臨時通訳をしていた。ある日、代表団全員が東京で開催された日本経済界の歓迎レセプションに参加し、孫平化氏が日本の友人に代表団員を紹介する時に、突然私に通訳を頼んだ。新人であったため皆にとって新鮮に見えたのか、それとも声が大きく、日本語もどちらかと言えば標準語に近かったのか、その理由はともかく、私が話し出すと会場は活気を帯び、出席者全員が興味津々であった。雷任民団長は会場の様子を見て少々驚き、もう一人の通訳にどうしてかと理由を訊いたが、わけを知ってそれ以後私を代表団の主な通訳にしたのである。

われわれ中国人と日本人による通訳は言わば合作の共同作業でとても良かった。彼らは好意から時々われわれの間違った言葉遣いを訂正してくれたので大変勉強になった。今でも覚えているが、私の「千載一遇」という言葉の訳が適切でなかった時、後で日本の友人がそれを指摘して正しい言葉を教えてくれた。

面白いことがあった。

日本代表団が臨時に依頼した通訳の中に旧中国で古い北京語（マンダリン）を習った人がいた。この人達は純粋な北京語だったが古い言葉遣いが多く、新中国の人々が日常的に使っている言葉を知らないため、訳が時々おかしくなり滑稽に聞こえた。

「中日両国の国交が一日も早く回復してほしいと期待している」を「中日両国の国交が早めにもどってほしいと望んでいる」と訳したり、「許されている時間内で心行くまで話しあいましょう」を「まだ少し時間が残っているので、思いきっておしゃべりをして下さい」と訳したりした。場所が場所でもあったので一生懸命笑いをこらえていた。

代表団は任務を果たし終え、いよいよ帰国の日が近づいた。周総理の指示に従い、外国の飛行機で香港を経由することを止め、ソ連の貨物船で帰ることにした。国内の関連部門が船の手配をしてくれたが、代表団の陳抗さんがそのことで何回もソ連の東京駐在代表部まで足を運んだことを今でも覚えている。当時、ソ連がまだ日本と正式に国交を樹立していなかったため大使館がなかった。

周総理が代表団にソ連の貨物船に乗ることを指示した理由は、インドネシアで開かれるバンドン・アジア・アフリカ会議に参加する中国の先発隊員が乗っていたエア・インディアの「プリンセス・オブ・カシミール」号が、国民党の仕業で北ボルネオ付近の洋上で爆発し全員が遭難したからであった。

われわれ代表団は、バンドン・アジア・アフリカ会議の開幕前に日本を訪れていたため、遭難のニュースを東京のラジオを通じて知った。周総理がバンドン会議に出席することを前から知っていたので、周総理の安否を案じて居ても立ってもいられなかった。

日本のラジオニュースは一時間おきだったので次のニュースが待ち遠しかった。アナウンサーがニュースの最後に「周総理はこの飛行機に乗っていないようです」と伝えたが、それが確かかどうか気が気でなかった。何回もラジオニュースを漏らさずに聞き、周総理が飛行機に乗っていないことを確認できてようやく落ち着いた。

五月六日、代表団が日本を立つ前にわれわれは泊り先のホテルテートの「チェリーの間」で記者会見を開いた。雷任民団長は、マスコミの人たちに中国貿易代表団訪日の印象、収穫、そして今後の中日貿易の前途への展望を語ったあと、日本の経済、貿易、報道関係などの各界の暖かいもてなしと強力な支持に感謝の意を表した。

最後に雷団長は、代表団は横浜からソ連の船で「サハリンを経由し、中国に帰る」と発表した。実際のところ、団長は「ウラジオストク」と言うべきところを、「サハリン」に間違えたのである。しかし、日程は公表前には代表団の一般職員に知らせていないため、私は団長の間違えたままに「サハリン」と伝えた。

案の定、記者の質問時間では「なぜサハリンまで行くのですか？　別の任務があるのでしょうか？」が質問の第一声だった。そこで代表団の一人が団長にメモを渡し、団長はそれを見て自分のミスに気付いた様子で、巧みに「われわれはサハリン経由ではなく、ウラジオストクを通って帰国します。通訳が言い間違えました」と言った。

こういう時、特に海外にいる時こそ、こだわりを捨て団長の威信を保つべきだと思い、私は躊躇することなく団長の話を通訳した。

「それは私の通訳ミスでした。申し訳ございません。サハリンではなくウラジオストクでございます」とその場を切り抜けた。

われわれは四十日間泊ったホテルに、そして東京に、別れを告げた。

われわれが乗ったのはソ連の貨物船ドブロルホフ号であった。当時、日本とソ連の間には客船が就航しておらず、中国船の航行もなかった。したがって貨物船以外に乗る船がなかった。親切なソ連船の乗員は自分達の部屋を代表団員に譲って暖かく接してくれた。忘れられない船の旅だった。

船は横浜を発って津軽海峡に入った。どこから飛来して来たのか、一機のアメリカ軍用機が船の真上で旋回した。低空飛行のためパイロットの姿まではっきりと見えた。思えばこれも冷戦の縮図だったのか。

船は日本海を渡ってウラジオストクに到着した。代表団員はここで数日休憩と観光を楽しんでから汽車に乗りハルピンへ出発した。そしてハルピン南崗《ナンカン》の、ある招待所に泊り仕事の総括を行なった。

北京に帰った時、季節はすでに初夏を迎えていた。

# 郭沫若、戦後の日本の旅

## 重ねて日本の土を踏む

光陰とは不思議なものである。流れていくうちに、多くはだんだんと忘却の彼方に消えて行くが、年月を重ねるにつれかえって鮮明になり、記憶の中から再び浮かび上がってくるものもある。

一九五五年十二月、郭沫若《かくまつじゃく》氏は中国科学代表団を引率して日本を訪問した。私は通訳として随行し郭老（中国では尊敬すべき年輩の人物を敬愛の念をこめて「老」と呼ぶ。この章では、郭沫若氏のことを郭老と記す）とともに三週間の忘れ難い日々を過ごした。三週間は短かかったが、残された印象は素晴らしく、今でも記憶の奥深くに刻み込まれている。

郭老の日本訪問に随行せよとの指示を受けた時は、本当に嬉しかった。しかし、嬉しいばかりではなかった。郭老が通訳への要求が厳しいことを知っていて、緊張と不安の気持ちもかなりあった。郭老は学識豊かで、日本語も堪能であって、その郭老の前で通訳をすることは、まさに小学生が先生の前でテストをされているようなものであった。しかし得がたいチャンスと考えると、わくわくする気持ちを抑えることができなかった。

出発前のある日の午前、代表団全員が北京飯店に集められた。私は早めに行った。待っている間に学者らしき風貌の人が次々に現れたが、面識のある人は一人もいなかった。しばらく経つと、郭老の姿が見えた。質素な服装で、補聴器を付けていた。老は親しそうに皆と挨拶を交わし、それから短い会合が始まった。今回の訪日の任務、そして団員一人一人の紹介が行なわれた。そこで、ようやく彼らがどういう人達かを知ることができた。

馮乃超《ひょうだいちょう》氏、翦伯贊《せんはくさん》氏、蘇歩青《そほせい》氏、茅以昇《ぼういしょう》氏、汪胡楨《おうこてい》氏、馮徳培《ひょうとくばい》氏、葛庭燧《かっていすい》氏、尹達《いんたつ》氏、そして代表団秘書の戚慕光《せきぼこう》氏と他の通訳二人、李徳純《りとくじゅん》さんと楊貴林《ようきりん》さんであった。

郭老は、海外での対応能力を強化するため団員を一人増やし、熊復《ゆうふく》氏に代表団の秘書長を務めてもらうことにすると提案した。

代表団のメンバーは、教育、歴史、数学、橋梁工学、水利工学、生理学、薬学、物理学、考古学など各分野の学者からなり、新中国の科学界の代表的な人々であった。このような代表団を日本に送ることは、中日間の文化と科学の交流を非常に重視し、中日両国人民の友好関係を発展させたいという中国の切なる願望の現れであった。

郭老が日本学術会議会長の茅誠司氏の正式招請を受けたのは、一九五五年九月であった。周総理は郭老が代表団を引き連れ訪日することを非常に重視し、特に郭老と他のメンバーの身辺の安全に関心を寄せていたという。

当時の中日両国はまだ国交の正常化が実現されておらず、法的に戦争状態が続いていた。日本へ行くには香港経由が唯一の方法であった。しかし、同年四月、バンドン会議に向かう中国代表団を乗せた飛行機が香港を離陸後爆破されるという不幸な事件が発生したので、周総理は代表団のチャーター便の使用をやめ、外国民間航空会社の飛行機の利用を指示した。そこで、香港での滞在時間をできるだけ短くするように計画が立てられた。

秘書の戚さんと私は日本行きの手続きをすすめるため、早めに香港島に赴いたが、郭老一行は香港島に渡らず九龍に泊った。

十一月三十日午後、われわれの乗るカナダ航空機が啓徳空港を離陸した。しかし、二十分後、エンジンの一つが故障したためまた九龍に戻った。出発は、これによって延ばされた。

翌十二月一日、われわれは再び飛行機に乗りこみ日本へと向かった。搭乗したのは英国の便（BOAC）であった。

飛行機は六時間あまり飛び続け、夜が訪れた。真っ暗な夜空の中、翼のライトだけがピカピカと光った。窓から見下ろすと左前方に美しい夜景が見えてきた。東京であった。やがて、羽田空港に着陸し、時は夜の七時三十分だった。郭老の十八年ぶりの日本訪問であり、中国科学代表団の初の日本訪問でもあった。

長身の茅誠司会長と白髪の前東大総長南原繁先生が、寒風の中、タラップの前まで迎えに出た。両氏の案内でターミナルに入った途端、われわれはたくさんのフラッシュを浴びた。歓迎の人々の群れが待っていた。手を振る人もいれば、話しかけてくる人もいて、人々は喜びに満ちていた。会ったことのある人も多少いたが、ほとんどは面識のない人だった。日本の学術界、教育界、政界、貿易関係者、日中友好団体、さらに労働組合関係者など各界の著名人およそ四百人が空港に出迎えに来てくれた。わざわざ地方から来た人もいたそうだ。

新中国が成立してわずか六年、中日関係がまだ正常化されていない中、このような歓迎ぶりは最高レベルの民間外交だったと言えるだろう。

大きな拍手の中、茅誠司先生が歓迎の挨拶をした。

続いて郭老がマイクの前へ進み、おもむろに原稿を取り出し答辞を述べ始めた。空港の広いターミナルに郭老の抑えた声が響いた。感情のこもった挨拶であった。

「私個人にとって、前後二十年も暮らしていた日本は第二の故郷であります。中日両国は近隣であり、両国国民は二千年余りの友好的な交流史を持っております。中日両国人民の根本的な利益を考えれば、両国の経済、文化の交流をさらに発展させ、両国の外交関係を早期に正常化させねばならないことは明らかです。こうしてこそ、われわれ両国人民がアジアと世界の平和を守る責任を共同で担うことができるのです。われわれは中日両国人民の友好関係を深め、そして文化交流を促進し拡大するために貴国に参りました。今回の訪問が両国学術界と両国人民の間の友情を深めることになるよう期待しております」。

郭老の挨拶は大きな拍手で幾度となく中断した。

空港を離れ、郭老一行は東京の帝国ホテルに向かった。そこで、郭老は十八年ぶりの日本での最初の夜を過ごしたのである。

## 池田幸子来訪

帝国ホテルは日比谷公園に面していて、当時日本の一流のホテルであった。一八九〇年に創業して以来、長期にわたって政府の迎賓館として利用されていた。ホテルは褐色の煉瓦が用いられ、設計がヨーロッパの古城を思わせるほど重厚であって、日本で特別な建物とされている。

帝国ホテルが宿舎に当てられたのは、日本側が郭老一行を貴賓待遇とすることの表れであった。二階の右側の一番奥に、客間一つと寝室二つが付いた大きな部屋があって、郭老が奥の部屋に、私が手前の部屋に泊ることになった。郭老の日常生活の世話と来客の通訳に都合がいいからであった。

翌朝、ホテルの従業員が在京各紙の朝刊を部屋のドアの下から差し入れた。当然のことながら、われわれは日本の新聞が代表団の動向をどのように報じているかに関心を持っていた。比較的長文の記事と写真で代表団の来日を報道したのは『朝日新聞』だけで、他紙の報道からは、なるべく小さく扱おうとする印象しか与えられなかった。

われわれのこの感触は根拠のないことではなく、まさに当時の中日関係の現状を反映したものだった。日本政府は中華人民共和国が中国を代表する唯一の合法政府であると認めておらず、マスコミは中国を「中共」と呼び、滑稽なことに「中国の五星紅旗」を「中共の五星紅旗」と呼んでいた。新中国を敵視する日本の国内外の反中国勢力は、新中国の影響の拡大を恐れていて、郭老の訪日に反対した。新聞各紙の扱いも当時の雰囲気、政治情勢を反映したのであった。

郭老が新聞に目を通しているところに、ノックの音がした。ドアを開けると中年の女性が満面の笑顔で部屋に入ってきた。池田幸子《ゆきこ》女史であった。女史は郭老の古い友人で、抗日戦争当時重慶で一緒に仕事をし、郭老と苦難を共にした仲間だった。十数年ぶりに日本で再会し、二人は感慨無量の様子だった。池田女史は郭老の訪日を歓迎し、二人はソファに座った。女史は懐かしそうに郭老を見つめて、「先生は全然変わっていらっしゃいませんね」と言った。

「もう年だよ」と郭老が答えた。

「いいえ、そんなことありませんよ。髪の毛も真っ黒で白髪が一本もありませんわよ」と、女史が言った。

「それは、普段頭を使わないからさ」と、郭老は冗談を言った。

女史は笑った。

「郭先生はいつもお国のことを考えていらっしゃいますので、頭を使わないなんて言わせませんわよ」。打ち解けた雰囲気の中に、親しみが溢れ出ているように感じられた。

話題が日本の一部のマスコミ報道に移ると、池田女史は「先生の今度の訪日は、少し早すぎたかもしれませんね」と言った。

私は池田女史の言わんとするところが分かった。新中国のかつての副総理で、全国人民代表大会常務委員会副委員長である郭老は、その地位や影響力から言っても日本政府に国賓として正式に迎えられるべき人物である。しかし、当時の中日関係に影響され、郭老は民間団体に迎えられることになった。一日本人として池田女史が抱いていた、郭老を粗末にして申し訳ないという気持ちは理解のできるものであった。

郭老は国賓としてではなく、民間団体に招請され日本を訪れたが、迎えた民間団体は最善を尽くしたと私は思っている。特に招請団体の日本学術会議は度重なる困難を乗り越え、行き届いた配慮をしてくれた。必要経費は国から出なかったため、全部民間の寄付によって賄われた。それもこれも、郭老の訪日が日本の国民に広く支持されていたことを物語っていた。

## 政府が顔を出した正午の宴

当時、日本の首相は鳩山一郎であった。鳩山首相には日中関係を改善したいという意欲があり郭老に会いたいと思っていた。しかし、当時の日本政府はアメリカ政府の顔色ばかり気にしていたので、鳩山氏には郭老と直接会見することを差し控えねばならない事情があった。そこで、鳩山氏は一人の友人を通じて「ある公園を散歩していたら二人が『偶然』出会って会話を交わした、という形ではどうでしょうか」というメッセージを伝えたが、郭老は「会うなら堂々と会う。それで不都合があるなら無理することはない」と断った。

ところが、日本政府は何とかして友好の意を示そうと努力した。十二月三日正午、日本学術会議は代表団のために東京會館で盛大な宴会を開いた。会場に入ると、私はすぐに日本学術会議の主な責任者以外に文部大臣の清瀬一郎氏やその前任者の松村謙三氏の姿があることに気がついた。日本の現職閣僚が、まだ戦争状態にある国家の代表団の歓迎宴会に出席するのは破天荒のことであった。当時の日本の政治情況から見て、政府が現職大臣を出席させたことは勇敢な行為とも言えるであろう。

茅誠司氏が歓迎の挨拶を述べた。

「日本と中国は歴史から見ても地理から見ても深い関係にあります。日本が中国と学術交流をしていないことは非常に遺憾である。今後、日中両国の文化交流が盛んに行なわれることを信じている」。

郭沫若団長がこれに応えた。

「中日両国は長い友好の歴史を持っています。このような歴史は、平和的な交流が両国国民に多大な利益をもたらして来たことを証明しています。今日、中日両国が新しい基礎の上に立ち伝統的な文化の交流と友好関係を回復し、さらに、この文化交流と友好関係を発展させようと中国の人民皆が願っています。中国は古い国ですが若い国でもあります。中華人民共和国は成立してまだ六年しか経っておらず、われわれのなすべきことは山ほどあります。わが国の対外政策は世界各国の人民との平和共存であります。われわれは特に近隣である日本人民との平和共存を望んでいます」。

続いて、清瀬一郎文部大臣が挨拶に立った。

「茅誠司先生と郭沫若先生がおっしゃったように、日中両国民が平和で友好的な共存を目指すことは当然のことであります。われわれ閣僚一同は郭沫若先生をはじめとする中国科学代表団の来日に心から歓迎の意を表するものですが、国賓として郭沫若先生をご招待できないことをまことに残念に思っております。これはわれわれが先生を尊重しない、あるいは信頼していないということではなく、別の理由によるものであります。わが内閣はこのような障害を取り除くことを政策にしております。次の機会には国をあげて中国代表団を歓迎できるよう願っています」。

次に挨拶に立ったのは前文部大臣の松村謙三氏であった。一九五五年三月十九日、第二次鳩山内閣が成立し、松村氏が文部大臣に任じられた。在任中に郭老を深く尊敬していた氏は、郭老の訪日を歓迎するとのメッセージを人に託し老に伝えていた。しかし、郭老の訪日直前の一九五五年十一月二十一日に第二次鳩山内閣が総辞職したため、松村氏は現職の文部大臣として郭老を迎えることができなくなった。氏はこれを残念に思い挨拶の中でも触れていた。

「私は文部大臣在職中に、郭沫若先生が、ご都合の良い時に日本を訪問して下さるよう、中国を訪問する友人にメッセージを託しました。今こうして、ようやく先生をお迎えでき、まことに喜ばしく思っています。先ほど郭沫若先生が東京大学の矢内原総長の話に触れ、過去を過ぎ去らしめ、それを繰り返しては演じまい、と言われましたが、この言葉は学者だけでなく政治家も言わなければならないものであります。一人の政治家として、私はこの言葉を実現したいと思っております」。

さらに、氏は「学者であれ政治家であれ、われわれは国や政治制度を問わず、手を携えて平和共存を実現しなければなりません。これから両国人民の幸福と繁栄のために共に努力しましょう」と語った。

## 東京大学訪問

東京大学は日本の最高学府で、一般の大学や他の名門大学と違うところが多くある。東大は高級官僚の養成所と言われ、日本政府の要職を占める官僚には東大出身者が多い。進学競争は激しく、成績の優れた人しか入学できないのである。

郭老一行は十二月三日にこの日本の名門学府を訪れ、現職総長の矢内原忠雄氏と前総長の南原繁氏、そして各学部長に暖かく歓迎された。

矢内原氏は挨拶で次のように言った。

「郭沫若先生が日本で暮らしていらした時、不愉快な思いをされたことがあるかも知れません。しかし、日中両国が今のように頻繁に交流を行なうことはかつてなかったことです。この交流は平和と学術に対する共通の信念と、お互いの信頼と友情に基づくものであります」。

郭老は矢内原氏の話を聞くと微笑みながら言った。

「矢内原先生は私がかつて日本にいた頃に不愉快な思いをしたかも知れないとおっしゃいましたが、日本での二十年間の思い出は全て楽しいものでした」。

日本国民の友好を強調したかった郭老は、力を込め、続けて言った。

「中日両国の友好は、明るくて丸い夜空の月のようだと思います。時に、雲に遮られ見えなくなりますが、雲が去ったら月はもっと綺麗に見えるのです。両国の学者の交流が今後さらに増えることを願っています。今の私は二十年か三十年前の学生時代に戻ったような気分です。今回の三週間の日本滞在の間にしっかりと勉強したいと思っています」。

ここまで語った郭老が、日本語で「私はまだ若いと思いますので」と付け加えると、出席者の間から愉快な笑い声が起こった。

歓迎会の後、郭老は総合図書館を見学した。大きな図書館はデザインが奇抜で、正面にある一列のアーチには古代ローマの風格があった。蔵書の数と行き届いた管理がとても印象的だった。見学が終わると、図書館の責任者が一冊の記念帳を差し出し郭老に揮毫を頼んだ。郭老は筆に墨をたっぷりつけ、少々考えてから書き下した。

十八年後我重来　　十八年後　我重ねて来る

福地琅嬛浩如海
文化交流責有在

福地琅嬛《ろうかん》　浩きこと海のごとし
文化交流　責在《あ》るあり

於東大図書館　　郭沫若

その場にいた日本の友人たちは、感心した様子で郭老が最後の一文字を書き終わるのを見つめていた。この詩の中に、中国の古典故事が引用されていた。「琅嬛」とは、神話伝説中の天帝の蔵書所であると老は簡単な説明をした。

郭老はこの伝説を引用し東大図書館の豊富な蔵書を誉めたのであり、さらに十八年ぶりに再び日本訪問ができた老自身にも、今後の両国の文化交流を深める責任が課せられていると語った。

## 箱根の旅

日本の友人の好意で郭老一行は箱根旅行に招待された。

箱根は、日本有数の観光地である。美しい景色に加えて温泉も多く、観光はもちろん、休養にも最適な場所である。あちこちに散在する日本風の温泉旅館が山水に趣を添え、箱根を一つの風流な日本庭園にしていた。

郭老一行が東京の喧騒から逃れ、この美しく静かな場所でゆっくりと週末の一日を過ごすようにとの日本側の行き届いた配慮があった。

一行は十二月三日午後、車で箱根へ向かった。季節はすでに冬であったが、関東地方の冬はそれほど寒くなく、まだ晩秋の気配であった。山々の紅葉が色とりどりで、われわれの目を奪った。箱根での宿泊先は富士屋ホテルだった。

翌朝、目が覚めると、窓から朝日が室内に差し込んでいた。快晴であった。屋外は林で、中から鳥のさえずり声が聞え、気持ちの良い朝だった。

郭老が昨夜は良く休めたかどうか気になり、老の部屋にいってみた。老はすでに起きていて、しかもその日の朝刊に目を通していた。部屋に入ってきた私を見て、郭老は楽しそうに一枚の紙を見せた。郭老の詩であった。

紅葉経霜久　　紅葉　霜を経《ふ》ること久しく
依然恋故枝　　依然　故《もとの》枝を恋う

これは、箱根に来る道中の景色を描いた詩だと分かった。郭老は詩を指して「どうだね、日本の俳句に似ているだろう」と言った。その後、郭老は日本の友人の求めに応じて、二句を四句に拡大した。

紅葉経霜久　　紅葉　霜を経《ふ》ること久しく
依然恋故枝　　依然　故《もとの》枝を恋う
開窓聆暁鳥　　窓を開きて暁鳥を聆《き》き
俯首拾新詩　　首《こうべ》を俯して新詩を拾う

人民文学出版社一九五七年出版の『沫若文集』第二巻「集外」(二)の『訪日雑詠』にこの詩が収められている。「箱根即景」という題がつけられ、第三句の「開窓聆暁鳥」は「開窓聞暁鳥」に直されている。最近、ある人がこの詩を次のように解釈した。

「作者は即景と名づけたが、実際は叙情である」、「自らを霜に耐える紅葉に喩え、『第二の故郷』と称した日本を依然恋しく思い、そして新しい歴史の条件のもとで両国人民の友誼を発展させるため、新たな貢献をしたいという願いを示した」。

このような解釈ももちろん自由だが、作者がこの詩を書いたときにその意があったかどうか、また自分のことを紅葉に喩えたかどうかは、老本人から直接聞いていなかったのでなんとも言えない。しかし私には、著者自身が付けた「箱根即景」というタイトルは、当時の著者の心境を最もよく表わしているように思える。

四日の午前、われわれは芦ノ湖へ行き、遊覧船で湖を一周した。

コート姿の郭老は、両手を後ろに組み、帽子を手にしながらずっとデッキに佇み大自然を満喫した。周囲の山々が青い湖面に映り、山が水を抱えるかのように、あるいは水が山を抱えるかのように見え、まるで仙境に入るかのようであった。日本の友人の一人が遠くの山裾の下にある堰を指差し、現代作家のタカクラ・テルが『ハコネ用水』に書いた用水路だと教えてくれた。

晴天なら、ここから白雪を頂いた富士が見えるそうだ。しかしあいにくの雲で富士山が遮られ、われわれはこの箱根の絶景を見ることができなかった。

## 旧情を忘れず、墓参りを

十二月三日の晩、郭老は箱根富士屋ホテルで古くからの友人と会見した。その中に白髪で濃い色の和服姿の年配の婦人がいた。婦人が郭老を見かけると足早に進み出て、笑顔で深くお辞儀をした。郭老も微笑みながら婦人と親しく話しを始めた。この婦人はいったい誰であろう。

私は前日のことを思い出した。われわれが東京に着いた翌日であった。内山完造氏が帝国ホテルまで郭老に会いに来て挨拶が終わったところ、郭老は「文求堂の田中先生はまだ達者ですか」と内山氏に訊いた。内山氏から田中氏はすでに逝去したことを教えてもらうと、郭老は「奥様はお元気ですか？一度お目にかかりたいと思いますが、何とか連絡をとってくれませんか。できれば先生のお墓参りもしたいのです。田中先生には大変お世話になりました。もし文求堂がなければ、そして先生の助けがなければ、私は日本で書いた著書を出版できなかったでしょう。ぜひ連絡をお願いします」と頼んだ。内山氏は郭老の人情深い言葉に強く打たれ、目が涙で潤んだ。

この田中先生とは、二十世紀二〇年代から三〇年代にかけて、東京で中国古籍専門店、文求堂を経営していた田中慶太郎氏のことである。今、箱根に郭老に会いに来た年配の婦人はその奥様のみねさんであった。

文求堂のオーナーの田中慶太郎氏は小学校も卒業していなかった。ところが、氏の中国古籍版本についての知識は普通の大学教授より豊富であった。氏は若い頃北京に行ったことがあり、事業の成功により地位と富を手に入れた。中国について研究していた日本人で、この田中先生を知らない者はそうはいないだろう。これは当時の上海で日本の学問を研究している中国人で内山完造氏を知らない者がいないのと同じである。

郭老は日本に留学した頃、文求堂に行ったことがあった。そして、一九二八年、亡命のために郭老は再び日本を訪れ、中国古代社会と甲骨文の研究に没頭した。資料不足のため、郭老は蔵書が豊富である上野図書館を利用していたが、今一つ満足できなかった。そこで郭老は当初日本留学時代に行ったことのある文求堂のことを思いついた。

郭老は当時まだ五十代の田中氏に『殷墟書契』の入門書を求めた。田中氏は本棚から天津石印の和じの『殷墟書契考釈』二冊を引き出し郭老に渡した。のちに、郭老が『私は中国人である』にこう記している。

「私は本を開いて見た。研究項目が整然と秩序正しく列挙され、語彙の考証と解釈まで付いていた。まさしく私の探しているものであった。値段は一二円で決して安い金額ではなかった。当時の私は六円ぐらいしか持っていなかった。そこで私はオーナーに六円を抵当に入れ、二、三日貸してくれないかとお願いした。

オーナーは少し躊躇してから、遠まわしに断った。ところが、有難いことに彼はもっと良い方法を教えてくれた。彼は『この類の本を読みたかったら、小石川の東洋文庫に有り余るほどあります。紹介してくれる人さえいれば自由に閲覧できますよ。東洋文庫の主任の石田幹之助さんが藤森成吉さんの同級生ですよ』と言った（著者注——藤森成吉氏は郭沫若が日本第六高等学校で勉強した時のドイツ語の先生にあたる）。

私は彼のこの貴重なアドバイスに心から感謝している。彼は気前よく本を貸してくれはしなかったが、彼を責めることはできない。彼は私のことを全く知らず、私も彼を知らなかった。一面識もない外国人の私が無理なお願いをしたのは、道理に合わなかったのである」。

のちに、郭老は甲骨文の研究を進める上で、田中慶太郎氏から直接援助してもらうこともあった。

富士屋ホテルで田中夫人に会った翌日の十二月四日夜七時頃に、郭老は車で葉山にある古刹、高徳寺を訪れ田中慶太郎氏の墓参りをした。

周囲はすでに暗くなり、高徳寺境内はひっそりと静まり返っていた。未亡人と寺の住職が待っていた。未亡人は提灯を持って墓まで案内してくれた。郭老は日本の習慣にしたがって、墓参りをしてから、助けてくれた古い友人の墓前で黙祷を捧げた。

### 逝後空しく余す掛剣の情

十二月四日、郭老は箱根を離れてすぐには東京へ戻らなかった。一行は内山完造氏に案内され鎌倉へ立ち寄り、岩波茂雄氏の墓参りをした。

岩波書店の創業者である岩波茂雄氏の墓は、北鎌倉の東慶寺にある。われわれが着いた頃にはすでに日が暮れ、夜のとばりが下りていた。岩波茂雄氏の子息岩波雄二郎氏、娘婿の小林勇氏などの親族と、経済学者の大内兵衛博士、東慶寺住職の禅定法師などが待っていた。

岩波茂雄氏の墓の前に、郭老が立ち、感無量の様子であった。手桶の水を汲み墓石の上からかけ、そして静かに黙祷した。岩波一族は傍らに立っており、参拝が終わると郭老に深くお辞儀をし、岩波茂雄はきっと喜んでいるとお礼の言葉を言った。

われわれは和室の部屋に通され、小さなテーブルを囲んで座った。岩波一家は再び郭老に感謝の意を述べた。胡座をかいていた郭老は改めて正座をし、丁重に感情のこもった声で語り始めた。

「私は生前に岩波茂雄先生にお目にかかる機会がございませんでしたが、先生に大変お世話になりましたので、深い感謝の意を抱いております。十八年前、私は家族を日本において単身帰国致しました。その後、岩波先生は私どもの子供を学校に行かせたり、生活の面倒を見たりして下さいました。大変助かりました。今、上の二人はもう大学を卒業し、長男の和夫は大連化学物理研究所で研究員をしており、次男の博は上海で勤めております。私の方こそ岩波先生にお礼を申し上げなければなりません」。

郭老の話を聞いて私は、初めてこの墓参の目的が分かり、郭老と岩波茂雄氏の友情に深い敬意の念を抱くようになった。

岩波茂雄氏は生前郭老とは面識がなかったが、一九三〇年代から書物を通じて郭老の中国古代史、金石文、甲骨文における研究が優れていることを知っていた。一方、郭老は時々岩波書店に本を買いに行ったが、氏と直接話したことはなかった。それから、岩波氏は自分が主宰した雑誌『思想』で、郭氏の著作を紹介したこともあった。

一九三七年、抗日戦争が勃発すると郭老は一人で帰国した。日本に残された安娜《アンナ》（佐藤をとみ。郭沫若前夫人）夫人と五人の子供は政治的迫害を蒙り生活が困窮した。安娜夫人が憲兵に連行され、一家の身を寄せるところもない折に、岩波茂雄氏はわざわざ千葉県市川市須和田の郭老の住居に行き、子供達を見舞った。「皆さんの学費と生活費は私が支払います」と長男の郭和夫氏に言った。五人の子供を学校に行かせることは当時の日本では大変なことであった。しかも、「敵に内通する」とか、「売国」などの罪を蒙らなければならなかった。ところが岩波茂雄氏は躊躇うことなくこの重い責任を担ったのである。

「知遇の恩を捨てるべからず、哺育の情を忘れるべからず」とは、郭老は我が子に与えた家訓である。

岩波茂雄氏は一九四六年に、「岩波書店が毎月出版した各種の書物はそれぞれ中国の五つの機関に贈与することと、時々中国に行くこと」という遺言を残してこの世を去った。

郭老が岩波一家と会談しているところに、禅定法師が硯と墨を持って来て郭老に揮毫を依頼した。郭老は筆を持ち、墨をすりながら考えた。そして、書きはじめた。

生前未遂識荊願
逝後空余掛剣情
為祈和平三脱帽
望将冥福裕後昆

生前未だ遂げず識荊《しきけい》の願い
逝後空しく余す掛剣の情
和平を祈らんがために三たび脱帽す
望むらくは冥福をもって後昆《こうこん》を裕かならしめん

於東慶寺

郭老が第一句で用いた「識荊」の出典は、唐の李白の『与韓荊州書』である。韓朝宗《かんちょうそう》は荊州長史（韓朝宗、唐代官吏。荊州、地名。長史、中国古代官名。韓朝宗、韓荊州とも呼ばれていた）をしていた時、よく後進を抜擢して当時の人に尊敬された。後世になり、名前を知っている人との初対面の時に尊敬を込めて言う表現に使われる。「生前未遂識荊願」は、郭老が岩波茂雄氏と生前に対面できなかったことを嘆いたものである。

第二句の「掛剣」も一つの古典からの故事である。春秋時代、呉国の王子季札《きさつ》は使節として魯国へ派遣され、途中で徐国の君主に会った。徐の君主は季札の剣をとても気に入ったが欲しいとは言えなかった。季札は徐の君主の心を察していた。魯国からの帰りに季札は再び徐を通ったが、徐の君主はすでに亡くなっていた。季札は剣を解き、徐の君主の墓前にある木の枝に掛けた。郭老はここでこの故事を引用して岩波茂雄氏の知遇の恩に対する感謝の意を表し、岩波氏にお礼を言おうとした時に、氏はすでに故人となっていた無念さを表現したものである。

最後の二句は、郭老が岩波氏の墓前で世界平和と氏の子孫の幸福を祈るものである。

郭老のこの時の墨蹟は東慶寺に保存され、岩波家はそれを手にしなかった。一九六七年、岩波雄二郎氏が北京を訪問し、郭老に「家宝にしたいので、東慶寺の詩をもう一度書いて頂きたい」と懇願した。郭老は快諾したが、最後の二句は修正された。

生前未遂識荊願　　生前未だ遂げず識荊《しきけい》の願い
逝後空余掛剣情　　逝後空しく余す掛剣の情
万巻書刊発聾聵　　万巻の書刊　聾聵を発《ひ》らき
就中精鋭走雷霆　　就中《なかんずく》精鋭《せいえい》　雷霆《らいてい》を走らす

「万巻書刊発聾聵、就中精鋭走雷霆」の二句は、岩波書店の出版事業を賞賛し激励したのは確かだが、私にはこの修正に別の意味が感じられる。押韻はもちろんであるが、当時の中国の歴史及び社会背景にも関係があると思う。一九六七年の中国は、「四人組」が横行し「平和」は禁句になっていた。十二年後の郭老が当時の詩を改めたのも理解できるだろう。

## 須和田旧居訪問

十二月五日の午後、郭老は熊復団員と日本の友人に伴われ市川市の須和田に赴き、十八年ぶりに旧居を訪ねた。

郭老の来ることを事前に知った近所の人達が、新中国の大物になったかつての隣人を一目見たいと集まってきた。

須和田旧居は、一九二八年から一九三七年の十年間、日本に亡命していた郭老の家であった。旧居は南向きの木造の家で、狭い庭に木や花が植えてある。かつて郭老はここで中国古代社会を研究し、歴史学、考古学、そして甲骨文、金石文において不朽の功績を成し、中国古代史学説の基礎を築き上げたのである。郭老のこの分野における最大の功績は唯物的に歴史を研究する手法を作り上げたことである。十年間、郭老はこの寓居で昼夜を問わず研究を続けた。『中国古代社会研究』、『甲骨文字研究』、『両周金文辞大系』、『金文叢考』、『石鼓文研究』、『卜辞通纂』など、百万字にも及ぶ学術著作は全てこの時期に完成されたものである。

郭老はこの時期に、文学創作面でも大きな成果をあげた。当時創作した歴史を題材とする小説と伝記文学、特に伝記文学は、歴史の真実を記録し、時代の風貌を生き生きと再現した素晴らしいものである。それ以外に、郭老は翻訳もしていた。『経済学批判』、『ドイツ・イデオロギー』などの著作は全て同時期に翻訳したものである。

郭老が来訪した時、旧居にはすでに別の家族が入居していた。主人の久保田勉さんが外出していたため、夫人と娘さんが部屋を片付けて郭老を待っていた。夫人は部屋に上がるようとすすめたが、郭老は時間がないと遠慮した。すると、同じ家の新旧主人が縁側に腰を下ろし、ぽかぽかと射す太陽の光の中で、女主人が日本茶を出し、懇ろに郭老をもてなした。

「あ、これがあの泰山木だ……」と、郭老は自分が植えた泰山木を見つけた。「これは私が夜店で一円で買ったものです。その頃はこんな小さい苗木で……」郭老が手まねで膝の丈を指して苗木の高さを説明した。

旧居の庭にはたくさんの日本の新聞記者が集まってきて、郭老に感想を聞いた。「ここに住んでいた頃、よく裏の丘に登ったものです。ひょっとしてここに骨を埋めることになるのではないかと思っていました……のちに国に帰って、民族解放運動に参加しました。そして、今またここに戻ってきました。市川の土がずっと私の心の奥に生きています。今日は昔の近所の皆さんにお会いでき本当に嬉しく思っています」と郭老は言った。皆感動して聞いていた。

ちょうどその時、和服姿の老人が硯を持ってやってきた。郭老に硯を渡しながら「これは先生がここに住んでいた頃に使っていた硯で、今は我が家の家宝となっています」と話した。

老人はそう言いながら、指で硯の裏面にある十文字の金石文を指し、「先生が彫ったこの文字がどうしても読めません。読んで下さいませんか」と頼んだ。

二十年ぶりに硯を見た郭老も、とっさにはその文字が思い出せず、思い出したらすぐ教えると約束した。

郭老が旧居と別れを告げようとした。一人の老婦人が人の群れの中から郭老に声をかけた。「まだ私のことを覚えていますか。蕎麦屋です。先生はご長男をおんぶしてよくそばを食べにいらっしゃいましたよ」。

郭老が微笑んだ。

老婦人は嬉しそうに郭老の手を握って、しばらく離そうとしなかった。

「覚えていますよ」。

郭老も、そして皆が別れを惜しんだ。車に乗る前に郭老は見送ってくれる人達に高く手を上げ、「さようなら！　さようなら！」となんべんも言った。

車が走り出した。郭老はふと老人の持ってきた硯の金石文を思い出した。「後此一百年、四倍秦漢磚」（百年後には、この硯の価値は秦漢磚の四倍になる）であったという。郭老は同行の友人、眼科医の藤原豊次郎氏にそれを老人に伝えてくれるように頼んだ。

## 国会議事堂内の闘い

箱根から東京に戻り、部屋に入ると真っ先に目に入ったのは、机の上にある一枚の招待状であった。日中貿易促進議員連盟からのもので、六日午後、国会議事堂で歓迎会を行なうという内容であった。招待状は日中貿易促進議員連盟の名義ではあるが、日本国会が出したも同然だとわれわれは思った。

当時の国際情勢から、アメリカの顔色を窺う日本当局は、中国代表団を招請してはいないと表明した一方で、郭老一行には比較的に高い礼遇も与えたいと、両方の顔を立てるためにこのような形しかとれなかったのである。

午後一時半、郭沫若団長は数人の団員と茅誠司氏に伴われ、国会議事堂を訪れた。およそ六十名の衆参両院議員が歓迎会に出席し、主要人物は着席していたが、ほかの人は机を囲んで立っていた。人で室内は一杯だった。衆議院議長の益谷秀次《ますたにしゅうじ》氏がまず立ちあがり歓迎の挨拶をした。終始無表情な益谷氏を見て、私は「彼は本心からこの『共産党中国』の大物を歓迎したいと思っていない、ただ型通りに公務を行なっているだけだ」と思った。

郭老は答辞を述べた。

「中国は日本の近隣であり、両国は二千年の友好関係を持っています。中国人民は新しい基礎の上で日本人民と友好関係を深め、文化交流、とりわけ学術交流を強めたいと願っています。われわれは日本に三週間しか滞在できませんが、日本学術会議及び他の分野の友人からできるだけ多くのことを学びたいと思っています。それと同時に、われわれはもっと多くの日本の友人の中国訪問を歓迎します。友人からの建設的なご意見は、今建設の途上にある中国にとって、もっとも必要とするものであります」。

続いて、中国を訪問したことのある数人の国会議員が相次いで挨拶をした。彼らは中国で暖かく歓迎されたことに感謝し、そして代表団の訪日の成功を祈ってくれた。

しかし、思いがけないハプニングが起きた。社会党議員の佐多忠隆《さたただたか》氏が挨拶の中で思わぬ発言をした。「日本と日本のマスコミには言論の自由がありますので、あなた方は日本で自由に話ができます。しかし、貴国は違うと思います。われわれが貴国を訪問した際に、貴国の責任者にわれわれの見解を話しましたが、それは貴国の国民に伝えられなかったようです」。

佐多氏の話で会場が急に白けた雰囲気になった。

日本のマスコミの「言論の自由」は、郭老に二日前のことを思い出させた。まだ箱根にいた十二月四日の朝、われわれは富士屋ホテルで英文紙の『JAPAN TIMES』のある記事を読んだ。その中に、郭老をやたらに攻撃し、老を「notorious Kuo Mojo」（悪名高い郭沫若）と中傷する記事があった。それを読んで、郭老は非常に立腹し、少数の人間の仕業だと判断し、反撃のチャンスを待っていた。佐多氏の「言論自由論」を聞き、郭老は微笑みながら立ち上がった。絶妙のタイミングだった。数人の日本人新聞記者が録音用のマイクを郭老の前に差し出し、老は自在に語り始めた。

「ご指導を感謝致します。私はかつて日本に二十年も暮らしていましたので、日本について少しは認識していると思っています。確かに、日本の新聞はたくさんの『自由』を持っています。正しいことを言う自由も、そしてでたらめを言う自由もあるようです」。

場内に愉快な笑いが起こった。

「例えば、四日の『JAPAN TIMES』は、私に『notorious 郭沫若』という名前をくれました。しかし皆さんご安心下さい。私は日本に三週間しか滞在しませんので」。

笑いが再び聞えた。

郭老は話に力を入れ、続けた。

「私の承知しているところでは、日本に『notorious 郭沫若』よりもっと『notorious』な人がいます。私は日本人民が団結し、一日も早く『notorious 郭沫若』よりもっと『notorious』な人を日本から追い出すように願っています」。

会場には大きな拍手と笑いが響いた。

当時の日本はまだ米軍の占領中であった。郭老は、話の中で名前をはっきりと言わなかったものの、会場にいる人は皆それが誰を指したのかを知っていた。郭老はこの微妙で複雑な政治問題、すなわち日本が外来勢力の占領を排除し、本当の民族独立を勝ち取ることをこのような巧妙な形で表現した。このような郭老の賢明な手段は、実に見事というほかはない。

郭老は最後にこう言った。

「私にはもう一つの希望があります。それは日本人民が一日も早くあらゆる面で本当の自由を獲得して頂きたいという希望であります」。

盛大な拍手が長く響き続けた。

「歓迎」の挨拶をした益谷秀次議長が固い表情でソファに座っていた。先ほど述べた「歓迎」の心意気は全てどこかへ飛んでいったように見えた。

## 忘れられない講演

十二月八日午後、郭老は早稲田大学を訪ね講演をした。

新宿区にある早稲田大学は、伝統のある有名な私立総合大学である。もし、東京大学が官僚の養成所であるとすれば、早稲田はそれに匹敵する在野の大学と言えるだろう。近代や現代の日本、それぞれの時期に早稲田出身の政治家、作家そしてジャーナリストが大勢いた。

われわれは日本の友人の案内で、早稲田大学の象徴、大隈講堂へ向かい、その近くの共通教室に着いた。教室の外には大勢の人がひしめいていた。私は郭老の後ろについて前へ進もうとしたが、人垣で動けないほどであった。日本の友人が郭老が通れるように先導してくれたが、郭老が通るとまたすぐ通り道は塞がれ、郭老の姿が見えなくなった。慌てた私は職員に助けてもらい、やっとの思いで会場に入った。

教室に入ってまた驚いた。人で埋め尽くされ立錐の余地も無いようで、もともと大学の関係者や先生方のために用意されたステージにも席のない学生達が坐っていた。入場できない学生たちが、寒風の中で立ったままスピーカから流れてくる講演を聴いていた。三千人に及ぶ人達がこの日の講演に出席したと報じられたが、一万人程度は集まったとの報道もあったという。

これは郭老が日本に来てから初めて青年を対象にして行なった講演である。

郭老がステージに上がると、場内に大きな拍手が沸き起こった。「日本語で話して下さい」と叫ぶ声も聞えた。郭老は何回も手を上げ「静かに」と促したが効果はなかった。郭老が中国語で語り始め、私が日本語に通訳しようとすると、ステージの下から「郭先生、日本語で話して下さい」と聴衆が叫んだ。同じようなことが何回も繰り返され講演はなかなか始まらなかった。

しばらくして会場がようやく静かになり、郭老は抑揚のある声で語り始めた。

郭老の講演はほとんどが中国語だったが、一部の内容は観客の要求に応じて日本語を使った。二時間の講演の中で郭老は中日文化交流を中心に、古代から今日まで論説した。人々は郭老の博学、透徹した論拠、そして抑揚のある声に魅了され釘付けになっていた。

郭老はこう語った。

「中日両国人民は二千年の友好関係を持っている。われわれはこのことを誇りに思う。両国の友好の歴史は同時に両国の文化交流史でもある。二千年来、両国人民はお互いに尊敬しあい理解し合いながら文化交流を続け、両国人民の物質的かつ文化的生活に大きな利益をもたらした。

歴史面では中国の文化は比較的進歩していたが、日本人民は中国文化を吸収するため大きな力を注いだ。中国の隋と唐の時代は、日本人民がもっとも中国の文化を吸収しようとした時期だと言えよう。当時の日本は多くの留学生を中国に派遣し、中には中国で二十年、三十年、さらに一生住んだ人もいた。有名な阿倍仲麻呂は中国で数十年も暮らして、大詩人の李白や王維などと大変仲がよかった。

阿倍が帰国した途中に、海で暴風に遭い船が転覆した。唐の都長安にいた中国の文人らはその消息を聞いて非常に悲しみ、阿倍仲麻呂を偲ぶ詩を多く創った。とりわけ李太白の詩には、中国文人と阿部仲麻呂との兄弟のような親密な関係が詠まれていた。ところが幸いにも阿倍は生存していた。のちに彼は再び長安に戻り一生を過ごした。中国の土の中で貴国の阿倍仲麻呂が生き続けていると思う。

このように、中国に派遣された留学生は、生産技術、法制度、文化芸術などについて学び、広い分野での学習の成果を日本に持ち帰った。そして、これらの知識は日本の地に根を下ろし、芽生え、さらに美しい花を咲かせるようになった。日本人民が自らの創造性を発揮して、日本独特の文化を開花させたのである」。

郭老は例をあげて続けて言った。

「日本の歴史上、ある画期的な事件があった。それは七世紀半ばの大化の改新である。大化の改新は中国唐の文化を吸収した最も具体的な表われだと思う。

中日両国の文化には多くの共通点がある。中国も日本も漢字を使用し、日本の仮名文字も、漢字から変化してきたものである。これは両国文化の著しい共通点の一つである。日本の一般の人々は漢字を外来のものだと思っていない。私が初めて日本に来た頃田舎に行ったことがある。当時私は日本語を全然話せなかった。あるおばあさんに名前を書けと言われたので、漢字で書いたところ、老婦人は非常に驚き『あらまあ、あなた！　日本語が分からないのに、漢字で自分の名前が書けるの?!』」。会場が活気を帯びた。郭老の軽妙な話しぶりに笑い声が絶えなかった。

「これでお分かりだと思うが、日本人は漢字が日本固有のものだと思っている。昔は中国から日本に伝わって来たものは多かったが、日本から中国に伝わったものは少なかった。しかし非常に称賛すべきものが一つある。それは夏に使う扇子である。

やがて明治維新を迎えた。維新後の日本は全力で西洋の科学文明を吸収しようとした。この点で日本は中国より一歩先んじたと言えるだろう。アヘン戦争後、中国は昔のやり方はすでに時代遅れになり、これからは科学に力を注ぐべきだと意識し始めた。そして、近道をするため、隋や唐の時代に日本が中国に留学生を派遣したように、中国は明治時代に多くの留学生を日本に派遣した。中国が日本へ初めて留学生を送ったのは一八九六年である。多いときには二万人の中国人留学生が日本にいた。正確な統計ではないが、一八九六年からの数十年の間に、およそ三十万の中国人が日本に留学していただろう。

一つ面白いことは、中国の学者が日本の書籍を翻訳し中国に紹介して初めて、中国人がマルクス、エンゲルスを知るようになったのである。一九〇三年、『近代社会主義』が翻訳され中国に伝わってきた。私自身がマルクスについて多少分かるようになったのも、やはり河上肇先生の本を読んでからだと思う。当時中国はたくさんの日本の学校の先生を招いて、日本の中学校の教科書も多く翻訳された。私が来日前に中国の中学校で学んだ『幾何学』は菊池大麓《だいろく》先生が編纂したものであり、物理の教科書は本多光次郎先生が編纂したものである。

中国は日本から学ぶことに傾注した。日本を通じて西洋文化に接触したが、さまざまな客観的な要因に左右され中国の資本主義革命は成功できなかった。しかし日本から学んだ収穫は大きかった。近代の中国文化は日本に大きく影響され、言葉の大量吸収により新文学は大きく左右された。『五・四』運動（一九一九年五月四日、北京で勃発した学生運動。「五・四」新文化運動と呼ばれている）以来、中国の文学・芸術界でリーダーシップをとっていた人は日本の留学経験者が多かった。

中国の留学生は日本で科学を勉強し文学芸術を習い、そして日本人民と友人になった。これは李白と阿倍仲麻呂の関係と同じだと思う。つまり、明治維新以後の両国の文化交流は、隋・唐の時とは逆に、日本から中国に輸出したものが多く、中国から来た物は少なかったのである」。

郭老の話にはさらに力が込められた。

「長い歴史の中では、短かったが暗雲のある時代もあった。一つは六七〇年あまり前のことである。モンゴル民族に支配された元王朝の時代に、フビライが大量動員し日本を侵略した。中国人民はこのことで日本に謝らなければならない。

もう一つは、最近数十年のことである。日本は西洋の文化を十分に学んだと思うが、残念なことに余計なことまで学んでしまった。それは植民地主義である。不幸なのは、日本はそれを元にして戦争を起こした。その結果、アジア人民そして日本人民は甚大な被害を蒙ることになった。

このような不幸な記憶は過去のものとし、過去の良い思い出を永遠に忘れないようにしよう。

歴史にはわれわれに与えてくれる経験と教訓がある。それは民族と民族、両国の人民と人民の間で平和共存さえ実現できれば、文化的にもまた物質的にも生活が向上し、人民は豊かになる。逆の場合には全く正反対の結果になってしまう。これが歴史の経験である。もう一つの経験、すなわち第二の経験は、民族と民族が互いに尊敬し合い謙虚に学び合えば、両国人民の文化生活はさらに向上するということだ。もし傲慢で自己満足ばかりしていれば、文化の発展は望めず、巨大な損失を蒙ることもある」。

郭老は日本人民に四つの希望があると述べた。

「一つは、文化交流を盛んにすることである。この方面でわれわれの学習意欲が満たされるよう是非多くのことを指導して頂きたい。もしわれわれの方に、日本にとって参考になるものがあれば喜んで提供したい。『他山之石、可以攻玉』（他山の石、もって玉を磨くべし）という古い言い方があるが、わが国にはたくさんの『石』があるので、自分の玉を磨くのにどんどん使って頂きたい」。

二つ目に中日関係正常化の早期実現だと語り、郭老は続けて言った。

「第三、日本人民が本当の意味での民主を享受できるように願っている。この点で、ここにいる若い友人は重大な責任を持っている。日本人民は知恵のある民族であり、また勇敢で勤勉であり、強い祖国愛の精神を持っている。日本人民が奮起して持てる全ての潜在能力を発揮さえすれば、第二回の新しい明治維新が実現できると信じている」。

郭老は、「中国人民と日本人民はしっかりと手を携え、アジアそして世界の平和のために最大の努力をしよう」と第四の希望を提出して、最後に力強く呼びかけた。

「私は皆さんと一緒にしっかりと手を携え、自分の民族のために、世界人類の幸福のために共に努力したいと願っている。そして、人類は戦争、特に核戦争の災いから免れるように共に努力しよう」。

郭老のこの情熱に溢れる講演に嵐のような拍手が送られた。

講演は事前に用意したものではなかった。ホテルを出発する前に、郭老は私を部屋に呼び簡単に講演の主旨と構想を話しただけで、完全に即興の所産であった。

郭老訪日後の初講演は、大きな成功を収めた。

## 関西行き

郭老一行は十二月九日午後、関東地方を離れ関西に向かい、十二月十三日まで相次いで京都、奈良、大阪を訪れた。

京都の景色は美しい。三方が山に囲まれ、南北に河が流れている。市内から郊外まで、古刹、神社、宝塔、そしてたくさんの庭園がある。京都は、西京という別名を持ち、「千年の古都」とも言われている。他の大中都市と比べて、特徴ある多くの日本民族の歴史が息衝く所である。

京都は古くから平安京と呼ばれ、紀元七九四年に遷都されて以来明治維新まで、ずっと日本の都であった。平安京は中国隋・唐の町造りに似せて創られ、道路は碁盤の目のように、まっすぐに区切られている。現在の京都も、左京、右京に分けられ、東九条や、西七条など昔の名前の名残がある。建造物の配置は、左京は洛陽城を、右京は長安城をまねたため、日本の人々は未だに京都に行くことを「入洛」と言っている。

郭老にとって、京都は初めてではなく、日本亡命の時に訪れたことがある。

九日、午後四時二十一分、列車が京都に着いて、灰色のコート姿の郭老が列車から降りた。ホームは熱気で溢れ、歓迎のため集まった三百人あまりの人々でいっぱいだった。

駅の待合室で、代表団に同行した内山完造氏は中年の男性と二人の若い女性を伴ない、郭老に紹介した。大阪の劇団「五月座」の責任者岩田直二さんと団員の高橋芙美子さん、石田温さんであった。この劇団は十二月十八日から日本で郭老の歴史劇「虎符」を上演することになっていて、かねてから劇団「五月座」と「虎符」の上演にあたり激励の言葉を書いてほしいと郭老に依頼していたが、十二月六日に郭老は自筆で劇団宛てに手紙を書いてあった。

「虎符」上演に一文を寄せて

「屈原」の上演につづいて、「虎符」が上演されますが、同じように成功することを願っています。信陵君は中国人民に敬愛される歴史上の人物です。国を憂える志士であり、同時に名だたる戦略家でもありますが、残念ながら、戦略戦術に関する著述は伝わっておりません。如姫は実在の人物であり、その行為は讃えるべきものがあります。

私がこの脚本を書いた目的は、一致団結し、外国の侵略に抵抗するということでした。登場人物の中に、フィクションもあります。とくに太妃——信陵君の母親はそれで、私はひとりの東洋的な母性愛の典型を作り出そうとしたのです。

信陵君の成し遂げたことは、母親の教育と関係が大きいと考えます。さらに如姫の援助があってこそ、信陵君は献身的により人民に奉仕する道を進むことができたのです。

女性の精神、とくに母性愛は、犠牲の精神が集約されたものです。

これはけっして消極的なものではなく、永久の平和をもたらす原動力なのです。

一九五五年十二月六日　東京都にて　　郭沫若

郭老の手紙を受け取った劇団は大いに喜び、お礼を述べるため岩田直二氏らが京都駅に出迎えた。

## 日本の学者のお墓参り

京都で行なわれた中日学者教育座談会と歴史考古学座談会に出席した後、郭老は左京区鹿谷の法然院に、日本の著名な歴史学者、内藤湖南氏の墓参をした。その後、足を延ばして黒谷に向かい、文殊塔の側らにある中国研究家の狩野直喜《かのうなおき》氏の墓参もした。

なぜ郭老が日本の学者の墓参に行ったのか？　これは郭老が日本に亡命した当時までに遡らなければならない。それは、郭老の甲骨文と金石文の研究、さらに郭老の王国維《おうこくい》氏への尊敬と王国維氏と内藤氏、狩野氏とのゆかりについて説明しなければならないからである。

郭老は日本の友人の前で幾度となく王国維氏のことに触れ、その話には清朝末期・民国初期の詩人であり学者である王氏に対する敬意が自然に流露されていた。訪問先で、「どうやって甲骨文をマスターしたのですか」としばしば質問される郭老は、いつも笑顔で「法則さえ分かれば、覚えるのはとても簡単だよ。私は覚えるまでに数日しかかからなかった」と淡々と答えた。

郭老は、自分が甲骨文をマスターしたのは王国維氏に負うところが多かったといつも言っていた。王国維氏は京都在住中、内藤湖南氏、狩野直喜氏と親密な関係があり、郭老は内藤氏、狩野氏から直接間接的に多くのことを教えてもらったという。

内藤湖南氏は一八六六年、秋田県に生まれ、一九三四年逝去した。祖父も父親も儒者であり、本人は小学校の教諭と新聞記者をして、一八九九年に中国に渡り中国問題の研究を始めた。

日本の歴史学界では、内藤氏は甲骨文、金石文など考古資料を古文献と対照する方法を用いて中国上古史を研究することを率先して提唱した人物である。内藤氏は王国維と羅振玉らの研究結果を参考にしながら研究を進めた。一九〇七年、京都大学で中国古代史の講義を開き、独特な中国史学体系を編み出し、東大派と両立できる「京大派」中国史学の創始者の一人となった。

内藤氏の史学体系とその観点は、日本の東洋史、中国史学研究への影響は極めて大きかった。当然のことだが、氏自身が当時の社会と歴史背景から分離することは不可能であったため、その史学理論と観点は、日本統治者の対外拡張政策に奉仕する一面もあったことは否定できない。

狩野直喜氏は中国文化研究において顕著な成果をあげた学者である。氏は一八六八年に熊本に生まれ、一九〇〇年に北京へ留学した。一九〇六年に京都帝国大学教授に任じられ、一九三八年の定年退職まで、氏はずっと中国哲学史、中国語学、中国文学講座を主宰していた。経学（四書五経などの学問）分野において氏は清朝考証学を著し、文学の分野では戯曲・小説について造詣が深かった。敦煌文献における調査研究も行なった狩野氏は、日本の中国学界に新しい風を吹き込み、大きな功績を残した。

狩野直喜氏の墓参を終え、黒谷を離れようとした時、同行した京大教授、フランス文学者桑原武夫氏がなんの気なしにその父親の墓も近くにあると郭老に言った。郭老はすぐさま桑原氏の父親の墓参りをしたいと申し出た。桑原氏は非常に恐縮し、郭老を墓へ案内した。

桑原武夫の父は桑原隲蔵《じつぞう》という東洋史学者である。「東洋史」の名称の確立は、氏の大学院時代に書いた名著『中等東洋史』に大いに関係があると言われている。桑原氏は中国史を東洋史まで拡大し、漢民族と周囲民族の関係を重要視しながらも、東洋から西洋にまで広げた。氏の代表作『宋末之提挙舶西域人蒲寿庚之事跡』は、学士院賞受賞作品である。

桑原武夫氏は郭老がその父親の墓参をしたことを光栄に思い、何回も心をこめて郭老にお礼を言った。郭老が京都で日本の学者の墓参をしたことが写真入りで日本の新聞に大きく取り上げられた。人々は郭老の人柄を心から敬服し称賛した。

## 河上肇を偲ぶ

郭老は立命館大学学長の末川博先生に伴われ、故河上肇氏の自宅を訪問した。十二月十日の午後である。河上宅訪問は元のスケジュールにはなかったが、郭老の提案で後から加えられたものであった。河上宅は左京区吉田上大路町にある。純和風の平屋で、狭い道に面していた。ノックするとガラスの扉が開けられ、上品そうな年配の和服姿のご婦人が玄関で正座して来客を迎えた。河上肇先生のご夫人の秀《ひで》さんであった。案内役である末川博氏のご夫人は河上夫人の実妹である。

末川博氏は河上肇夫人に郭老を紹介し来意を説明した。郭老の突然の訪問に河上夫人は恐縮した様子だったが、喜びも隠せなかった。夫人は上がるようにと何回もすすめたが、郭老は夫人の好意にお礼を述べると玄関先でしばらく夫人と話し、河上肇先生に対する敬愛の気持ちを述べた。

河上肇氏は謹厳なマルクス主義経済理論家である。氏は一生をかけて真理を追求し、戦い続けた。一九三二年、当時の厳しい世情の中、すでに五十歳を過ぎた氏は、身の安全をも顧みず弾圧された共産党に入党した。のちに逮捕されたが、一九三七年に釈放された後も当局の厳重な監視の下でマルクス主義と革命への情熱を抱き、清貧な生活に耐えながら自叙伝の創作と詩の研究に没頭した。一九四五年八月、日本帝国主義の降伏を迎え、河上氏は喜びを抑えられなかった。しかし、衰弱して体力の限界にあった氏は、貧しさと病に立ち向かう気力もついに絶え、翌年の一月三十日、戦うことに捧げた生涯を閉じ他界した。享年六十六歳であった。

中国の人々は河上肇氏をよく知っている。氏の著作はかねてから中国に紹介され、進歩的な知識分子の中で非常に大きな影響を及ぼしていた。郭老も青年時代に河上氏の影響を受け、一九二四年春の終わり頃、河上氏の『社会組織と社会革命』を翻訳した。この著作の翻訳は、郭老の思想が革命民主主義からマルクス主義に転換する重要な契機の一つとなった。

一九二四年四月、郭老は上海を離れ再び福岡に渡った。福岡で老は河上肇氏のこの著作の中国語翻訳に取り組んだ。翻訳が完成し、一部は雑誌『学芸』に掲載されたが、一九二五年五月に商務印書館から単行本が出版された。一九五〇年十月、商務印書館が『社会組織と社会革命』を再版した際に、郭老は序文に次のように書いた。

「この本を著した当時の河上肇博士は、まだ一人の進歩的な経済学教授に過ぎず、マルクス主義も日本ではまだ啓蒙期にあったのである。マルクス主義の日本での広がりは、河上肇先生には功労があったことを誰も否定できない。中国初期のマルクス主義者の中には、河上先生を通してマルクスに接近した人も多くいる。

この本の翻訳を通じて私はマルクスへの理解が深まったが、しかし、翻訳の途中で本の内容に満足できなくなった。この本は学究的な論争に偏りマルクス主義の根幹である、弁証法的唯物論には全く触れていなく、マルクス主義の実践——世界の改造方法においても避けているかのごとき態度をとっていた。

このような形でマルクス主義を論ずることは、マルクス主義を軟骨症に患せることになると思い、不満を抱くようになった。こういった不満は、翻訳の後で成仿吾《せいほうご》への手紙に書いた」。

郭老はその本に満足の行かないところがあった。しかし翻訳を通じて、老の資本主義の内在的な矛盾と必然的な歴史発展過程への認識が深まり、社会経済に対する見識が増え、正確な理論というものに対する信念が強まったことは確かである。その結果、郭老の思想はマルクス主義の方向に行きかけようとした。さらに、一九二四年の郭老にもう一つ大きな変化が起きた。彼は文学芸術は戦いの武器だと意識し、それをもって革命運動に身を投じるようになった。

郭老は心から河上肇氏を尊敬し、未だ見ぬ師匠だと思っている。一九五四年一月三十日、河上肇氏の九回忌の記念に際し、郭老は「東方の先覚者、卓越したマルクス主義の闘士河上肇先生は永遠に不滅である！」と色紙に筆を振るい、河上肇氏の戦いの一生を極めて高く評価した。

郭老は今、かつて河上肇氏が生活し戦闘していた京都を訪れ、尊敬していた河上氏のご夫人に会い氏への敬意を表した。郭老は「私が、今の進歩的な思想を持つことができたのは河上先生のご本を翻訳させて頂いたお蔭です。先生にお目にかかれなかったことは非常に残念に思っております」と夫人に言った。

## 弘法のため重洋を渡る　目は盲いたれど心は盲いず

関西に来て、奈良に行かぬ手はない。

奈良は、八世紀初期の日本の古都であり平城京と言われた。この千二百年以上の歴史を持つ歴史的名城は、中国の唐の都長安を参考にして造られたと伝えられている。春日山と若草山が町を抱き、山の緑が流れて出て来るようで、静かな佇まいの中に名刹が美しく映えている。

奈良の唐招提寺は今回の重点参観地となっていた。

十二月十三日午後、郭老一行は奈良市西京二条町に着いた。車から降りて、先ず目に入ったのは大きくて高い「南大門」だった。近づくと、門の上に掛けられた横額の「唐招提寺」の四文字が微かに見えた。これは、千二百年以上前に孝謙女帝（七一～七〇）が書いたものである。真筆は寺内に保存され、日本書道界の貴重な宝物と言われている。

唐招提寺に来ると、唐の高僧鑑真が自然に思い浮かぶ。それは、唐招提寺が鑑真和上の指導によって建立されたものだからだ。唐招提寺は中日両国人民の友好の結晶で、中日両国文化交流の証でもある。

日本の友人は、寺の東北に鑑真和上の開山御廟があり、鑑真和上がいまそこで安らかに眠っていると教えてくれた。時間がないため参拝できなかったが、当時鼓楼の北の台に設置された開山堂を見学できた。開山堂は毎年の鑑真和上が寂した六月六日前後にだけ一般に開放されるが、この日は鑑真和上の祖国から貴賓が訪問したため特別な配慮がされたのである。

開山堂は臨時的な建造物で、さほど大きくはない。堂の正面にある有名な鑑真和上像は静かに両眼を閉じ、微かに微笑み、結跏趺坐の姿で置かれている。これは和上の弟子が鑑真和上の円寂時の姿勢にしたがって作り上げたと伝えられ、千二百年あまり前に遡る。像は極めて貴重な芸術的価値を持っているため、国宝に指定されている。

鑑真は、垂拱四年（六八八年）に揚州江陽県《ようしゅうこうよう》（今の揚州市）に生まれた唐の高僧である。当時、日本の栄叡、普照両僧が政府の指示により遣唐使と共に中国に留学したが、授戒のできる高僧を招請せよとの任務も同時に授かった。紀元七四二年、栄叡と普照は自ら長安《ちょうあん》から揚州の大明寺に赴き、日本に正式な戒を伝えて欲しいと鑑真和上に懇請した。鑑真は快諾したが、なにしろ千二百年も前のこと、中国から日本に渡るのは大きな冒険であった。鑑真は五回日本行きを試みたが全て失敗に終わり、ついには失明してしまった。しかし、強い意志の鑑真はこれに屈せず、六回目の航海を成功させて日本に上陸、奈良の都に到着した。初めの試みから十二年もの歳月が流れていた。

鑑真和上とその弟子らは仏教の律宗を日本に伝えただけでなく、中国の建築、彫刻、医薬、鋳造、絵画、書法、刺繍、裁縫、醸造、園芸、料理などの多方面の知識や文化を日本に紹介し、日本古代の輝かしい「天平文化」を大きく発展させた。鑑真和上は、人生最後の十年を日本で過ごした。深遠な見識、忘我の精神、そして卓越した才能と勇気を持ち合わせた鑑真和上は、中日文化交流の偉大なる先駆者として永遠に人々から尊敬され続けるであろう。

寺の住職が郭老に揮毫を懇請すると、老は記念帳に次のように書いた。

弘法渡重洋　　弘法《ぐほう》のため重洋《うなばら》を渡る
目盲心不盲　　目は盲《めし》いたれど心は盲いず
今来拝遺像　　今来りて遺像を拝し
衷懐一瓣香　　衷《こころ》に懐《しの》びて一瓣《べん》の香を捧げん

一九五五年十二月十三日

遊奈良唐招提寺拝鑑真上人遺像

この詩は、鑑真和上の一生と、郭老の鑑真に対する尊敬の意を十分に表現したものになっている。第二句の「目盲心不盲」は絶妙な点睛の一筆とも言えよう。

## 三十八年ぶりの岡山訪問

十二月十四日午前、郭老一行は大阪を発ち正午には三十八年ぶりの岡山に着いた。

岡山は、郭老の母校の所在地である。郭老は一九一四年七月、東京第一高等学校別科に入学し一年半の学びを終えたあと、一九一五年秋からは西日本の岡山市にある第六高等学校で三年間学んだ。

美しい瀬戸内海に面した岡山市は、県の政治、経済、文化、交通の中心地である。県内最大の川、旭川が南北に流れ、東を望めば遠く操山の山々が空に浮かび、山水の絵のようであった。

岡山県知事の三木行治《みきゆきはる》氏、岡山大学の学長を初め、五百人もの人々が駅に出迎えたため駅は人波で溢れた。ここ岡山は、郭老にとって特別な意味を持つ所であった。

午後二時四十分、郭老一行は岡山大学学長の清水多栄氏、教授の藤井氏に伴われ後楽園に着いた。後楽園は宋の范仲淹の「後天下之楽而楽」に因んで名づけられた公園で、日本三大公園の一つである。

昔は後楽園の脇に岡山城という城があった。黒い色をしていたので「鳥城」とも呼ばれていた。後楽園から眺める烏城が青い空に映え、格別の美しさだった。戦前は園内の梅林に何羽かの丹頂鶴がいつも遊んでいたという。

郭老は後楽園の散策を楽しみながら、同行した日本の友人に日本語で語りかけた。

「本当に懐かしいなあ。六高にいた頃はよく後楽園を散策したもので、この美しい景色が私の詩興を育んでくれたと思う」。

郭老は、刻まれた記憶の中から一つ一つ丁寧に探し出しているようだった。すでに烏城はなく、丹頂鶴もいない。三木知事に尋ねると、烏城は戦争で消滅し、丹頂鶴は日本では少ないため、入手が難しいと言った。それを聞くと郭老は即時に「中国に帰ったら二羽の丹頂鶴を贈ります」と約束した。

その晩、郭老の歓迎会の席で、岡山「六高」同窓会会長の田中文男さんの依頼で、郭老は以下の詩をしたためた。

後楽園仍在
烏城不可尋
願将丹頂鶴
作対立梅林

後楽園なお在るも
烏城《うじょう》は尋《たず》ぬべからず
願わくば丹頂鶴をして
対《つい》を作《な》して梅林に立たしめん

一九五五年冬重遊岡山後楽園賦此志感。


帰国後の一九五六年七月、郭老は約束通り、日本行きの船に託し番の丹頂鶴を岡山市に贈った。「願将丹頂鶴、作対立梅林」が実現したのである。

そして一九六一年には日本の友人の手で郭老自筆の詩、「重遊岡山後楽園」が青銅の板に刻まれ園内の石に嵌め込まれた。以来、後楽園を訪れる観光客は丹頂鶴と石に刻まれた詩碑を見ることができるようになった。

## 四十年の往事　すべて昨《きのう》のごとく

岡山での日程はびっしりだった。しかも、行く先々で滞在時間が予定をオーバーしたため、郭老一行が母校の第六高等学校に着いた時、すでに日は西の空に沈みかけていた。

操山はすぐ手が届きそうなところにあった。蒼然たる暮色の中、山はひときわ高く見え、仰ぎ望むと胸に迫ってくるかのようだった。郭老は今度の岡山訪問中に、操山に対する印象がよほど深かったようで、何度も操山のことに触れていた。

郭老の六高時代、両親宛ての手紙の中でよく操山について言及しており、一九一六年、一人で操山に登り、たくさんの素晴らしい詩を残している。その郭老は今、暮色に包まれた操山の麓に佇んでいる……。

郭老の三十八年ぶりの岡山への懐かしい気持ちは、その夜の歓迎会で存分に表されることとなった。清水多栄氏の申し出に郭老はその場で詩を揮毫した。

久別重遊似故郷　　久しく別れて重び遊《おとず》るれば故郷に似たり
操山雲樹鬱蒼蒼　　操山の雲樹《きぎ》は鬱蒼蒼《うつそうそう》
卌年往時渾如昨　　四十年の往事　渾《すべ》て昨《きのう》のごとく
信見火中出鳳凰　　信《まこと》に見る火中に鳳凰出づるを

岡山第六高等学校乃余母校。四十年前就学于此。今日重来已隔三十八年矣、
岡山市聞在戦争中毀於火、但完全恢復。

郭老は万年筆でこの詩を書いた。そして「信見火中出鳳凰」を指しながら『鳳凰』はフェニックス（不死鳥）のことです。フェニックスは火の中で甦ったもので、岡山も戦争で破壊されましたが、不死鳥のように再び復活しました」と説明した。

和気あいあいの雰囲気のうちに歓迎レセプションが終了した。

翌朝、郭老は私を連れて滞在先の岡山ホテルを出た。ホテル前には旭川が流れていた。われわれは河岸に立ち、清らかな河の流れをしばし眺めていた。せせらぎの音の中で郭老は、川で遊び、小船を漕ぐありし日の自分の姿を想い浮かべているように見えた。流れに映し出される懐かしい青春時代の想い出に浸る郭老の姿を見て、私は胸が熱くなった。

時は十二月、朝方のせいか辺りに人影はなかった。郭老は河岸に繋いであった小さなボートを見つけるとそれに乗り、私に、来なさいと促した。随行の警備に当たっていた私服刑事は少し慌てた様子だったが、この「既成事実」は認めざるを得なかった。郭老はボートに坐り、櫂で水を掻いて意気揚々だった。

郭老は、この日の旭川での船乗りを二首の詩に記した。

川水明於鏡　　川水　鏡より明らかなり
朝来弄小船　　朝来　小船を弄《もてあそ》ぶ

林岩如識我
隔霧見操山
庭園如旧
城郭已非
寒鴉栖樹
江水依依

林岩　我を識るがごとく
霧を隔てて操山を見る
庭園　旧《もと》のごときも
城郭すでに非ず
寒鴉　樹に栖《す》み
江水　依依《いい》たり

### 一夢　十年遊《すぎ》たり　再生　鳳凰に似る

われわれは広島平和公園に着いた。車を降りると、公園の北側にある原爆で破壊された原爆ドームが目に飛び込んできた。日本の友人の話では、ドーム付近に原子爆弾が投下され、これを永く記念するために平和記念碑として破壊当時の姿のままで残されているという。

郭老は広島に到着した翌十二月十六日、代表団を率いて原爆慰霊碑に献花し、戦争の犠牲になった人々に心から哀悼の意を表明した。

慰霊碑は流線型の三角形をしている。中央に碑石があり、その上に「安らかに眠って下さい。過ちは繰り返しませぬから」という碑文が刻まれている。

黙祷が終わると、新聞記者が郭老に感想を求めに集まった。郭老は中国政府と中国人民の核兵器に対する立場を手短に説明して、「謹んで原爆の被害者たちに深甚なる哀悼の意を表します」と言った。そして郭老は日本語で、「碑石に『安らかに眠って下さい。過ちは繰り返しませぬから』と書いてあるが、私は『安らかに眠って下さい。過ちは繰り返させませぬから』の方が適切ではないかと思います」、と語った。

周りの記者がすぐ郭老の言葉をノートに書き込んだ。

「過ちは繰り返しませぬから」と「過ちは繰り返させませぬから」とは、二文字の違いだが、郭老の、立場を鮮明に表明する意見であった。永遠に眠る何の罪もない原爆の被害者には「過ち」を犯すことなどできるはずがない。あの甚大な戦禍をもたらした当の責任者は、原子爆弾の投下を決めた人間である。もしそれを言うなら、彼らが犯した「過ち」についてである。

その後、郭老は平和記念資料館を見学した。館内にはたくさんの実物や模型の資料が展示され、被爆当時の広島の惨状を物語っている。

郭老が一枚の写真の前で足を止めた。それはアメリカ大統領のトルーマンが原子爆弾投下の命令を下した時の写真であった。郭老は写真を指しながら、「先の碑文ですが、トルーマンにサインしてもらえば、最適ではないでしょうか」と、周りの人に言った。

参観の間に、吉川清という一人の被爆者が郭老に紹介された。当時、吉川さんは四十二歳であったが、右手の、原子爆弾に焼かれた傷跡がまだ生々しかった。郭老は吉川さんの手を持ち自分の唇を触れ、感情をこめて言葉をかけた。

「他のたくさんの方々と一緒に傷と戦って下さい……」吉川さんを含め、そこに居合わせた人々は皆涙ぐんだ。

見学後、郭老は記念館側の要請に答えて、記念帳に以下の言葉を書き残した。


為了人類的幸福、原子武器必須廃棄。　人類の幸福のために、原子兵器は廃棄されるべきである。

原子能必須全面為和平建設服務。　原子力はすべて平和建設のために役立てるべきである。


郭老一行が広島を訪れたのは、その前日の十二月十五日だった。

美しい瀬戸内海に面した広島市は、江戸時代に安芸と備後両国の「城下町」として繁栄した。明治維新後の廃藩置県で広島県が設置され、その時から広島市が県庁所在地となった。その後、日本は幾つかの侵略戦争を発動したが、広島市はその度に軍事基地にされたため、軍事都市の色が次第に濃くなった。それで、第二次世界大戦が終わる直前の一九四五年八月六日に世界初の原子爆弾が投下され、広島市は有史以来初めての被爆都市となったのである。

郭老の今回の広島訪問は、ちょうど広島被爆十周年記念に当たった。十年前の被爆で町の大部分は廃墟になったが、日本国民の日々の努力により広島市は完全に変貌し新しい都市になった。

郭老が広島訪問中に残した詩は、広島人民の復興と同時に、人類の未来への多大な希望を詠うものだった。

一夢十年遊　　一夢　十年遊《すぎ》たり

再生似鳳凰
海山長不老
人世楽安康

暖意孕冬風
陽春已不遠
寒梅嶺上開
含笑看人間

再生　鳳凰に似る
海山　長《とこし》えに老いず
人世　安康なるを楽しむ

暖意　冬風を孕《はら》み
陽春　すでに遠からず
寒梅　嶺上に開き
笑みを含んで人間《じんかん》を看る

郭老は岡山でそうしたように詩の中に「鳳凰」を登場させ、五百歳になる鳳凰は香木を集め自ら火をつけて自分の身体を焼きその灰の中から甦るという伝説を引用し、広島の復興を賛美した。「暖意孕冬風」と「陽春已不遠」の二句は、十九世紀イギリスの浪漫派詩人シェリーの「冬来りなば、春遠からじ」をほうふつとさせた。桑原武夫氏は「詩の中の『陽春』は、非常に深い意味を感じさせる」と言ったが、「この句に郭老は、日本人民の明るく輝かしい未来に対する強い信念を托した」と私は思う。

## 一茶苑で見る宮島の蔭

広島での宿泊先は、和風旅館の「一茶苑」だった。

一茶苑は、鹿児島の磯庭園をまねし海を埋め立てて造られた庭園である。磯庭園と言えば、鹿児島対岸の桜島を借景として取り入れた特徴があるが、一茶苑も同じく、瀬戸内海を隔てた宮島と呼応している。一茶苑は和風旅館として一九五一年から営業を始め、天皇と皇后も泊られたことがあると旅館の主人が教えてくれた。

日本の友人が郭老の宿舎を一茶苑にした理由は二つ考えられる。一つは、郭老を厚くもてなすため高級な日本風旅館でくつろいでもらうこと、もう一つは、一茶苑の対岸は日本三大名所の一つ宮島で、一茶苑から宮島へ行くのに都合がよいことだった。

われわれが一茶苑に着いたのは十五日の夜で、周囲はすでに夜のとばりに包まれ、何も見えなかった。翌朝、起きるとすぐに郭老の部屋に行った。窓はすでに開け放たれ、部屋中に清涼な空気が漂っていた。郭老は窓際に立って、景色を眺めていた。

薄い霧を透して、さざなみの光る海が見えた。遠くないところに、小さな島が浮かび屏風絵のように見えた。宮島であった。

和服姿の従業員がお茶を運んできた。郭老は畳に坐り、朝の日本茶を楽しんでから詩を書いた。

暁窓晨半開　　暁の窓　晨《あした》半ば開き
山海襲人来　　山海　人を襲いて来る
庭園如識我　　庭園　我を識《し》るごとく
青松伴緑苔　　青松　緑苔を伴う

後に郭老は、日本の友人の要請に応え、宮島に関する詩を幾つか書いているが、その中に次の詩がある。

湾水平如鏡
海山立似屏
漁舟揺碧影
朝日嶺頭明

湾水　平らかなること鏡のごとく
海山　立つること屏に似たり
漁舟　碧影に揺れ
朝日　嶺頭に明らかなり

郭老はこの詩の後ろに「乙未遊宮島宿一茶苑、晨起開窓暁望島影、尚在夢中」を加えて、茅誠司先生に贈った。

朝食後、郭老は宮島に渡った。

宮島は、別名厳島といい、一茶苑から二キロしか離れていないところにある。われわれは連絡船に乗り、十分もかからずに島に着いた。

島はさほど大きくなく、著名な厳島神社が北部にある。青々とした古樹林の中に、神社の堂や、回廊、赤い柱、そして黒い瓦が鮮やかに映えていた。神社の鳥居は海の中にあり、満潮になると鳥居の下が海水に浸かって、まるで神社が海に浮かんでいるように見えるという。

郭老はかつて岡山第六高等学校で勉学した時、成仿吾氏と一緒に宮島を見物したことがある。今回の再訪に、老は日本の習慣に従い神社に献金を寄付した。

未だに神社の回廊には郭老が献金した事を記録する札が掛けられているという。

## 母校訪問

十二月十六日、郭老一行は広島を後に、下関、門司を経由し福岡に向かった。

列車が下関を通過する前だったが、日がすでに暮れた。車窓から、後ろに移動する夜景がよく見えた。郭老は今回の訪日の感想を語り始め、「戦後の日本は、色取りの複雑なネオンが急に増え、眩いほど多い。しかしこのネオンは、資本家の金儲け以外の何ものでもないのだ」と私に言った。郭老はボールペンを出し、「最近この現象を風刺する詩を作ったよ」と言いながら、私のノートに書き始めた。

千家灯火竟霓虹　　千家の灯火　霓虹《ネオン》あい競う
一点霊犀万感通　　一点の霊犀《れいさい》　万感通ず
所謂伊人在懐抱　　いわゆる伊人《あのひと》懐抱《かいほう》にあり
誰能不愛孔方兄*？　　だれかよく孔方兄《こうほうけい》を愛さざらん

＊　孔方兄、お金のこと。古代のお金は（硬貨）、真中に四角の穴が開いているので、戯れて孔方兄と呼ばれた。

この印象について、郭老はのちにこうも書いた。

「戦後の日本はアメリカに大いに影響された。都市は夜になると満天がネオンの光で溢れ、奇怪に見えた。客を引き付けて利益を得るためだとしか思えないのである」。

下関から九州の門司へは海を渡ればよい。この「海」とは、流れの急な関門海峡（下関と門司の間）

で、下を通る海底トンネルは世界でも有名である。

列車はトンネルを潜り抜け門司駅に着いた。同行した日本の友人が駅でお茶を買い郭老に渡した。湯のみは可愛い河豚の形をしていて工芸品のようだ。「お気づきでしょうか。この陶製の容器は河豚の形をしていますよ」と友人が郭老に言った。「ああ、河豚ですか。河豚は好きですが、『河豚茶』を飲むのは初めてです」。皆が笑った。

郭老が一口お茶を飲んで、「美味しいね。河豚は美味しいが、河豚茶もいいね。それに、この容器はとても可愛いので記念に持ち帰ろう」と言った。


列車が博多駅に着き福岡に到着した時、すでに夜の七時をまわっていた。

福岡は、九州の商工業、交通、文化の中心である。博多は、福岡市東部の地名で、博多湾に面した貿易港があり福岡市の人口の五〇％がそこに集中している。

三十二年前、郭沫若は福岡に留学していた。

翌日の十七日、われわれは郭老の母校の九州大学を訪問した。午後四時、九州大学医学部中央講堂に三千余名の学生が集まり郭老の講演に聴き入った。

郭老の早稲田大学での講演が中日二千年の文化交流を述べたものに対して、九州大学での講演内容は、日本青年への強い期待に満ちたものだった。

多くの教授たちが講演に出席したが、特に人目を引いたのは郭老の恩師小野寺直助氏と板垣政参氏の出席である。二人は感無量の様子で演壇で語るかつての教え子、郭開貞《かくかいてい》、すなわち今日の郭沫若を見つめていた。

今度の演説もまた即興であった。郭老は場内を見廻し、穏やかな口調で話し始めた。

「三十二年ぶりに母校に帰り、昔の先生に会えることを誠に嬉しく思います」。

長く、講堂に拍手が響いた。

「今日は講演をするようにと言われましたが、実は先生方、特に小野寺先生の前で偉そうに話すのはそう気持ちのよいことではありません」。

会場内にまた嵐のような拍手が沸き起こった。

郭老は言った。

「私は大正七年に福岡に来て九州帝国大学医学部に入学しました。なぜ東京にも京都にも行かず、福岡のこの九州帝国大学を選んだか？　それは、福岡が好きだったからです。われわれはかねてから歴史の教科書を通じて博多湾を知っていました。私がまだ中国の中学校で勉強していた頃、すでに博多湾を知っていました。貴国の奈良時代、平安朝時代、すなわちわが国の隋・唐の時代に、貴国からたくさんの留学生が中国に行きました。彼らの出港地は博多でした。ですから、博多はずっと昔から中日両国の文化及び経済交流が行なわれてきた重要なところであります」。

続いて郭老は、古代日本が中国から伝えられた紡織技術で「博多織」を織り、元・明の時代の中国人兪良甫《ゆりょうほ》が本の刻版技術を博多に伝えたことを話した。

「そういう訳で、私は学生時代に意図的に福岡の九州帝国大学医学部を選択しました。小野寺先生をはじめ先生方が非常に親切にしてくれたので、私は自分の選択が間違っていないと確信しました。

福岡で、私は六年近く学生生活を送りました。本当に楽しい時でした。しかし、今日ここで、私は昔の先生に告白するのですが、実は、医学部の学生として私は良い学生ではありませんでした。福岡の自然は美しく、千代の松原も実に美しい。毎日このような美しい自然に接していたもので、私は勉強に集中できませんでした。本業の医学を真面目に研究せず、文学に夢中でした。授業中に、密かにテキストに詩を書いたりしていました。それから、私が医学をちゃんと勉強できなかったことは、耳の不自由も原因の一つだったと思います」。

郭老の、学生時代に真面目に勉強せず、授業中密かに詩を書いていたというくだりに、笑い声や拍手が起こり、会場は活気横溢となった。郭老の率直、ユーモアたっぷりの話は、講演者と聴衆に距離を感じさせなかった。

郭老は話を続けた。

「私は医学では良い成績はとれませんでした。このことを非常に恥ずかしく思います。しかし私は、母校から、そして母校の先生方からたくさんの重要なことを教えてもらいました」。

郭老の声が次第に大きくなった。

「まず、私は愛国主義の精神を教えてもらいました」。

大きな拍手が郭老の声をかき消した。静寂が戻るまで郭老は少し待っていた。そして、話した。

「先生方は主にわれわれに医学の知識を教えてくれました。しかし、気づかないうちにわれわれは愛国主義の精神を深く体得させられました。私はこれによって、自分の祖国を愛することが分かるようになりました。そして、わが祖国を悲惨な運命から解放するために命を捧げても構わないと決意しました。

次に私は、母校そして母校の先生方に、人類を愛し人民を愛する精神を教えてもらいました。医学は人間の命を扱う学問です。医学の目的は人間の生活をより一層豊かにし、種々の苦痛や苦難から免れるようにすることにあります。中国には古来からこのような言い方があります。『医乃仁術』です。つまり、医学は人道主義の一表現です。私は母校で医学をマスターできませんでしたが、医学の勉強を通じ人を愛し人類を愛する精神に触れることができ、また、誠心誠意、人民のためにつくす必要性を体得できたのです。

それから、私は真理を愛し科学を愛する精神を教えてもらいました。医学の勉強を通して、私は科学的な方法を用いて自然現象及び社会現象を観察し、できるだけ客観的かつ事実に基づく態度をとり、自然の真相や社会発展の真相を認識することを知りました。母校から教えてもらったお蔭で、私はこういった考える習慣が身に付きました。つまり、誠実を愛し正義を愛すること、論理や道理に合わない一切のことを心から忌み嫌うことであります。

また私は母校、それから母校の先生方に平和を愛する精神を教えてもらいました。医学は平和を守る性格を持っている学問とも言えるでしょう。医学の勉強を通じて、私は平和が如何に貴重なものかを感じるようになりました。祖国の、人民の平和な生活のために、私は自分のすべてを捧げても、惜しくないのであります。

このように、私は三十数年前、母校から、母校の先生からたくさんのものを学びました。それは祖国を愛し、人民を愛し、真理を愛し、そして平和を愛することです。もし私に、母校を離れた後の三十数年の間に多少実績をあげることができたと言えるなら、それは私が母校の先生方からこれだけの貴重なものを教えてもらったお蔭です。今日ここで私は母校に、そして母校の先生方に、衷心から感謝の意を表したいと思います。三十数年経っても、私は母校の教育精神はずっと変わっていないと信じています。皆さんは先生方から、自分の専攻以外にもきっと祖国を愛し、人民を愛し、真理を愛し、平和を愛する精神を同時に教わっていると思います。私は皆さんのことを羨ましく思います。もし私がまだ三十数年前の二十代の学生だとしたら、また母校に戻り、もう一度先生たちに教えてもらいたい気持ちです」。

郭老の話は聴講者を強く引きつけ、拍手が鳴り止まなかった。

郭老は講演の中で新中国の状況を紹介し、日本と可能な文化交流を行ないたいと表明した。

「われわれは世界各国人民から進歩的なものを学びたいと願っています。日本の学術界から、そして工業化が進む兄弟のような国——日本から学びたいと思います。中国人民は新しい基礎の上で中日両国の文化交流をさらに発展させたいと切に願っています。しかし、この兄弟のような両国の間に正常な関係がまだ回復していません。いま、国交回復を要求する声がしだいに高まっていますが、日本の為政者の耳は私よりいささか遠いようです（と皮肉って、自分のつけている補聴器を指さした）。然るに、われわれ両国はいまの状態でも、文化面及び知識面の交流において、さまざまな方法を用い、それを強化し発展させることができると思います」。

演説が終わりに近づき、郭老は日本の青年に切なる希望を語った。

「良い先生の指導のもとで研究に励み、専門ばかりでなく祖国をも愛し、人民を愛し、真理を愛し、平和を愛する精神を深く体得してほしいと思います。若い諸君は将来必ず輝かしい成果を成し遂げると信じます。貴国人民の、中日両国人民の、そして全人類の幸福に対して、諸君は素晴らしい貢献をするものと思います。諸君の絶えざる進歩、そして成功を祈ります」。

手振りも交えながら力強く語る郭老の熱い思いを聴衆が感じてか、演説が終わりに近づく頃には場内の雰囲気は最高潮になった。郭老は知恵、才能、そして勇気と情熱が調和した、優れた詩人であり戦士であったが、さらに雄弁家としての姿を人々は見たのである。

この日の講演は二時間に及んだ。

一人の青年学生は、郭老の講演を聴いて感想を語った。

「郭先生の講演には火のような情熱が溢れていました。『諸君、祖国を愛し、人民を愛し、真理を愛し、平和を愛する精神を深く体得してほしい』と聞いた時、私は涙が出ました。まわりを見たら、皆も目を赤くしていました……家路について私は思いました。最近、感動することがあまりないなあと。しかし、郭先生の講演を聴いて、明日から生まれ変われるような感じがしました。いいえ、変わらなければなりません……」。

## 青松　尋ねる処無く、白砂　心改めず

郭老は当代中国の書道の大家である。人々は皆郭老の書を欲しがっていて書がもらえることを光栄に思っていた。郭老は日本の友人の求めにはすべて応じ、揮毫する席に新作を披露することもしばしばあった。福岡を訪問する間の郭老は、さらに詩興が大いに涌き、多くの旧体詩を詠んだ。

郭老は詩を書く時、苦心して詠むという様子は窺えなかった。私の観察では、郭老はいつもまず二句を吟じ、しばらくしてから五言絶句、七言絶句または七言律詩へと拡げていった。

福岡は郭老の詩興をそそる地であった。五年間の、忘れられない大学時代の思い出がいっぱい詰まっていたに違いない。美しい博多湾、遠くに伸びる白砂海岸、湾のほとりにある千代の松原や称名寺、それに境内にある日蓮銅像など、すべてが郭老にとって懐かしかっただろう。三十数年の年月が経ち、郭老は再び福岡に戻った。青々とした美しい博多湾はあの頃のままで、白い鴎が空を舞い、大小の船が頻繁に行き交っている。郭老は「博多湾水碧瑠璃、白帆片片随風飛」という詩を吟じた。しかし、全く変わってしまった景色もあった。

福岡に着き、郭老はすぐ日本の友人に千代の松原のことを訊いた。友人は「千代の松原の松はほぼ『全滅』した」と残念そうに郭老に教えた。

「どうして?」と郭老は驚きを隠せなかった。戦後になって千代の松原が虫害に遭ったことを知ると、郭老の表情がとたんに暗くなった。郭老はその残念な気持ちをこのように表現している。

千代松原不見松
白砂寂寞夕陽紅
莫嗟虫害深如此
尚有人魔勝過虫

千代の松原に松を見ず
白砂寂寞《せきばく》　夕陽　紅《くれない》なり
嗟《なげ》くなかれ虫害深きことかくのごときを
なお人魔の虫に勝りたるあり

後ろの二句は、戦後の日本情勢をまとめた詩的表現だろう。

霧帷縦深鎖

霧の帷《とばり》たとい深く鎖《とざ》すも

山影仍幢幢　　山影なお幢幢《とうとう》たり
白砂心不改　　白砂　心改めず
惜不見青松　　青松を見ざるを惜しむ

これも千代の松原を惜しむ五言絶句である。福岡訪問中のある朝、私が郭老の部屋に行くと、郭老は「今朝、また二句ができたよ」と言って、詩を吟じた。文語のため、私には理解のできない文字が幾つかあった。ぽかんとした私を見て、老は「通訳用のノートを持ってきなさい」と言い、鉛筆で「霧帷縦深鎖、山影仍幢幢」と書いて、その意味を説明しながら「朝起きたばかりで窓から遠くを眺めると、こういった印象を得たというわけだ」と言った。

郭老は、千代の松原が虫害に遭ったことを非常に残念に思ったようで、友人に松原の称名寺はまだあるのか、境内の銅像はどうなっているかと訊いた。友人は、「第二次世界大戦で武器製造のため国内の銅像は全部軍部の命令によって壊され、称名寺の銅像も免れませんでした。それから、寺の姿もなくなりました……」と歎いて言った。この話を聞いた郭老が、また感慨を詩に寄せた。

莫為松原訴坎坷　　松原のために坎坷《かんか》を訴えるなかれ
日蓮銅像尚巍峨？　日蓮の銅像なお巍峨《ぎが》たるか
劇憐塵夢深於海　　劇《はげ》しく憐れむ　塵夢《じんむ》海よりも深きを
攘攘熙熙所欲何？　攘攘熙熙《じょうじょういい》　欲するところは何ぞ

郭老のもう一首の七言律詩「弔千代松原」は、これら千代の松原作品の集大成である。

千代松原不見松
漫言巨害自微虫
八年烽燧生霊苦
両弾鈾鈈井竈空
銅佛涅槃僧寺渺
銀砂寂寞夕陽紅
劇憐迷霧犹深鎖
約翰居然来自東

千代の松原に松を見ず
漫《みだ》りに言う　巨害は微虫によるもの、と
八年の烽燧《ほうすい》　生霊《せいれい》の苦しみ
両弾《にはつ》の鈾鈈《げんばく》　井竈《せいそう》空し
銅佛は涅槃《ねはん》　僧寺は渺《びょう》たり
銀砂寂寞　夕陽紅し
劇しく憐む　迷霧なお深く鎖《とざ》し
約翰《ロケット》居然として東より来る

＊　鈾鈈。鈾はウラニウム、鈈はプルトニウム。原子爆弾を指している。

詩の最後の二句が戦後の日本を指していることは明らかである。われわれの訪日時にアメリカが「Honest John」（オネスト・ジョン）というロケットを日本に配備するという消息が伝えられた。郭老は日本の友人と会談した際にしばしばそれに言及し、アメリカの下劣な行為を非難し「日本に必ず由々しい結果をもたらすことになる。中国人民は敢然と核による恐喝と核戦争に反対する」と表明した。

郭老のこの七言律詩は日本滞在中には披露されず、帰国後公表されたものである。日本訪問後しばらくして私は郭老に墨蹟を求めたところ、郭老からこの七言律詩を頂いた。

**君に勧む　赤を畏るるなかれ　請う看よ　鯛なお紅なるを**

われわれは福岡に到着した三日目に下関と八幡を訪れた。

瀬戸内海の出入り口に位置する下関は、古代から軍事要衝、商業埠頭として知られている。またその西部は対馬海峡に面し、日本の海陸を繋ぐ要所の一つでもある。

下関港は一八九九年に開港し、一九三二年に漁港が築かれ、以来日本遠洋漁業の基地になった。

われわれは下関に着くとその足で直接水産会館に向かい、そこで開かれる歓迎会に参加した。

あれはユニークな歓迎会であった。会場には屋台がたくさん置かれ、「焼き鳥」、「おでん」、「てんぷら」、「寿司」、「蕎麦」などがずらりと並んでいた。

これらの食べ物はすべて郭老の好物である。食べ物はもちろん、会場の独特な雰囲気が郭老に青春時代を思い出させるのでは、と私は思った。果たして、郭老は目の前の懐かしい光景に心高ぶらせ、屋台を次々と廻った。そしてそばを食べ終ってから、また「おでん」の前に停まった。二十年ぶりのおでんだったそうだ。

郭老は食べながら友人と日本酒で乾杯した。一人前の「おでん」を注文して接待係の女性に渡し「一緒に食べよう」と誘った。彼女は恥ずかしそうにして受け取らなかった。郭老は「日本人の堅苦しいところはいいとは思わないね。『武士は食わねど高楊枝』というのがあるが、こういった孤高な思想にあまりにも深く影響された」と言うと、周りにいる日本の友人は皆笑った。

郭老は参観中に、また友人の依頼に応じ詩を書いた。

人類来従海
海魚是弟兄
勧君莫畏赤
請看鯛猶紅

人類は海より来る
海魚はこれ兄弟
君に勧む　赤《あか》を畏るるなかれ
請う看よ　鯛なお紅《くれない》なるを

この詩はとても面白い。郭老は水産資源の豊富な下関と当時の日本に存在していた「共産党」と「新中国」を恐れる風潮をうまく結びつけた。「赤」を怖がることはない、お祝いの時によく食べる鯛も赤だよとユーモアたっぷりの詩であった。

夕方頃、代表団一行が八幡製鉄工場を訪れた。工場見学を終え、一行は八幡市当局主催の歓迎会に出席した。市長の宇田氏は「皆さんにプレゼントを贈りたいと思っておりますが、我が八幡市には鋼のインゴットしかありませんので、プレゼントにこれは適切ではないと思っています……」と挨拶した。

郭老は挨拶でこのように語った。

「八幡鉄鋼工場を見学して、私はできるだけ速く中日両国の経済交流を促進することを決心しました。中国が国を建設するためには鉄と鋼が必要です。両国の物資交流は必ず両国人民の友好を深めると信じています」。

## 恩師訪問

郭老は福岡に着いた翌日から恩師の中山平次郎博士を尋ね当てたいと思っていた。

中山氏は郭老が九大で学んだ時の病理学の先生で、すでに八十五歳になり健康状態もよくないと聞いていた。郭老はすぐにでも見舞いたいと言ったが、スケジュールの調整ができずなかなか実現できなかった。十二月十九日、つまり福岡訪問の最後の日、郭老はやっと時間を割くことができ、果物を持って中山先生の自宅を訪れた。

中山先生を訪問する前日、郭老は続けて下関と八幡の二つの町を見学した。朝から夜まで忙しく、かなり疲れた様子だった。福岡に戻る時、九大教授の操坦道《みさおひろみち》氏が郭老と同じ車に乗っていた。途中、操坦道氏は郭老と話すのを遠慮して、できるだけ休んでもらおうとした。ところが、車が福岡に入ると、郭老の方から、「明日中山先生を訪問しますが、お土産を何にすればいいでしょうか。見舞い金は失礼でしょうか。もし失礼でなければ、どれくらい持って行けばよろしいでしょうか」と尋ねてきた。操坦道氏の説明を聞き、郭老は「今朝からずっとこのことを考えていた」と呟いた。

操坦道氏は、後に「郭先生のような、国民革命に参加して、さらに今は世界平和を守るために東奔西走の闘士が、昔の恩師を慰問することをずっと考えているとは、本当に心打つ話ですね」と言った。

十九日の福岡は小春日和だった。操坦道氏の同行で、郭老は自宅で静養していた中山先生を訪問した。一行が着いた時、中山氏はちょうど休んでいた。お客さんを見て起き上がろうとしたが、郭老は前に進み出て、「先生、どうかそのままで」と止め、「先生、お元気ですか」と言った。

「元気です！　元気です！」と言いながら中山氏は郭老の手をしっかりと握って、じっと郭老を見つめた。そして、目の前にいるこの中国の著名な学者である郭沫若は、他でもない、昔の教え子、郭開貞だということが分かった。中山氏は興奮した口調で、「ああ、思い出した。君は郭開貞だ。よかった！　よかった！」と言った。

中山先生の家はそれほど大きくなかった。質素で部屋が狭いため、操坦道氏、柏木正一氏と数人の記者が入るとすでに一杯になった。

数十年前、郭老は生徒として中山先生の前に坐っていた。そして現在、すでに国内外に知られる大物となった郭老は、再び恩師と向かい合って坐っている。過ぎた歳月が二人の間を流れているかのように、長年離れていた旧友が再会を懐かしんでいる様子だった。ぽかぽかとした陽射しが窓から差し込み、温かい空気が室内をおおっていた。

日本の習慣では中山先生のように高齢で、しかも自宅で療養している人が、家で背広を着ることはない。ところが、あの日の中山先生は濃い色の背広を着て、ネクタイもつけていた。心から郭老の来訪を喜んでいたのだろう。

中山博士は病理学を教えていたが、考古学が非常に好きで、かなり造詣も深いという。考古学が郭老と中山氏の共通の趣味だったので自然にその話題になった。中山先生は自分の所蔵品を郭老に見せた。中には博多湾付近に出土した青銅製の鏡と玉器があった。郭老はこれらの珍品を見て、「これは先生の『三種の神器』ですね」と冗談を言った。皆が笑った。中山先生は大変満足そうに中の一つを指しながら言った。

「これは中国古代のものだけど、中国にはもうないだろう。日本文化の今日の繁栄は、やはり中国のお蔭だね」。

いつの間にか一時間が過ぎた。郭老は別に送別会があるため中山先生に別れを告げた。

その日の午後、郭老一行は福岡空港を立って東京へ戻った。

## 東京に戻って

東京に戻っても日程は依然として詰まっていた。十二月二十日午後、郭老は『朝日新聞』、『読売新聞』、『毎日新聞』の三大新聞社が共催する宝塚劇場での講演会で、「経済文化交流と平和共存」と題する長い講演をし、その後、神田の一橋講堂で開かれた東京華僑総会の歓迎会に出席した。さらに十二月二十一日午後に、河原崎長十郎主演の歌舞伎「鳴神」を観賞した。

予定されていた代表団の三週間の訪問もいよいよ終りに近づいた。十二月二十一日午後六時、代表団は東京會館でさよならパーティーを主催した。

パーティーは郭老の名前で開かれた。社会の名士及び各界人士千人あまりが招請を受け、二つの大きな宴会場が用意された。

郭老一行は歌舞伎を観賞した後、俳優座から直接会場に車を走らせた。会場には既に多くのお客さんが一行を待ち受けていた。

宴会が始まり、郭老が挨拶に立った。老は日本の友人の光臨と代表団が各地で受けた歓迎に対して感謝の意を述べた。

「今日のパーティーに、わざわざ九州から出席して頂いた方もいると聞き、大変感動しています。中国科学代表団の日本訪問は短かったのですが大きな収穫がありました。中でも最大の収穫は、自分の目で、日本の学術界の方々及び日本人民が中国学術界及び中国人民と同じく、新しい基礎の上で中日両国人民の二千年の伝統に根ざした友情を深めたいと願っていること、さらに文化、経済交流を通して平和共存を実現しようという共通の願望を抱えていることを確かめられたことです。中国人民は日本人民と手を携え、この共通の願望を実現させるために努力したいと思っております。……中日両国の経済交流と文化交流をさらに発展させるため、皆さんの中国訪問を歓迎します」。

茅誠司会長が日本側を代表して挨拶をした。

「中国科学代表団の日本訪問によって、今後の両国間の学術交流は一層前進することになるでしょう。このような交流は両国人民が手を携えて新しい友好関係を築く基礎であります」。

久原房之助氏と松本治一郎氏も挨拶に立った。松本氏が「今晩の宴会は中国と日本が『結婚式』をあげているようですね」と言ったところ、郭老は立ち上がり「結婚式というなら、早く元気な赤ちゃんが生まれてほしいですね。その赤ちゃんの名前はアジア平和にしましょう……」長時間の熱い拍手が郭老の話を遮った。郭老は少し待って、続けた。

「中国と日本は二千年以上の友好交流史を持っています。今後、われわれはこの赤ちゃんを育てることを通して、何億年または永遠に中日文化交流を続けて行きましょう。皆さん、中日友好のために、アジアの平和のために、乾杯！」

拍手が再び沸き起こった。

宴会ではたくさんの純日本風料理が用意された。焼き鳥、生ガキなどが列席者の話題になって大いに盛り上がった。郭老は昔屋台で食べた光景を思い出したようで、前首相の片山哲氏と茅誠司氏に「パーティーが終わったら、一緒に焼き鳥を食べに行きましょう。どう？」と、子供のように目を輝かせて言った。友人達は皆大賛成だったが、郭老の警備に万全を期すために実現できなかった。郭老はきっと残念に思っていただろう。

第二会場の出席者がスピーカーを通してメイン会場の様子を聞いていたので、郭老はそこに行って挨拶し祝杯を挙げた。

代表団は十二月二十二日に西日本の下関港から船で帰国することを決めた。

東京を出発するその日の午後一時半、郭老一行は神田如水会館での送別会に参加した。送別会は日中友好協会、日本平和擁護委員会、日本アジア連帯委員会、日本ジャーナリスト会議など七十にも及ぶ団体の共催によるもので、およそ三百人の参加者があった。

日本側を代表して挨拶をしたのは丸岡秀子氏と関鑑子《せきあきこ》氏で、副団長の馮乃超氏が中国側を代表して挨拶した。主催者側が郭老に挨拶を求めると、郭老は立ちあがりマイクの前に出て、日本訪問中に書いた新しい詩を披露した。

水要沸騰時　　　　水が沸きたぎろうとするとき
水面有一時的鎮静　表面は一時《いっとき》静まるもの

春天要来時　　　　春の訪れようとするとき
氷雪要暫呈厳威　　氷雪はしばし厳しさをますもの

加熱吧、朋友！　友よ　熱を加えよう
水総是要沸騰的　水はきっと沸きたぎる

前進吧、朋友！　友よ　前進しよう
春天很快就要来的　春はまもなくやって来る

郭老のこの詩は、情熱に溢れ、日本人民に対する希望に満ちていた。多くの新聞がこれを掲載し飾り罫をつけた新聞もあった。注目度が一見して分かった。

## 戦後頻りに伝う友好の歌

十二月二十二日、われわれは夜行列車「彗星」号に乗り、東京を後にして再び西日本へ向かった。明け方頃になって、われわれは京都に着いた。そこではじめて、東京から数人の愛国華僑が郭老を見送るため同じ列車に乗っていたことが分かった。東京華僑総会会長の甘文芳《かんぶんぽう》氏もその一人であった。われわれは京都で「鴎」号に乗り換え、さらに西へと向かった。

車窓の外に広がる風景を楽しんでいるところへ、甘文芳氏が来て、一首の詩を書いたので郭老に献呈したいと申し出た。私はすぐ甘氏を郭老の前に案内し、喜んだ甘氏は郭老に詩を渡した。

三島歓騰共酔歌　三島《しまじま》は歓騰《よろこび》にみちて共に酔歌す
論心動即口懸河　心を論じ動《やや》もすれば即ち口は懸河《けんが》

異書早自生前読
佳句頻伝戦後多
海国情懐無着処
湖山泥爪有吟窩
前程未便容高踏
大地風塵説偃戈

異書は早《つと》に生前より読み
佳句は頻《しき》りに伝う戦後に多し
海国の情懐　着《お》く処《ところ》なく
湖山の泥爪　吟ずる窩《ところ》あり
前程《ぜんと》は未だ高踏を容《い》るるに便ならざるも
大地の風塵　戈《ほこ》を偃《や》むるを説《よろこ》ぶ

郭老は甘氏から詩を受け取り、少々考えてから私が渡した紙に甘氏の原詩の韻に合わせて次の詩を書いた。

戦後頻伝友好歌
北京声浪倒銀河
海山雲霧崇朝集
市井霓虹入夜多
懐旧幸堅交似石
逢人但見咲生窩
此来収穫将何有
永不願操同室戈

戦後頻《しき》りに伝う友好の歌
北京の声浪《うたごえ》　銀河を倒《かたむ》く
海山の雲霧　朝《あした》に崇《み》ちて集い
市井《しせい》の霓虹《ネオン》　夜に入りて多し
旧《いにしえ》を懐《おも》えば幸いに堅《かた》き　交《まじわ》り石のごときを
人に逢《むか》えばただ見る　咲《ほほえ》み窩《えくぼ》を生ずるを
此《このたび》　来りて収穫はた何か有らん
永《とこし》えに同　室《きょうだい》の戈《ほこ》を操《と》るを願わず

書懐

和甘文芳原韻

於鴎号火車中

時同赴下関

詩をもらっていたく感激した甘氏は、郭老の詩を掛軸にしたいので墨で書いてほしいと郭老に依頼した。後に甘氏は郭老から届いた書を表装して、東京の自宅に大事に飾ったという。

郭老がこの詩を書いたのは三十数年前であったが、今日再び読んでも新鮮で親しみが感じられる。「永不願操同室戈」は中日両国人民が子々孫々に至るまで友好関係を保とう、という誓いの言葉であろう。

## 六十年の間に天地改まる

下関駅に到着したのは当日の午後五時四十一分だった。これは今回の訪日中、二度目の下関訪問であって、われわれは下関駅から宿舎である阿弥陀寺町の春帆楼に向かった。

ほどなくしてわれわれは春帆楼に着いた。純和風の高級旅館兼料亭の春帆楼には、郭老一行を歓迎するために、色鮮やかな五星紅旗が掲げられた。その光景を目にして、中日近代関係史を知っている人間なら誰もが感慨深かったに違いない。

一八九五年（清光緒二十一年）、清朝政府が日本に強迫され、甲午戦争（日本では日清戦争）後の不平等条約、「馬関条約」に調印した場所がこの春帆楼であった。「馬関条約」の調印は資本主義の中国への侵略がすでに帝国主義の段階に入ったことを表わし、このため、中国の半植民地化の度合いがさらに深刻化するとともに、民族の危機感は高まる一方だった。

ところが、六十年の月日が過ぎ、中国には天地を覆すほどに大きな変化が起き、中国人民が立ち上がった。かつて不平等な条約が結ばれた場所に、新中国の貴賓を迎えるために五星紅旗が掲げられてあった。万感胸に迫る思いだった。

感慨を込め、郭老は下関でこのような詩を書いた。

六十年間天地改
紅旗挿上春帆楼
晨輝一片殷勤意
泯却無辺恩与仇

六十年の間に天地改まり
紅旗挿上《ひるがえ》る春帆楼
晨輝《あけぼの》一片　殷勤《いんぎん》の意《こころ》
泯却《びんきゃく》す　無辺の恩と仇と

帰国後にこの詩が発表された際、郭老は「宿春帆楼」の見出しを加え、春帆楼についてこう注釈した。「春帆楼は下関にある。六十年前の甲午戦争で李鴻章《りこうしょう》はそこで条約に調印した。今回、宿の主が五星紅旗を掲げてわれわれを歓迎した」。

下関の滞在中に、郭老はまた日本の友人の求めに応え、同じような詩を吟じた。

六十年間天地改
朝来独上春帆楼

六十年の間に天地改まり
朝来　独り上る春帆楼

海山雲霧猶深鎖
泯却無辺恩与仇

海山の雲霧なお深く鎖《とざ》すも
泯《びん》却《きゃく》す　無辺の恩と仇と

この詩についての私の理解は、「夜がほのぼのと明ける頃、郭老は春帆楼に登り、風に翻る五星紅旗を見て訪問中に暖かく迎えられたことを思い出した。『晨輝一片殷勤意』を感じながら、中日関係はまだ正常化しておらず、日本も未だ外圧によって『海山雲霧猶深鎖』のようであるが、しかし、時勢はすでに変わりつつある。われわれは軍国主義者による侵略の歴史を正しく認識しこれに対応し、中日両国のさらなる美しい未来に着眼すべきだという強い願いを『泯却無辺恩与仇』に託した」のだと。

## 別府行

周恩来総理はずっと郭老一行の安全に関心を払っていた。代表団が香港を出発した際に、飛行機のエンジンに問題が発生したため、「帰路は香港経由をやめ、チャーターのソ連客船を利用せよ」と、総理は指示した。

われわれが着く前に、ソ連の駐日代表部代表ドムニツキーはすでに下関で郭老を待っていた。二人は春帆楼二階の「静の間」で会談した。

予定では、われわれは十二月二十四日に下関港からソ連客船の「リヤズルスク」号で帰国することとなっていたが、船が一日遅れたので、郭老は翦伯賛《せんはくさん》氏と別府に行くことができたのである。

別府は九州大分県の中部にあり、山を背にし海に面した観光療養の名所である。ここの温泉から湧く豊富な湯量はよく知られ、四千三百余りの温泉があると言われている。地元では、温泉は「地獄」と呼ばれている。あの日、われわれが県庁職員の案内で「地獄」を巡遊し始めた時、すでに夕暮れを迎えていた。

別府の温泉は、それぞれの特徴によって奇妙な名前が付けてあった。われわれは海のように青々とした温泉に案内された。温泉の名は「海地獄」であった。次に「血の池地獄」を訪れた。名前の通りに赤々とした温泉であった。郭老は「血の池地獄」を見て詩興がそそられたようで、お土産販売店で記念用のハンカチを買い、筆で「血の池地獄」の水をつけ、二句の詩を書いた。

彷彿但丁来　　彷彿《さながら》　但丁《ダンテ》来りて
血池水在開　　血池の水　開《かい》する在《あ》り

その晩、われわれは和風旅館の「白雲山荘」に泊った。

夕食は魚料理で、河豚も出された。日本には「河豚は食いたし命は惜しし」という言い方があるが、郭老は「私は命がけで食べましょう」と皆を笑わせながら、河豚の刺身を全部平らげた。私は河豚を食べたことはあるが、生の河豚はこれが初めてだった。翦伯老は魚を食べるとアレルギーとなるため、肉料理にしてもらった。

われわれは別府に一晩しか泊らなかったが、翦伯老は白雲山荘が名残惜しいようであった。

車の中で翦伯賛老は「黄鶴一去不復返、白雲千載空悠々」と吟じながら、ノートに詩を書いて郭老に見せた。

蓬萊多勝境　　蓬萊《ほうらい》に勝境多く
地獄在人間　　地獄　人間《じんかん》に在り
一浴血池水　　ひとたび血の池の水を浴びれば
永懐別府歓　　永く懐かしむ別府の歓

郭老もすぐ一首応じた。

彷彿但丁来　　彷彿《さながら》　但丁《ダンテ》来りて
血池水在開　　血池の水　開《かい》する在《あ》り
奇名驚地獄　　奇名　地獄を驚かし
勝境占蓬萊　　勝境　蓬萊を占《し》む
一浴湯増暖　　一浴して湯　暖を増し
三巡酒満懐　　三巡して酒　懐《こころ》を満たす
白雲千載意　　白雲千載の意
黄鶴為低徊　　黄鶴為《ため》に低徊《ていかい》す

別府遊

郭老のこの五言律詩は実にうまいと思う。「地獄」と呼ばれる温泉をイタリア詩人ダンテの『神曲』、

「地獄」篇に掛けたところが面白い。それに「白雲」の一句は「白雲千載空悠々」の「白雲」を意味すると同時に、宿泊先の「白雲山荘」のことも指している。さらに最後の「黄鶴為低徊」は、翦伯贊氏が抱く白雲荘への名残尽きない気持ちを生き生きと表現している。

## さらば、日本！

別府から下関に戻ったのは二十五日の昼頃だった。午後一時頃、われわれは午前中に大連から下関港に入港したばかりのソ連客船に乗船した。デッキに立つと、私は深く息を吸った。二十日余りずっと郭老に付いて緊張の連続だった私は、やっと肩の荷が下りた気分だった。

私は隣に立っている郭老を見た。穏やかな郭老の表情に、今度の訪日に大変満足した様子が窺えた。訪問中の一つ一つの場面が次々に私の目に浮かんできた。

とにかくスケジュールが厳しかった。訪問中には、いつも日本の友人が心に掛け「お疲れではないでしょうか」と郭老に尋ねたが、老の答えは何時も同じ「いいえ」だった。ところが老は、時折日本風の言い方で、「代表団の日程は本当に殺人的だよ」と冗談を言った。まだ二十代の私でさえ疲れを感じたのだから、還暦を過ぎた郭老はもっと大変だったに違いない。一方で、このように盛りだくさんの日程で郭老を迎えたことは、日本の友人たちが示してくれた、郭老と代表団に対する友好の表現でもあっただろう。

訪日中、郭老の一挙手一投足とその人柄は、日本人民に深い印象を与えた。『毎日新聞』記者の杉本氏は東京にいる間ずっと代表団に随行して取材したが、郭老についてこのように語った。

「郭沫若先生と接触するチャンスを持たせて頂き、先生の人柄がよく分かるようになったと思う。郭先生の現職は中国科学院院長で、全国人民代表大会常務委員会副委員長である。その他、歴史学者として中国古代社会研究において卓越した業績を残した。さらに文学者として小説、詩及び散文などの方面でもたくさんの名作を創作した。人々は彼の本業は一体何だろうと不思議に思っている。一般には、彼は文人政治家として認識されているが、今度の接触で私は、本質から言えば郭先生は一人の詩人であることを深く感じさせられた」。

東京を離れる前のある日、郭老は明治神宮外苑で散歩するため車に乗った。車から降りる時、いつも必ず運転手にお礼を言い、運転手は大変親しみを感じていた。あの日は郭老が散歩しているところに運転手がやってきて、「先生にお願いしたいことがあります。私の親戚の一人がまだ中国に残っています。探すのに先生のお力をお借りしたいと思っています……」と、緊張した様子で運転手が話すと、郭老は詳しい状況を尋ね、帰国後できるだけの協力をしたいと言った。運転手は非常に喜び何回もお辞儀をしてお礼を言った。

今回の訪日は短かかったが、もたらした影響は大きかった。

私達が乗船した後、新聞記者が郭老に挨拶を求めた。郭老は言った。

「二十五日間、われわれは日本の各地を訪問し熱烈な歓迎を受けました。心からお礼を申しあげます。そして日本人民の幸福と繁栄をお祈りします。今度の訪問の一番の印象は、中国と日本は兄弟のようであり、われわれ両国は二千年の友好の伝統を持っているということです。今後、われわれは新しい基礎の上で手を携えて、共にこの友好的な関係を発展させせなければならないと思います。われわれはできるだけ、日本で見たことを我が国の人民に伝えたいと思います。世界の平和と共存繁栄のために共に頑張りましょう。日本の友よ、再会！」

二十五日間の訪問が終わった。朝の下関は少し雨が降っていたが、午後にはすっかり晴れた。午後三時、汽笛が港にこだましリヤズルスク号が徐々に岸壁を離れた。

われわれの船は青島に直行する予定だった。日が暮れ、疲れていた団員達が熟睡して静かな一夜を過ごした。そして、朝になった。しかし、どうも様子が変であった。

船長がロシア語の分かる団員を通じて本当のことを教えてくれた。何と昨夜緊急事態が発生したそうだ。韓国の軍隊に攻撃されないように、船の外部から見える照明はすべて消され、万が一に備え救命ボートと救命胴衣が用意され、さらに乗組員全員が徹夜で作業をしていたという。船の航路もすでに変更され、現在われわれは青島ではなく上海へ向かっているとのことであった。

いったい何が起きたのか尋ねたところ、韓国の海軍が公海上で我が国の漁船を奪い、しかも漁船に発砲したという事件が発生したという。

実は、この事件は郭老が下関を発つ前に起きた。ところが、通信連絡が遅れたため、船がそれを知ったのは、既に下関を離れた日の深夜だった。事件の起きた海域がちょうど通過航路にあったため、船長は連絡をもらうとすぐ航路を変更し緊急措置をとっていたのだそうだ。

後に私は外交部アジア局員から、「あの夜われわれは逐次状況を把握するため、徹夜で関連部門と連絡をとっていた」との話を聞いた。

十二月二十八日正午、上海港に着いた。陳毅氏は上海市の指導者に伴われ港で郭老を待っていた。船が長江の河口に入り、郭老は詩を吟じた。

去国方経月
離滬已八年
此来殊快意
如唱凱歌旋

国を去ること　一ト月を経《へ》
滬《こ》（上海の別称）を離れて　すでに八年
此《このたび》　来りて　殊《こと》のほか快意《たのし》く
凱歌を唱いて　旋《かえる》が如し

# 王震の訪日に随行

## 抗日戦争の名将

一九五七年十月のある日、外文局の二階の廊下で副局長の李千峰《りせんぽう》氏に出会った。当時、外文局所属の外文出版社と幾つかの編集部が、百万荘のあるビルに集中し、私の勤務先の『人民中国』編集部は、李氏が編集長をしていた『中国画報』編集部と同じく二階にあったので、氏とは面識があった。しかし、氏は上司なので、顔を会わせる時に頷く程度で、言葉を交わすことはなかった。ところがあの日、李氏は私を止めて話しかけてくれた。

「王震《おうしん》老の日本訪問が予定されている。老は良い通訳が欲しいと言っているので、君を行かせたいと考えている」。

突然の話だったが、私はすぐ李氏の指示通り王震氏を尋ねた。

当時王老は北京医院に入院していた。ドキドキしながら老の病室に入った。大連から北京に転勤してすでに五年目になったが、私の服装はまだ東北風のままだった。綿入れの上着とズボンが真っ黒で、髪型も地味な「一辺倒」式だった。老は上から下まで何度も私を見つめ、向かい側にある椅子に坐らせた。小さいテーブルを挟み、私は抗日戦争の八路軍一二〇師三五九旅の旅団長、著名な「髭将軍」と向かい合って坐った。

五十六歳の王震は坊主頭で、有名な髭はすでに剃られ、口元に終始微笑みを浮かべ優しそうだった。世間話をしているかのような口調で、何時北京に来たか、いくつになったか、何年間日本語を勉強したか、今の仕事はどうか、といろいろな質問をした。

王震老は李千峰氏に良い通訳の紹介を頼んだそうだ。その理由の一つは、李氏は老の新疆時代の部下で仲がよかったこと。もう一つは、李氏のいる外文局に外国語の分かる幹部がたくさん集まっていたからだ。それで、李氏は私を推薦したという。

当時の私は、自分が王老にどんな印象を与えていたか知るよしもなかったが、老もそのようなことに触れず、ただ今度の訪日の任務を話し、さらに、今、部長（部は日本の省に相当し、部長は大臣のこと）をしている農墾部の外事局に出頭するように言った。

後の訪日を通じ、お互いに親しくなってから、王老はこのように語った。

「君が病室に入るのを見て、李千峰は偉いことをしてくれたなあ、良い通訳が欲しいと言ったのに、こんな青二才を紹介してくれるとは、と心の中で思ったよ」。

王老の率いる代表団は規模が大きかった。副団長の劉成棟《りゅうせいとう》氏はハルピン林学院の院長で、林業部の副部長もしていた。もう一人の副団長の魏震五《ぎしんご》氏は農業部部長補佐で、中国農業科学院農業経済研究所研究員である。秘書長に日本通の孫平化《そんへいか》氏が担当し、団員は農業、林業などの分野の専門家を含め全部で一九名から成っていた。名前は次の通りである。

金少英《きんしょうえい》（全国水土保持委員会委員）
趙達《ちょうたつ》（中国農業科学院農業経済研究所副研究員）
沈其鋳《ちんきちゅう》（農業部経済作物局茶葉エンジニア）
劉兆倫《りゅうちょうりん》（水利エンジニア、広東省水利庁庁長）
呉中倫《ごちゅうりん》（林業部林業研究所研究員）
王宗武《おうそうぶ》（農業部鎮江蚕業研究所副所長）
曾驤《そうしょう》（北京農業大学園芸部助教授、果樹専門家）
金肇野《きんちょうや》（遼寧省農業庁副庁長）
楊立炯《ようりつけい》（華東農業科学研究所副研究員）
兪履圻《ゆれきき》（華東農業科学研究所副研究員）
曾沢遠《そうたくえん》（農墾部農業技師）
胡慕績《こぼせき》（農業技師、五・三農場副場長）
陳重《ちんじゅう》（畜産技師、黒龍江省農場管理庁副庁長）
杜部《とべ》（畜産技師、農墾部畜牧獣医局副処長）

王蔭坡《おういんぱ》（機務エンジニア、農墾部機務処処長）
王方均《おうほうきん》（第一機械工業部機械製造研究所副所長、農業機械設計エンジニア）
陶鼎来《とうていらい》（中国農業科学院農業機械研究所試用修理試験室主任、農業機械エンジニア）
楊允奎《よういんけい》（四川省農業庁庁長、四川省農業科学研究所所長）
張遵敬《ちょうそんけい》（上海機電工業局大同鉄工場チーフエンジニア）

代表団の秘書は外交部勤務の陳抗《ちんこう》氏で、表向きの肩書きは「中国輸出入公司課長」となっている。通訳は私と金蘇城《きんそじょう》さんの二人だった。

抗日戦争中の名将王震が農業代表団を率いて日本を訪問するについては、毛沢東主席の支持と許可を得たという。後に王老は、「あの年、鉄道敷設工事のために福建省に赴いたが、北京に帰る途中、杭州に立ち寄ったところ、ちょうど王稼祥《おうかしょう》氏が日本共産党のある代表団を伴って杭州を訪れていた。そこで、王稼祥氏と廖承志氏の話し合いの席にたまたま立ち会った。彼らは今後日本人民との交流を促進したいと話し、『日本を訪問してみたらどうか』と勧めた。かつて軍人だった自分が日本に行っても大丈夫かと訊いたが、『それは日本でも周知のことだ』と答えた。その頃は、ちょうど毛主席が杭州にいたので、王と廖の二人は主席にその話をしたらしい。そして、毛主席が迎えの車を出してくれて『日本に行きたいか？それは良いことだ』と言ってくれた。陳雲《ちんうん》も『中国は耕地が少ない割に人口が多い。日本も人口は多いが水稲の生産量が多く、水稲栽培の経験も豊富なので行って見て勉強した方が良いですよ』と応援してくれた」と教えてくれた。

出発前に、周総理は中南海で代表団の全員と会った。会見が終わり、総理は全団員と見送りの握手を交わした。自分はたかが一人の通訳なので握手はないだろうと思っていたところ、総理の柔らかい手はすでに私の手を握っていた。

劉芝明《りゅうしめい》氏の子息で外交部に勤務している陳抗さんと握手した時、周総理は「君が行くことは注意されないかい？」と訊いた。陳さんは「中国輸出入公司の課長として行きます」と答えた。総理は微笑んだ。

十一月十日、代表団は香港を経由して東京に着いた。それから、北は北海道から南は九州に至るまで、二ヶ月近くの訪問を行なった。

代表団の二ヶ月にわたる全行程に伴った日本の友人は全部で四名だった。日中農業交流協会の田崎末松氏がその一人で、日商会社（現日商岩井）中国課課長の高木さんが通訳として同行した。高木さんは上手な中国語を操っていたが、通訳時にメモをとらなかったので、長い話を訳す時には省いてしまうところもあったりした。

もう一人の野間清氏は上海同文学院の卒業生で、長期にわたって中国に居留し、新中国成立後は農業部に勤めたこともあるという。言うまでもなく、彼の中国語はとても流暢であった。野間清さんにはこんな話がある。私達代表団の案内役を務めたため、日本での地位が高くなり、とうとう愛知大学の教授になったという。

『朝日新聞』論説委員の団野信夫さんも代表団の行く先々に随行した。団野さんは長年農業に関する取材に携わっていて、日本の農業事情に詳しいだけでなく農林省のことも良く知っていた。当時アメリカ政府は中国を封じ込め、岸内閣も中国を敵視する政策をとっていたので、中日両国政府間の接触は全くなかった。そのような状況の中で、団野さんは代表団の訪問中に大いに貢献し、氏をよく知る農林省のある次官も蔭ながら協力してくれた。

団野さんは王老にこのように言ったことがある。

「私はブルジョアジーのジャーナリストで、休暇を取って王先生と代表団に随行させて頂いています。これは、初めて共産主義者と接し、初めて中国共産党の大物と接する機会です。共産主義を理解することはできますが、共産党員ではありません。今度の出会いは今後の私の人生を決定したと思います」。熱心で誠実な団野さんは日々を共にするうちに、王老と深い友情が芽生え、老のことを心から尊敬するようになった。ある時、団野さんは王老に言った。

「先生は作戦上手で世に知られていますが、先生の名前が良いですね。天下を震撼させる王者なのですね」。

王老は、「団野さんの名前もいいよ。団野は、農民を団結させ、そして、信夫は、信頼のできる男……」と応じた。

王老と団野さんの友情はずっと続いた。

「共産党の王先生と出会い、多くのことを教えてもらいました。人生は本当に不思議なものですね」と、団野さんは言ったことがある。

王老も「これからは団野さんのことをずっと忘れられないでしょう。団野さんと一緒にいるといつも素直で正直にいられる。運良く日本で良師益友と出会い、日本についていろいろと紹介してもらった」と言った。

一九六五年、団野さんは中国農学会の招請に応じ、「稲作日本一」の農民と技術員を引き連れ北京を訪問した。王老が入院していることを聞くと、是非会いたいと申し出たが、接待部門は王老の健康状況を配慮して、連絡はしなかった。

ところが、団野さん一行が北京を立つ前日、突然中国農学会から、王震が「北海仿膳」で皆さんを昼食に招待するという知らせが届いた。急ぎ「北海仿膳」に向かった団野さんは王老を見て驚いた。なんと、老が入院服姿で待っていたからである。

何事もなかったように、王老は口を開いた。

『人民日報』の記事で団野さん達が来ているのを知りました。どうしても会いたいと思い、医師に日本の友人が来ているから少し出かけたいとお願いしました。ところが院長先生は必死になって止めました。これは無理かなと思っていたところ、宋慶齢《そうけいれい》さんが事情を知り院長先生を説得してくれましたがやはりだめでした。結局、宋さんは『どうしても心配だったら、お医者さんも一緒に行ったらどうでしょうか』と言ってくれました。お蔭で院長の許可が得られました。これで、団野さんに会えました……」。

団野さんは感動して涙を流した。

「王先生の友情は本当にありがたく思います。一人の外国人に対しこのような友情を持つことなど、日本の政治家にはできないことだと思います。心から嬉しく思います」。

一九七九年十月、団野信夫さんはまた中国を訪問した。十月二十二日午後、北京飯店に挨拶に行ったところ、団野さんは嬉しそうに、「昨日王震先生に会い、三時間も話しましたよ……そうだ、いいものを見せましょう」と言いながら、一幅の掛け軸を出した。広げてみると、なんと、李苦禅《りくぜん》の『緑雨初晴』であった。価値ある一品であるが、さらに貴重なのは、王老が画の上に「王震一九七九年十月贈於北京」と落款したことだった。団野さんは「これは我が家の家宝です」と目を輝かせながら言った。

## 小型トラクターに大きな興味

二ヶ月近くの日本訪問でわれわれは、農村、牧場などに足を運び農民と会談し、技術員の説明を聞いた。しかし、農民と接触している間、県庁職員もずっと傍らにいたので、訪問する側にもされる側にも、どこかぎこちないところがあったのも事実であった。

ある日、愛知県にある養鶏農家を訪問した。部屋に案内され、王老は庭にいる作業服を着た青年に目を留め、青年を呼んで側に坐らせた。これは予定外だったので県庁職員は緊張し、困惑ぎみの様子だった。王老は親切に青年の手を握って話をした。青年の手にたくさんのたこがあるのを見て、老は「これこそが農民の手です。頑張って下さい」と言った。さっきまで緊張していた県庁職員も農家の方も、感動して涙ぐんだ。

王老が視察中に最も興味を示したものは、小型トラクターだった。この小型トラクターは中国南方の土地に合うと考え、老は、日本の技術者の操作を見せてもらった後、自らも操作してみた。当時の中国には、まだこのようなトラクターを生産する能力がなかった。そこで王老は即断して一台を購入し持ち帰ることにした。この他に、農業用ビニールシートも非常にメリットがあると判断し、買うことにした。この二つの買い物は、合わせて五百万ドルで、当時としてはかなりの額であった。

実は、代表団が出発する前、周総理が「日本人はわれわれとビジネスをしたいのだから、日本では絶対に買い物をするなよ」と言ったことがある。しかし、王老は「総理は日本人が品物を売りたいから絶対に買うなと言ったが、日本のトラクターは性能が良いし農業発展に役立つ。電報で総理の指示を仰ぎ、許可が出たら買う。だめならだめで良い」と言った。結局、代表団は日本で買い物をすることになったのである。

代表団が帰国したのち、王老が毛沢東主席に報告に行った。老の話によると、三十分程度で報告を済ませようと思っていたが、毛主席が細かいところまで質問したため、かなり長引いたという。

「毛主席は、日本の農家の様子はどうか、家に何があるか、と哲学の問題でも、理論的な問題でもないことばかりを訊いた。自分の目で見たことはすべて話した。養鶏農家は一家で何百羽もの鶏を飼っている（当時これは相当難しいことであった）と話すと、毛主席は非常に感心した様子だったよ」と老が言った。

陳雲氏も「日本での買い物は多いに役に立ちました」と言ったそうだ。

東北地方と北海道を訪問した時に、王老は水稲の品種に大いに注目した。それを見て、老が中国寒冷地域に合う水稲の品種を探しているのではないかと感じた。老は生産量だけでなく、倒伏しないかどうか、耐寒の性質はどうか、などについて真剣に訊いた。こうして代表団は日本の友人が推薦してくれた優良品種を持ち帰った。後に、中国で有名になった水稲品種「農墾五号」は、日本の優秀な品種を使って育成したものである。

北海道では、ある個人牧場を訪れた。代表団の畜産専門家の杜部《とべ》さんが、日本に留学した時ここで実習したことがあると牧場の主人に話すと、牧場の主人は箪笥から実習生名簿を出して調べた。すると「杜部」の名前が確かにあったのでこれには感心した。

九州福岡での訪問は、九州大学の農学教授の大橋育英氏に伴われて行ったものだ。大橋氏が空港に出迎えてくれて、訪問中もずっと案内してくれた。ある日、王老は大橋氏にどの政党を支持するかと質問した。大橋氏は「僕は郭沫若先生と同じで、無党派です」と答えたら王老は、「郭沫若先生は去年中国共産党に入党したよ」と教えた。

このようにして、いろいろな会話を通じて大橋氏と王老の間に美しい友情が芽生えた。一九七九年四月下旬、北京にいた私に「今、北京にいるので、王震先生にお会いしたい」という手紙が突然大橋氏から届いた。私はこの手紙を早速王老に転送した。すると四月三十日の晩、王老は人民大会堂湖北庁に大橋氏を招待した。

私は訪日中ずっと、王老の日常のことをお世話する都合から、老と同じ部屋かすぐ隣の部屋に泊った。暇さえあれば、王老はいろいろ雑談をし、若い時に鉄道労働者をしたことや、革命に参加した経緯などを語ってくれた。ある時、老はこう言った。

「君ら知識分子はいつも言葉遣いに気をつけているが、われわれ無骨者はいつも単刀直入にものを言う。例えば、昔はより多くの敵を滅ぼせと兵士に訓話をする時、『亀が西瓜を抱えるように（俗語。亀が這い、西瓜が転がって動くので、亀が西瓜を抱えるというのは、這いつくばるものもあれば、あたりを転がるものもあって、さんざんな目にあうことのたとえ）やっつけてやれ！』と言うのだ。簡単で分かりやすいだろう？」

老は、当時のことを思い出したかのように「ハハハ」と高らかに笑った。

ある日、王老は「抗日戦争当時、趙安博《ちょうあんばく》さんに日本語を教えてもらったことがあるよ」と言ってから、大きな声で「日本の兵隊さん、武器を捨てろ！」と当時の真似をした。それから、私に向かって「どうだい、わかるかな？」と訊いた。私は笑いをこらえて「発音がきれいなのでわかりますよ。しかし、もし接待してくれる日本の方がこれを聞いたら、きっとびっくりするでしょうね」と答えた。王老はまた笑った。豪快な笑いが部屋中に響いた。

代表団が地方へ行った時、滞在先のホテルに日本を考察する台湾「国民党」の警察官が泊ったことがあった。偶に廊下で彼らに会うことがあるため、王老に「少しは避けた方が良いのではないでしょうか」と進言した団員がいた。王老は「それはだめだ！　怖がるものは何一つない、あいつらは皆私の部下だ！」と言った。毅然とした軍人の気概を見せてくれた。

もう一つ印象に残ったことは査証に関するものであった。代表団は日本に二ヶ月も滞在したので、査証の期限が切れそうになった。延長するため田崎末松さんが王震団長と孫平化氏に手続きについて相談を持ちかけた。手続きはかなり面倒で、申請書には侮辱ともとれる項目さえあった。例えば、身長、顔の特徴、目と毛髪の色などがそうで、王老は顔の特徴（面部特徴）の項目について「中国人にこんなものを書かせて、われわれは『面目』がなくなるぞ」と田崎さんをからかい、とうとう書かなかった。

多くのことを見たり経験したりした代表団は二ヶ月近くの訪問を終え、指示通りにソ連船に乗り横浜港から帰途についた。三日の航行を経て四日目に呉淞口《ウースンコウ》に入り、上海に到着した。

# 再会

## 「共産党は怖いですか？」

王震老の絶筆は、ある日本人の回顧録の序文であった。このことを知る人はそれほど多くないだろう。その人の名は矢木博といい、岡山出身のごく普通の日本人である。さらに詳しく言えば、大連が日本の植民地であった当時、私が通っていた小学校の高学年の担任であった。

王老が矢木さんと知り合ったのは、今から四十年前の一九五七年十一月で、王老が中国農業代表団を率いて日本を訪問した時にまで遡る。

代表団が広島に着いた時、王老は私に訊いた。

「君は子供の頃大連で日本語を学んだよね。当時の先生が日本にいるでしょう?」

私は矢木先生のことを王老に話した。

「日本降伏直前、矢木先生は故郷の岡山に戻られましたが、具体的な住所は分かりません」。

「そうですか。明日私達はちょうど岡山に行くので、調べてみたらどうだろうか」。

翌日の十一月十九日、代表団が岡山県に着いた。その晩、県知事の三木行治氏が主催した宴会の途中で、王老が私を指しながら、「劉君の小学校時代の先生は岡山出身で、劉君とは十三年音信不通です。差し支えなければ、その先生のご住所を調べて頂けますでしょうか」と知事に依頼した。

知事は、矢木先生が大連で勤務した学校の名前と、大連をいつ離れたかなどについて詳しく訊いてから、秘書に調べるよう指示した。

宴会の終わりかけたころ結果が届いた。なんと矢木先生は健在で、未だ現役の先生として岡山のある高校に勤めているとのことだった。

翌日の午前中、連絡を受け大変喜んだ矢木先生が、夫人と共にホテルに訪ねてきた。十三年ぶりの日本での再会にわれわれは感慨無量だった。昼間のスケジュールがすでに決まっていたので、矢木先生夫妻は夜再びホテルに来られることになった。

平和で静かな夜であった。昔の先生と生徒が向かい合い、話は尽きなかった。大連での数々の出来事や、十三年間の社会の変遷などを語り合い、不思議な感慨に浸っていた。そこへ王老が部屋に入って来た。先生との再会を喜んでくれた王老は、矢木先生夫妻が古い中国しか見ていないことを知ると新中国の状況を紹介した。

「ご存知のように、中国人民は中国共産党の指導下で長期の刻苦奮闘を経てようやく人民政権を築き上げました。中国はもうすっかり変わりましたよ。大連も先生が良くご存知の頃とは違っています。現在、われわれは国家建設に取り組んでおり、人民の生活も徐々に改善されつつあります」。

ここまで話した王老が、優しい口調で矢木先生に訊いた。

「共産党は怖いですか？」

「え……私は、共産党のことをあまり知りません……」突然質問された矢木先生は一瞬戸惑った。

王老が笑った。

「私も先生のお弟子さんも共産党ですよ。怖いと思いますか」。

矢木先生と夫人はしばらく王老の顔を見つめ、そして私の方に視線を向けると微笑みを浮かべ、「怖くないですね」と言った。

和やかな雰囲気に会話も弾み、王老に強く引かれた矢木先生は、機会があったら是非新中国を訪問したいと言った。

## 二十八年前の写真

一九八四年夏、矢木先生は夫人と共に北京を訪れ、私は先生を自宅に招待した。一九五七年の王老との会見がどうしても忘れられない矢木先生は、また王老に会いたいと胸の内を語った。

そして、その機会がようやく訪れた。一九八五年七月、王老は中日友好協会代表団を引率して、長崎平和公園に平和の乙女の像を寄贈するため日本を訪問した。代表団は上海を経由して長崎へ赴き、私も代表団の副団長として同行した。

上海で王老は私に、「日本に着いたら、君の先生の矢木さんに会えるかな」と訊いた。

「すでに手紙を出しましたが、ただ、矢木先生が長崎や東京に来られるかどうかはまだ分かりません」と、私は答えた。

王老は秘書に一九五七年の日本訪問中に撮った写真アルバムを持って来たかと確認し、それがないことを知ると、すぐ取りに行くように指示した。翌日、北京から上海行きの便に王老が指示したアルバムが乗せられた。

七月十五日、団員一行は長崎に到着し、翌日平和公園で行なわれた平和の乙女の像の寄贈式典に参加した。しかし、長崎に矢木先生の姿はなかった。

われわれは長崎を出発し、北海道に向かい、さらに筑波市を訪問した。数日の間に王老は何度も「今回の日本訪問中に矢木先生に会えるかな」と私に訪ねた。

訪問が終りに近づいたある日、日中友好協会から「岡山県の矢木博という方が東京で王震団長に会いたいと言って来ている」という連絡が入った。

ずっと連絡を待っていた私はこれでようやくほっとして、すぐ王老に報告すると老は満面笑顔で喜んだ。

七月二十二日午後、われわれは東京に到着、新高輪プリンスホテルが宿舎だった。夜、歓迎の宴が終って、王老はいつ矢木先生に会えるのかと私に聞いた。

「明日の午前中には会えると思います」と答えた。私の言葉に安堵の色を浮かべる王老を見て、思わず胸が熱くなった。

秘書が、矢木先生との会見を翌七月二十三日の午前中に王老の部屋で行なうように手配した。朝になって王老はまた私を部屋に呼び、会見の時に北京から持ってきたアルバムを必ず用意するようにと念を押した。

午前九時三十分、矢木先生夫妻が私の同級生の長谷川健に伴われ王震団長の部屋に入った。王老と矢木先生夫妻との再会がようやく実現した。王老と矢木先生は握りあった手をしばらく離そうとせず、お互いに確かめるように顔を見つめ合い、嬉しさで挨拶の外にはなかなか言葉が出てこなかった。

二十八年ぶりの待ちに待った再会だった。

やがて全員が座り、王老が歓迎の言葉を述べた。二十八年前と同じく、私が通訳を引き受けた。

「二十八年前、中日両国はまだ国交が回復していませんでしたが、両国人民は友好的でしたし、両国が仲良く付き合わなければならないと信じていました。中国の党と国家の指導者は、『日本はかつて中国を侵略したが、それは日本国民の責任ではなく、日本の軍閥と極少数の人が責任を負うべきことだ。戦争中は日本人民も同様に被害を受けた』といつも言っていました。したがって、二十八年前劉君に是非お世話になった先生を探しなさいと言いました。先生を敬うことは中国の伝統的な美徳です。先生の教え子の劉君は日本で長年特派員をし、今では文化部の部長補佐となっています。これは先生のお手柄です。さすがに厳しい師匠のもとからは優れた弟子が出るものですね」。

矢木先生は嬉しそうに語った。

「ありがとうございます。二十八年前の岡山での先生のお話は忘れられないもので、あの時、先生のお話が聞けたことを大変光栄に思います。今回先生が長崎においでになり、平和の乙女の像の除幕式に参加されることを今月十日前後の新聞を通じて知りました。先生にお会いしたいものの、私のような者が先生のような大人物に会うことはきっと難しいと思いました。ところが先生は多忙を極める中、時間を割いて下さいました。本当に感謝致します。先生にお会いすることはまさに千載一遇の機会だと思います。……岡山から二十八年前に撮った写真と、王先生が下さった年賀状を持って来ました……」。

矢木先生が写真の事を言い出した途端、王老が「私も当時の写真を持ってきましたよ」と言い二冊のアルバムを広げて見せた。アルバムには二十八年前の数枚の写真が貼ってあったが、長い年月を経たためかすでに色が薄れかかっていた。感慨深げにそれを見た二人は、「あの頃は、私達はまだ若かったですね」と思わず声を合わせて言った。

矢木夫人が口を開いた。

「二十八年前のあの夜、岡山ホテルで先生とお話をさせて頂いた時、劉君は用があって途中で出かけました。それで私達は先生と筆談をいたしました。先生は未だ体に戦争時代の傷跡が残っていることを教えて下さり、私達は感動を覚えました……先ほど先生は、生徒は恩師を尊敬しなければならないとおっしゃいましたが、日本では違うようです。生徒は出世をすると先生を忘れます。劉君のようにいつまでも先生を忘れない人間は日本では不思議に思われますよ。ですから私達のように先生をしている人間にとって、これは何よりのご褒美です」。

話に花が咲き、王老が時々朗らかに笑ったのでその場にいた人達も老の笑い声に染められ、まるで一つ家族が団欒しているかのような光景に見えた。別れしなに、矢木先生は王老に記念写真と揮毫を頼んだ。上機嫌の王老は快諾し、色紙に「中日友好万歳！」と書き下ろした。

## 心あたたまる友情

帰国して間もなく、王老が中国語を勉強している矢木先生から一通の情熱に溢れる手紙を受け取った。素朴な中国語で、しかも筆で書かれていた。矢木先生は手紙をコピーして私にも送ってくれた。

拝啓

今回先生にお目にかかることができ、夢の中にいるようで心から嬉しく思います。新聞で先生が長崎での平和の乙女の像の除幕式に参加することを知り、何とか先生にお会いしたいと思いました。公用で日本を訪問した先生とお会いできる可能性は低いと存じておりましたが、種々の努力により、ようやく七月二十一日に、先生が接見して下さるとの通知が届きました。言葉では言い表せないほど嬉しくなり、私はすぐ東京に出かけました。

思えば二十八年前の一九五七年十一月二十日、私は教え子の劉徳有君と十三年ぶりに再会し、その嬉しい席で初めて先生にお目にかかりました。その時のことをどうしても忘れられないのです。

日本でもう一度王先生にお目にかかれるなんて、本当に奇跡のような感じがしてなりません。あの日、ホテルの一六階にある先生の部屋に入った途端、先生はすぐに迎えて下さり、暖かい手で握手をしながら「你好！　你好！」と言って下さいました。私は感動で涙が溢れ、夢の中にいるようでした。二十八年前の先生は逞しく威風堂々としていらっしゃいましたが、今の先生は慈しみに満ち溢れています。先生のお話にはあの頃と全くお変わりない暖かさがありました。王先生に「良い先生です」と誉められ、私は隣に坐っている劉君を見ながら、先生という職を続けてきた甲斐があったとつくづく思いました。先生のすべての言葉を録音して、永遠にとっておくつもりです。

先生はまた、わざわざ、かつて撮ったアルバムを携えて来られました。自分の写真の上に先生が加えられた説明を見て、心から感動しました。先生が覚えていて下さることにどう答えてよいか分かりません。

秘書の方が部屋に入って来て次の予定を話された時、私達のお話が既に一時間を過ぎたことに初めて気づきました。この一時間は私の生涯忘れられない一ページになるでしょう。心から先生に感謝しております。

お国のために、そして日中友好のために、お体に気をつけてご活躍下さい。近い将来中国を訪問したいと思っております。その節必ず先生に連絡します。妻も先生によろしくと申しており、またお目にかかれることを心待ちにしています。ご健康をお祈りいたします。

敬具

矢木先生が、その後中国に来ることはなかった。一九九一年、岡山から届いた矢木先生の手紙には、八十歳を超えたが、長い教師の一生涯を回顧録にしたいと書いてあった。一九九二年夏、矢木先生から再び手紙が届いた。王老に回顧録『有教無類』の序文を頼んでもらいたいという内容であった。王老が入院していることを知っていた私は、これは無理な話だと判りながらも、老の秘書李慎明《りしんめい》氏を通じて矢木先生の、このたっての願いを伝えてもらった。

その年の九月六日、意外にも王老はそれに応じ、太く黒い筆で「王震」と序文に署名した。

喜びを抑えながら私は、王老の祝賀の気持ちを一刻も早く連絡したいと、すぐさま老の序文を矢木先生に送った。

中日国交正常化二十周年に際し、矢木博氏の回想録『有教無類』が日本で上梓の運びとなったことは、私にとってまことに欣快とするところであり、心から祝意を表する次第である。

矢木博氏と面識をもつようになったのは、一九五七年十一月、私が中国農業代表団をひきいて日本を訪れたときである。氏は代表団の青年通訳、劉徳有君が大連時代の小学校で教わった日本人の先生であった。第二次大戦後、片や中国、片や日本に身をおいて、十三年間も音信不通のままとなっていたが、代表団が岡山に到着してから、私は県知事の三木行治先生にお願いして矢木博氏をさがしてもらったところ、すぐに氏の住所がわかり、国籍を異にする師弟がこうして十三年ぶりに日本で再会することができたのである。岡山でのあの静かな晩に、旭川河畔のホテルで、私も加わって矢木先生ならびに照子夫人との長時間にわたる語らいを、いまでもはっきりと記憶している。

私は劉君と矢木先生との再会を促したのは、中国の若い世代にたいし、師を尊ぶ伝統的な美徳を発揚し、中日両国人民の友好を発展させるよう教育するためであった。

中日両国の関係には、かつて短い不幸な一時期があったとはいえ、また、戦後お互いに十数年間もの長いへだたりがあったとはいえ、生徒たるものは恩師を忘れてはならず、むしろ師弟のあいだの誼みを発展させていくのがスジである。これこそ中日両国人民の友好の具体的なあらわれであると思う。

三十五年前、矢木先生ご夫妻と初対面のとき、両国間の長期にわたる隔絶によって、ご夫妻は新中国についてはまだよく知らない状態にあった。しかし、その後、お二人ともすすんで中国語を勉強され、中国人留学生を下宿に迎えるなど、日中友好のために努力しておられるのをうかがい、大へん嬉しく思っている。

岡山で一別いらい、私はずっと矢木先生ご夫妻にお目にかかる機会に恵まれなかったが、はからずも、二十八年後に私たちは東京で再会することができた。それは一九八五年七月のことである。長崎の平和公園にモニュメント——平和の乙女の像を贈るために、私は中日友好協会代表団を率いて日本へ赴いたが、劉徳有君は代表団の副団長であった。そんなわけで、私と劉君は久しぶりに日本で矢木先生ご夫妻に再度お目にかかることができたのだった。それは感激的な、忘れがたい対面であった。お互いに二十八年前の写真を見ながら、膝をまじえて歓談し、旧交を温めたが、私たちは、過去について語るとともに今日について語り、さらに未来について大いに語ったものである。

矢木氏は回想録のなかでその時のことに触れており、読んで大へんな親しみを覚えた。矢木氏は所謂ありふれた一日本人であり、これまでずっと教育事業にたずさわってこられた。その意味で、回想録のタイトルに『有教無類』という孔子の名言を選ばれたことは、いかにも適切であると思う。矢木氏はその長い人生の道のりでさまざまな歴史の時期を経験され、その歴史観や価値観もおのずと時代の変遷によって変化をとげておられるが、ただ一点、私が強調したいのは、氏と面識をもつようになってから、氏は中日友好事業に献身するようになられたということである。このことは特に称賛に値すると思う。

現在は以前とちがい、中日両国関係はひじょうに大きな発展をみせており、各分野の友好協力も大へんな活況を呈している。私は、中日両国の友好関係が正しい軌道にのって、長期的に安定した健全な発展をとげるよう心から望んでやまない。中日両国の長期的な安定した平和友好関係は、両国人民の願望とその根本的利益にかなっているばかりでなく、アジアと世界の平和にとっても有益である。あと十年もすれば、私たちは中日国交正常化三十周年を迎えるが、その時には人類はすでに二十一世紀に入っている。二十一世紀は中日両国がいっそう友好的になる世紀でなければならないと思う。日本の各界の人びとと相携えて、中日友好協力関係のいっそうの発展のために、二十一世紀のさらなる友好のしっかりした地固めをするために、また両国人民の世世代代の友好のためにたゆまぬ努力をつづける所以である。

一九九二年九月

中華人民共和国副主席
中日友好協会名誉会長
王震

王老の序文を受け取った矢木先生は手紙で胸中を語った。

「王先生の序文は暖かい感情に満ちていました。先生が過去のことをあれほどまではっきりと覚えていたことに涙が流れて来ました。私は両手で先生の序文を受け取りました。先生の序文が拙著に耀きを与えて下さり、この上ない光栄と誇りに思います。王先生は最高の栄誉を授けて下さり、生涯使いきれない財産を下さいました。心から感謝しております」。

『有教無類』が出版され、矢木先生は直ちに王老に送った。

翌年の三月、王震氏が逝去された。訃報が伝えられ、矢木先生はすぐさま王老の家族に弔電を打ち哀悼の意を示した。その後、先生は「最も大切な人を失いました。今の私にはこの悲しみを表す適切な言葉が見つかりません」と、私に手紙を寄せた。

私の恩師である矢木先生は、極普通の日本人で今を時めく人でもなく、名声もない。しかし要職にあった王震氏は、この無名の一日本人教師を忘れることなく、彼との友情を大切にした。このことからも、王氏の人柄と氏の魅力を感じることができよう。

## 矢木博先生

### 「もしかして亡命でも……」

先に述べたように、王震氏は、私の小学校時代の先生が岡山に住んでいる可能性があると知って、直ちに岡山県知事の三木氏に住所の調査依頼をした。翌朝、私は知事秘書からもらった電話番号をたよりに、矢木先生が勤務するという学校に電話をした。

やがて、電話の向こう側から矢木先生の声が伝わってきた。喜びを抑えながら、私は自分が大連霞国民学校の先生の教え子であることを伝えた。「君、どうして日本に来たんだ?」と、矢木先生の驚いた声が聞こえてきた。

しばらく経ってから矢木先生が教えてくれたのだが、私の電話を受けた瞬間、先生の脳裏には「戦後の日中間の行き来はとうの昔から中断され、普通の人は日本に来ることができないのに……なぜ? もしかして亡命でも……」といろいろなことが浮かんだそうだ。

私は矢木先生の気持ちが理解できたので、中国農業代表団に随行して日本を訪問し、昨夜岡山に着いたことを話した。驚きと喜びが一緒になった思いで矢木先生はすぐさま小学校に勤めていた夫人に伝え、二人は直ちに出かける用意をした。夫人の方が先に代表団の滞在する岡山ホテルに着き、続いて矢木先生が見えた。

本当のところ、一九五五年十二月に中国科学代表団の通訳として日本を訪問した際、岡山に足を運んだことがあった。しかし、面倒を引き起こしたくないし、たかが一通訳に過ぎない者が、わがままと思われるようなことをしてはならないとも思い、願いつつも矢木先生に会いたいとは言い出せなかった。

今回再び岡山に来て、王老自らの斡旋があり、矢木先生ご夫妻に会うことができ望外の喜びだった。代表団の昼間の日程が厳しく、矢木先生ご夫妻は夜また来ることになった。そこで、前述の王老の矢木先生ご夫妻との対面があったのである。

翌日、矢木先生はわざわざ駅まで見送りに来て、「今朝の授業で王震団長の名刺を生徒に見せ、昨夜中国の素晴らしい大人物に会ったと教えたところ、凄い反響でしたよ」と誇らしげに言った。

一九六四年秋から一九七八年夏にかけ、私は新華社と光明日報の記者として日本に滞在し、矢木先生に会う機会も増えた。一九六六年、中国は日本からビニロン・プラントを輸入するため、岡山県の倉敷市に実習生を送った。その取材で岡山に行き、矢木先生の自宅をも訪ねた。その折にも矢木先生は王老のことを思い出し、老からもらった年賀状を見せてくれた。

一九七七年、私の日本駐在が終了する一年前、矢木先生の次男が東京近辺に就職することになりご夫妻は上京したが、足を伸ばして恵比寿にある中国記者事務所を訪れた。当時、われわれの記者事務所は男性職員ばかりで、一日三度の食事は全て食堂で済ませていたが、矢木先生ご夫妻を歓迎するため、料理が不得意な私達が、何品かの家庭料理を作って先生ご夫妻をもてなした。先生と夫人が最も気に入った料理は車海老の甘煮だった。席上、矢木先生は、「日中両国の国交はすでに回復したので、機会があったら中国に行ってみたい」と中国訪問の希望を語った。

年が明け、翌一九七八年の六月に、私は任期が満了し北京へ戻った。一九七九年七月、矢木先生と夫人は、私の小学校の同級生長谷川君と共に、ある友好代表団に同行し北京を訪れた。私達は友誼賓館で再会したが、矢木先生は「新中国を訪問したいという希望が、こんなに早く実現するとは夢にも思いませんでした」と感慨深げに言った。

その後、先生から、北京の後、念願の大連へ訪問したという手紙が届き、楽しい旅だったが、唯一残念だったのは、王老と会えなかったことだと言っていた。

## 師弟

一九八一年夏のある日の午後、仕事中の私のところへ一人の青年が訪ねてきた。岡山大学医学部に留学している甄維寧《しんいねい》君で、矢木先生の自宅に住んでいて、休みのために北京へ帰省したという。甄君は矢木先生自筆の紹介状を携えてきた。

貴君が『在日本十五年』を出版されたことは、今年はじめ長谷川から聞いていました。五月頃だったか、東京に居る次男が、日本語に翻訳した『日本探索十五年』を送ってきました。早速短時間で読破しましたが、あなたの流暢な文章で、正しい捉え方にホトホト驚嘆しました。私も大変によい勉強をしています。よくもこれだけ日本の隅々まで看破されたことに、只々驚きの外はございません。私の知人達へも照会したところ、それはそれは、大変な評判です。師弟の間柄である私にとって、鼻高々です。うれしい限りです。

実は私はこの原文のものがほしいのですが差し支えなかったら、一部頂けませんか。私は一九七六年学校を退いてから、暇も出来たので専ら中国語に熱を入れ一昨年五月から北京大学出身の中国留学生甄維寧君を物色し、以来週一回宅に来てもらって勉強をしていました。今年四月からは私の家に下宿を引き受けごく身近で女房共々会話の勉強に専念しているところです。忘れる方が多いので思うようには進みませんが、それでも日に日に少しずつ進歩しているようです。何とか君の本を私の力で読んでみたいと意気込んでいるところです。

私は一冊の中国語『在日本十五年』にサインし、夏休みが終って岡山に戻る甄君に、矢木先生に渡してくれるよう託した。

一九八二年冬、矢木先生から返信があった。

『在日本十五年』を確かに受領しました。辞書を引きながら閲読するのは大変ですが、中国語の勉強に役立っていると思います……君の本が、ＮＨＫの中国語ラジオ講座に採用されました」。

一九八三年の晩春のある日、中国国際放送局の日本向け放送番組のスタッフから、私のところに「友好の広場」コーナーのラジオ放送の依頼が来た。何を話せばよいか色々考えたが、矢木先生との再会について話すことにした。

放送は一九八三年六月三十日の夜七時になり、放送局の方が事前に放送時間と周波数を矢木先生に教えた。矢木先生は、再放送を含め前後合わせて六回も聴き、しかも録音したと手紙に書いてあった。

「放送を聴き、思わず感動で涙がこぼれてきました。劉君の理解とその評価に対して、私は言葉を失い、教師としての幸せを感じました」。

「この間の七月二十四日、かつて劉君が在学していた霞小学校の同窓会が開かれました。劉君の近況とラジオ放送のことを話すと、皆は大喜びでした。出席者達のリクエストでラジオ放送のテープが何度も流されました。後で、欠席した人達にもテープを聴かせました」と、嬉しさいっぱいの矢木先生は「機会があったら、日本向け放送の方に感謝を述べたいと思います」と書きそえてあった。

一九八四年夏、矢木先生夫妻が北京を訪れた。私は先生夫妻と共に中国国際ラジオ放送局日本語組を訪ね感謝を表わし、それから先生夫婦を自宅に招待した。初めての招待だったが、極普通の家庭の食卓だった。矢木先生は、国の違う先生と生徒がこのように一つのテーブルを囲むのは、本当に不思議なことだと感慨を述べた。

この年の秋、三千名の日本青年が中国に招請された。商務印書館が出版した雑誌『日本語学習』は、これに合わせて特別号を計画した。編集部から原稿依頼があり、私は先のラジオ放送の内容を少し修正して出した。出版された雑誌は日本に行く人に頼んで矢木先生に送ってもらった。

翌年六月、矢木先生から手紙が届いた。

「昨年の十二月から、岡山市の中央公民館で、岡山市が開講している中国語の講座を受講しています。若い人の間に私と女房が年長順一～二を占めて出ているのですが、六月十一日の講座中に、『私には一人の中国人の教え子がいます。最近彼は日本語学習の特集号に私に関する記事を書き、多くの日本語を勉強する中国人に私を紹介してくれました。とても光栄に思います』と、中国語で話し、皆によろこんでもらいました」。

文章をコピーして中国語講座の先生と生徒に配ったとも書いてあった。

矢木先生は、一九五七年の王震老との会見が忘れられず、王老との再会をずっと心待ちにしていた。そして二十八年後、希望がようやく叶い東京で王老と再会した。一時間の会見が終り、矢木先生は私の部屋を訪れ、お昼まで、二十八年前の王老との初対面から今回の再会に至るまでを話し続けた。

「二十八年前、初めてお目にかかった時、先生が『八路軍』の師団長であったことを知っていました。正直なところ、日本の戦争責任を考えると私には少し恐れがありました。しかし会ってみて、その心配は吹き飛んでしまいました。王先生のおっしゃる通り、あの戦争は日本の極少数の人間が起こしたもので、われわれ両国民は仲良くしなければなりません。王先生に会ってすぐ、偉大な人物であると感じ、彼の言葉のすべてに重みがあると感じさせられました。以来この二十八年の間、新聞の王震先生に関するニュースを見つけたら必ず切り抜くようにしました」。

一九九一年末、矢木先生から手紙がまた来た。その年、先生は八十歳、奥さまも七十歳になった。しかし、二人は共に健康で週に三、四回はテニスをするという。

「年齢の割りには体も軽快で、テニスの勝率も上がっています」と十年ほど前にいただいた手紙に書いであるのを思い出した。

ラケットを携え、矢木先生は一九七六年ヨーロッパ各国を遊歴し、一九八〇年にカナダとアメリカを訪れた。さらに一九八一年末から一九八二年初めにかけて、ニュージーランドとオーストラリアを訪問した。夫人と共にテニスをやりながら世界を見て廻っているという。

「私は四十六年間教員生活をしました。色々様々な思い出があります。これを一冊の書物としてまとめたいと計画しています。まだ着手していませんが、資料は全部集めています」と、先生が心の内を語った。回顧録がついに完成し、先生はゲラ刷りを送ってくれたが、王震氏に序文をお願いすることと、私にも序文を書いて欲しいといった。王老の序文は私が日本語に翻訳し、私自身は直接日本語で一篇を書き、「再会の喜び」の見出しをつけて、王老の序文と併せて矢木先生に送付した。

## 再会の喜び

恩師矢木博先生のご著作に、教え子である私が序文を書くのはおこがましいが、しかしこの機会に一文を草して、心からお祝いを申し上げ、また、先生にたいする教え子としての私の気持ちの一端を述べたいと思い、ペンをとった次第です。

私が矢木先生に教わったのは、戦時中（一九四一～一九四四年）大連の霞国民学校のときでした。矢木先生は、四年生から六年生まで受け持ちの先生を担当され、クラスの中の数少ない中国人学生として、私は大へんお世話になりました。

当時、大連は日本の植民地であったにもかかわらず、矢木先生は中国人である私にいささかの偏見ももたず、親切にして下さいました。これは、あの暗い時代だった当時では、容易なことではなかったと思います。この本のタイトル「有教無類」（教え有りて類無し）は、いうまでもなく孔子の有名な言葉であり、その真髄はどんな人にでも教えを施し、決して差別をしないということであって、矢木先生はまさに身をもってこの言葉を実践されたわけです。

孔子の言葉で思い出しましたが、たしか小学校四年生のとき、授業中に矢木先生は黒板に「巧言令色、鮮《すくなし》矣仁《じん》」という論語の一句を書かれ、いろいろと説明をして下さいました。まだ小学生だった私にとってこの言葉は難解でありましたが、しかしどういうわけか、いまだに鮮明に私の頭に焼きついています。矢木先生は生涯の大半を教育事業に献身され、歴史の大きなうねりにもまれながらも、つねに不正や虚偽をにくみ、誠実に、真っすぐ生きようと努力してこられたことは、この回想録からも読み取ることができ、当時まだ幼かった私どもに先生がなぜ孔子のこの言葉を教えて下さったかが、今になってようやく分かったような気がいたします。

矢木先生は、第二次世界大戦終結の前の年に大連から日本に帰られましたが、先生ご夫妻が大連をお発ちになる数日前に、学友達数人がさそいあわせて先生のお宅をたずね、お別れのご挨拶をしたのを今でもはっきり覚えています。当時、私は大連中学校の一年生に在学中でした。

終戦後、私はもう二度と先生にお目にかかることはないものと思っていましたが、はからずも、一九五七年の十一月、日本で再会する機会にめぐまれました。その時、私は王震氏（当時、中国政府農・墾部部長）の率いる中国農業代表団の通訳として岡山を訪問中であり、王震団長の肝煎りと三木知事のご協力で、矢木先生にお会いしたいという私の長い間の念願がついにかなったのです。いま思い出しても、まるで夢のような気がいたします。

その後、私は一九六四年から一九七八年まで、光明日報と新華通信社の特派員として、日本で仕事をするようになり、この間なん度か岡山と東京で矢木先生ご夫妻にお目にかかったことがあります。そして、任を終えて帰国した翌年の一九七九年と一九八一年に、矢木先生ご夫妻はお揃いで解放後の中国へ旅行にこられましたが、二度目の訪中の時は、わが家へもお越しいただき、師弟ともども思い出話に花を咲かせたものです。

私は、矢木先生との再会のいきさつやその後のおつきあいなどをまとめて、日本むけの「北京放送」で放送し、また、中国の雑誌などにも発表しましたが、矢木先生に大へん喜んでいただき、霞会など同窓会の集まりで、先生自ら私の近況を昔の学友たちに紹介して下さいました。あとでこのことを知り、矢木先生の細かいお心づかいに感激で胸が一ぱいになりました。

しかし、一番感激だったのは、なんといっても、矢木先生ご夫妻が二十八年ぶりに東京で王震氏と再会したときのことです。幸いにその時、私も同席することができました。それは一九八五年の夏のことです。王震氏を団長とする中日友好協会代表団が長崎の平和公園にモニュメント「平和の乙女の像」を贈るため日本へ赴きましたが、中国を離れる前から、王震氏は二十八年前に日本で撮った写真をたずさえて、矢木先生との再会をたのしみにし、日本に着いてからも、行く先々でこの念願がかなうかどうかを気にかけておられました。代表団が九州から北海道へ、そして北海道から筑波へ着いてはじめて、矢木先生ご夫妻がわざわざ私どもの次の訪問地、東京に出てこられた連絡をうけ、ホッとしました。東京ではたした念願の対面は、まことに感激的であり、一生忘れることができません。その時、王震氏は求めに応じて矢木先生に「中日友好万歳」としたためた色紙を贈りました。このわずかな六文字に矢木先生にたいする王震氏のあつい期待と中日両国人民の子々孫々にわたる友好へのつよい願望が凝縮されていると思います。

矢木先生はご自身でも、王震氏に会ってから人生が変ったと言っておられますが、一九五七年いらい、ずっと中日友好事業に関心を示され、現在もそのために努力をつづけておられます。その意味で、矢木先生は私のかつての恩師であるばかりでなく、今もなお私の恩師です。私は心から矢木先生を尊敬しています。

奇しくも今年は中日国交正常化二十周年にあたります。王震氏の知遇を得、心から日中友好の発展を念願しておられる矢木博先生のご著作がこの記念すべき年に出版されることは、格別の意義があると思います。

先生のご著作が昔の教え子や関係者のみならず、ひろく日本各界の方々に読まれるよう心から希ってやみません。

遥か北京から矢木先生ご夫妻のご健勝とご多幸を祈りつつ。

一九九二年九月二十五日

（中華人民共和国文化部副部長、中華日本学会会長）

矢木先生は一九九二年十二月に出版された回顧録を、王老と私それぞれに送付し、私には三冊届けてくれた。後書きに矢木先生はこう書いた。

生涯をひたすら教育一筋に歩み、四十六年間という異様とも思える長い期間を歩み続けてきた。平凡な教師の一生で、人に誇り得るような輝かしい生涯とはほど遠く、書き栄えのないものになることは承知の上だが、私には私なりの生き方があって、教師としての天寿を全うしたことに限りない充実感を味わっている。……

標題の「有教無類」は、論語の衛霊公編にある語で、どんな子供にも差別なく等しく教育をほどこし、そして教育によってよい子供をつくる……という信条のもとに教育の生涯を歩んできたので、このことばを標題にえらんだ。

矢木先生はまた王震氏への感謝の気持ちを述べ、王老の序文を「尊い宝」だと言った。

半世紀にわたり、国境を越えて師弟の親交を続けているかつての教え子劉徳有君は、既に数年前から私の自伝出版を心待ちにしてくれている。今この出版を、どんなによろこんでくれるであろうかと思っていた矢先、このような序文を寄せてくれた。彼はいま中国文化省次官として政界の要職にあるが、このようによろこんでくれていることは、感激の外はない。心からありがとうと言いたい。

私は矢木先生が送ってきた本の中から、一冊北京図書館に、一冊を私の故郷、かつて矢木先生が生活していた大連市図書館に寄贈した。矢木先生の話によると、北京図書館は後に彼に「感謝状」を送った。後日、大連図書館で資料を調べていたところ、スタッフが『有教無類』を推薦してくれたとの手紙が、ある日本人女性から届けられたという。

# アジア・アフリカ作家東京緊急会議

## 台湾が「白」に塗られた

東京に着いたのは、ちょうど三月下旬で、桜の蕾が膨らんでいて、明日にも花開きそうであった。しかし、夜になって大雪が降り、翌朝の東京は真っ白な銀世界に変わり、桜の蕾も一斉に枝に凍り付いているように見えた。

それは一九六一年の春であった。私は通訳として巴金《ばきん》氏を団長とする中国作家代表団に随行し、「アジア・アフリカ作家緊急会議」に出席するため東京にやって来た。

中国作家代表団の通訳に決まったのは一月であった。

この年の一月と言えば、三日にスリランカの首都コロンボでアジア・アフリカ作家会議常任理事国会議が開かれ、中国作家協会副主席の劉白羽《りゅうはくう》氏、秘書長の楊朔《ようさく》氏、広州支部副主席韓北屏《かんほくへい》氏がそれに出席し、阿部知二氏と野間宏氏が日本の作家代表として出席した。インドネシア等の国の代表も会議に出席し、インドネシア、スリランカ及び日本の代表が情勢報告を行なった。会議は日本代表阿部知二氏の建議を受け、一九六一年三月に東京でアジア・アフリカ作家会議臨時大会を開き、同年の十月にカイロで第二次アジア・アフリカ作家会議を開催することを決めた。

私は集合場所の東総布胡同《トンソンブー》に行き、出発するまでの間、主にスピーチ原稿の翻訳をしていた。最初に接触したのは副団長の劉白羽氏と詩人の李季《りき》氏であった。団長の巴金氏は上海に住み、北京に来てからはスピーチ原稿の準備にかかりきりであったため、出発の直前まで会えなかった。出発が近いある日、廖承志氏は代表団と会見し、日本の情勢と注意事項を話した。そこで、ようやく中国代表団の陣容を知った。

団長　巴金《ばきん》
副団長　劉白羽《りゅうはくう》
秘書長　楊朔《ようさく》
副秘書長　林林《りんりん》
団員　沙汀《さてい》、謝冰心《しゃひょうしん》、李季《りき》、葉君健《ようくんけん》、韓北屏《かんほくへい》
秘書　李芒《りぼう》
随員　呉学文《ごがくぶん》
通訳　劉徳有《りゅうとくゆう》、李淼《りびょう》（英語）、丁世中《ていせいちゅう》（フランス語）

劉白羽氏は随員の呉学文を次のように紹介した。

「呉さんは新華社の記者ですが、今回は随員として代表団に参加してもらいます。それは、彼が日本の情況を熟知し、何か事が起きたらいつでも相談に乗ってもらえることと、会議の取材もしてもらうからです」。

事前の準備のため、楊朔と李芒の二氏が三月十四日午後、代表団に先立って日本に向かった。

主催国の日本では、アジア・アフリカ作家会議日本協議会が設置され、石川達三氏が委員長に、堀田善衞氏が事務局長に選出された。資金不足や、初めての経験であることなどから、協議会とその事務局は精力的に仕事をし、日中文化交流協会等の進歩的な団体も大きな貢献をした。

事務局が抱えていた大きな問題の一つは、各国代表団の名簿がなかなか決まらず、決まっても交通や通信の問題から連絡がタイムリーにできなかったことだった。

日本国内の状況もかなり複雑で、万が一不測の事態が発生した場合の対応が心配された。実際のところ、日本の一部の勢力は、アジア・アフリカ作家会議の頭文字の「ＡＡ」をとり、「あ〜あ〜」と言って会議をからかった。

「アジア・アフリカ地域では『文学』など元々存在していない国が多くあるのに、『作家』会議だなんて、……」と冷やかす人もいれば、「アジア・アフリカ作家会議は文学の意義があるというより政治的な会議だろう」と何かを企んでいるかのように言う人もいた。阿部知二氏は、日中文化交流協会機関誌の『日中文化交流』を通して、その論調に反駁した。

「いま、あらゆる国がいっしょになって、(文学が)ない国があるとすればどうしてそういう事態であるのか、ということを研究することこそ、アジア人、アフリカ人の連帯の意義である……また……私個人とすれば、いま人が生きのびてゆこうと欲するなら、まじめな人間的意味で政治的であるのは必然であり必要であると思っている」。

十月のカイロでの第二次作家会議開催の前に東京での緊急会議が決められたことは、当時の日本国内の状況と国際情勢が深く影響していた。

第二次世界大戦後、アジア・アフリカ地域のかつての植民地が次々に独立を宣言し、一九六〇年の国連会議では、これら新興の国々がおよそ半数の席を占め、世界の歴史に新たな時期が到来しようとしているかに見えた。日増しに高まって来た民族解放運動は、緊張した国際情勢の緩和と世界平和の維持に大きく影響したが、植民地主義者は未だにコンゴ、アルジェリア、ラオスなどの国々で人々を虐殺していた。それに、新興のアジア・アフリカの国々すべてが自らの国家建設問題に直面していたので、お互いに支援の手を差し伸べあうことは、これらの国々にとって、まさに急務であったのだ。

一方日本では、その前年に、日米安保条約に反対する民衆運動が全国で巻き起こった。アジア・アフリカ各国の人民は、この運動に奮い立ち、日本人民に大きな期待を寄せていた。過去の侵略戦争がアジア各国に大きな災難をもたらしたことを反省し、日本人民もその期待に応えようと努力した。日本側の事務局員がこう語った。

「今回の東京会議は周知の国際情勢の中で開かれます。ですから、その意義と影響は、他の国際的な作家会議と比べものにならないと思います。以前も日本で世界文学交流会が開催されましたが、それは先進国の作家の集会で、中心議題も既得権をいかに維持するかでした。しかし今度は違います。会議に参加する作家の祖国は、外国による支配と内政干渉を排除し、帝国主義の陰謀を粉砕するために懸命に闘っています。

日本協議会は、会議の議題を『緊張した国際情勢の緩和と作家の任務』に改めようと考えています。各国の作家が一堂に集まること自体が、重要な意味を持っていると思います」。

三月十一日に、日本協議会は全体会議を開き、大会に出席する代表団のメンバーを決めた。団長は石川達三氏で、団員は、阿部知二、青野季吉、大江健三郎、大岡昇平、岡倉古志郎、亀井勝一郎、開高健、木下順二、草野心平、坂本徳松、佐多稲子、佐藤重雄、白石凡《しらいしぼん》、芹沢光治良《こうじろう》、竹内好、竹内実、高見順、中島健蔵、中野重治、野間宏、堀田善衞、松岡洋子、三宅艶子などであった。

三月二十四日、われわれは香港九龍啓徳空港からイギリスの航空機（ＢＯＡＣ）に乗り東京へ立った。午後一時頃羽田空港に着陸し、ベトナム、ラオス、モンゴルの代表団も同じ飛行機で東京に到着した。アジア・アフリカ作家会議事務局のスタッフ、日中友好諸団体の代表、さらに華僑代表が空港でわれわれを歓迎し、楊朔と李芒の二人も迎えに来てくれた。

人々に「アジア・アフリカ作家東京緊急会議」と呼ばれたこの会議の正式名称は「アジア・アフリカ作家会議常設委員会緊急会議」で、三月二十八日に開幕し、二日後の三十日に閉幕された。

会議の前日に、団長と副団長に伴って会場の下見をした。会場となった東京産経会館はすでに準備万端整っていた。部屋の真正面に巨大なアジア・アフリカ地域の地図が掛けられ、参加国は緑に、参加しない国は白に塗られた。とても目立つ地図であった。しかし、見ていて、胸がドキッとした。なんと中国大陸は緑になっているが、台湾が白に塗られ、大陸の鮮やかな緑と対照してさらに真っ白に見えた。これは重大な政治的ミスである。

すぐさま団長と副団長に報告した。団長らは、「会議が始まる前にこのような大問題を発見できて良かった、記者に写真を撮られてしまったら取り返しのつかない悪い結果になった」と言い、早速日本側の事務局に指摘した。日本の友人は自分達の不注意で犯したミスだと謝り、台湾の色も即時に緑に塗り直された。一つの政治的な事故から免れた。

当時の日本では、確かに新中国への理解に乏しく、「旧い見方」を持つ人が少なくなかった。会議開始後、劉白羽氏に同行して討論会に出席した時のことだった。テーマは「マスコミ」であった。当時の中国では、「マスコミ」という言い方がまだなかったので適切な中国語が見つからなかった。くどいと知りながら、それを「新聞、放送、テレビなどの報道機構」と訳した。

日本の通訳は臨時に採用された人だったようで、年若で新中国と接触したことがないのか、あるいは受けた教育のせいか、中国をみな「支那」と訳した。耳障りだった。とうとう我慢できなくなり「支那ではなく中国です」と注意した。声が大きかったせいか、人々の視線が一斉に私に向けられた。翻ってみれば、それは主催者側の責任ではなく、未だに日本では古い考えの根強いことを痛感させたものであった。

日本の「旧い見方」について、もう一つ不愉快な出来事が起きた。会議が終わった直後に、日本文芸家協会総会が東京でパーティーを開きわれわれを招待した。日本の作家の多くが出席したこのパーティーでは、幾つかの出し物が披露された。どんな人間の計画か知らなかったが、一人が辮髪にお碗《わん》帽をかぶり、長い中国服姿でステージに出て踊り始めた。醜い踊りでむかついた。代表団全員の表情が固くなり場内の空気も途端に緊張した。主催者側は大慌てで中国の客に説明をしたり謝ったりした。

これが主催者側の意図ではないと信じるが、少なくとも、未だ中国が清朝末年のままだと思っている人間がいるに相違ないと思った。劉白羽氏は中国人のイメージが歪曲されていることに不快の念を伝えながらも、心をこめてもてなしてくれた主催側を責めることができないと表明した。

当時の日本の複雑な情勢が反映されたかのように、これらの不愉快なことも前後にはあったが、会議は大きな成功を収めた。

三月二十八日午前、日本青年合唱団の歌う「アジア・アフリカは昇る太陽」の力強い歌声のひびく中、会議が始まった。

アジア及びアフリカ地域の二七ヶ国の代表が出席し、アルジェリア、スリランカ、中国、ビルマ、日本、朝鮮、ラオス、カメルーン、コンゴ、ソ連、ベトナム等の国の代表団団長が議長団に選出された。巴金団長が議長団席に坐ったため、私も通訳として彼の後ろに坐った。

日本代表団団長の石川達三氏が会長として開会の挨拶をした。

「二七ヶ国の代表が一堂に集まり、皆が関心を持つ問題を討論することは非常に重要な意味をもっている。アジア及びアフリカ諸国は植民地支配から解放され、自由、民主そして独立を要求している。これは政治的な問題だが、思想と文化の運動でもあって、アジア・アフリカの文芸復興でもある。二十億の人間は共通の目標に向かい、巨大な流れとなっている。アメリカはこの巨大な流れに対抗してはならないし、対抗できないと思う」。

日本代表の中野重治氏が長いスピーチをした。彼は日本の作家が日本国民の安保闘争に参加した状況を紹介してから、こう言った。

われわれはそこで積極的な役割を演じたと信じる。しかしわれわれがそこへ進み出るには、……苦痛と動揺との十五年間を経ねばならなかった。……この悪の根源の最大のものの一つが日米軍事同盟であるのをわれわれは見た。そして去年、この同盟が一そう悪質に積極化されようとしたときわれわれは人民とともに立ったのであった。

中野氏は強調した。

われわれは……アジア・アフリカの全域にわたって、またラテン・アメリカにおいて諸民族の完全独立こそ共通の最大問題であることを知っている。完全独立は、帝国主義、植民地主義、独占資本主義との闘争を通してこそ獲得されるのである。

中野氏はまた日本国民の経験と日本文学の経験を語った。

その第一は、民族の独立のない平和は偽りであり、独立なしには人民の民族文化がないということである。帝国主義、植民地主義のもとで人間の尊重はありえない。人間の尊厳はそこで破壊され、思想、言論、表現の自由はそこで破壊される。文学のそもそもの土台の破壊である。第二は、この独立は完全でなければならぬということである。

中野氏はさらに強調した。

われわれは、日本作家の活動が事実として全アジア・アフリカ作家の活動に組みこまれているのを感じる。安保反対の闘争においても、われわれは、それが全世界の、特にアジア・アフリカの反帝国主義闘争、反植民地主義闘争に組みこまれていることを十分に感じ、特にわれわれによせられた諸外国からの激励、アジア・アフリカ諸国の共同行動の組織によって、この連帯感はいちじるしく高められた。この大会そのものが、われわれの側からかくいうことを許してもらえるならば、アジア・アフリカ諸国のわれわれに対する支持の現われであり、われわれにとっては未来への出発点である。

中野氏の発言は日本代表団が検討した内容のまとめだと言われている。野間宏氏は「(中野氏の)発言は日本代表団の意見が一致したことを表明した」と話した。

巴金氏の力強い発言は詩的で美しかった。

私たちアジア・アフリカの十五億の、勇敢で、勤勉で、そして善良な人民は、一つの共通の願い、一つのもっとも美しい理想をもっています。それは世界からすべての抑圧と搾取と罪悪と災難をとりのぞき、全世界を自由と平和と友愛と幸福でみたし、人類の生活にかぎりなくすばらしい春をもたらそうということであります。人民の願いは私たち作家の願いであります。……私たちは、それぞれことなった国から集まり、政治上あるいは宗教上の信仰をことにし、言語をことにするとはいえ、ペンをとる際には、その作品が読者にあたえる影響というものをだれしもが考えるにちがいないと思います。……

人民が勝利と幸福を獲得しないかぎり、文学事業の真の発展と繁栄はない、と信じています。……私たちがここで、平和について、友好と団結について、文学について、そして文化の復興について語りあっている今、一部のアジア・アフリカ諸国では、人民が血を流し、文化が無惨に破壊されつつあることを、私たちは決して忘れることはできません。そしてそうした緊張情勢を、私たちは見て見ぬふりをし、腕をこまねいて傍観しているわけにはいきません。……親愛なる友人のみなさん、私たちは、私たちの当然の責務をにないましょう。……

会議初日に、コンゴ、カメルーン、ラオス、アルジェリア、モンゴル、朝鮮、ベトナム、レバノン、スリランカ、インドの作家も登壇して発言をした。

二日目も多くの代表が発言したが、日本代表の亀井勝一郎氏は日本の伝統文化が民族独立と平和民主の獲得に果した役割を語り、「今の日本作家は西ヨーロッパ文化への依存と、アジア・アフリカ文化への無視を克服し、自分の国が二度と前回の世界大戦中のような罪を犯さないと決意した」と述べた。

各国の代表の意見はあるところに集中した。それは「この緊急の時期に、アジア・アフリカ各国の作家が直ちに行動し、自分の責任と義務を果し、ラオス、コンゴ及びアルジェリア国民の反帝国主義闘争を支持しなければならない」というものであった。

会議はまた「コミュニケ」の採択に合意し、三月二十九日、「コミュニケ」起草委員会が作業を始めた。劉白羽氏は会場近くのある部屋に坐り、逐次報告を受けてコミュニケの進捗状況を把握した。それは、理想的な「コミュニケ」が採択できるかどうかが大会の成否を握っていたからである。

「コミュニケ」起草委員会の議論は順調で、原則的な違いがなく論調も低くなかった。当時は、会議の「コミュニケ」の論調が人々の注目の的であった。

三十日午前、全体会議が開かれた。私は会場に着くとまっすぐ同時通訳のブースに入った。大会会長の石川達三氏が閉幕の挨拶をすると聞いたが、手元に挨拶文が届いていなかった。まだ原稿ができていないのだろうと思い、そのまま同時通訳をすることを腹に決めた。

熱烈な拍手の中、「コミュニケ」が満場一致で採択され、イヤホンから石川達三氏の挨拶が伝わってきた。ちょうどその時、目の前の小さなテーブルにあった石川氏の挨拶文原稿を見かけた。嬉しかった。

石川達三氏は、東京会議はアジア及びアフリカ地域二十億の国民が、独立と幸福を獲得しようとする願望を体現している。したがって、先ほど採択されたわれわれの「コミュニケ」は、われわれ作家を含めた二十億国民のたゆみない努力なしに実現できないのである。これは長期的な戦いである。作家の仕事は、われわれの後代に自由、独立、繁栄の道を指し示すことであると語ってから、「この決議はアジア・アフリカ二十億民族の決議であり、二十億という厖大な民族の願いをおさえうるものはなにもない。私たちはやがて、自由を獲得したラオスの都において、平和をとりもどしたコンゴやアルジェリアにおいて再会できるでしょう。今年の十二月、カイロで第二回ＡＡ作家会議の大会が開かれます。カイロでまた会いましょう」と言った。

演説は感動的で、力に満ちていた。知らず知らずのうちに通訳の私まで声が高くなっていた。中島健蔵氏は、感動の涙を流しながら石川氏に「お前の演説に感動したよ」と言った。石川氏は、「とうとうおれの演説に感動したか。これはぜひ記録すべきだ」と、ユーモアたっぷりに答えた

アジア・アフリカ作家常設委員会秘書長セナナヤケ氏が、その独特な南アジアなまりの英語で、「東京会議の『コミュニケ』をわれわれの同志へのプレゼントとして、各自の国に持ち帰りましょう。そして今からカイロ会議のための準備を始めましょう」と言い、会議にピリオドを打った。

## 日本の矛盾

東京会議の終了後、中国代表団はアジア・アフリカ作家会議日本協議会、日中友好協会及び日中文化交流協会から単独招請を受け、日本各地への友好訪問を始めた。宿泊先も東京にある有名な和風旅館、福田家に変わった。かつて川端康成がよく泊っていたところだそうだ。

代表団は数日間の東京見物をした後、関西に移動した。富士五湖から、昇仙峡、甲府、金沢、内灘と訪問し、東京への帰路、箱根、鎌倉、江ノ島に寄り、福田家に戻った。

滞在中、代表団は多くの作家を訪問し、また作家の訪問を受けた。劉白羽の通訳として、私は、何人かの作家との会見に同席した。

最初に訪れたのは石川達三氏の自宅である。

石川氏は、日本軍国主義が中国侵略を全面的に展開した一九三七年、中央公論社の特派員として南京に四十日滞在した。氏は自分の目で見た真実に基づき、ルポルタージュ『生きている兵隊』を書いた。日

本軍の暴行を暴露したため、出版時に多くの字句が××に書き換えられたが、世に出た当日に発売禁止になった。言うなれば、石川氏は強い正義感を持った作家であったのだ。

石川氏との会話は自然に『生きている兵隊』になった。氏は抑えた声で「涙を流しながらあの本を書きました。友人の警告にも耳を傾けず、刑事責任に問われるかも知れないと分かっていながら本の出版を決意しました。言わば、覚悟の上の出版でした。一人の良心ある作家として、自分の目で見た真実を読者に伝えなければならないと思ったからです」。

しっかりと話す石川氏を見ながら、氏を尊敬する思いが徐々に大きくなっていった。

芹沢光治良氏を訪れた時の話は今も覚えている。

自宅でわれわれを迎えた芹沢氏は劉白羽にこう語った。

「明治維新以来、日本の文化界はヨーロッパの富と先進文明に憧れ、ただひたすらその後を追いかけ、隣人である貧しいアジア・アフリカを見ようともしなかった。それに、明治維新以後の日本は、ただの一度も民族的な不幸に遭ったことがなかったので、他民族の心理を理解できず傲慢そのものだった。しかし、今回の不幸な戦争と米軍の占領により、民族として災難を被り苦痛を味わわさせられた。その結果、われわれはアジア・アフリカの隣人に目を向けるようになり、共通の課題について話し合うことができるようになった。

われわれが苦痛と災難から学んだのは、他の民族の心理を理解できたことと、自分の力だけでは幸福になり得ず、東方の各民族と心を一つにしなければならないと認識したことである」。

誠意に溢れる芹沢光治良氏の言葉は私を深く感動させた。良知のある文化界の人々が過去を反省し民族と国家の前途を真剣に模索している態度が非常に印象的だった。

私達はまた阿部知二、野間宏、丹羽文雄、中島健蔵諸氏らの自宅を訪問した。

会議開催の前日に中野重治氏がホテルに来て、劉白羽と長時間会談を行なった。会談は進歩的な文学から始まり、徳永直の『太陽のない街』に触れると、中野氏は「本の中に出てくる街は、文京区の小石川です。当時は汚い街で、低く傾いたみすぼらしい家が並んでいたものですが、今では綺麗な街になっています。今の東京は、日本文学に表現された東京とはずいぶん違ってきているのです」と感嘆した。中野氏はまた戦時中の東京の様子を語った。

「戦争の時、東京のこの一帯はすっかり爆撃されました。一九四五年三月から八月までは、空襲の最も激しい時期でしたが、兵器メーカーの鉄筋コンクリートの建物は、全然被害を受けませんでした。それに引き換え、その部品を請け負った町工場は、ほぼ全部米軍の焼夷弾に焼かれてしまいました。そのため、兵器を生産する大企業は戦後まで生き続いていますが、小さな手工業に勤める人間の財産が保障されません……戦争中、人間は何時死ぬか、どれくらい死ぬか、全く予測のできないことでした。現在の日本は戦前より立派になっていますが、この『立派』という言葉の中に、種々の矛盾が含まれています」。

中野氏はまた続けた。

「日本の社会生活はアメリカの影響を受け、多くの面でアメリカにかぶれてしまって混乱しきっています。一つの例ですが、一歩街に出ると、あちこちに外国語で書かれた看板や広告が見られますね」。

ポケットからタバコを出し、中野氏は言った。

「この『平和』というタバコは、英語でPEACEと書いてありますね。文字はともかく、デザインも日本政府が千五百万円をかけてアメリカ人にしてもらったものですよ。もし日本人デザイナーに頼めば十分の一の費用で済むでしょうし、デザインもきっとこれより良いと思います。日本のデザイナーは決してアメリカ人に負けないと私は信じています。

それから、ある薬のことですが、名前に外国語が用いられている上、説明書まで全部英語で書かれていました。私のような英語の分からない人間が薬を買っても、飲み方を知らなくて飲むことはできないでしょう。全くおかしなことです。

それに、外来語の広告が新聞、放送、テレビで大量に流れ、私のような昔気質の人間は、見ても分からず聞いても理解ができないので、このままだと取り残されてしまうのではないでしょうか。

もちろんのことですが、このような現象は文学作品にも反映されています」。

中野氏はさらに感慨深そうに加えた。

「生活様式もヨーロッパ化されました。外国製のものは何でも良いと思う人間がたくさんいます。実はこういう人達こそ、日本の保守勢力と緊密に結託しているのです。表面上『新しい』ものを受け容れる人は、かえって、本質では『新しい』ものに反対するものです」。

中野氏の言葉を聞き、氏は日本の現状に不満と憂慮を抱えていることを感じ取った。劉白羽は「本質上の『新しい』ものは、一時的には受け容れることができなくても、いつかできるようになるでしょう。アジア・アフリカ緊急会議が間もなく開かれ、われわれの新段階が始まろうとしています」と言った。

「新段階のわれわれは、さらに大きな困難に遭遇するかも知れません。しかし、大きな困難こそわれわれを勇敢にさせるのです」と、中野氏は力強く言った。

鎌倉での宿泊先はホテルでも旅館でもなかった。外見はしばらく使われていなかった別荘のようで、美しい庭があり、居心地はなかなかよかった。ある日、東京から来客があった。若手の女流作家、有吉佐和子氏だった。

巴金と劉白羽が応接した。有吉氏は最近書いた小説の『祈祷』と『なま酔い』を紹介し、「二篇は共にアメリカが投下した原子爆弾が日本国民にもたらした災難と人間の心の痛手を描いた作品です。できれば中国に紹介して欲しい」と言った。

「日本語の分かる人に読んでもらってから考えましょう」と劉白羽が言い、その場にいる李芒と私に小説のことを任せた。

小説の主題が、核という微妙な問題を抱えていることを私は知っていた。核の恐怖を宣伝しすぎると、帝国主義の核を利用した恐喝政策の先棒を担いでしまう、という逆の結果になる恐れがあり、当時は、核問題は非常に慎重に扱われていたのである。

北京に帰ると、李芒さんは『祈祷』を見つけて読み、「問題はなさそうです」と言って、私に翻訳を任せた。

読んでみて、私も「問題はなさそうだ」と感じ、幾晩かかけて翻訳を終え、李芒さんに照合してもらってから、一九六一年七月号の『世界文学』に掲載してもらった。

ところが、文化大革命が起こった。日本駐在の特派員だった私は、作家協会から、「『祈祷』は核による恐喝を宣伝するもので、追及すべき云々……」と指摘した壁新聞が貼られたと聞かされた。最初の頃は多少緊張していたが、調査する人がとうとう来なかったので、誰かが虚勢を張ってやったらしいと分かった。当然これは後の話であるが。

四月十一日、亀井勝一郎氏に伴われ代表団一行は石川県県庁所在地の金沢を訪れた。翌日、海辺に案内され、ある荒涼とした小さな漁村を見学した。内灘であった。

内灘はかつて米軍の基地であり、度重なる基地反対の運動がここで行なわれたことから、その名は広く世に知られるようになった。

私達が着いた頃、霧雨がしとしとと降っていた。砂浜と海が茫々として、あたり一面が白く光っていた。現地の漁民は中国の作家が訪れることを知り、村外れまで出迎えに来てくれた。われわれはかつて米軍の武器を輸送するトラックが通った鉄板道路を歩いて村に着き、ある家に入った。

家の主人が米軍基地反対運動中の状況を紹介し、代表団の作家は皆その話を記録した。団長の巴金氏は「中国人民は一貫してあなた方の運動を支持しています。今後も平和を獲得するためあなた方と共に戦いたいと思います。帰国後、必ずあなた方の運動ぶりを中国人民に報告します。婦女は半辺天《てんのはんぶん》を持ち上げられる（男女平等を表現する言葉）ので、内灘の女性にもっと大きな役割を果して頂きたいものです」と話した。

劉白羽副団長も励ましの言葉を贈った。

「ここ十年、ずっとあなた方の闘争に関心を持っていました。内灘人民の闘争が勝利を収めたと聞いた時、私達もあなた方と同じように喜びました。われわれはあなた方を見習わなければなりません。今日この内灘で米軍基地の残骸を見せてもらいました。その生々しい米軍基地の残骸は、あなた方の世界人民への貢献であり、全世界の米軍基地がいずれ内灘のようになる徴であり、帝国主義が末路に向かう象徴でもあるのです」。

# 『人民中国』編集者の旅

## 日本の読者からの意見

一九六三年、『人民中国』創刊十周年に当たり、外文出版社は十周年記念活動の一環として、初めての代表団を日本へ送った。編集部翻訳班に所属する私も、代表団の一員となった。

団長の羅俊《らしゅん》氏は外文出版社の社長職に加え、対外文化連絡委員会の副主任と中国人民対外文化協会の常務理事をも勤めていた。団員は『人民中国』編集部主任李沢民《りたくみん》、中国国際書店副社長の田家農《でんかのう》、『人民中国』編集者の李雪琴《りせつきん》で、形式上は私も団員の一人となっていたが、実際のところは団長の通訳を担当した。

われわれは六月六日に香港に着き、六月十二日の便で東京へ立つ予定を立てた。しかし、日本駐香港総領事館がなかなか査証を発行してくれなかったので、査証の代わりの「渡航証明書」がもらえたのは、六月十三日の午後四時二十五分、総領事館の勤務時間終了の五分前であった。このため出発は翌十四日のＢＯＡＣ便に延ばされた。

東方書店社長の安井正幸氏が、大勢の日本青年と華僑を連れ、大きな横断幕を掲げて空港のターミナルでわれわれを待っていた。安井氏は「代表団の十二日の到着を前提に、今日一時半の歓迎パーティーを計画しました。早くから招待状を出したので、パーティーを止めるわけにもいきませんでした。今頃はパーティーがすでに始まっていると思います。直接会場へ行きましょう」と言った。

安井氏の話を聞き、われわれは急いで会場の「市町村会館」に向った。

たくさんの日本の友人が会場に集まっていた。われわれが着いた頃、ちょうど日本訪問をしていた中国対外文化協会代表団団長の周而復《しゅうじふく》氏がスピーチをしていたところであった。羅俊氏の顔を見ると、周氏はすぐ話を止め迎えてくれた。

「私もあなた達を歓迎するのにパーティーに来ましたが、あまり遅いので『演説』を始めたわけです。皆があなた達を待っていて、私の『演説』も次第に『長篇』になり、何時終わるか分からなくなりました。しかし、間に合って本当に良かったあ」と嬉しそうに話した。

古い日本の友人が次々に挨拶にやって来て、パーティーの雰囲気は熱く盛り上がっていた。中島健蔵と藤田茂両氏が日本側の代表として歓迎の辞を述べ、羅俊団長が謝辞を述べた。詩人大島博光氏が『人民中国』創刊十周年のために詩を書き、東京芸術座の女優関京子さんがパーティーの席でその詩を朗誦した。

遠い遠い　千二百年のむかし
すばらしい芸術と経典とを積んだ
鑑真和上の　友情の船を
何ものもおしとどめえなかったように

どんな風も　はばむことはできない
どんな雲も　とざすことはできない
中国人民と日本人民とを結ぶ海を越えた
そのよしみ・友情を

その晩、代表団は九段会館で行なわれた『人民中国』創刊十周年記念、中国外文出版社代表団訪日歓迎中央集会」に出席した。われわれが到着した頃、会場はすでに満員となり、千名あまりの『人民中国』の読者が花柳徳兵衛舞踊団の踊りを観賞していた。

岩村三千夫氏が歓迎会の司会を務めた。日中友好協会の黒田寿男《くろだひさお》氏が協会を代表して挨拶を述べ、『人民中国』の日中友好運動に果たした役割は「計り知れない」ほどであると強調した。早稲田大学教授の実藤恵秀《さねとうけいしゅう》さんも情熱溢れる話をした。

それに引き続き、羅俊団長は感情のこもった演説をした。

「創刊十周年以来、『人民中国』は中日両国人民の相互理解とその友情を促進することを神聖な職責として働いてきました。日本の友人がわれわれと同じ気持ちを抱き『人民中国』を愛護し支持してきたお蔭で、今現在、『人民中国』はすでに中日両国人民友好の橋渡しをして、われわれ共通の事業となっています。

毎日、たくさんの読者からのお便りが編集部に届き、遥々北京に来て編集部を訪ねる読者も大勢います。日中友好協会、日中友好活動家、そして読者の皆さん方は雑誌の質の向上と読者の拡大のために大きな貢献をしました。その努力ぶりにわれわれはおおいに励まされました」。

日本の読者から『人民中国』への意見を収集し、雑誌の編集方針の参考にすることが、今回の代表団訪日の目的とも言えた。われわれは四十五日間、この目的達成のため各地を訪問し、南は九州から北は北海道まで、三六の市町村を訪れ、百を超える『人民中国』の読者座談会を開き、三千あまりの各層の読者に接触し意見を求めた。これらの読者は労働者から、農民、学生、会社員、主婦、そして知識人に至り幅広い層に及び、一般の労働者が最も多かった。熱心な読者から寄せられた意見は千件あまりに上った。

『私の歩んだ道』、『人物訪問』、『革命回想』などのコラムはとても良かった」、「俗っぽい週刊誌が氾濫している日本では、『人民中国』はまさに『清涼剤』のようだ」、「『人民中国』は内容が幅広く、政治から、経済、歴史、文化、芸術、国民生活まで、あらゆる方面にわたり、どのページを開いても人を引きつける」など、肯定的な意見もあったが批判的なものも多かった。

例えば、「雑誌の内容は中国に関心を持つ人や進歩的な人士には適当だが、比較的保守的な人間には受け容れ難い感じがする」、『人民中国』は修身の教科書に似ている」など多数の意見が寄せられた。われわれはこれらの意見を以下のように分けてまとめた。
一、労働者と農民の言葉で文章を書いてほしい。
二、中国人民の解放前後における奮闘状況と個人の体験を多く載せてほしい。
三、中国の民話や民謡、歌曲などを多く載せてほしい。
四、「投書欄」を開設し、読者からの便りを掲載してほしい。
五、編集内容を改善するため、レイアウト、美術編集、タイトル等においてもっと工夫してほしい。
これら読者の意見に基づき、雑誌の改良について以下のようにまとめた。
一、『人民中国』は日本の週刊雑誌の形を採っているが、今後も同様な形の総合月刊誌を目指す。挿し絵と文章を並行して載せ、分かり易く、全面的かつ系統的に中国の各方面を紹介する。
二、雑誌は、従来どおり日本の中間階層の大衆を対象とする。いわゆる中間階層とは、「中国が好きでそれを知りたいが、中国について理解が深くなく、疑問や誤解を持っている。アメリカ帝国主義と日本の反動派に不満を抱いているが、それらの勢力と闘う見通しを持っていない。また、戦争に反対はするが、それは平和主義に影響されたものである」といった特徴を持っていると、当時のわれわれは認識していた。
こういった中間階層以外にも、より保守的な層の読者の気持ちも考慮しなければならないと痛感した。
三、当時の国内外情勢と日本読者の意見に基づき、雑誌の編集方針を考慮する。
雑誌の本文は、日本人民の中国への理解と友好の促進から着手し、とりわけ日本読者から歓迎される事柄を取り上げ、中国に対する親近感をもたらすようにする。また、彼らが受け止められる能力と報道の効果を研究し分かりやすく編集する。内容においては、できるだけ幅広いテーマを選択しきちんとしたねらいを持って、中国の社会主義建設の成果と民主革命の経験、国の平和外交政策、さらに国際的な重要問題に対する観点を紹介し、中日両国人民の伝統的な友好を報じて、日本人民の正義の反米闘争を支持し、読者が雑誌から啓発と支援を得られるようにする。

四、本文と付録記事の内容について。

六〇年代に入り、国際共産主義運動において激烈な大論争が展開され、中国も一連の評論を発表した。『人民中国』は習慣によって、これら評論を冊子にまとめ、別冊付録として読者に届け、中国政府の重要声明・文書等は時々雑誌の本文に収めた。

代表団が訪日している間に、中央政府は日本語版『北京周報』を出版することを決め、『人民中国』と併せて統一的に考える必要に迫られた。多くの日本の読者が、「『北京周報』が出版されても、『人民中国』の別冊付録は今まで通りあった方が良い。それは『人民中国』の読者が必ずしも『北京周報』の読者ではないので、別冊付録の付かないことにより読者を失う恐れがある」と助言してくれた。そこでわれわれは、今後の国際共産主義運動における理論性、資料性の高い文章をわが政府の重要声明と一緒に本文には収めず、事情を斟酌して付録冊子を出すことで認識を一つにした。

このような『人民中国』を改良する種々な考えや構想は、当時のわれわれの認識水準を反映したもので、一部の構想は多少「左」の束縛を捨てたが、時代的拘束は依然強かったと思う。そして、これらの構想は、その後の情勢の変化と共に、絶えず調整され修正された。例えば、読者層は「左」、「中間」、「右」などの区別をせずに、中国を知りたいすべての日本人にまで広がった。それに、「事情を斟酌して別冊付録を出版する」ことも止めた。

## 貴重な体験

日本での四十数日間の訪問は、〝友情の海に入った〟と表現しても過言ではない。六月二十日、われわれ一行が広島から山口県の宇部に向かう途中、列車は岩国でわずか一分しか停車しなかったが、多くの人がわざわざ駅に来て歓迎してくれた。感謝の気持ちを抱きつつ、われわれは旅を続け宇部の一つ手前の小郡で下車した。

雨の日だった。数十人の日本の友人が、われわれを車に乗せ宇部へと向かった。宇部郊外に着くと、一台の宣伝カーが迎えに来て、スピーカーで中国代表団の到着を市民に伝えながら市内に案内してくれた。夜、労働会館で七百人もの参加者による盛大な歓迎会が開かれ、下関からの参加者も数十人いたという。

七月十一日、われわれは暴雨の中、東北の山形を立ち仙台に移り、東北大学で行なわれた読者座談会に参加した。その日の便で北海道へ飛ぶ予定だったが、天候不順のため、午後の列車で青森へ行き、青函連絡船で北海道へ渡った。青森港に着いたのは夜中の十一時四十分だったが、まだ数十人の日本の友人が待合室で待ちうけ、短い歓迎会をしてくれた。彼らは何回も「東京―北京」と「インターナショナル」を高らかに歌い、われわれを見送った。

しかし、一部の人々の態度は友好的な日本人民とは対照的であった。

六月二十五日、代表団は熊本市を訪れた。滞在先のホテルで地方紙『熊本日日新聞』の夕刊を読んだところ、二面に大きく取り上げられていた「熊本兵団戦史」の連載が、皆の目に留まった。連載は熊本第六兵団が、いわゆる「支那事変」中に南京、杭州を攻撃したことを細かく記述し、皇軍の中国侵略の「赫赫たる戦功」を鼓吹した。記事を読んだ代表団一行は、憤懣やるかたなく、『熊本日日新聞』に「抗議書」を出すことにした。

私は日本語で「抗議書」を起草した。

ご承知のように「支那事変」とは、日本軍国主義が中国にたいしておこなった侵略戦争であり、この戦争のなかで日本侵略軍は、中国人民の生命や財産に、多大な被害をあたえたことは、いうまでもありません。とりわけ、日本侵略軍が南京で行なった大虐殺は、全世界周知の事実であります。日本侵略軍の犯した滔天の犯罪行為は、当然糾弾されるべきであって、これを得意げに書き立てることの値打ちはなんらないのであります。……貴紙は「熊本兵団戦史」なるものを掲載して、かつての軍国主義の残虐行為と「戦果」を吹ちょうしていますが、これは下心をもった日本のごく一部のものが、現在アメリカ帝国主義に追随して、日本軍国主義復活をめざして、思想、教育の面に於ける支配体制を確立しようと企んでいることをいかんなく表しています。……貴紙は、……かつての日本軍国主義者の、いわゆる「武勇」を讃美した戦事記を掲載することによって、軍国主義復活をあおる宣伝をやめるよう、われわれは強く要望するものであります。

私は代表団のメンバーにわかるよう「抗議書」を中国語で読み上げ、皆が賛成してくれた。

翌朝、日中友好協会熊本支部及び他団体の人が熊本駅まで代表団を見送りに来た。羅団長は日本の友人らに『熊本日日新聞』の記事を話し、私に新聞社社長宛ての抗議書を読ませ、日中友好協会熊本支部の方に「抗議書」を新聞社社長に届けてくれるように依頼した。

のちに、熊本支部長の鶴野六良《つるのろくろう》氏と熊本県労働組合総評議会事務局長、田上重時氏が、『熊本日日新聞社』社長の伊豆富人《いずとみと》氏に会い「抗議書」を手渡した。鶴野氏らは「『熊本兵団史』が日本軍の侵略と虐殺行為を美化したことに対し、中国人民が憤慨するのは当然のことである。このような宣伝報道は、日本国民の意志にも反し、日中関係を破壊する行為である」と指摘したという。

伊豆社長は、その連載が中国代表団の感情を傷つけたことに遺憾の意を示したが、「日本が『支那』を侵略したことや、『支那』で犯した残虐な行為も知っており、中国の寛容に敬意を感じ深く感謝する。しかし、『熊本兵団史』の掲載は、決して軍国主義を復活しようという深い意図からのものではなく、アメリカからの指示を受けたものでもない。ただ、すでに存在しない第六師団の記録を何らかの形で残したいだけである。それに、今から記事の連載を停止すると、新聞の存続にもかかわるので、今後の編集に充分な注意を払う云々……」と弁解した。

実際のところ、これは日本国内の人々の手で解決すべき問題であり、これ以上、私達ができることはなかった。

中日関係において、中国人民の感情に関わる敏感な問題「歴史認識の問題」と「台湾問題」について、日本はよく問題を起こしがちだと言われている。

われわれは熊本でこの歴史問題に直面した。そして、思いがけず二つ目の台湾問題にもぶつかった。

七月二十日、関東地方近辺の七百名の青年が参加する「第二次日中友好青年キャンプ」が、長野県志賀高原で行なわれた。日中友好協会から招請を受けた羅団長は、これは青年の活動だと考え、当時三十二歳で代表団の中で一番若い私が行くことになった。私は、日中友好協会本部組織部長の三好一氏に伴われ志賀高原へ向かった。東京華僑総会は、二人の青年を派遣し同行させた。殷秋雄《いんしゅうゆう》さんと任政光《にんせいこう》さんだった。

私達の列車が長野駅に着いた。土曜日だったが、長野県庁の車が駅で待っていた。われわれは車に乗り込み志賀高原を目指した。

青年キャンプの開幕式は盛大で、私は挨拶を頼まれた。当時の渉外活動はかなり厳しい制限があり、公式な場面では中国語で話すことになっていたので日本語の話せる私も、恥ずかしながら通訳が必要となった。そこで、三つも年上の三好さんが通訳を引き受けてくれた。助かった。

翌日の日曜日、当初の計画通り東京へ戻ろうとした。計画では、私はさらに群馬県の前橋に行くことになっていた。

県庁の車が先に帰ったため、われわれは現地の友人の車で移動した。通常のルートで長野市へ向ったが、市内に入って目の前に現われたのは、町中に飾り付けられた数え切れないほどの台湾のいわゆる「国旗」だった。前日台湾から獅子舞、龍舞などの踊り手が来たため、現地の商工会議所が旗を飾ったという。前日、県庁の車がここを通らなかったことに気づいた。どうやら長野県庁は状況を察知した上で、別ルートでわれわれを志賀高原へ送ったようである。

しかし、われわれが平然とこれらの旗をくぐることができるか？　答えはもちろんノーであった。私は三好さんと相談して友人に話し、直接市役所に行ってもらうよう頼んだ。日曜日だったので、市役所には一人の警備員しかいなかった。

事情を話したところ、警備員が市長を呼びに行った。

しばらくすると、警備と一緒に市長が現われ、われわれは市長に抗議を申し入れた。

「中国は一つしかありません。それは中華人民共和国であり、台湾は中国領土の不可分の一部分であります。中国代表団員にあのような旗の下を通らせるとはどういうつもりですか？　あの旗は全部撤去して頂きたいものです」と要求した。

市長は少々緊張気味であった。「旗は商工会議所が手配したもので、市長としてそれを外すように指示はできません」と責任を逃れようとした。そこで、われわれは商工会議所会頭との会見を求めた。ところが、会頭も取り外すことはできないと詭弁を言った。

一方、市役所の職員がこの時間を利用して外務省に連絡したが、休日のため人が見つからないようだった。この時私は、以前、市長が代表団に参加し中国を訪問したことがあることに気がついた。周総理がその代表団と会見した時の通訳が私だったので、会見の様子は少し印象に残っていた。そこで私は周総理と代表団との会見に触れ、周総理の中日友好を強調する言葉と、「二つの中国」を作ることへの反対の言葉を引用し、市長の理解を求めた。

その後、市側は急いで協議し、午後二時頃になって意見がようやく纏まり、われわれの通る道の旗は全部取り外されることになった。私と三好さんは、それなら受け入れられると思い同意した。市役所を出ると、町にぶら下っていた万国旗のような旗はもう見当たらなかった。

長野で時間を費やしたため、東京に着いたのはすでに夜七時過ぎだった。羅団長がずっと心配して待っていた。長野での交渉の際に、同行の華僑青年に電話をしてもらったが、団長はやはり安心してはいられなかった。彼は、長野市に一枚の旗が掛けられたと思い、一枚だけだったら避けて通ったら良いだろうと考えたようだが、私達の説明を聞いて初めて、旗がたくさんあることを知った。羅団長はわれわれの行動を肯定しながらも、泰然とした口調で「戦術」を話した。

「この場合は二つの処理法がある。一つは、君の採った方法だが、要求が高すぎるところが難点である。万が一、相手側が旗を外さなかったら受動的な立場に陥る恐れがある。第二の方法は、抗議を申し込んでから回り道をする。この方法は割に主導的で、原則論と融通性と結びつけるやり方である」。

団長の話を聞き、大いに啓発され勉強になった。

その後、ある新聞が事件を報じ、評論家臼井某の談話も加えられた。「訪問した通りすがりの客が、そのような要求を提出したことは失礼だ云々……」というものだった。しかし、日中友好協会機関紙の『日本と中国』は、報道の中で「友好運動者にも注意喚起」、「米日反動の中国敵視政策の一つ一つの具体的問題をバクロし、粉砕していく」と述べた。

私は以前にも何回か日本を訪問したが、いつも通訳として随行した。今回は「団員」となり、一人で対応しなければならないこともあった。この意味から言えば、今度の訪日は確かに得がたい学習の機会であった。

# 麺《そば》と酒はいずれも味美《おい》しく――李一氓訪日随行

## 東京上野の蕎麦屋

一九八三年九月から十月にかけて、私は李一氓《りいちぼう》氏が引率した中国国際交流協会代表団に随行し区棠亮《おうどうりょう》、趙安博《ちょうあんぱく》諸氏と共に日本を訪問した。当時、私は外文出版局に勤務していて、代表団のメンバーの中では一番若く、年配の世話ができるせいか秘書長の肩書きが与えられた。

初めて李一氓氏に会ったのは一九五六年のことで、郭沫若《かくまつじゃく》老が自宅で催した平和人士西園寺公一氏を歓迎する宴の席だった。その夜、ウィーンから帰国したばかりの李一氓氏も招請を受け郭老邸での歓迎の宴に顔を出したが、私はその時の通訳を務めた。

その後、李氏に会うチャンスはなかった。一九八一年九月、中国国際交流協会が成立した時に、李氏が会長に就任し、後輩の私が理事に推薦された。以来、李氏が日本からの来客と会う席で、氏の教えを聞くことができるようになった。

代表団が東京に着いた翌日、主催者側の日中協会会長茅誠司《かやせいじ》氏が蓮玉庵に連れて行ってくれた。蓮玉庵は上野不忍池近くの横丁にあり、不忍池の蓮の花に因んでつけた名前だそうだ。蓮玉庵は森鴎外の小説『雁』にも出てくるあのそば屋である。店は小さく、さほど有名ではないが、東大に近く蕎麦も安くて美味しいので、茅氏が東大に勤務した頃は良く通っていたという。

私達の車は、神田の古本屋の前を通り秋葉原の電気街を通過して、蓮玉庵の前に止まった。茅誠司と駐中国初任大使小川平四郎氏が、すでに待ち受けていた。主客が着席すると茅氏は改めて「今日李先生をここにお招きしたのは、郭沫若先生を偲ぶためです」と言った。

一九五五年十二月に、郭老が中国科学代表団を率いて訪日した時も、茅氏は郭老を蓮玉庵に招待した。郭老一行は帝国ホテルに泊っていて、毎日出される料理は当然洋食ばかりだった。新聞で、郭老が市川に亡命した頃、よく蕎麦屋に通っていたことを知り、茅氏は郭老に蓮玉庵を薦めた。

十二月七日の夕刻、茅誠司氏が使いを出して郭老を蓮玉庵に案内した。通訳の私の外には、馮乃超《ひょうだいちょう》氏、郭老の重慶時代の友人池田幸子女史の長女暁子さんも同行した。当時の暁子さんはまだ中学生で、紺のセーラー服を着ていた。

茅誠司が事前に予約していたので、われわれは直接二階の和風の個室に案内され、長いテーブルを囲んだ。郭老の一番の好物はざる蕎麦であった。

久しぶりに蕎麦を口にして郭老は喜び、熱燗のもてなしに心ゆくまで飲んでいた。食後、店主が色紙と筆を持ってきて郭老に揮毫を申し出た。輿に乗った郭老は二枚も書いた。

その一、

蕎麦五枚　　　　　　蕎麦五枚
清酒二十杯　　　　　清酒二十杯
満足了十八年之願望　満足しました十八年の思い

その二、

紅葉経霜久　紅葉　霜を経《ふ》ること久しく
依然恋故枝　依然　故《もとの》枝を恋う

二枚の色紙の落款は共に郭沫若で、郭老が署名する時の草書体だった。

翌朝、郭老は茅誠司氏に会い、感謝の意を示しながら五本の指を出した。茅誠司はその意味が理解できず、「え？　どういうことですか？」と訊いたが、郭老は「昨日、五枚もざる蕎麦を食べたよ」と言った。茅誠司の少々驚いた表情を見て郭老は「こんなに久しぶりなんだから、五枚はたいした事じゃないでしょう」と言った。二人は大きな声で笑った。

その後、二十八年が経ち、茅誠司が同じ店で李一氓と杯を交わした。話に花を咲かせていたところへ、店主が挨拶に来て郭老の書いた色紙を見せた。二十八年前に私が郭老と一緒に店に来たのを知り、彼はこう語った。

「もう三十年も前のことですが、当時の私はまだ高校生でした……この二枚の色紙は我が家の家宝です。

普段は大事にしまってあるのですが、今日は中国のお客さんが見えたので歓迎のために出させて頂きました」。

茅誠司氏も大切に保存しておいた郭老の墨蹟を持ってきた。

茅誠司先生
恵我蕎麦麺　我を恵《もてな》す　蕎麦麺《にほんそば》
回思五五年　思いめぐらす五十五年
深情心已酔　深き情に　心すでに酔い
美味助加餐　美味　加餐《しょくよく》を助《そそ》る
郭沫若
一九七七年十月六日

茅氏は色紙の由来を説明した。一九七七年十月、茅氏は夫人を伴い中国を訪問した。郭老の健康状況が良くないと聞き、二人はわざわざ日本から蕎麦と特製の蕎麦つゆを持参した。病中の郭老に直接手渡すことはできなかったが、のちに秘書の王廷芳《おうていほう》氏から郭老の自筆の詩を頂いたのだった。

李一氓氏が茅氏に話した。

「郭老と知り合ったのは北伐が始まった時の広州だった。一九二七年、南昌《なんしょう》武装蜂起が起こり、行軍中に周恩来と私の紹介で彼は共産党に入党した。のちに彼は日本に行き、私は上海に赴いた。一九二九年、一九三〇年、一九三一年、上海の内山書店の内山完造《かんぞう》さんを通じて郭老と連絡を取っていたが、郭老の『中国古代社会研究』の原稿料も私が送った……。今日、郭老が訪日した時に利用した店に招待して頂き、本当に嬉しく思います」。

茅氏ら友人の暖かい友情を感じながら、私は思った。「郭老とこの店を訪れた時、中日関係はまだ正常化していなかった。しかし今の中日関係は正常化どころか、喜ばしい発展までなし遂げた。日本では、お祝いの席でお蕎麦を食べる習慣があるが、今日のわれわれは中日関係の大きな発展を祝い両国人民の永遠の友好を祈るめでたいお蕎麦を食べているではないか」と。

店主の沢島孝夫さんが、準備もよく硯と色紙を用意し李一氓氏に揮毫を頼んだ。李は少々考えてから、書き下ろした。

麺酒兼味美　麺《そば》と酒は　いずれも味美《おい》しく
中日友誼長　中日友好はとこしえに
一九八三年　九月
敬謝茅誠司先生招飯並録奉蓮玉庵主人留念

茅誠司氏の蕎麦招待に関しては、後日談もある。

それは、代表団が帰国後のことだった。日中協会事務局長の白西紳一郎氏が中国を訪問した時、李一氓氏は日本訪問中に受けたもてなしへの返礼の宴席を設けた。席上、李氏は、茅誠司氏のために揮毫した詩を披露した。

郭老嗜食蕎麦、一九五六年重来日本、茅誠司教授設座蓮玉庵以饗之。今訪東京、復蒙招飯於此、並話当年旧事、惜予未能如郭老之連尽三碗也。録呈請教：

遊学艱辛　　遊学は　艱難辛苦
避難難　　避難も　いと難《かた》し
相思長注利根川　　相思《おもい》は　長く注ぐ利根川に
淡香蕎麦有同嗜　　淡香《こうば》しき蕎麦は　嗜《たしな》みを同じくする有り
今日重尋蓮玉庵　　今日重ねて尋ねん　蓮玉庵

九月二十日

李一氓氏は、この詩を通じて茅誠司氏への感謝を表わしながら、郭老との深い友情そして郭老を偲ぶ気持ちを詠った。落款の「九月二十日」は、李氏が訪日の真只中に詩を書いたことを示した。のちに李氏は、詩の前の説明に二箇所の記憶間違いがあることに気が付き、一九八三年十一月二十三日付けの私への手紙の中で訂正した。

「郭老去日為五五年誤記為五六（年）、五碗亦記為三碗皆可改正。但写給茅教授的那一幅字已裱好由張香山同志帯去日本就無辦法了。如你有便向茅教授打個招呼亦無不可」

（郭老の訪日は一九五五年ですが記憶違いで五六年にし、五碗も三碗と間違えました。それは直して然るべきです。ところが、茅教授に差し上げた掛軸は、張香山さんに託し既に教授に渡してもらったので、どうしようもなくなっています。機会があったら茅教授にそれを説明してもよいでしょう)。

## 慇懃たる紅袖酒《おとめ》を頻りに斟ぐ

われわれ代表団が東京に着いた翌日の夜、主催者側の日中協会が盛大な歓迎パーティーを開いた。李一氓氏がパーティーで挨拶をするので、われわれは事前に挨拶文を用意した。ところが氏は挨拶文の原稿を読み、どうも心境が言い尽くされていないように感じ、自分で新しい原稿を書き始めた。

中国国際交流協会とこの代表団を代表し、今晩の盛大なもてなしに対して深く感謝の意を表させて頂きたいと思います。協会会長の名前で外国を訪問することは、今回が初めてであります。私個人にとっても、この偉大で美しい隣国である日本を訪問することは初めてであります。昨日貴国の土を踏んだその瞬間、何とも言えぬ親近感が胸中にわいて来ました。われわれは共にオリエントで東方人であります。皆さんの国は高度に工業化した国であり、文化も高度に発達した国であってわれわれが学ぶに値する国であります。中日両国の友好と協力が、アジアの平和と安定、ひいては世界の平和と安定に積極的な役割を果たすと言えます。ここ十年来、中日両国の友好関係の発展は、すでにこのことを証明しました。

中日両国の永遠の友好と協力を促進するために頑張りたいと思います。これは、きっと両国の関係を発展させ美しい未来を創造すると思います。そうすれば、われわれは自分の世代を恥じる必要がありません。

われわれの間にすでに始まった交流は、ただの行き交いではなく、両国人民の相互理解のための交流であります。その前途は広いのです。われわれは政治、経済、芸術、理論などの各領域で交流を進め、お互いに理解し合い学び合うことができます。私達の方が主に学ぶことになるでしょう。日本の各方面から学ばなければなりません。そのことに関しては、茅誠司先生と約束をしたいと思います。

私の古い友人である郭沫若先生は日本で医学を勉強しました。彼の中国での偉大なる史学家としての地位を築き上げた業績は、日本の地で完成されたものであります。

われわれの事業は長期で永久に存続するものでありますから、それを引き継ぐ後継者が必要です。世代が変われば中日友好の担当者も代わります。年齢から言うと、われわれは後継者を育てるために努力する必要があります。中日友好事業に携わった多くの青年に、中日友好の偉大なる共同事業を継続して頂きたいと思っています。われわれはすでにお手本を示して来ましたが、これからもさらに提唱し呼びかけ、より多くの青年を集めなければなりません。このことについて、茅教授と約束をします。中日友好の二十一世紀は間もなく来ようとしています。

われわれの貴国への訪問はすでに始まりました。日本人民が与えてくれた偉大なる友情を携えて帰りたいと思います。

李一氓の情熱に溢れる演説は、数百名の各界の人々から熱烈に歓迎された。

代表団は東京での訪問を終え和田敬久氏に伴われ、那須高原にある南ヶ丘牧場を訪れた。

一九四八年の十一月に創業したこの牧場はすでに三十数年の歴史があり、今はすっかりと観光名所となって、全国から大勢の観光客を集めていた。

牧場主の岡部勇雄さんが、代表団を暖かく迎え焼肉でもてなした。火を囲み新鮮な羊肉を堪能し、質素な装いの農家の娘さんがお酒を注いでくれた……

代表団が帰国して間もなく、和田敬久氏が中国を訪問した。李一氓氏が感謝の意を込めて和田氏に詩を贈った。

駆車直上遊茶臼　車を駆《はし》らせ　直《いただき》に上りて　茶臼《ちゃうす》に遊び
草甸山嵐雨色新　草甸《くさはら》　山嵐　雨色《うしょく》新たなり
紅袖慇懃添活火　紅袖《おとめ》は　慇懃に活火《ひ》を添《く》べ
羊羔香熟酒頻斟　羊羔《こひつじ》　香《こうば》しく熟《や》けて　酒をば頻りに斟《つ》がん
　雨上那須飯於南丘牧場
　　書為
　　　和田敬久先生雅鑑

一九八三年十一月二十三日に、李氏は、私への手紙でまたこの詩に触れた。

那須の詩の最後の二句を以下のように改定しようと考えている。

活火羊羔香熟処　活《も》える火に　羊羔《こひつじ》の香ばしく熟《や》けし処
慇懃紅袖酒頻斟　慇懃たる　紅袖《おとめ》　酒を頻りに斟《つ》ぐ

李一氓氏は、国務院古籍整理出版企画グループの責任者として日本に滞在する間、東京で国会図書館と古文書館を見学し、京都大学人文科学研究所で専門家と座談会を開いた。中国の古書籍整理状況を紹介しながら、日本へ流入した状況を調べ、中国ですでに伝承が途絶えた貴重な古書籍をコピーした。

京都大学の座談会で多くの学者が李氏の『一氓題跋』を拝読したと話すと、李氏は感謝の意を述べ、その本には多くの誤植があったので帰国後に正誤表を送付すると約束した。

やがて中国に帰り、李氏は直ちに正誤表を出席した学者らに送付するようにと私に手紙を寄せ指示した。

徳有同志

附五件請你代我把它們寄給京都大学的研究所的幾位研究人員。就用你的名義写可也，他們的名字和地址你都有名片可査。麻煩你！　敬礼

李一氓

十月廿九日

(徳有同志

正誤表五部を添付します。京都大学研究所の方に送って下さい。君は彼らの名刺を持っているはずなので、君の名前で送って結構です。よろしく頼む。

李一氓)

李氏の指示に従い、私はすぐさま京都大学人文科学研究所所長上山春平《うえやましゅんぺい》氏に正誤表を送り、他の先生方にも渡してくれるように頼んだ。その後上山氏から感謝の手紙が届き、私はすぐそのことを李氏に報告した。

京都にいる間に代表団は、歴史学者井上清氏と劇作家依田義賢《よだよしたか》氏の招請に応じ、「瓢亭」を訪れた。「瓢亭」は京都南禅寺の近くにあり、三百年余りの長い歴史を持つ古い店である。典型的な和風木造建物に藁葺の屋根がつき、小さな横丁に面している。屋根の下に草鞋と笠が掛けられ、入り口の両側に古い茶道具がおかれてあった。「瓢亭」は昔の人々が南禅寺に参拝した時にお茶を飲んで一休みするところだったという。

「瓢亭」の名物料理はお粥で、うち「晨粥」と「ウズラ粥」が最も有名である。井上氏は、京都に来たからには名物のお粥を是非味見してほしいと勧めた。席上、若い美人のおかみさんが現われ、李氏に揮毫を依頼した。氏は、帰国後に書いて日本に来る人に渡してもらうと約束した。その詩にはこう書いてある。

清泉幽巷見晨星
洒脱南禅寺畔行
不意耄年還入洛
茶香粥細飽瓢亭
　書奉
　瓢亭主人雅鑑
　　李一氓稿

清き泉　幽《しず》けき巷　晨《あさ》の星見ゆ
洒脱として　南禅寺の畔《ほとり》を行かん
不意《おもい》がけず　耄年《おい》て　還《なお》　入洛《じゅらく》し
茶　香《こうば》しく　粥　細《きめこ》まかにして　瓢亭にて飽く

翌年の春、井上清夫妻が北京を訪問した。四月十九日夜、李一氓氏は前年に訪日したメンバーを集め、北京飯店で井上夫妻への招宴を催した。話題が瓢亭のお粥に移り李氏は、「私は瓢亭で先生にも書を送ると約束しましたが、実はすでにできていて今日持ってきました。表装してから改めてお贈りしますので」と井上氏に言い、席上で詩を披露した。

秋爽嵐山客興奢
錚錚史辯羨才華
重逢珍重春光好
看尽豊台芍薬花

井上清先生　即乞両政

李一氓呈稿

秋も爽やか嵐山　客　奢《おもむき》を興《よろこ》びぬ
錚々たる史弁《しべん》　才華　羨まし
重《ふた》び逢《あい》まみえて　珍重す春光の好《よろ》しきを
豊台《ほうだい》にさく芍薬の花をば　看尽《みつ》くさん

李氏は、「『両政』とは、詩と書の両方についてご叱正を乞うという意味です」と説明した。その説明を聞き、私は氏の井上氏に対する、ひいては日本人民への温かい友情を感じ取った。

# 長崎平和行

紫陽花がちょうど満開だった。

一九八五年七月十五日、王震氏は中日友好協会代表団を率いて上海を出発し長崎に着いた。王震氏の推薦だと思うが、すでに文化部部長補佐として文化部にいた私は、代表団の副団長に任命された。もう一人の副団長は、城郷建設環境保護部の副部長の廉仲《れんちゅう》氏であった。

代表団秘書長の黄世明《こうせいめい》さん（中日友好協会の秘書長）が、「代表団名簿を作る時、王老は劉さんを第一副団長にしたかった。ところが、部長補佐の劉さんを副部長の前に置くわけにもいかないので、結局、劉さんの肩書きを部長補佐の代わりに『中日友好二十一世紀委員会委員』にしたわけです」と教えてくれた。

こういうことで私は第一副団長となった。仕事の便宜だと思い受け取ったが、内心はやはり落ち着かなかった。

代表団は、各分野から人が集められた。首都緑化委員会副会長の単昭祥《ぜんしょうしょう》、彫刻家の潘鶴《はんかく》、『人民日報』記者部副部長叢林中《そうりんちゅう》、中日友好協会理事呉瑞鈞《ごずいきん》、『中華内科雑誌』編集助理李恒《りこう》、王老の秘書唐玉《とうぎょく》らの諸氏がメンバーとなり、中日友好協会の王秀雲《おうしゅううん》が通訳を務めた。

長崎に着いた翌朝、初めての訪問活動として、私達は長崎市市長の本島等氏に伴われ長崎平和公園を訪れた。王震団長が公園の中央にある、百一歳の長崎出身の彫刻家北村西望氏が五年もかけて作った平和祈念像に花を捧げ、本島市長が「われわれは長崎を最後の被爆の町にしなければなりません」と強調した。

平和公園は戦後、長崎市民が原子爆弾の廃墟の上に作り上げた公園で、平和の象徴でもある。群れなす鳩が芝で餌を探し遊び戯れ、「平和の泉」は晴雨を問わず水を噴いている。そして、公園の左側には、ドイツ民主共和国、チェコスロバキア、ブルガリア、ソ連、ポルトガル、オランダなどの国々が長崎市に寄贈した平和彫像が整然と一列に並んでいる。

一九八三年十一月、胡耀邦《こようほう》総書記が長崎を訪問した際に、一つの彫像を寄贈すると長崎市民に約束した。その約束を果たすため王震が代表団を引き連れて日本を訪問し、今日は平和彫像の贈呈式となっている。

午前十時十分、数百人の出席者が見守る中で平和像の除幕式が厳かに行なわれた。王震団長、中国駐日大使の宋之光《そうしこう》氏、長崎市市長の本島等氏、長崎県知事の高田勇氏らが一斉に幕を開けた瞬間、人々は思わず「あっ」と息を呑んだ。白い大理石で造られた乙女の像が、陽射しを受けきらきらと光りながら人々の前に姿を現わした。その気迫に感動し、人々の群れから熱い拍手が沸き起こった。

本島市長は、「中国の芸術家は一年あまりの時間をかけてこの平和彫像を造り贈ってくれました。これは中国国民の、平和をかちとる並々ならぬ情熱と固い決意を表明するものです……この美しい少女は今十八歳ですが、千年後も十八歳でいるのです。これから彼女は中国からの平和の使者として末永く長崎に生き続け、人々に平和を呼びかけます」と挨拶をした。

本島市長に引き続き高田知事が辞を述べた。

「少女と鳩は平和の象徴だと思います。胡耀邦閣下が彫像の裏面に揮毫した『平和』の二文字を座右の銘にしたいと考えています」。

王震団長も挨拶を述べた。

「長期的な国際平和は、人類が高度な物質・文化生活を作り出すための最も基本的な条件であり、われわれの努力する目標でもあります。中国人民は平和を愛し、国家の建設に平和が必要であります。現在、中国の各民族は全力を尽くして社会主義現代化建設に取り組んでいます。われわれは今世紀中に戦争がないこと、次の世紀にも戦争が起こらないこと、そして永遠に戦争がないことを切に願っています。

今年は、国際反ファシスト戦争の勝利四十周年になっています。四十年前の空前と言えるあの残酷な災禍を振り返れば、中国人民も日本人民も酷い戦禍を蒙ったことは明白であります。すべての良識ある人間は、長崎と広島の核による悲惨な過去を忘れることができません。人民は平和を渇望し、人心は平和に憧れます。歴史の悲劇を繰り返し演じることがないように平和を維持することは、われわれ両国人民の共通の意志であり願望であります。

今の世界は平穏ではありません。新しい世界大戦の危険は依然として存在しています。しかし全世界規模で、平和を維持し戦争を抑制しようとする力も日増しに強くなっています。
中日両国人民、そして世界の平和を愛する国々及びその人民が互いに手を携え、ともに戦争に反対し努力すれば、世界の恒久平和に明るい将来があります」。

最後に、王震氏は感情をこめて言った。

「中国人民の平和の使者、『平和』彫像が、今日からわれわれの隣国で新たな生活を始めます。『彼女』はきっと日本の各界の友人に歓迎され守られ、中日両国人民友好交流の歴史的な証人になると信じます。
彼女の美しい姿は、絶えず平和の貴重さを思い出させ、人類平和のために努力せよとわれわれを激励してくれるでしょう」。

平和公園での像の彫刻について、彫刻家の潘鶴《はんかく》さんが言った。

「像が彫られている間、二百人程度の人たちが毎日集まってきた。人々は作業で出た大理石の屑を記念に持ち帰り、中には石の欠片にサインを求める人もいた。結局、後で現地政府の官員が拾いに来た時には一つもなかった。そこで彫刻家は彫像の角から少し石を削り取って官員に渡した。

夏の長崎は暑い。作業による騒音が近所の迷惑になるのではないかと心配したが、近所の方々は全然気にせず、お茶を持って来てくれたり、アイスや冷たい飲み物を持ってきてくれたりした。

彫像のすぐ後ろに壁一つ隔てて家があり、小さな女の子が毎日窓から作業を見ていた。ママの配慮だろうか、何回もお茶を壁の上から渡してくれた。

『文明堂』の社長も、自ら美味しいケーキを持ってきて食べさせてくれた」。

乙女の像について潘鶴さんが教えてくれた。

「少女が両手を伸ばす姿勢は、仏教用語でいうと『施無畏手印』（無畏を施す手）で、言わば、『無畏、それを施せる』です。平和の象徴として少女は、その『無畏』の精神を表し、それを人々に伝えているのです」。

のちに、王震氏は東京で創価学会名誉会長の池田大作氏と日中友好協会会長の宇都宮徳馬氏に会った。両氏は口をそろえて、中国が長崎に平和の乙女の像を贈ったことを称賛した。宇都宮氏は「私は八十年も生きているが、前半の四十年には日本が原子爆弾を投下され、あれから四十年過ぎた今、貴国が平和の乙女の像を贈ってくれた。これは非常に意味のあることだ。政治家として、私は核戦争で死ぬより核戦争を消滅させるために死ぬ方を選ぶ」と言った。

王震団長は「世界中の政治家は宇都宮さんの言葉を座右の銘にすべきです」と言った。

長崎の人々にとって、「平和」は特別な意味を持つ言葉である。われわれが訪問している間に、車を運転してくれたのは小野さんという五十歳ぐらいの方だった。私達が着いた日、空港から市内へ行く途中、私が、「われわれ代表団が長崎に来た目的をご存知ですか」と訊くと、小野さんは「ええ、存じております。このたびは遥々と平和の乙女の像を贈ってくださり、まことにお疲れ様でございます！」と応え、しばらくおいてから続けた。

「四十年前、長崎上空で原子爆弾が爆発した時、私はまだ小学校六年生でした。外で遊んでいましたので、あの時の光景は今でもはっきりと覚えています。幸い家は少し離れたところにありましたので直接被害には遭いませんでした。ところが、三菱のある研究所に勤めていた二十二歳のおじが、負傷して二日後に亡くなりました……」。

「このような悲劇は絶対に繰り返してはいけません！」と私は言った。

「その通りです！」と、後ろに坐った私は小野さんの表情は見えなかったが、その力強い声に彼の気持ちを感じとることができた。

小野さんと親しくなり、彼からいろいろなことを聞いた。小野さんには二人の娘さんがいて、長女は横浜に嫁ぎ、次女は長崎で仕事をしている。小野さんが「中国が贈ってくれた彫像はとても美しいものです。除幕式の時に居合せた皆さんが、中国の彫像が一番良いと言っていました。夏休みになったらきっとたくさんの方が平和公園を訪れると思います。私も日曜日に家族を連れて見に行きたいし、お盆に帰ってくる娘にも見せたいですよ」と言った。

# 忘れ難い瞬間

新中国が成立した初期、中央政府指導者の外賓会見は全て国務院外事弁公室が手配し、今のように接待部門が自らすることはなかった。日本から来賓があると、外事弁公室が必要に応じて外文出版社から私を呼んだ。したがって、一九五〇年代から一九六〇年代半ばにかけて、毛沢東《もうたくとう》、劉少奇《りゅうしょうき》、周恩来《しゅうおんらい》、陳毅《ちんき》、彭徳懐《ほうとくかい》の諸氏が日本の友人と会見する席に、私は頻繁に出向き通訳を務めた。

私のような仕事に就いたばかりの若者が、度々全国人民に敬慕される革命の指導者達に直接会えることとは夢にも思ってみなかった。今、自分の経歴を振り返ってみると、幸せで運がよかったと思いながら、一人の人間の運命はその人の生きていた時代と切り離せないことをつくづく思わされる。

## われわれは同じ人種である――毛沢東と日本国会議員団との会見

「よくいらっしゃいました。われわれは同じ人種です」と、毛沢東主席が強い湖南なまりで言った。

私は、生まれて初めて毛主席の向かい側に坐り通訳をしていた。緊張のあまり胸がドキドキして、毛主席の言葉がますます分かりづらく聞こえた。慌ててしまい、私は「人種」を「民族」と訳してしまった。同席した周総理はその誤訳を聞くと、すぐ「民族ではなく、人種です」と修正した。それを聞いて私はさらに緊張し、為す術もない状態に陥った。

その光景を見て、廖承志氏が毛主席のそばにやって来ると、微笑みながら「私が通訳しましょう」と腰を掛けた。恥ずかしさでいっぱいの私だったが、廖氏の助けでほっとした。

一九五五年十月十五日午後五時、毛沢東主席は中南海で上林山栄吉《かんばやしやまえいきち》氏を初めとする日本国会議員訪中団に接見した。代表団を案内して会見ホールに入った私は、会見の陣容を見て驚きを抑えることができなかった。周総理以外に、全人大常務委員会委員長の劉少奇《りゅうしょうき》、副委員長の宋慶齢《そうけいれい》、李済深《りさいしん》、沈鈞儒《ちんきんじゅ》、郭沫若《かくまつじゃく》、彭真《ほうしん》、陳叔通《ちんしゅくつう》、国務院副総理の陳毅《ちんき》諸氏が同席した。

会見ホールには、白いテーブルクロスに覆われた素朴な長いテーブルが置かれていた。中国側の指導者達がテーブルの外側に、日本のお客さんが内側に着席し、私は上林山団長の横に坐った。

この年の九月十五日、中華人民共和国全国人民代表大会常務委員会委員長劉少奇と秘書長彭真両氏が連名で、日本の衆参両院に十月一日の中国国慶節式典に出席するよう招請した。そこで代表団は中国を訪問し、国慶節式典に参加してから一部の地方を見物していた。

会見が始まり、毛主席はタバコを取って日本のお客さんに勧めたが、団長が結構だと言うと、「タバコを吸いませんか？　それはいいことです。道徳的に私より立派ですね」と、毛主席は冗談を言いながらタバコに火をつけた。その後、前述した「人種」の話をした。

毛主席は「われわれは共に有色人種です。人に見下される人種です。最大の弱点は『色』がついていることです。人は色のついた金属を好みますが、有色人種は好みません。有色人種は有色金属に相当すると思います。有色金属が貴金属として尊ばれますが、有色人種はすくなくとも白人と同じく貴重です。皆は同じ人間だと思います……人間は、どの色をしていようとも皆平等だと思います。われわれ二つの民族は共に偉大なる民族であり、やっと平等になれました。日本民族はすばらしい民族です。誰かが日本人を威嚇しようとしても、それは容易なことではないと思います……今の日本は多くの点でわれわれより優れています。あなた方は工業化の進んだ国ですが、われわれはまだ農業国です。今は一生懸命努力しているところです」と続けて言った。

これは、アメリカが日本に軍事基地を建設し中国を軍事封鎖していることに対する発言であることは明確であった。

毛主席の話はユーモアたっぷりで、聞いた人間の緊張が自ずと和らぎ、会場の雰囲気が和やかになった。代表団は、日本の主な政党の国会議員によって結成されたもので、与野党の議員からなる「超党派代表団」と言われた。上林山栄吉氏が代表として事前に用意した原稿で短いスピーチをした。私がその通訳を務めた。

上林山氏は毛沢東主席に「ご多忙を極められる中、接見して下さったことを深く感謝致します」と言い、僅か六年で新中国が成し遂げた巨大な成果を称賛し、両国議会間の交流が必ず日中友好と両国国民の相互理解に益すると語った。

通訳しながら私は毛主席の表情を注意して見た。毛主席は上林山氏の話を一心に聞き、その話が終るとすぐ口を開いた。

「お客さんが家を訪ねるのは、その家の主のことを大事に思うからです。主としてはお客さんの思いに感謝しなければなりません。われわれはお隣さん同士です。日本の友人が訪れてくれることに感謝しなければなりません。これからもお互いにもっと多く交流すべきです。世の中では片方だけがもう一方に感謝するということはありません。もしそういうことになったらうまくないですね。お互いに助け合い、協力し合い、感謝し合うべきです」と、ここまで語った毛主席は、日本代表団の名簿を手にして読み始めた。

名簿は、接待部門が予め毛主席に渡しておいたもので、日本で印刷したため、漢字はすべて日本の漢字であった。

「団長は上林山栄吉、幹事は山本猛夫、宮本邦彦、原茂、矢尾喜三郎、上林忠次、……」名前を呼ばれた人が毛主席に頷き、毛主席は本人と確認してからまた読みつづけた。

「団員は大高康、高村坂彦、笹本一雄、野田武夫……」、野田武夫氏の次に浜野清吾の名前が書いてあり、毛主席が「Bang ye Qing wu」と読んだ。同席した中国側の一人が「Bang ye ではなく Bin ye です」と訂正したが、毛主席は素直に「そう、Bin ye と読むのかい?」と頷いた。

実は、「浜」は日本語の「濱」の略字だが、中国語ではそうではない。中国では、「濱」の略字は「滨」と書き、「ウかんむり」のない「浜」は別の字で「bang」と発音する。毛主席が「浜野」を中国語の発音で「Bang ye」と読んだのは正しかった。

毛主席は「Ku nei Yi xiong」(堀内一雄氏)と次の名前を読んだ。同じ人に「Ku nei ではなく、Jue nei と読みます」とまた直された。「Jue nei か?」と、毛主席は怪訝そうにその人の顔を見た。

本当は、毛主席が「堀内」を「Ku nei」としたのが一〇〇パーセント正しかった。「堀」は「窟」の本字で「Ku」と発音するが、多くの人が「堀」を「掘」に間違え「Jue」と読んだ。

毛主席は続けてお客さんの名前を読んだ。

「岡田信次、堀末治、永岡光治、木下源吾、高津正道、長谷川保、古屋貞雄、佐々木良作、相馬助治、中村時雄、前田栄之助、三浦辰雄、石川清一、石野久男、須藤五郎。随員一人榎本敏夫」と名前を読み終え、毛主席は満足そうに微笑み、話を続けた。

「われわれ二つの国は共通の問題を抱えています。それは、ある国の圧力にさらされていることであります。皆さんは中国は独立した国だと思っているでしょうが、実は中国はまだ完全には独立していません。この点では、あなた方日本も同じく完全には独立していません。これはわれわれの共通点です。アメリカは長い『手』を持っています。その長い『手』が私たちの台湾を掴んでおり、日本、フィリピン、韓国を掴みながらさらにアジア全体を掴みたがっています。しかし、この状況をいつまでも続けさせるわけにはいきません。ここはわれわれの土地ですから、われわれの人民に決めてもらうのは至極当然のことです。

アメリカに『手』を放すことを要求しています。その手が放された時、われわれは皆さんと手を携えましょう。

アメリカはわれわれを公平に見ていません。私達の国は国ではないと言い、承認しないのです。われわれはアメリカを認めていますが、彼らから認められていないのです。その巻き添えで日本も私達を認めづらくなっています。実は大多数の日本人民はわれわれを認めていると思います。アメリカの『手』によって、時期尚早と思わされているだけでしょう。

このことはいずれ解決するでしょう。日本、アメリカそして他の国は必ず承認してくれます。そのことを全然焦ってはいません。承認されないことがわれわれの食事や睡眠に何の影響を与えますか？ われわれは依然として食事をし、普通に眠り生活していきます。たとえ一〇〇年承認しなくても、一〇一年目には承認するようになるでしょう」。

私は毛主席の話と廖承志の通訳を注意深く聞いた。廖氏は流暢な日本語を操り、洒落の時には洒落を言い厳粛な時には厳粛に、実に適訳だった。毛主席の話は、深い哲理を含んでいながら、ユーモアたっぷりに聞えた。

毛主席はまた続けた。

「われわれは、絶対に頭上の『手』を突き飛ばしてやります。中国人民の頭上にある『手』、日本人民の頭上の『手』、フィリピン、韓国、そしてすべての、圧迫されている国々の頭上の『手』はいずれ突き飛ばされると思います。日本が国交を結んでくれないことを理解しています。過去、われわれの外交部は蒋介石を承認した日本を非難してきました。しかし、私達は基本的に日本民族を理解し、日本人民の力がもっと強くなりアメリカの『手』を突き飛ばして欲しいと願っています。まあ、われわれはアメリカの『お腹』を突いたことがありますが……」。

廖承志氏は毛主席の言った「頂《ティン》」という中国語を「突き飛ばす」と訳す時に、少々躊躇った。毛主席はそれに気がつき、廖氏に「どうだろう？『頂』の訳は難しいかな？」と、言ってから自ら笑った。廖氏が「大丈夫です」と答え、毛主席は続けて言った。

「抗米援朝戦争（朝鮮戦争）で、われわれはアメリカのお腹を突きました。アメリカは鴨緑江を渡ろうとしたが、われわれに三八度線まで突き飛ばされました。これは日本にとってもよいことだったと思います。台湾問題も同じです。いずれわれわれはアメリカを台湾から突き飛ばしてしまいます。これはわれわれにとっても日本にとっても良いことです。

日本人民のアメリカに対する闘争が、日本民族の独立と民族の権利の獲得に繋がることを願っています。反米闘争は日本だけでなく私達にとっても有益です。あなた方に感謝しなければなりません。

独立は自分でなすべきことであります。中日関係も早く改善しなければならないと思います。かつて中国人はあまり日本人のことを好んでいませんでしたが、今のわれわれは日本人が大好きで日本人を見ると嬉しくなります。それは日本が昔何か得をして、今は損をしているからですか？　違うと思います。かつてあなた方が得をしたこともなければ現在損もしていないと思います。日本の民族の独立を獲得する闘争は年ごとに、日ごとに発展を遂げたことは目に見えています。日本が独立を実現することは、きっとたくさんの国に影響を与えるでしょう」。

毛主席はここまで語り話題を変えた。

「われわれの間に緊張した関係はないと思いますが、あなた方はどう思いますか？

中国に来るまでは共産党の国家だから多少緊張したでしょう。共産主義が良いと言う人もいれば、悪いと言う人もいますね。ところが、中国は皆さんに友好的でしょう？　皆さんを歓迎したでしょう？

皆さんを非難しなかったでしょう？

来る前にあれこれ憶測があったかもしれませんが、もう分かっているでしょう。皆さんが中国に来て十日余りも過ぎましたから。もちろん、もうちょっと見ても良いですよ、中国人民が皆さんに友好的かどうかを、皆さんを責めるかどうかを。皆さんにきつい条件は何も提出しませんから、緊張する必要はありませんよ。緊張したら、気持ちが悪くなりますからね。国際的な緊張は緩和した方が良いですよ。

お互いの社会制度は一致していませんが、その不一致はわれわれがお互いに尊敬し合うことと、われわれの友情に何ら妨げになりません。過去のことによって、われわれの交流は妨げられませんが、今日の制度の違いもわれわれの交流を妨げることができません。過去はすでに歴史になり、重要なのは将来どうすべきかの問題です」。

毛主席は、各民族が自分の独特な長所を持ち、お互いに学び合うべきだと指摘した。そこで、私は初めて毛主席が日本に、さらにアメリカに行ってみたいとお考えであることを知った。

「すべての民族は自分の長所を持ちながら前向きに発展しつつあるのです。長所のない民族はありません。長所がなければ消滅してしまいます。この点において、われわれは共に有色人種で相互にもっと尊重し合うべきであります。中国には多くの弱点があり、未だに経済も文化も遅れています。この点では日本民族はわれわれより優れています。僅か数十年間で、日本は農業国から工業国に一変したのです。われわれには日本民族から学ぶべきものが多いにあります。われわれは今なお農業国でありますが、その遅れた状況を変えようと懸命に努めています。農業国から工業国へ、そして文化の遅れている国から近代化した国へと。この方面では、友人の皆さんの批評を頂きたいと思います。われわれの弱点を指摘し、意見があればどんどん言って下さい。これは内政干渉ではありません。そういった意見は絶対にわれわれの外交部部長に反対されませんよ。

中国は日本より遅れていますから、皆さんはわれわれの状況が分かりますが、残念ながら私は日本の状況を知りません。まあ、時代遅れですね。

もし機会があれば私も学びたいですよ。日本に行って中国人民の友情を表明してみたいと思っています。地球が速く回るので、太陽が出たと思うとすぐ沈んでしまいます。私は他の国に、さらにアメリカにも行ってみて、中国人民の友情を表わしたいと思っています。しかし、これはなかなか実現しないでしょう」。

毛主席は一気にここまで語った。会談の記録を担当した陳抗《ちんこう》氏が、わき目もふらずに筆を走らせた。

毛主席は再びタバコを取り、火をつけてから続けた。

「自分の国のことを自分で管理するのは至極当然なことです。アメリカのことはアメリカが自分で管理し、干渉しようと思っていません。しかし、アメリカはやりすぎです。

かつて日本民族は一つの過ちを犯しました。しかしながら、災いが幸いをもたらし、重荷がなくなり、日本は主導的な立場に立つようになりました。今の日本はアメリカを語る資格を持っています。さらにフランス、オランダ、ベルギー、ポルトガル、イギリスを語る権利を持っており、大変良い立場に立っています。

日本はバンドン会議に出席しましたが、それは偶然の出来事ではありません。日本がバンドン会議で示した態度がとても良かったので、もう重荷は下ろせたでしょう。中国も過去に過ちを犯しました。過去の政府は全て腐敗していました。清朝政府、北洋政府、蒋介石政府が全部そうで、その影響を受け中国は未だに遅れた農業国であります。過去の教訓として、われわれは腐敗ということを非常に重く見ています。

今のわれわれは頭を上げて堂々と、他人について語れるようになったと思います。工業の遅れも徐々に改善され、低下していた農業生産も少しずつ好転してきています。

われわれには多くの弱点があります。法螺を吹いてもどうにもなりません。まだ、たくさんの『蝿』がいます（一時、中国に蝿が一匹もいなくなったと外国などで大げさに言われていた）。日本には、今の主導的な地位を持ちつづけて、自国の問題を上手く処理して頂きたいと思います。日本の前途は明るいものです。日本の全ての勝利は、われわれにとって助けであり感謝すべきものです。

アメリカは過ちばかりを犯していて、日本を排斥して日本人民を奴隷のように酷使しわれわれの同胞の命を奪っています。これは問題です。われわれ両国はどこまでも助け合うことが必要です。お互いに撹乱をしないようにし、われわれは日本に、また日本も私達に、迷惑をかけないで頂きたいと思います。各自が各自のことを処理し、友好関係に基づいて付き合うのは、双方にとって良いことです」。

この日、毛主席は非常に上機嫌で、博引旁証し、弁証法を用いて核兵器、世界大戦及び世界平和など天下国家について論じた。

「いわゆる『天下大事』とは、解放、独立、民主、平和と友好、人民の進歩でありましょう。『天下の大勢』とは、『久しく分離されれば必ず合併され、久しく統一されれば必ず離れる』ということです。中国には『三国志』という小説があり、その初めにこの文句が書いてあります。これもわれわれが過去に犯した間違いの一つです。われわれはいつも『分』と『合』を繰り返してきたので、他のことができなくなったのです」。

『三国志』は日本でも良く知られているので、日本のお客さんは深い興味を示した。

毛主席は続けた。

「将来の世界では、平和と友好は基本になるでしょう。世界大戦はあまり大きな意味を持ちません。それは、われわれは戦争が怖いからではありません。もちろん原子爆弾が投下されたら、日本人も中国人も誰もが怖がるでしょうから、やはりしない方が良いのです。全力を尽くして戦争を食い止めます。しかし、もしどうしても戦争をしたい人がいれば、われわれもそれに応じるしかありません。万が一原子爆弾が頭上で『ドカン』と音を出して爆発したら、中国から地球の裏側のアメリカまでに、大きな穴がすぐできるでしょう。

地球は大きくない。私の知る限りでは地球の直径はたったの一万二千五百キロしかないので、穴ぐらいは容易にできるでしょう。そうなったら、彼らはどうする術もなくなるでしょう。

日本は植民地を持たず、われわれも持っていません。われわれは失うものが何もありませんよ。世界大戦は彼らに不利なだけです。

彼らは『共産』を非常に恐れています。第一次世界大戦はソ連の『共産』を作りだし、第二次世界大戦は多くの共産国家を作り出しました。戦争が起これば人民は精神的に緊張します。その結果、他の活路を見つけ出します。人間は生まれてすぐ母親から『共産』を教わることはありません。私の母親も『共産』を教えてくれたことがありません。『共産』は追い詰められた結果なのです。追い詰められているうちに『共産』の道に行ってしまうのです。インド、インドネシアなど民族の独立が実現した『共産』でない国も、世界大戦でできた国です。私は『インド、インドネシアは世界大戦によって作り出された国ですよ』とネールさんに話したことがあります。

この話は決して造り事ではありません。二回の世界大戦がこのような結果をもたらしたのは事実です。信じられなかったら調べて下さい。世界にソ連は確かに存在し、中華人民共和国も確かに存在していま す。そして独立したインド、インドネシアなどの国々もあります。したがって、あなた方は私が嘘をついていると言えません。私は歴史学者ではありませんが、歴史的事実は明確に目の前に置かれています。世界大戦は、やはり起こらない方が良いのです。

もしかすると、彼らは『共産』に脅かされると言うかもしれません。しかし、われわれは彼らを威嚇していません。世界大戦が起こらないことを望んでいるだけです。世界大戦が起こらなかったら、彼らの今までやってきたこともまだ続けられるでしょうし、『共産』の到来も遅くなるでしょう。

しかし、もし彼らがどうしても戦いたければ、あるいは既に戦いを始めたとしたら、世界人民が必ず再び緊張し、ほとんどは『共産』に向くでしょう。私のこの話が信じられなければ、一つの賭けをしましょう。仮にもう一回世界大戦が起こったら、恐らく世界の七〇パーセントあるいは八〇パーセントの国が『共産』になるでしょう。そうでなかったら、私はご飯を全部あなた方に譲ります。

これはあなた方とだけではなく、アメリカとの賭けでもあります。二つの世界大戦の結果がすでにそれを証明しています」。

毛主席の話は、最後に中日関係に移った。

「第二次世界大戦は、われわれ両国の関係を変えました。先ほどすでに話しましたが、今の日本は筋を通せる有利な立場にあります。過去、日本には負い目がありましたが、今はそれがなくなり逆の立場になりました。あなた方も私達も、アメリカ自身の『借り』を取り立てる政治的資本を持っています。この点で私は絶対に間違っていないと思います。

今の日本は楽になりました。第二次世界大戦中と全く違い、今の日本には道理があります。そうでしょう？　これ以上日本に過去の『借り』を求めることは筋に合いません。あなた方はすでに謝りました。ずっと謝り続けることはないでしょう。

一つの民族がいつまでも立腹しているのは良くないことです。われわれはあなた方の友人です。中国人民は、皆さんを敵ではなく朋友として見ていることをはっきり見たでしょう。

正直に言うと、われわれ両国は全力を尽くしてアメリカの『手』を引っ込めさせなければなりません。アメリカの『手』が長すぎます。それがアメリカのいけないところですよ。過去の日本も同じでしたが、時の流れがその問題を解決したと思います。

われわれはお互いに助け合い、有無相通じて、平和・友好を促進し、文化交流を行ない、その上で正常な外交関係を結びます。もちろん、それは強制的に結ぶものではありません。

戦犯問題はまだ少々早いでしょう。正常な外交関係を回復した後、できるだけ早く解決します。理由はとても簡単です。われわれには戦犯を抑留する必要が全くないからです。彼らを抑留して何か良いことでもありますか？

日本には政治問題を技術問題にする人がいて、『中日間で戦争が起こってもいないのに、なぜ戦争状態というのか』と言っています。しかし、法律上は、中日両国が戦争状態にあることは明確です。日本が中日関係の回復を『第一』に置いたのはとても良いことです。人民の利益を考えて両国政府はできるだけ早く正常な外交関係を樹立すべきです。

文化交流は今でもできるでしょう。日本の歌舞伎が中国に来ましたよ。私も見ましたが、良かったですね。とても良い演出でした。こういったことを通じ、両国人民の理解が深められます。お互いに相手の長所を取り入れ自分の短所を補わなければなりません……」。

毛主席は終始興に乗って話していた。毛主席の話だけでも一時間半に及んでいたが、通訳の時間を入れると、三時間は続いた長い会見となった。しかし、毛主席は少しも疲れた様子を見せなかった。

# 七項目におよぶ共通認識

日本国会議員代表団は、一九五五年九月二十八日に広州に到着し中国訪問を始めた。私は指示により、代表団の北京における幾つかの重要な活動に随行することになった。

毛主席が代表団に接見した翌日の一九五五年十月十六日夜、全国人民代表大会常務委員会委員長劉少奇氏が、十八日に帰国が予定されている代表団のために、中南海紫光閣で盛大な歓送会を催した。

通知をもらい、私は紫光閣に行った。その日は休憩室が用意されなかったので、早く来た主催者側の人たちは三々五々、雑談をしてお客さんを待っていた。劉少奇氏の通訳を担当する私は劉氏の傍らに立ち、お客さんが来たらすぐにでも仕事ができるように準備していた。

そこに彭真氏がやってきて、劉氏に挨拶をしてから感慨深げに、

「昔の日本人は随分威張ってたね。独り善がりでおまけに中国人を見下して……」と言いながら、いかに

も傲慢で人を蔑むような振る舞いを真似した。「しかし、今度の代表団はわれわれといい話ができました。変わったなあ。これは今の中国はかつての中国ではないということでしょう」と言った。

やがて日本のお客さんが到着し全員着席した。メインテーブルの後には堆朱の屏風が立てられ、青々として鮮やかな盆栽がその前に置かれた。

濃い色の人民服を着た劉少奇氏が、挨拶に立ち上がった。

「私は中華人民共和国全国人民代表大会常務委員会を代表し、各位に、我が国六周年国慶節式典に出席頂き、さらに式典後に各地を友好訪問して頂いたことを誠に感謝致します。今日、皆さんが日本に帰られる前のこの送別会に際し一言申し上げたいと思います」。

会場には二つのマイクが用意され、劉氏は内側のマイクを、私は外側のマイクを使った。劉氏は続けた。

「日本の国会が、中国全国人民代表大会常務委員会の招請を受け、代表団を派遣して下さったのは今度が初めてです。これは建設的な意義があり、今後の中日両国国会代表団の相互訪問に向けて幸先のよいスタートになると考えられます。

中日両国は近隣であり、長い平和共存と友好の歴史を持っています。ここ数十年の中日関係はあまりよくなかったのも事実ですが、それはすべて過去のことです。毛主席がおっしゃったように、第二次世界大戦後世界の情勢は大きく変わり、中日両国の立場も劇的な変化をしました。アメリカは我が領土台湾を占領している一方で、日本への占領も未だに続けています。中日両国には、侵略されているという共通点があります。そこで、中国人民の日本への気持が変わり、中国人民は、日本人民が祖国の独立のために試みた努力を理解し深い共感を覚えています。

われわれは近隣である日本が、独立と平和を勝ち取り、早く富み栄える強国になることを願っています。誇り高く偉大な独立国として存在してきた日本は、必ず第二次世界大戦後の困難な立場から抜け出せると信じています。われわれは隣国の日本と早く正常な関係を結びたいと考えます。そして、この正常な関係に立脚し、『領土・主権の相互尊重、相互不可侵、相互の内政不干渉、平等互恵、平和共存』の五原則を実行し、両国の友好関係を強化し発展させたいと願っています。これによって極東の平和が保証され、世界の平和もより確かになると思います」。

劉氏は続けて言った。

「皆さんが同じ考えを持っていることを嬉しく思います。それは、国交を回復するために、両政府間の外交交渉の早期実現を促すことです。中日両国間には未解決の問題がたくさん残っています。その原因は、両国間に正常な関係が結ばれていないからです。中日両国間の正常な関係さえ樹立されれば、他の問題は逐次解決していくでしょう。

しかし、これは中日関係の正常化問題が解決されるまで、両国間の他の問題を放って置いてよいことにはなりません。決してそのような意味ではないのです。中日両国間の各種の交流、議員代表団にせよ、人民団体にせよ、貿易、文化芸術などあらゆる交流活動がもっと盛んに行なわれるべきであります。こういった交流を通じて、両国人民の相互理解が深まり、両国関係の正常化の実現に拍車がかけられます。

皆さんが中日友好に熱意を持ち、両国関係の回復を望んでいる事を感じています。この共通の願望を持ってさえいれば、それを達成するための、いかなる困難にも打ち勝てると信じます。

それでは、皆さんの道中ご無事のために、皆さんのご健康のために、中日両国人民の友情が益々深められるために、中日両国の国交が早く回復するために、乾杯！」と、劉氏は挨拶の最後に祝杯を挙げた。

上林山団長の謝辞の原稿はなかった。

「劉少奇先生の友情溢れる歓送の辞に深く感謝致します。ご多忙を極める中、貴国を訪問したわれわれ代表団に歓迎の宴会を催して頂き、誠に嬉しく思います」。

私は通訳する時に、話の要点をメモする習慣がある。あの日の私も、上林山氏の話を聞きながらメモを取った。氏の話が一段落したら、私は自分の書いたものを見て通訳をした。

「我が議員代表団は昨日、毛主席、周総理、劉少奇委員長などにお目にかかり、非常に有益で歴史的意義のある意見を聞かせて頂き、深く感謝しております。引き続き今晩のご盛宴に出席させて頂き、感謝の言葉もございません。中国に一ヶ月ほど滞在し、たくさんのものを見せて頂き、大いに勉強になり視野も広くなりました。

貴国でいろいろなところを訪問し、多くの貴国政府指導者と会談をさせて頂きました。昨夜、われわれは貴国の十大長所を述べましたので、今日は繰り返しそれに触れることはいたしません」。

上林山氏は言葉に力を入れて続けた。

「言いたいことは一つだけです。われわれは中国が好きです。中国を離れたくありません。衷心から貴国の方々に深く感謝の意を表します。

それでは、日中友好のために、日中貿易の拡大のために、そして日中国交正常化と世界平和のために、乾杯！」

中国が今度の国会議員代表団の来訪を非常に重視している事を感じた。これは、当日宴会に出席した中国側の顔ぶれにも反映されている。

全国人民代表大会常務委員会副委員長の、宋慶齢《そうけいれい》、李済深《りさいしん》、沈鈞儒《ちんきんじゅ》、郭沫若《かくまつじゃく》、彭真《ほうしん》、陳叔通《ちんしゅくつう》、賽福鼎《サイフディン》が全員出席し、委員も三〇名以上が連なった。王崑崙《おうこんろん》、王維舟《おういしゅう》、呉玉章《ごぎょくしょう》、李書城《りしょじょう》、李雪峰《りせつぽう》、李燭塵《りしょくじん》、林楓《りんぷう》、周建人《しゅうけんじん》、邵力子《しょうりきし》、南漢宸《なんかんしん》、胡愈之《こゆし》、胡耀邦《こようほう》、高崇民《こうすうみん》、徐特立《じょとくりつ》、馬明方《ばめいほう》、馬寅初《ばいんしょ》、張邦英《ちょうほうえい》、張治中《ちょうじちゅう》、張聞天《ちょうぶんてん》、張蘇《ちょうそ》、許広平《きょこうへい》、許徳珩《きょとくこう》、陳劭先《ちんしょうせん》、陸定一《りくていいち》、程潜《ていせん》、廖承志《りょうしょうし》、熊克武《ゆうかつぶ》、劉格平《りゅうかくへい》、劉瀾涛《りゅうらんとう》、蔡廷鍇《さいていかい》、頼若愚《らいじゃくぐ》、羅隆基《らりゅうき》、陳其瑗《ちんきえん》、鄧初民《とうしょみん》の諸氏であった。その他、中国人民外交学会会長の張奚若《ちょうけいじゃく》氏、中国紅十字会会長李徳全《りとくぜん》氏、中国国際貿易促進委員会副主席雷任民《らいにんみん》氏も列席した。

宴会は終始和やかで暖かい雰囲気だった。上林山氏はその雰囲気につられたかのように、「もう少し話したいことがある」と隣に座った劉少奇氏の了承を得て、立ち上がり杯を挙げた。

「先ほど話したことを繰り返し言わせて頂きます。このたびわれわれは中国政府の指導者と中国人民から熱烈な歓迎を受けました。今こうして中国を離れるにあたり、われわれは皆様との別れを惜しむ気持ちでいっぱいであります。誠に感謝致します。

最後に、毛沢東主席、劉少奇委員長、周恩来総理のご健康のために、中国国民のご繁栄のために、乾杯！」

代表団の中国訪問の成果として、双方は中華人民共和国全国人民代表大会常務委員会秘書長彭真氏と日本国会議員訪中団団長上林山栄吉両氏の名前で「コミュニケ」を発表する事に合意した。

私は、「コミュニケ」文書の翻訳に参加し、完成した文書を外文印刷工場に持ち込んで校正し、印刷をしてもらった。

十月十七日午後七時、調印式の三十分前に、出来上がった文書を持参して、私は中南海紫光閣に着いた。七時半、紫光閣で「コミュニケ」の調印式が行なわれた。劉少奇委員長、一部の副委員長、委員および副秘書長が列席した。

彭真氏と上林山栄吉両氏は、「コミュニケ」に署名し、文書を交換した。

「コミュニケ」は、毛主席が代表団と会見した時の会話に基づき、双方が意見を交換した上でまとめた共通認識である。全部で七つの項目がある。

一、中日両国は、国交の正常化を実現するために積極的に努力すべきである。

二、貿易関係について、ココムによって日本から中国への禁輸品が多くなってきているが、このような状態は変更されるべきであり、そしてそれを速やかに撤廃することを目標として努力すべきである。

三、中日両国首都に開く見本市を常設的の機構とし双方の貿易に関する連絡事務を処理する。尚、両国は、双方よりの派遣人員について、当然うけるべき保護等をお互いにあたえるべきである。

四、両国間の文化交流は、中日両国の平和と友好を促進するうえに役立つものであり、今後これをいっそう増進させるために両国は努力すべきである。

五、中日両国は、双方の居留民が自由にその国に行き来できるように積極的に配慮すべきである。

六、中日間において従来も相互に死亡者の遺骨送還を行なってきたが、今後双方はひき続き双方の死亡者の遺骨を出きる限り速やかにその本国に送還すべきである。

七、中国側は、戦犯の処理は中国の主権に属する事柄であり、最近のうちに戦犯処理についての結果を公布することを表明した。

この「コミュニケ」は、中日関係正常化を実現するために、共同で日本政府に働きかける精神を表明した。

十月十八日朝、私は代表団に伴い北京西郊空港に向かい、廖承志氏も空港まで代表団を見送りに来た。代表団が飛行機に乗る直前に、上林山団長はいきなり「コミュニケ」を出して読み始めた。事前の話し合いが全くなかった出来事で、廖氏は中国語の「コミュニケ」を読めと私に指示した。幸いなことに、私は「コミュニケ」の中文と日本文を一部ずつ持っていたので、何とか間にあった。

私は、日本側がこういった形で「コミュニケ」を公表したかったのだと推測している。

# 心事　浩茫《こうぼう》として　広宇《こうう》に連なる

一九六一年十月七日、北京、晴。

午前十一時、一列に連なったセダンが、新華門をくぐり中南海勤政殿の前に停まった。車から降りたのは、国慶節式典に参加してから北京を訪問中の日中友好協会会長の黒田寿男氏と、氏が引率する日中友好協会訪中団の団員、専修大学教授の三島一氏を初めとする日本民間教育代表団団員、中国で『毛沢東選集』第四巻翻訳の意見交換を行なっている安斎庫治《あんざいくらじ》、淺川謙次両先生、そして北京在住の「民間大使」と呼ばれる西園寺公一氏であった。

この日、毛主席が勤政殿で日本の友人に会うこととなっていた。車が止まると、毛主席は入り口の前に立ち、日本の友人を迎えた。

会見の通訳を務めたのが私であった。

長身の毛主席は、濃い灰色の人民服を着ていて、真っ黒な髪の毛に顔色が一層血色よく見えた。廖承志《りょうしょうし》氏が毛主席の傍に立ち、来訪者を一人ずつ紹介した。主席はお客さんと握手を交わし、時に、「中国は初めてですか」と親しそうに聞いた。安斎庫治氏の次に、淺川氏も『毛沢東選集』の翻訳に携わっていると聞き、毛主席はじっと淺川氏を見ながら、二回も彼の手を強く握った。

教育代表団の一人は、児童文学に従事していると自己紹介したが、主席は「それでは、あなたはアンデルセンの友達だね」と冗談を言った。その人は嬉しくなり、「今日毛主席にお目にかかれ、私の人生ドラマはクライマックスに達しました」と興奮したように言った。

勤政殿の応接間は大きい。大きな五星紅旗が正面に掛けられ、赤い絨毯の上に藤椅子と藤テーブルが並んでいた。主客が中国国旗の前で記念撮影をし、毛主席はテーブルの上に置かれたパンダ印のタバコを取り、二四名の日本の友人に一本ずつ勧めた。吸わない人も、その貴重なタバコをもらい、丁重に上着のポケットにしまい入れた。タバコは、旧知の西園寺公一氏の前に来ると、氏は「吸いません……」と婉曲に断った。「あ、そう。衛生的だね」と、主席は冗談を言った。

勤政殿内に和やかな雰囲気が漂っていた。

「ようこそ、よくいらっしゃいました」。

毛主席は独特な湖南のアクセントで言いながら、「どうぞ、掛けて下さい」と、手を出して促したが、自分は立ったままで話を続けた。

「皆さんはわれわれの本当の友人です。日本では、親米の独占資本主義者と軍国主義軍閥を除けば、広範な人民は皆われわれの本当の友人です。皆さんも中国人民が本当の友人だと感じているでしょう。友人には本物とニセモノがありますが、実践を通じて誰が本当の友人か誰がニセモノの友人かを見分ける事ができます。

なぜ中日両国人民がこのように親密なのか、過去中国と日本の間では戦争があったではないかと、理解できない人がいます。このような人は、人民が独占資本主義者や軍閥とは違うことを知らないのです」。

通訳しながら、これは当時の国際関係と日本の情勢を指したことが分かった。

一九六〇年代初期、中日両国を巡る国際情勢は非常に厳しかった。アメリカは一貫して世界に覇を唱える戦略を実行し、国際社会の中国を敵視する勢力は「二つの中国」あるいは「一中一台」を作る陰謀を企て、中国の国連代表権は永く回復できなかった。そして、ほぼ二年前、日本社会党書記長の浅沼稲次郎氏は、北京で「米帝国主義は日中両国人民の共同の敵」という著名な演説を行なったが、その後東京で右翼分子に刺し殺された。

今回の黒田氏一行の中国訪問は、丁度浅沼氏没後一周年に当たった。この一年の間に、日本の政局は大きく変わり、日米安保条約反対運動の波の中で、岸内閣が倒れ、池田勇人が首相に就任した。

戦後の一連の保守党政権がアメリカの政策に追随した結果、中日両国の関係は未だ正常化を実現できないでいた。日本では、空前の規模の日米安全保障条約反対運動が日増しに強まり、中日友好・中日国交正常化、そして中国の国連代表権の回復を求める運動が絶えなかった。日中友好協会は、北は北海道から、南は沖縄まで、「日中友好月間」キャンペーンを繰り広げた。

こういった国際情勢と中日関係に対して、毛主席は指摘した。

「現在、われわれ両国は共に帝国主義の抑圧を受けています。それはアメリカによる抑圧であります。われわれには国際舞台で発言する権利がまだありません。日本はすでに国連に加盟しましたが、私達はまだです。

あなた方の領土はアメリカに占領されています。それは沖縄です。間違っていないでしょう?」

日本の友人が頷いたのを見て、毛主席は続けて言った。

「別の言い方をすれば、半占領ということになるでしょう。日本にはアメリカの軍事基地がありますが、われわれの領土台湾もアメリカに占領されています。この共通に遭遇しているものが中日両国人民を団結させました。そうでしょう？　誰がわれわれを団結させましたか？　アメリカ帝国主義でなかったら誰でしょう?」

お客さんが口をそろえて、「その通りです」と答えた。

「それゆえに、皆さんが北京に来てくれたことは非常に喜ばしく思います。どなたが来ようともわれわれは歓迎します。それに引き換え、日本の状況は違っています。しかしその責任は皆さんにはなく、米帝国主義とその友、日本の独占資本主義にあるのです。彼ら以外の日本人民は皆われわれの友人です。中国にも、皆さん方に反対する人がいます。蒋介石集団です。貴国では、岸信介・池田集団でしょう。彼らはいい仲間です。中国には、『物以類聚、人以群分』（類は類をもって集まり、人は似たるを友とする。類は友を呼ぶ）という古い言い方があります……」。

毛主席の通訳をする時の私は、いつも緊張した。そのため、主席の濃い湖南なまりはますます聞きづらくなり、その日の私もやはり緊張のせいで、主席が言った諺を聞き取れなかった。幸い、廖承志氏がその場に居あわせ、困った表情をした私を見て助け船を出してくれた。

毛主席は続けた。

「岸信介・池田と蒋介石はいい仲間です。私達と皆さん方は良き友人です。われわれはこの団結の輪を広げなくてはなりません」。

毛主席は両手を広げ、さらに言った。

「われわれは、東南アジア、アジア、アフリカ、ラテン・アメリカにいる帝国主義者の手先以外のすべての人と手を携え、団結しなければなりません。また、アジア、アフリカ、ラテン・アメリカにある団結のできる国々の人民に積極的に働きかけなければなりません。皆さんにも同じようにして頂きたいです」。

お客さんが賛成して頷き、毛主席は言葉に力を入れた。

「つまり、全世界の帝国主義と各国の反動派を除いてすべての人と団結しなければなりません。もちろん、西側陣営の帝国主義とその手先以外の人も含められます。十人中九人と団結しなければなりません。世界人口は二十七億ですが、その十分の一を除く二十四億三千万人と団結しなければなりません。皆さんはこの点をよく理解していると思います。人民に宣伝し、そして人民を説得しなければなりません。二十五億近い人々全員が十分自覚しているとは言えません。人民の自覚は徐々に高まるものです。貴国人民の自覚にも時間が必要です。去年、大規模な米帝国主義・独占資本反対の気運が高まりましたが、今年になって少々弱くなりました。これは理解のできることで、悲観する必要はありません。闘争はいつも波のように発展するものです。山あり、谷あり、次はまた山、谷の繰り返しです……」。

毛主席は波の形を手真似し、引き続き話した。

「こうやって、波のように前進するのです。今は谷にあるように見えますが、それは新しい高潮の到来に備えていることを示しています。闘争の道は曲折がありますが、日本人民には輝かしい将来があります。中国革命の道路も曲折だらけでした。数え切れないほどの紆余曲折を経て、山から谷へ、そして次の山から再び谷へ、勝利から失敗へ、そしてまた勝利し、また失敗した。しかし、最後の勝利は必ず人民にあります。

元々人民には武器がありません。私自身は小学校の教師でした。あの頃、共産党の存在すら知らず、それに参加しようとは思ってもみませんでした。しかし、人民が抑圧された当時の環境に追い詰められ、中国共産党が誕生したわけです。

当初は党員が数十人しかいませんでした。一九二一年、党の第一回代表大会の際に、僅か一二名の代表が参加しました。共産党が軽蔑されたり、『何が共産党だよ。法螺ばかり吹いていて、ものにはならん』と言われたりしました。一二名の代表の中で、陳公博《ちんこうはく》と周佛海《しゅうふつかい》の二人がのちに漢奸になりました。周は日本に留学したことがあります。その他にトロツキスト派が一人いました。劉静仁《りゅうせいじん》です。劉はヨーロッパに行きトロツキストに会ったことがありますが、今は北京に住んでいます。もう一人は張国寿《ちょうこくとう》です。これが裏切り者で今は香港にいます。そして数人が犠牲になり、残されたのは董必武《とうひつぶ》副主席と私の二人だけです。

一九二一年の当時、党員は非常に少数でした。原因は大衆を団結させることができなかったからです。党に明確な政治路線がなかったのもその原因です。もし、皆さんが中国革命を研究したかったら、失敗の経験を研究することを薦めます。もちろん、成功の経験も研究する必要がありますが。そうすれば、比較ができるでしょう……ここには、歴史学者、教育学者、文学者と中国歴史の研究者がいますね。中国歴史の研究は、この曲折のある過程に着眼するのが最も肝心です」。

ここまで語り、毛主席は周囲を見回し、「質問があったら、どんどん訊いて下さい。私一人で話すのは民主的ではありませんから」と言い、藤椅子に腰を下ろしてタバコに火をつけた。

日本側を代表して辞を述べるつもりで、黒田寿男団長が立ちあがった。「どうぞ、坐ったままで」と毛主席は言ったが、黒田氏は「毛主席は立ってお話をなさいましたので、私も立ってお話したいと思っています」と答えた。毛主席は微笑みながら頷いて、それ以上は言わなかった。

毛主席の接見とスピーチに感謝の意を述べてから、黒田氏は長い話をした。

「われわれは中華人民共和国建国十二周年に衷心から祝賀の意を表したいと思います。先ほどは毛主席の国際情勢と中国革命に関するお話を聞かせて頂き、誠にありがとうございました。

現在、世界人民は平和と独立を獲得するために、米帝国主義を頭とする戦争勢力と戦っています。この闘争の一部分として、日本が直面している状況をお話したいと思います。

ご存知のように、去年岸内閣が日米安保条約を改定しようと企んでいた際に、日本人民は奮い立って大規模な闘争を行ない、今日までこれを続けてきました。今、闘争が始まった当初と比べると、潮が低くなったように見えますが、新しい高潮の興る準備は整っていて、いつでも新たな高潮が到来し得ると思います。今年に入り、日米安保条約反対運動は反『政治的暴力行為防止法案』運動、そして生活・権利を守る闘争と一つになりました。今月の五日に、日本全国でおよそ一五〇万人が動員され、第五回全国統一行動が行なわれ、東京でも一万人あまりの労働者と大衆が参加した集会とデモが挙行されました。

この運動はきっと高まって行くと思います。現在、その時機が日ごとに熟しています。

日本は、アメリカが極東で新しい戦争を挑発させようとする危険に直面しています。ここで私は日本の置かれた立場を話したいと思います。ケネディー・池田会談後、池田政府は米帝国主義の指示に従い、強制的に防衛力を強化する政策を推し進めた結果、日本の歩んでいる道は去年日米安全保障条約反対当時より険しくなっています。その上、日本はすでに米帝国主義の軍事基地となり、いつ何時でも直接、戦争に巻きこまれる可能性があります。

今のところ、日米安保条約が生む危険性は、去年日本人民がそれに反対した当時よりもっと増大しています。日本人民はそれを十分に分かっていますので、日米安保条約に反対する決心をさらに強めました」。

毛主席は一心に黒田氏の話を聞き、時に「その通りです」と相槌を打った。黒田氏が、日米が戦争の準備を急げば極東地域は、いずれ危険な情勢になるだろうと話したところ、毛主席は口をはさんだ。

「というと、彼らは西へ進出しようとして、朝鮮、台湾、manzhou へ……」。

毛主席の湖南なまりで、私は「manzhou」の意味が分からなかった。「アメリカ州かな?」(アメリカ州の中国語の発音は meizhou である)と一瞬思ったが、前後の言葉を考えたら違うと思い否定した。躊躇った私を見て、廖承志氏が日本語で「アメリカ州」と教えてくれた。どうやら廖氏も私と同じように「meizhou」に聞えたようだ。「meizhou ではなく、manzhou です」と毛主席は訂正した。「満州」を指すと分かった私は、「中国の東北」と訳した。

実のところは、「満州」という言葉には、貶める意味はなかった。一九二〇から一九三〇年代、中国共産党の東北組織も「満州委員会」の名前を使っていた。のちに日本が「満州国」を作り出したので、「満州」は時間とともに、タブーに近い聞き慣れない言葉になった。こういった時に毛主席が「満州」を使うとは、全く予想外のことで通訳はスムーズにできなかった。これが毛主席の通訳を務める時の困難の一つだった。

毛主席の分析を聞き、黒田氏は肯定した。

「まさにその通りです。このような情勢を目の前にし、日本人民は断固として独占資本主義者の軍国主義復活活動に反対し、さらに、それに圧力をかけている米帝国主義者に対しより強い闘いをしなければなりません。

一方、貴国も台湾解放のために闘争しています。国連では、米帝国主義者は中華人民共和国の代表権の回復を妨害しています。

われわれ日中両国人民は、友人として共に戦ってきました。今後も友情と連携を強めながら、共に闘争したいと願っています。これは、日中友好と日中国交樹立の実現を待ち望んでいる日本人民の衷心からの願望であります……」。

毛主席は賛同し深く頷き、「たいへん結構です」と言いつつ立ちあがり黒田氏の方を向いた。黒田氏と堅く握手を交わした後、上着のポケットから、畳んであった二枚の画仙紙を出して広げた。人々の目に映ってきたのは、毛主席の揮毫した詩であった。

万家墨面没蒿莱　　万家　墨面《ぼくめん》して蒿莱《こうらい》に没す

敢有歌吟動地哀　　敢えて歌吟の地を動かして哀れむ有らん

心事浩茫連広宇　心事　浩茫《こうぼう》として広宇《こうう》に連なり
于無声処听驚雷　声無き処に于《お》いて驚雷を聴く
魯迅詩一首　毛沢東
一九六一年十月七日、書贈日本訪華的朋友們。

十月七日の「十」は、元々は「九」と書かれていたが、毛主席はその上にさらに「十」を書いたようだった。

詩を指しながら、毛主席は言った。

「中国がまだ暗黒の時代にあった頃、偉大なる革命の戦士、文学戦線の指導者である魯迅先生がこの詩を吟じました。詩には、暗黒の中にいる人々に明るい将来が見える、と書いてあります。皆さんが中国に来た事を感謝します。中国人民も皆さんに感謝しています。何も贈るものがないので、この詩を書いて贈りたいと思います。

趙安博に翻訳してもらって下さい。いや、詩の翻訳は難しいから、郭沫若先生に翻訳してもらった方が良いでしょう」。

黒田氏は代表してその貴重な贈り物をもらい、深々と頭を下げてお礼を言った。

毛主席は「日本人民によろしく」と言い、お客さんを勤政殿の玄関まで見送った。

秋の柔らかい陽射しの中、毛主席はお客さんを乗せた車が遠くなるまで、右手を上げて見送った。それから、廖承志に向かい、「今日のことを新聞に出した方が良いかな?」と訪ねた。廖氏は「私が手配します」と答え、毛主席は、「原稿ができたら、ちょっと見せてくれ」と言って、会見に参加した中国側の人たちと別れの握手をした。

「万家墨面没蒿莱」という詩は、魯迅が一九三四年に上海で日本の友人、評論家の新居格《にいいたる》氏に贈ったものである。一九三〇年代は、白色テロに包まれた中国が厳しい苦難に耐え、日本帝国主義が中国の東北を蹂躪したうえさらに侵略を進め、中国全土をその独占植民地にしようとした時期であった。魯迅は深刻な現状を見通し、茫々たる暗黒の中に中華民族の希望を見、中国共産党に導かれる革命の嵐の到来を予見したのだった。

毛主席がその詩を日本の友人に贈った時、新居格氏はすでに病没していた。新居夫人の話によれば、氏は生前、魯迅が自筆で書いた詩をとても大切にしていたという。

毛主席の指示を受け、郭沫若氏は直ちに翻訳を始め、日本語の解釈を付けて黒田寿男氏に渡した。氏は、また魯迅の原韻を踏み、詩を揮毫し同氏に贈った。

迢迢一水望蓬莱　　迢 迢《ちょうちょう》たる一水　蓬莱を望む
聾者無聞劇可哀　　聾者《ろうしゃ》は聞く無く　はなはだ哀《かな》しむべし
修竹満園春筍動　　修竹園《その》に満ちて　春筍動き
掃除迷霧喚風雷　　迷霧を掃除して風雷を喚《よ》ばん

## なぜ突然日本の友人に会うのか

一九六四年一月二十七日午後七時頃。

人民大会堂北京の間。

私が着いた時、国務院外事弁公室日本組責任者の王暁雲《おうぎょううん》氏がすでに待っていた。毛主席が日本の友人と会見するとのことで、王氏は私を呼び寄せた。

急いで目的地に向かう途中、毛主席の接見相手は誰か、なぜ突然会見を行なうことになったかと不思議に思った。

人民大会堂の中では、北京の間は大きくない方で、部屋の造作も普通である。私が着いた時、会見用の準備がすでに整っていた。

しばらくして、康生《こうせい》、廖承志《りょうしょうし》、呉冷西《ごれいせい》三氏が現われ、三名の日本の友人も続々と到着した。一人は北京を訪問している鈴木一雄氏、もう一人は北京在住の西園寺公一氏、残りの一人は、何回か会ったことのある日本共産党機関紙『赤旗』の北京駐在記者、高野好久氏だった。

皆が揃ったところに毛主席が隣の部屋から入ってきて、微笑みながら挨拶し着席を勧めた。日本の友人は毛主席の右側に、中国の参加者は毛主席の左側に坐った。そして、毛主席はゆっくりと口を開いた。

「最近、日本全国では大規模な米帝国主義反対の大衆運動が起こっています。私は日本人民を支持します。あなた方の戦いは正義の戦いです。

『参考資料』の報道によると、最近開催された日米経済貿易合同委員会で、八幡製鉄の代表が米国の要求に応じなかったといわれています。これは中小企業を含めた日本各界の人民がアメリカの抑圧に反対しただけではなく、独占資本すらアメリカに不満を抱いていることを表わしています」。

一呼吸おいて、毛主席は「今日皆さんを招いたのは、一篇の談話を発表したいからです」と言った。

そこで、私は初めて今日の会見の目的を知った。

一月十六日から十日間、日本国民は核兵器が積載できる米軍F―一〇五D型機の横田基地配備に反対し、盛大な示威運動を展開していた。昨日の一月二十六日に、一〇万人が横田基地を包囲し、板付、佐世保、呉、岩国、大阪、名古屋など三十あまりの米軍基地のある町で抗議集会とデモが行なわれ、「一・二六」全国統一行動をとった。二十六日の『人民日報』は「雷鳴が轟くように、広範に大衆が起ち上がり、新たな反米愛国闘争が日本全国を席巻しつつある」とその運動を評価した。

毛主席は顔を私の方に向けて、「通訳して彼らに聞かせてくれ」と一枚の紙を渡した。談話の全文であった。印刷したばかりの校了ゲラのようなもので、中文だけだった。私は中国語を見ながら日本語で読み上げた。

日本人民が一月十六日に行なった反米の大デモンストレーションは、偉大な愛国運動であります。私は中国人民を代表し、英雄的な日本人民に謹んで崇高な敬意を表します。

最近、日本全国に、アメリカF—一〇五D型戦闘爆撃機や原子力潜水艦の日本進駐に反対し、すべての米軍事基地の撤去と米軍の撤退を要求し、日本の領土沖縄の返還、日米「安保条約」の廃棄を要求する大規模な大衆運動が巻き起こっています。これらすべては、日本の全人民の意志と願いを表しています。中国人民は心から日本人民の正義の闘争を支持します。

日本は第二次世界大戦後、政治、経済、軍事の上で、永くアメリカ帝国主義の圧迫を受けてきました。米帝国主義は、日本の労働者、農民、学生、インテリゲンチャ、都市の小ブルジョアジー、宗教家、中小企業者を圧迫しているだけでなく、日本の多くの大企業家を支配し、日本の対外政策に関与し、日本を従属国にしています。米帝国主義は日本民族のもっとも凶悪な敵であります。

日本民族は偉大な民族です。米帝国主義が長期に亘り君臨するのを日本民族は許すはずがありません。この数年来、日本では、各階層における人民のアメリカ帝国主義による侵略と圧迫、支配に反対する愛国の統一戦線は徐々に拡大しています。これは日本人民の反米愛国闘争が勝利するもっとも確かな保証です。中国人民は、日本人民がきっと米帝国主義者を自国から追い出すことができ、日本人民の独立、民主、平和、中立を獲得する願望が必ずや実現できると堅く信じています。

中日両国人民が団結し、アジア各国の人民が団結し、全世界のすべての圧迫されている人民と被抑圧民族が団結し、平和を愛するすべての国々が団結し、米帝国主義の侵略と支配、干渉、虐待を受けているすべての国と人々が団結して、アメリカ帝国主義に反対する広範な統一戦線を結成し、アメリカ帝国主義の侵略と戦争の計画をくじき、世界平和を守らなければなりません。

米帝国主義は日本から出て行け、西太平洋から出て行け、アジアから出て行け、アフリカとラテン・アメリカから出ていけ、ヨーロッパと大洋洲から出ていけ、侵略と支配、干渉、虐待を行なっているすべての国と地域から出ていけ！

事前に「談話」文を読んでいなかったので、言葉遣いを吟味することができなく、訳した日本語に自分でも満足しなかった。もし手元に日本語訳の原稿があれば、もっと良い訳ができたのにと残念に思った。通訳が終わったのを見て、毛主席は日本の友人に「この『談話』について、意見がありますか？」と訪ねた。

三人の日本の友人は自分が先に話すのを遠慮した。そこで、順番に鈴木一雄氏が皆を代表して「ありがとうございました。われわれはそれに悉く同意します」と言った。

西園寺公一氏は遠慮して何も言わなかったが、のちに文章で会見の様子を語った。

そのときお会いした毛主席が非常にお元気で、しじゅうニコニコしながら、明るく僕らに話されたのは嬉しかった。

中国の指導者たちに会って、いつも感じるのは、彼らがほんとうに謙虚だということと、質素だということである。毛主席に会っても、これをしみじみと感じた。けっして押しつけがましいことは言わない。ふた言目には、謙虚に、あなたはどう思いますか、と聞く。それから、毛さんの靴と靴下がまことに印象的だった。靴は、不格好な、頑固一点張りのアカ靴、靴下は、おそらく木綿だろう。いかにも丈夫そうな、茶系統の地味な色のものだった。この靴、この靴下から、僕はすぐに農村で農民と楽しく話し合う毛さんを思い浮かべた。誰が毛さんを指して、個人崇拝主義の対象として非難しようとも、それは笑うべき的外れだ。

毛主席は日本の友人から意見がないことを確認すると、中国側の人々に「意見がなさそうなので、このまま発表しよう」と言った。それから立ちあがって皆と握手を交わし、別れを告げて奥の部屋へ行った。毛主席が「談話」を発表し日本人民の愛国闘争を支持することは大きな出来事である。翌日の新聞に掲載するために、会見後、康生と呉冷西氏が残り、新聞のレイアウトについて打ち合わせをした。隣で彼らの話を聞き、同じ日にフランスが中華人民共和国を承認し、中仏はすでに外交関係を樹立したことを初めて知った。康生と呉冷西は、毛主席の「談話」と「中仏国交樹立」の二つの報道をどう配置したら良いかを、紙面に書いていろいろと検討した。ようやく決まったようで、お互いに、単独で毛主席の指示を仰ぐことを遠慮した。結局、二人は一緒に奥の部屋に入ることになった。しばらくして二人が出てきて、廖承志氏に「もう決めました」と教えた。

翌日、『人民日報』の一面トップに毛主席の「談話」が掲載された。タイトルは「毛主席、最近の日本人民の反米大示威について談話を発表、中国人民は日本人民の偉大な愛国闘争を支持」だった。報道記事は一面のほぼ三分の一を占めた。

中仏の外交樹立も一面で報じられたが、「談話」の右下に僅か四行の文字で、タイトルも活字も小さく目立たなかった。

中仏の国交樹立は、当時の世界を驚かせる一大事と言えなくもなかった。中華人民共和国が成立して十五周年、ようやく西側陣営の大国の一つフランスが社会主義の中国と外交関係を結んだ。これは、フランスがアメリカのコントロールから逃れ、アメリカが昔のように好き勝手に同盟国を左右することができなくなった兆しであり、フランスの独立性が明らかになったことであって、中国の国際地位が高まった証しでもあった。

当時、中仏の外交関係樹立を巡って、一時は「二つの中国」の問題について中国はフランスに譲歩するかも知れないと伝えられたが、中国がこの原則問題において一歩も譲らなかったことは、西側の種々の臆測を覆したのであった。

中国メディアの「中仏外交樹立」の扱い方について、雑誌『人民中国』に掲載された西園寺公一氏の文章には次のように書かれていた。

中仏復交がパリと北京で発表された翌朝、北京の僕のところへ、日本の通信、新聞、放送関係から盛んに電話がかかってきた。質問の一つは、言い合わせたように、北京の表情はどうですか、ということだった。フランスの旗などで賑やかなのではありませんか、というのだった。つまり、中仏復交を祝うお祭気分の模様を知りたいということであった。

だが、僕は彼らを失望させないわけには行かなかった。一月二十八日の北京には、フランスの旗もなかったし、お祭り気分もなかった。北京は、そして中国は、中仏復交という一つの歴史的事実を、頗るおちついた態度で受け入れた。決して有頂天になるようなことはなかった。

中仏復交ということが、アメリカの「中国封じ込め」政策の新たな一つの頓挫を意味することをよく知っていながら、さらにこのことが米ソ合作の世界政策に対する一大痛棒であることをよく承知しながら、中国はじつに中国らしい着実な、ハッタリのない態度でこれを受け入れたのである。新聞の紙面がこの態度を雄弁に裏書きしている。

中仏復交発表の翌朝、すなわち一月二十八日の人民日報には、じつは僕も中仏復交の記事がトップに出るものとばかり思っていた。ところが、トップには、なんと、昨夜、毛沢東主席が、日本アジア・アフリカ連帯委員会代表委員、日中友好協会副会長、日中貿易促進会理事長の鈴木一雄君と、日本アジア・アフリカ連帯委員会常任理事、アジア・太平洋地域平和連絡委員会副秘書長としての僕、それから、『アカハタ』の北京特派員高野好久君の三人を接見されたときの談話が堂々と載っている。見出しは、

毛主席接見日本朋友並発表談話支持日本人民反美愛国正義闘争、とあった。

その下に、中仏両国の外交関係樹立に関する共同声明そのものが、もっとも簡単明瞭に載っていた。

中仏復交については、二十八日はこれだけ。

二十九日の紙面に二つの記事——一つは、外交部スポークスマンの、台湾は中国の領土であることの確認と、「二つの中国」は絶対に容認しないという公式声明であり、もう一つは「中仏の外交関係

樹立を祝賀する」という社説であった。

これはけっして中国がフランスの中華人民共和国承認に冷淡だということではない。これは、アメリカ帝国主義の戦争政策、侵略戦争にたいする闘争の一つの勝利として祝福はするが、ほんとうの世界平和を勝ちとるためには、この小さい勝利に酔うことなく、まだまだ一層この闘争を強化しなければならないのだという、中国の固い決意を示すものだと僕は思う。

# 悲観する必要はない、前途は光明にみちている

灰色の人民服姿の毛主席がわれわれの前に現われた。

今日、毛主席は人民大会堂で日本社会党系の五つの代表団に接見することとなっていて、喬冠華《きょうかんか》、趙安博《ちょうあんぱく》諸氏が同席した。

一九六四年七月十日の午後、夏真っ盛りで、熱かった。毛主席は同席の方々と一緒に藤椅子に腰掛けてお客さんを待っていた。白い半袖シャツを着た私は、カジュアル過ぎて周りの雰囲気に合わないと思ったが、通訳だから大丈夫だろうと、自分に言い聞かせた。

慣例により、通訳は私のほかもう一人いた。王効賢《おうこうけん》氏だった。

チーフ通訳が私だと知ると、毛主席は私の方を向いて優しそうに訊いた。

「名前は?」

「劉徳有と申します」。

「すると、君には徳があるかい？」

どう答えてよいか分からなくなった。

困った私を見て、趙安博が「彼はとても良い青年ですよ」と助けてくれた。毛主席は満足そうに頷いた。

やがてお客さんが現われた。主客が着席して、毛主席が話を始めた。

「日本の友人の皆さん、ようこそいらっしゃいました……

中日両国人民は団結し、一緒になって敵に立ち向かわなければなりません。お互いに経済面において協力し合い、人民の生活を改善していきましょう。文化面においても助け合わなければなりません。経済、文化、そして技術面では、日本は我が国より発展しているので、日本に助けてもらう方が助けてさしあげることより多いと思います。

ここからは政治の話をしましょう。政治面では、われわれは支援し合う必要がないと言えるでしょうか？　お互いが十数年前のように対立する必要があるでしょうか？　それは違うと思います。対立の結果は、日本にとっても中国にとっても良くなかったのです。まあ、逆の見方をすれば、双方にとって良いこともあったと言えます。

なぜなら、二十年前の対立が日本人民を教育し、さらに中国人民をも教育したからです。

ある日本の友人が、『皇軍』が中国を侵略して本当に申し訳ないと詫びました。私は『それは違うよ、皇軍が中国の大半を占領していなかったら、中国人民が立ち上がってそれと戦うこともなく、中国共産党が政権を勝ち取ることもなかっただろう』と言いました。したがって、われわれにとっては日本の『皇軍』はとても『良い』先生でした。あなた方にとっても良き『先生』だったでしょう。

結局、日本の運命はどうなりましたか？　アメリカに占領されたではありませんか？　同じ運命が、われわれの台湾そして韓国、フィリピン、南ベトナム、タイにも見られるでしょう。

アメリカはその手を西太平洋に延ばし、東南アジアにまで伸ばしました。伸び過ぎです。第七艦隊はアメリカ最大の艦隊です。アメリカには一二隻の空母がありますが、第七艦隊だけで六隻も持っています。半数を占めていますね。アメリカはまた第六艦隊を地中海に差し向けました。一九五八年、われわれが金門を砲撃した時、アメリカは非常に驚いて第六艦隊の一部を東方に移したのです。

アメリカはヨーロッパ、カナダ、そしてキューバ以外のラテン・アメリカのすべての国をコントロールしていて、今はさらに手をアフリカに伸ばしコンゴで戦争をしています。皆さんはアメリカが怖いと思いますか？」

前の列の中央に坐っていた佐々木更三氏が、毛主席の質問を機に、五つの団体を代表し辞を述べたいと申し出た。承諾を得て、佐々木氏は言った。

「多忙を極める中、毛主席が接見して下さり、さらに大変有益なお話を聞かせて頂き真にありがとうございました。毛主席は健康そうで、中国の社会主義躍進のために、全世界の社会主義事業のために、昼夜兼行で奮闘していらっしゃる姿を拝見し敬意を表したいと思います」。

「ありがとう」と、毛主席は言った。

佐々木氏は続けた。

「毛主席からとても寛大な言葉を頂き、感謝にたえません。過去、日本軍国主義が中国を侵略し、中国人民に災禍をもたらしたことをまことに申し訳なく思います」。

「謝る必要はないですよ。日本の軍国主義は中国に相当大きな『利益』をもたらしてくれましたね。日本の『皇軍』がいなかったら中国人民が政権を取ることは不可能だったでしょう」と毛主席は言い、また「この点について、私はあなたと意見が分かれますね」とユーモアをみせて付け加えた。

「過去のことについてはこれ以上話さない方が良いでしょう。過去のことは、ある意味では良かったといえ、われわれにとって一種の助けでもありました。見て下さい。中国人民は政権を獲得したじゃありませんか。

日本の独占資本と軍国主義もあなた方を助けましたよ。中国で戦争をしていた一部の将軍も含めて、数百万、数千万の日本人民が自覚するようになったじゃありませんか。一千と百あまりの人が（中国に釈放された戦犯を指している）日本に帰り、そして手紙を送ってくれました。一人を除けば、全員中国に友好の意を示しましたよ。世の中というのは本当に不思議なものです」と、毛主席は周囲を見て、「その人の名前は？」と聞いた。

趙安博が、「飯守です。今は裁判官をしています」と答えた。

「一千百あまりの人の中で、中国人民、日本人民に反対する人が一人だけだったのは、とても意味深いことだと思います」と毛主席が、話の途中だった佐々木氏に向かって、「どうぞ、続けて下さい」と言った。

佐々木氏が再び口を開いた。

「先ほど、毛主席はアメリカが怖いかどうかと質問をなさいました。中国はすでに社会主義革命の勝利を収め、今は社会主義の徹底的な実現に取り組んでいます。日本は、これから革命をし、社会主義を実現しようというところであります。日本での革命を成功させるためには、政治、軍事と経済を支配しているアメリカを破らなければなりません。それゆえ、われわれはアメリカが怖くありませんし、それと闘争しなければなりません」。

「その通りです」と、毛主席は嬉しげに言った。

佐々木氏は続けた。

「今回、中国に来て、周恩来総理、廖承志先生、趙安博先生そして他の友人と日中両国を巡るアジア・アフリカと世界の情勢、そして世界の帝国主義と新旧植民主義などの問題について意見交換をしました。とても収穫が大きく、たくさんの共通認識を得ました。これをもって日本の社会主義の発展を促進し、日中両国の提携関係を強めたいと願っています。

日本社会党と日本の人民大衆は、日本がアジアの一員であると認識し、深い関わりのある中国と密接な関係を保たなければならないと思います」。

毛主席は賛同して言った。

「是非そうして下さい。われわれは相互に協力し合わなければなりません。全アジア、アフリカ、ラテン・アメリカの人民はアメリカ帝国主義に反対しています。ヨーロッパ、北アメリカ、大洋州でも、たくさんの人が帝国主義に反対しています。それに、帝国主義者同士も反対しあっています。ドゴールの反米はとても良い証拠になるでしょう。

今の世界には二つの中間地帯があると思います。アジア、アフリカ、ラテン・アメリカが第一の中間地帯で、ヨーロッパ、北アメリカ、大洋州が第二の中間地帯です。日本の独占資本も第二の中間地帯に属していると考えられます。あなた方は日本の独占資本に反対していますが、彼らもアメリカに不満を抱いています。現在、彼らの一部は公然とアメリカに逆らっています。残りは依然、アメリカに依存していますが、私の考えでは、時間の推移と共にこれらの人達も頭上に君臨するアメリカを払い除けるようになります。

これは日本が偉大な民族ということから出た結論です。日本は確かに偉大な民族です。アメリカと戦争する勇気を持っていました。それに、イギリス、フランスとも戦いました。真珠湾を攻撃し、フィリピン、タイ、ビルマ、マレーシア、インドネシアを占領しました。さらに東インドに進攻しましたが、夏は蚊が多く、強い台風が来て奥地まで進入することができず、二十万人の犠牲者を出して敗れました。

このような日本の独占資本は、永遠に米帝国主義が頭上に君臨することを許すわけがないと信じています。もちろん、私は再び真珠湾を攻撃することや、フィリピン、ベトナム、タイ、ビルマ、インドネシア、マレーシアを占領することに同意しませんし、再度朝鮮と中国を攻撃することにも賛成できません。日本が独立し、全アジア、アフリカ、ラテン・アメリカ及びヨーロッパの米帝国主義に反対する人々と友好な関係を結び、経済上の問題を解決し、交流し合い、兄弟のような関係を作ることができれば、それは何よりのことです。

先ほど、あなたは日本がこれから革命をし社会主義の道を歩んで行くと言いましたが、それは正しいと思います。全世界の人民はあなたの指摘した道を歩み、帝国主義と独占資本を墓場に追い詰めなければなりません」。

毛主席は周囲を見まわして、また言った。

「質問があれば訊いて下さい。どんな質問でもかまいません、今日は雑談の会ですから……皆さんは五つの団体に所属しているでしょう？」

佐々木更三氏は、各団体が、発言する代表を一人ずつ選ぶことを提案した。そこで、黒田寿男氏が、先に口を開いた。

「私は、問題提出の代わりに日中友好運動の現状を紹介したいと思います」。

毛主席が「どうぞ」と言い、黒田氏が話し始めた。

「日中友好運動は、社会主義に取り組んだ人と労働運動に携わった人によって発足したものですが、最近国民の広い層にまで拡大して来ました。これが日中友好運動の特徴で、その発展的な一面だと思います。最近、保守党の一部の人士までこの運動に参加し、独占資本の人も日中友好を口にするようになりました。彼らは特に日中貿易を行なおうと決心したようです」。

黒田氏の話を聞き、毛主席は「私もそのことを知っています。これはかなりの変化です。大きな貿易をしないで中小貿易だけに取り組むということは、言いかえれば、独占資本と貿易をしないのは、完全な貿易ではなく、大きな貿易とは言えません」と語った。

黒田氏は話を続けた。

「保守党と独占資本の中には、アメリカに追随する人がもちろんいますので、保守党と独占資本の内部で矛盾と分裂が発生しました。これは明らかな最近の特徴です。

反動的な独占資本と一部の保守党の後ろにアメリカがありますので、どうしても闘わなければなりません。彼らとの闘いは、米帝国主義との闘いにもなるのです。

もうひとつの特徴は、日本人が中国に対して特別な親近感をもっていることです。これは日中友好と日中外交関係の回復を促進する巨大な力です。日本人はアメリカ、イギリスそしてソ連にはこのような親近感を抱いていません」。

毛主席の目が輝いた。

「中国人民も同じです。われわれは親しく日本の代表に近づくことができ、とてもうれしく思い、両国関係にも大きな関心を寄せています。

あなた方は中国のあらゆる所で中国人民から暖かく迎えられたでしょう。中国人民は、時代が変わり、中国の状況、日本の状況、ひいては世界の状況がすべて変わったことを知っていますから。

昨日、この部屋で数十人のアジア・アフリカ諸国の代表と会いました。今日は三〇名ですが昨日は三一名でした。その中に、アフリカやアラブ諸国から来た人が一五人、アジアの友人も一五人いました。残りの一人はオーストラリアの友人でした。そう、日本の友人も一人いましたよ」と毛主席が、西園寺公一氏を指しながら「彼でした」と言った。

「タイの代表も二人いました。タイはいまわれわれと対立していますが、二人のタイの代表がピョンヤンの経済討論会に参加してから寄ってくれました。

インドの方は来ませんでした。しかし、だからといってインドの人全員が中国に反対しているとは言えません。インドの多くの人民は中国人民と交流をしたいし、日本人民とも交流したいと思っていると信じます。問題はインド政府が帝国主義と修正主義に支配され、深く影響されていることです。中国を攻撃するためにインドに武器を援助する国が三つあります。アメリカ、イギリス、ソ連です。

かつてソ連はわれわれと良い関係を持っていました。しかし一九五六年のソ共二十回代表大会以降、関係が悪化しました。その後どんどん悪化して、中国にいた一千あまりの専門家が全部引き揚げ、数百に上る契約が全部破棄されました。

彼らの方が先に、中国共産党に反対すると公開で表明しました。彼らが敵対する以上、われわれもそれに応じ彼らと論戦しなければならないのです。最近彼らは三ヶ月でも構わないが、公開論戦を停止してほしいと要求して来ましたよ。われわれは『三日でも無理です』と答えました。

われわれは二十五年間戦争を続けたこともあります。国内戦争と中日戦争が二十二年間、抗米援朝戦争（朝鮮戦争）が三年間です。私は、元々どう戦争をするかを知りませんでした。小学校の先生でしたから。誰が戦いの方法を教えてくれたと思いますか？　まず、蒋介石《しょうかいせき》でした。次は日本の『皇軍』で、三番目は米帝国主義でした。この『三人』の先生に感謝しなければならないのです。戦争には、秘訣なんて何もありません。私は二十五年間も戦争をして来ましたが、負傷したことは一度もありません。戦争については、全くゼロからスタートし、知らないから知るようになったわけです。戦争をすると必ず人が死にます。この二十五年の間に、われわれの軍隊と中国人民は何百万、何千万の死傷者を出しました。しかし、その戦争のために中国人が減りましたか？　いいえ、全然減りませんでした。われわれの人口は今六億で、多すぎるくらいです。論文合戦で人は死にません。ソ連と何年も論争してきましたが一人の死者も出していません。ルーマニアの代表団が、公開論戦を止めて頂きたいと言ってきましたが、われわれは『さらに二十五年間論争を続けたいと考えています』とソ連に伝えてもらいました。

今、ルーマニアもソ連と論争を始めたそうです。問題は一つの大国が多くの小国を支配したがることにあるのです。片方は支配したいと思うと、片方はどうしても反対するのです。これは、アメリカが日本と東方の国を支配したがっているが抵抗されていることと同じです。世界では、二つの大国がとても仲良しです。一つはアメリカで、もうひとつはソ連です。彼らが世界を支配することには賛成できません。もしかして皆さんは賛成し、支配されたいですか?」

ベテラン社会党人士の細迫兼光《ほそさこかねみつ》氏が話を始めた。

「私は戦前から闘争に参加し、長い間刑務所に監禁された経験もあります。私のような善良な人間を牢屋に入れ、病気の妻の面倒さえ見させなかった政府は悪い政府だと思います。このような悪い政府に対して、毛主席のように寛大でいることはできません。

私共は燎原号に乗り中国に着き、至るところで政府の要人と人民から熱烈な歓迎を受けました。本当に感謝致します。日本政府と人民が、ともに中国の友人を迎える日が速やかに到来することを願っています」。

「船は上海まででしたか?」と、毛主席が訊いた。

「そうです。日本政府のような悪い政府を早く打倒し人民の政府を打ち立てなければ、本当の友好は実現できないと思います。私を迫害した政府は許せません。私はもう歳をとっていますが、遺言の中に、悪い政府を打倒するようにと書きたいと思っています」。

「あなたは今年幾つになりますか?」

「六十七です」。

「私より若いではありませんか。あなたは百歳まで生きれば、一切の帝国主義は滅びるに違いないと思います。あなた方が日本政府と親米派を憎む気持ちは、われわれが過去に国民党政府と親米の蒋介石を憎んだ気持ちと同じです。蒋介石はいったい何者なのでしょう？　彼はかつてわれわれと合作し、北伐戦争をしました。一九二六年から一九二七年の間のことでした。しかし、一九二七年になり、彼は共産党員を虐殺し始めました。数百万人を持つ労働組合と数千万人を持つ農民協会を弾圧し、免れた者はほとんどいませんでした。蒋介石がわれわれを教えた最初の先生だと言いましたが、その時のことを指したのです。戦争は十年も続きました。われわれは軍隊を持っていない政党から、三十万の軍隊を持つ政党になりました。

しかし、その後私達自身はミスを犯しました。蒋介石のせいにすることはできません。南方にあった根拠地を全部失い、二万五千里の長征を始めなければなりませんでした。どれだけの軍隊が残ったかというと、三十万から二万五千人に減りました。今日ここにいる人の中で長征に参加したのは私と廖承志です。

なぜ日本の『皇軍』に『感謝』するのか？　『皇軍』がやってきて、それと戦うために、蒋介石と再び合作することになりました。八年間の戦争をして、二万五千人の軍隊は百二十万に拡大し、一億の人口を持つ根拠地を持つようになりました。ですから感謝しない理由はないのです」。

社会党の荒哲夫氏の発言後、若い曽我祐次氏が言った。

「社会党中央内部の改良主義者と構造改革論者と戦っていますので、革命政党の党建設と党風についてお話を聞かせて頂きたいと思います」。

「貴方の代表団は全部で何人いますか？」

「一一人です。われわれにしてみれば、年老いた社会党幹部と国会議員の行動は、いくぶん鈍くなっているような感じがします」。

「年寄というと、私も含まれるでしょうね？」と毛主席が言った。

笑い声の中、曽我氏が続けた。

「中国共産党幹部の気風と党風について毛主席にお話し願えませんでしょうか？」

毛主席が言った。

「この問題について私はとても詳しく語ることができます。私は、孫中山先生が指導された一九一一年のブルジョア民主革命に参加したことがあります。兵士になったこともあります。その時から十三年も勉強し続けました。六年間は孔子様を勉強して、七年間は資本主義を学びました。学生運動を行ない当時の政府に反対したこともあります。しかし、党を創立することは考えていませんでした。マルクスを知りませんでしたし、レーニンについて聞いたこともなかったので共産党を作ろうと思ったことはありませんでした。

観念論、孔子様とカントの二元論を信じたこともありました。後に情勢が変わり、一九二一年に共産党を創立しました。当時、党員は全部で七〇名で、中から一二名の代表が選ばれ、同じ年に第一回代表大会が開催されました。

私は代表の一人でした。代表の周佛海《しゅうふつかい》と陳公博《ちんこうはく》がその後共産党を脱退し、汪精衛《おうせいえい》政権に入りました。そして、一人がトロツキスト派となり、今まだ北京にいます。一二人の代表中、生きているのは私とあのトロツキスト派と董必武《とうひつぶ》副主席で、他は死んだり、裏切ったりしました。

一九二一年の成立から一九二七年の北伐まで、革命ばかりを考えていましたが、どうやってするのか、革命の方法、路線そして政策について何一つ知りませんでした。その後、初歩的ではあるが、少し分かるようになりました。闘争の過程の中で学び、身に付けて行ったのでした。

例えば、土地の問題です。私は十年もかけ農村の階級関係を研究しました。戦争に関しても、七年間の研究をし、十年の戦いを経てようやく分ったのです。

党内に右派が現われた時、左派と言われ、『左翼日和見主義』が出現した際には、『右翼日和見主義』と言われました。相手にしてくれる人がなく、孤立し、一人ぽっちでした。当時、私はその状況を『予見の当たる菩薩が便所に突き落とされ、鼻持ちならぬ臭いものにさせられた』と喩えました。

のちに、長征途中で、われわれは『遵義会議』と呼ばれる会議を開き、鼻持ちならぬ『臭い』私も良い香りになってきました。その後、一九三四年から一九四四年の十年間、『思想と革命態度を整える』——『整風』運動を行ない、『過去の失敗や誤りを戒めとして、欠点を直す』、すなわち『団結・批判・団結』の路線を実行しました。誤りを犯した者を説得し、ついに一九四五年上半期の党の第七回代表大会を通じて、党の思想を統一しました。

それゆえに、米帝国主義と蒋介石に攻撃された際、僅か四年で彼らを敗りました。先ほど、あなたは党風について質問しましたが、もっとも重要なのは政策だと思います。ここでいう政策とは、政治政策、軍事政策、経済政策、文化政策そして組織路線すなわち組織政策が含まれています。スローガンだけがあって、具体かつ細かい政策がないのではいけないのです。

私の経歴は、無自覚から自覚へ、観念論から唯物論へ、有神論者から無神論者へでした。もし、私が最初からマルクス主義者だというなら、それは違います。初めから何もかも知っていたということは正しくはありません。今年で七十一歳になりました。まだ分からないことがたくさんありますので、毎日勉強を続けています。学習をせず、調査研究をしなかったなら、政策は作れないし、良い政策も生まれてきません。

私は最初から完璧だったことはありません。観念論と有神論を信じたこともあり、失敗してミスもたくさん犯しました。その失敗とミス、そして過去に私を懲らしめた人間が教育してくれました。ところが、われわれは彼らを放り出さず、団結を求めました。例えば、陳紹禹《ちんしょうう》こと王明《おうめい》は未だに中央委員です。それに、李立三《りりつさん》、知っている方もいるでしょうが、彼は修正主義を信じ、モスクワに住んでいます。彼もまた中央委員です。

わが党の歴代の指導者は、全部ミスを犯しました。第一代の陳独秀《ちんどくしゅう》は、のちに党を裏切りトロツキスト派になりました。第二代の向中発《こうちゅうはつ》と李立三《りりつさん》は、『左翼日和見主義』で、向中発は党を裏切って逃げました。第三代の陳紹禹は、在位した時間が一番長く、四年でした。なぜ南方の根拠地を全部失い、三十万の軍隊のうち二万五千人しか残らなかったのでしょうか？　彼の間違った路線が原因だったのです。第四代の張聞天《ちょうぶんてん》は、今政治局委員候補です。彼は駐ソ連大使、外交部副部長を歴任しましたが、後にうまく行かなくなり、私の番になりました。

この話をした理由は、この四代の指導者により、わが党が非常に厳しい状況に陥れられたにもかかわらず、崩壊しなかった、それは、人民が革命を必要とし、多くの幹部も革命を必要としたからです。実際に符合した、正しい政治政策、軍事政策、経済政策、文化政策、組織路線と政策があれば、党は前進し発展できるのです。もし、政策を間違えたら、共産党であれ、ほかの政党であれ、きっと失敗するのです。

今、かなりの数の共産党が修正主義の指導者に握られています。世界には百あまりの共産党があり、今二種類に分かれています。一つは、修正主義の共産党であり、もう一つは、マルクス・レーニン主義の共産党です。われわれは修正主義から『教条主義』だと罵られています。われわれから見ると、あなた方の方が修正主義の共産党より良いのです。なぜなら、あなた方は構造改革論に反対するが、彼らは構造改革論に賛成するからです。私は彼らとは話が合いませんが、あなた方とは合いますね」。

話が一段落した毛主席を見て、佐々木更三氏が「お忙しい中、このような有意義な話をして頂き、誠にありがとうございました」と言った。

毛主席も話が長いと気づき、「どれぐらい話しましたか？　二時間はしたでしょう？」と訊いた。

細迫兼光は言った。

「このような有意義な言葉を頂き、感謝に堪えません。この前、鈴木茂三郎《もさぶろう》先生と一緒に来訪した際に、毛主席は『孫子兵法』を読んだことがないとおっしゃいました。日本には、『論語読みの論語知らず』という諺がありますが、毛主席は英明ですので、兵法を読まなくても兵法が分かるのです。毛主席とは比べられませんが、お話をうかがうと、マルクスの本を読まなくても、周囲の多くの方から勉強できる気がします」。

それを聞き、毛主席は再び口を開いた。

「米帝国主義と日本の独占資本はあなた方の良い先生です。彼らが考えさせ、頭を働かさせてくれるのです。しかし、マルクスの本はやはり少し読んだ方が良いと思います。修正主義の本、観念論の本、米国のプラグマチズムの本も読んだ方が良いと思います。そうでなければ、比較できないでしょう。もし、構造改革論の本を読まなかったら、それはどういうものか分からないでしょう。そもそも構造は何を言うのでしょう。構造とはすなわち上部構造であり、その根本的かつ主要なものの第一項が軍隊です。軍隊をどうやって改革するのですか？　イタリア人がこの理論を作り構造改革を言い出しました。しかし、イタリアに数十万の軍隊と警察がありますが、これらをどうやって改革をするのですか？

その第二項は、国会です。今日列席している皆さんの中には国会議員が大勢います。事実、国会では政府と独占資本の代表が多数を占めています。もし、皆さんが多数を占めたら、彼らは何か対策に乗り出すに違いないでしょう。選挙法を改正するとか、何らかの方法を考え出すでしょう。

査証のこともそうです。日本政府がそれを管理しているでしょう。皆さんには管理する権利がありませんが、私達も管理できません。われわれが査証を発行しても、日本政府は発行しないでしょう。今年八月六日の原水爆禁止大会にも査証を発行するかどうかの問題があります。あなた方に査証を与えるかどうかの問題ではありません。われわれが査証を与えたので、皆さんがここに来ているのではありませんか？

あなた方と同じように、私は構造改革論も、三国条約も信じません。世界で九〇％以上の国の政府がその条約に署名し、しなかった国はごくわずかでした。しかし、時には、多数を占める方が間違い、正しいのは少数の方であることもあるのです。四百年前、コペルニクスが、地球が回っていると言い出しました。当時のヨーロッパでは、彼を信じる人がいませんでしたが、イタリアの物理学者ガリレイが信じていました。その結果は、あなた（細迫氏を指して）と同じように刑務所に入れられました。どうやって釈放されたのですか？　地球は回っていないと言明する文書にサインをしたのだから。しかし、刑務所から出たらすぐ、また地球が回っていると言いました」。

細迫氏を見て、毛主席はさらに言った。

「あなたはサインをしなかったのだからガリレイより偉いです。奥さんの面倒を見ることができなかったと言いましたが、こういったことは多々あります……。私は三人兄弟でした。うち二人は国民党に殺害され、妻も、妹も、甥子も国民党に殺害されました。息子は、朝鮮で米帝国主義の爆弾で殺されました。私の一家は、ほとんど消滅させられました。残されたのは、私だけでした。中国では、国民党に消滅させられた家庭は数え切れないほどあるのです。悲観しないで下さい。前途は光明にみちています」。

## 「八全大会」の同時通訳から

一九五六年九月、中国共産党第八回全国代表大会が北京で開かれた。私は、大会の同時通訳を務め、ブースの中で毛主席の開会挨拶の日本語通訳をした。

「八全大会」の準備は、開催がまだ公表される前から始められた。われわれは北京西苑飯店に泊りこみ、外部から隔離された状態で大会の文書とスピーチの翻訳に取り組んだ。

当時の西苑飯店は、現在のような高層ビルではなく、灰色をした煉瓦造りの三階建てだった。ロシア語、英語、フランス語、スペイン語、日本語など各国語の通訳陣が全国各地から集まっていた。

いよいよ大会の開幕が迫ってきて、通訳陣の中から何人かの同時通訳担当が決められた。日本語の同時通訳には、私の外に、王効賢《おうこうけん》、葉啓庸《ようけいよう》ら数人が選ばれた。

大会は「政協礼堂」で行なわれた。当時まだ人民大会堂はなく、「政協礼堂」がこのような会議に最も適した場所だった。

毛主席の開会の挨拶を通訳するため、私は最初にブースに入る日本語通訳となった。初めてのブース入り経験である。

通訳ブースは二階の左側に設置された。中に入ると原稿とマイクが机の上にあり、坐った位置からは一部の出席者しか見えなかったが、立ちあがるとガラスごしに演壇が見えた。

やがて開幕の時間になり、腰を挙げて演壇の方を眺めると、毛主席が立ち上った姿が見えたため、慌てて坐り直し息を殺してイヤホンに耳を傾けた。毛主席の声が伝わってきた。

「皆さん、中国共産党第八回全国代表大会をただ今より開始いたします……」毛主席のスピードに合わせて、私は事前に用意しておいた日本語原稿を読み上げた。

「八全大会」が閉幕した日の午後、われわれがまだ仕事をしているところへ、日本語通訳組の責任者が「大会後、毛主席が同時通訳に接見してくれる」と嬉しいニュースを伝えに来た。

興奮したわれわれは、きっと皆がある部屋に集まり、列を成して接見を待つのだろうと推測した。ところが、大会の閉幕が宣言されて間もなく、二階の反対側が騒がしくなり、人々が嬉しそうにその方向に向って走った。われわれ日本語の通訳もその後ろについて二階のホールへ走った。すると、しっかりとした足取りで毛主席が歩いてきた……。胸が高鳴り、いっぱいとなった。当時の心境はまさに歌の文句のようだった。「東方紅、太陽昇、中国出了個毛沢東……」（東の空は赤く染まり、太陽が昇った。中国に毛沢東があらわれた……）。

人々は我を忘れ、毛主席のそばに押し寄せて握手を求めた。毛主席は微笑んで、来た人達の手を次から次へと握った。私も毛主席と握手をしたかったが、混乱している様子を見て、ただじっと毛主席の姿を見つめていた。小型の録音機を肩にかけた数人の外国の記者が、長いマイクを毛主席に差し出しインタビューをしようとした。見かけたことのないマイクに毛主席は驚いた様子で「これは何?」と思わず訊いた。

毛主席の接見が終った。

「この手で毛主席と握手したから、もう洗わないぞ……。この手で握手して、皆でこの幸せを分け合おう……」と、人々の興奮はなかなか収まらなかった。

五〇年代から六〇年代にかけ、毛主席が日本代表団と会見した時は、主に趙安博《ちょうあんぱく》氏が通訳を担当したが、国務院外事弁公室の指令で時折私が出向することもあった。回数こそ多くはなかったが、生涯忘れられない思い出がたくさん残っている。

一九六二年一月三日の晩、毛主席が原水爆禁止日本協議会理事長安井郁《やすいかおる》氏と会見した。私は通訳を務めたが、安井氏のご令嬢と北京に常駐する西園寺公一、それに令夫人の西園寺雪江氏が同席した。この日、主客は共に立ったまま話していた。

会見の時、安井郁氏は「中間地帯」について質問してから、「アルジェリアはフランスと和解できるでしょうか」と訊いた。民族の独立を獲得するため長年抗戦を続けてきたアルジェリアの反フランス植民地支配の闘争は、当時の国際問題の焦点であった。

毛主席は少々考えてから、否定の答えをした。

毛主席が安井郁氏に会見する二日前、鈴木茂三郎氏が社会党第三回訪中団を率いて北京に来た。一九六二年の一月十二日の夜、毛主席は中南海で代表団と会見したが、この時の通訳も私が担当した。

あの日、私は代表団と共に中南海に到着した。

着席後、毛主席は、日本の社会党は西ヨーロッパの社会党と違い闘争性のある、「奇怪」な政党だと称賛した。

団長の鈴木茂三郎氏が、アメリカと闘っている社会党の状況を説明し、アメリカの新駐日大使ライシャワー氏に言及した。鈴木氏によれば、ライシャワー氏は来日後、日本の労働組合、知識人層に精力的に働きかけるなどして猛烈な攻勢をかけ、六〇年代初頭から一度高まってきた反米闘争を和らげ瓦解させようとしているという。興味を示した毛主席は、廖承志氏に「ライシャワーのスペリングはどうかな」と訊いた。廖氏は紙に英語で書き、もう一人に確認してもらってから、「この名前のスペリングはとても珍しいものです。アングロサクソンの末裔ではないようです」と言って毛主席に渡した。毛主席は頷いた。

それから、毛主席は中国革命の過程について語った。歴史の各時期に革命に参加した人達の数に触れ、若い党員が大きく増えたことに及ぶと、毛主席は振り返り、「君は何時入党したか？」と訊いた。私が「一九五六年です」と答えると、毛主席は「彼も新中国が成立してから入党したものです」と言った。

社会党軍事問題専門家の議員石橋政嗣氏が、「毛主席は作戦がとても上手だったので中国革命は勝利を収めました。どのような兵法の本をお読みになったのですか？『孫子兵法』ですか？」と質問をした。

毛主席は微笑した。

「私は、本を読んでから戦争をするようなことはしません。本に頼るような戦いでは勝てませんよ。戦いながら学び、その方法を身につけました」。

「クラウゼヴィッツの本をお読みになったことがありますか？」

「以前、読んだことはなかったが、後で読みました。氏の有名な論点は『戦争は政治の延長である』ということですね」。

一九六五年八月二十六日の午後、毛主席は人民大会堂で、中日青年友好交歓会に参加したいくつかの日本青年代表団の団員に接見した。

その前年から、私は『光明日報』の記者として東京に駐在していた。日本当局は中国の特派員が「民間人」であることを理由に、毎年一回ずつ入国管理局に指紋を押しに行かなければならないとした。われわれは、この人間を侮辱するような要求には絶対に応じられないので、一年たったら帰国し、しばらく「休暇」を取ってから再び入国手続きをし、もとの仕事に戻ることにした。一九六五年八月、ちょうどその「休暇」で北京にいたところに通訳の指令があった。

代表団の団長と主要メンバーがある部屋で中国の指導者の接見を待っていた。他にも四百人あまりが隣のホールに集まり、記念撮影の準備をしていた。

中国側の顔ぶれは相当なものだった。劉少奇《りゅうしょうき》、周恩来《しゅうおんらい》、鄧小平《とうしょうへい》、彭真《ほうしん》、賀竜《がりゅう》、郭沫若《かくまつじゃく》、劉寧一《りゅうねいいち》氏などが毛主席と一緒に現われ、朱徳《しゅとく》氏以外の要人が全部出席した感じであった。

毛主席の右側には、北京常駐の日本共産党中央書記局書記、砂間一良《すなまいちろう》氏と令夫人の砂間秋子氏が坐り、在京の平和人士西園寺公一氏、『赤旗』特派撮影記者の田村茂氏、同紙北京駐在記者の高野好久氏も列席した。

客の多くは青年であるため、毛主席は中国革命の過程を紹介した。

その日、私は通訳を担当したが、後ろに趙安博氏が坐り訂正役をした。その脇に、記録担当の女性一人が坐った。

毛主席が話を終え、日本の友人に発言するようにと勧めた。日共駐中国代表の砂間一良氏に遠慮してか、先に口を開く人がいなかった。しばらくして、砂間氏が沈黙を破った。

「主席はお元気ですか?」

「まあまあです(中国語は還可以《ハイコーイ》)」と、私が毛主席の答えを通訳したところ、毛主席は私の訳した「まあまあ」の発音をまねて、「馬馬虎虎《マーマーフーフー》」と言った。中国側の同席者から愉快な笑い声が聞こえた。私はすぐ「馬馬虎虎」を「まずまずです」と日本語に訳しなおした。

日本側にとって多くの話ができる良い機会だったが、砂間氏が二度と口を開かなかったため、会見は終りになった。

砂間氏の無言は、中日両党の微妙な関係が反映されたものかも知れないと私は思った。ひょっとすると、事前にどう話すべきかについて指示を仰がなかったので、黙っていることしかできなかったのかも知れない。

皆が記念撮影をするために隣の部屋に移ろうとした。私が立ち上がろうとしたところ、記録係の女性が「毛主席の話の何箇所かはっきり聞き取れませんでしたので、通訳のノートを貸してくれませんか」とひき止めた。彼女も毛主席の湖南なまりに困ったようだった。

「ここは『われわれは三年あまりの解放戦争を経て、国民党の軍隊を敗り、全国の政権を勝ち取った……』です。」と教えたところ、「君のあの部分の訳は適切ではなかったよ。『敗る』ではなく、『消滅』だろう……」と傍にいる趙安博が訂正した。ところが、毛主席がそれを聞いた。「敵はまだ完全に消滅していないよ。蒋介石は台湾に逃げたじゃないか？」と言った。「敵はいまだに存在する」という一貫した見方を強調したかったようだ。

やがて準備が整い、数百人が階段状の台の上に並び終わると毛主席と指導者達が部屋に入ってきた。熱い拍手が沸き起こり、中国語で「毛主席万歳！」と叫ぶ人もいた。数人の人が台から下り、手を差し出しながら毛主席、劉少奇、周総理らに走り寄った。

毛主席が前にいた青年に握手をした。それを見ると整然としていた列が崩れ、握手を求めに皆が殺到しかけたため、場内は一時大混乱に陥った。予想もしていなかった事態に、警備員が慌てて引きとめ、元の位置に戻らせた。

その日、廖承志《りょうしょうし》、南漢宸《なんかんしん》、楊海波《ようかいは》、章蘊《しょううん》、胡啓立《こけいりつ》諸氏も撮影現場に居あわせた。

一九九七年七月二十三日、私は『光明日報』に掲載された多田正子という女性の文章を読んだ。一九六五年八月の会見に参加した多田さんはこのように書いている。

「初めての中国旅行は一九六五年八月だった。日中両国はまだ国交を樹立しておらず、中国は恐ろしい社会主義の国家で、日本の共産党員や進歩的な知識人だけが個別に招請される特別なところだと想像した……資本主義と社会主義の冷戦が続いていて、われわれのパスポートはずっと発行されなかった。

私達は外務省の前でデモをし、課長室の前に坐りこんだ。午後になってようやく査証がおりた……八月十二日に羽田を出発し……香港に到着して……そこから広州《こうしゅう》、杭州《こうしゅう》、上海を経由し、二十二日に北京に着いた。途中の町を通過する時には、いつも地元の人々と青年団から熱烈な歓迎を受けた。

二十六日午後、ガイドさんが『今日、良いことがある』と言って車に乗せた。どこに行くのか、どんな良いことがあるのか、一切言わなかったので、われわれは何も知らないまま人民大会堂に到着した。部屋に入り間もなくすると、毛主席を先頭に、劉少奇、周恩来、鄧小平、彭真、賀竜らが続々と現われ、一緒に写真を撮ってくれた……。まだ文化大革命の前だったので、中国の国家指導者はすべて健在だった。今年（一九九七年）二月に逝去した鄧小平氏はまだ六十一歳で、青年みたいな感じだった。その夜、彭真氏が人民大会堂宴会ホールに招待してくれた……

あの日の招待状は未だに手元に置いてある。印刷されたものだったがちゃんと封筒に入っていて、私の名前が書いてあった……

私達百あまりの学生は、庶民出身であったり資本家出身であったりしたが、全員が社会主義が良いという信念を持って帰国したと思う……

去年の夏、再び北京旅行が実現した。紫竹院公園を訪ねて、係の方に一九六五年に日中両国青年が植えた木はまだ存在するかと聞いたら、『友誼林のことをお聞きでしょうか？　ありますよ、あそこです！……』と教えてくれた。数十本の木が、想像より大きく茶碗程の太さがあった。年月を重ね、すでに三十一年が過ぎ去り、木はすっかり大きくなり、立派な林になった……」。

# 周総理と日本の友人——南原繁と大内兵衛との会見

東京大学元総長、南原繁氏と東北大学、武藤教授がモスクワから北京の西苑《せいえん》空港に到着したのは、一九五五年六月六日の午後だった。中国科学院秘書長陳康白《ちんこうはく》と、康大川《こうだいせん》と私の三人が、空港に出迎えた。

南原、武藤両氏は日本学術会議代表団のメンバーとしてソ連を訪問した。日本学術会議会長の茅誠司氏らから成る同代表団一行は三週間のソ連訪問を経た後、中国科学院の招請により中国を訪れたが、南原、武藤の両氏はソ連にいる日本戦犯を訪ねたため、他の団員より数日遅れた。

宿舎の北京和平賓館は、当時の北京では一流ホテルではなかった。本来なら、このような賓客は北京飯店に泊るのが普通であったが、ホテルが少なく事前の手配がつかなかったようで、大教授達には我慢してもらうより仕方がなかった。三日後の九日になって、ようやく空き部屋ができ、教授らに北京飯店に移ってもらった。

六日の晩、廖承志氏が和平賓館に南原氏を訪ねた。当時廖氏は、中国人民世界平和保衛委員会の副主席で、前年の十月、戦後第一号の訪日代表団——李徳全《りとくぜん》を団長とする中国紅十字会代表団——の副団長として日本を訪問している。両氏は日本語で会談を行なった。

南原氏は、ブルガーニンとフルシチョフの二人がユーゴスラビアでの会議に参加したため、予定していた二人との会見が実現せず、外相のモロトフと会談したと話した後、周恩来総理に会いたいと申し出た。廖氏は伝えると答えた。

六月九日、「周総理が夜十時に紫光閣で代表団と会見する」という通知が国務院外事弁公室から届いた。われわれはすぐ代表団に知らせると、南原氏は康大川氏に言った。

「中国側のご好意に感謝します。しかし、大内さんと私は政治学を研究していますが他は全員が科学者です。ですから周総理との会見には私と大内兵衛さんの二人だけで行くつもりでおります」。

当時の中日関係の下で、国立大学の現役教授が多数名前を連ねる科学代表団が政治に介入しない姿勢を外部に示す必要があったようだった。すでに定年退職した南原氏と、「マルクス主義」研究者として著名な大内氏の二人が「政治活動」に参加するのは自然だとの判断だったかもしれない。

中国は日本側の意見を尊重した。

南原、大内の両氏は、陳康白秘書長、康大川氏それに私と共に、指定された時間に中南海紫光閣に着いた。廖承志氏と、同年春、貿易代表団を引き連れ東京を訪れた雷任民《らいにんみん》氏、通訳の趙安博《ちょうあんぱく》氏らがすでに待っていた。

いつもお客さんより早く会見場所に到着している周総理だったが、その日は重要なことがあり手を離することができなかったため少々遅れた。そこで、廖承志氏がお客さんと話して、皆で総理を待っていた。しばらくして、灰色の人民服姿の周総理が現われ、見慣れた右腕を曲げた姿勢で日本の友人に向い、立ち上がろうとしたお客さんに着席のままでいるように勧めた。これは南原氏が初めて会う周総理だった。のちに、氏は会見の様子をこう語っている。

中国ではどこに往っても、客を迎えるのに中国固有の礼節があって、そのことは国の政治が変っても、以前と変りがない。

周総理とは、……眉毛の濃い白皙の紳士である。いま五十なかばでもあろうが、この人が若い時から革命の闘士として、水火の中をくぐって来た人とは思えぬほどである。日本にも嘗つて一年余り留学したと聞いているが、主としてフランスで仕上げた人である。その鷹揚で高雅な態度に包んでいる聡明な知性と強靭な精神は、いま新中国で毛主席および朱徳将軍と並んで三役の一人であるばかりでなく、印度のネール首相とともにアジアと、ひいて世界の平和政策の推進力と称していい。

趙安博氏は周総理の傍に坐り、会見の通訳をしていた。趙氏は若かりし頃、東京第一高等学校に学んだが、日本の中国侵略戦争が勃発したため帰国し延安に赴いた。のちに、王震氏がリードした「三五九旅」で働いたことがあり、延安の日本人労農学校副校長も務めた。全国解放前、東北解放区で日僑管理の仕事に携わり、新中国成立後、中央連絡部に異動になり局長の職に就いた。中日国交回復前の初期の民間交流の中で、趙氏はいつも周総理の通訳を担当していた。

一方、私は、周総理が日本の友人と会見する場に居あわせたのは初めてで、趙氏の後ろに坐り、通訳の見習いをしていた。

周総理は広い範囲にわたり、中日両国の文化学術交流から、中国の工業発展の状況、中日の貿易関係まで、さらに中日両国の政治関係、国交正常化における中国の原則、そして台湾問題、中国の対朝鮮問題、対インドシナ問題などの国際問題に関して意見を述べた。

十一時頃になり、お客さんが失礼しようと立ち上がると、総理は引き留め中国訪問の感想や意見を求めた。そこで、お客さんが漢字の略字が読めないことに触れ、中日両国で略字を統一する必要があると言った。周総理は、略字の公表はすでに数回行なわれたと中国文字改革の状況を紹介し、その使用は教育の普及に非常に意義のあることだと強調し、それの統一について両国学者が共同研究することに賛成すると言った。

お客さんが別れを告げた時、すでに夜中の十二時半を回っていた。

のちに、南原氏はこう書いている。

私は、前々から周総理の考えは、演説や書いたものをとおして注意して来たつもりであるが、親しく話をしていて何よりも感ずることは、これは真実の人の言葉だということである。

一国の総理で内外の政務多端のなかを、われわれ日本の学徒のために、夜半にわたって幾時間も語りつづけた総理の博い知性と識見もさることながら、その人間としての誠実さに感心した。そして、このような政治家をもつ国民を幸福と思った。

もう寝静まった北京の街をとおりぬけて新しい豪華な宿の床についたのは、一時もすでに過ぎていた。

# 当意即妙の応答

一九五五年八月十七日、周総理は中南海紫光閣で日本新聞・放送関係訪中団と会見を行なった。

代表団は、中国新聞工作者聯誼会に招かれたもので、『人民中国』に勤務していた私は、臨時に出向させられ接待の仕事に加わった。

代表団の宿泊先は崇文門《すうぶんもん》内の新僑《しんきょう》飯店だった。新華社記者の呉学文《ごがくぶん》氏が終始代表団に随行し、私は北京大学の新卒業生の二人と一緒に通訳を務めた。日本のメディア関係の代表団を接待する初めての経験であった。

代表団は、日本の主な新聞社の代表によって結成された。団長は、『産経新聞』社副社長の横田実氏で、団員は、『朝日新聞』外報部部員の門田勲、『毎日新聞』論説委員の橘善守《よしもり》、『読売新聞』編集局次長の高木健夫《たかぎたけお》、『日本経済新聞』論説委員の針生健次郎、『東京新聞』編集局次長の横田芳郎、『北海道新聞』

論説委員の須田禎一、『中部日本新聞』編集局長の鈴木充《たかし》、『西日本新聞』論説委員の岡本順一、共同通信社外信局長久我豊雄《くがとよお》、日本放送協会放送文化研究所所長の中村茂、ラジオ東京調査局局長の鈴木恒治、ラジオ九州東京支社支配人の白石末彦の諸氏だった。

代表団と一緒にいる間に一番強く感じたことは、マスコミ代表団への対応の難しさだった。新中国が成立してわずか六年、外国はまだ中国を知らず、偏見さえ持っていた。資本主義国のジャーナリストは特にそうだった。彼らは違った新聞観を持っていて、われわれが紹介した積極的な面や各方面で成し遂げたことにはあまり興味がなく、むしろわが国の遅れている面や弱点、そして一時あった困難などに大きな興味を示した。少数のメンバーは友好と親近の情を示したが、奇怪とも思われる質問をしたり、耳障りなことを言う人もいた。

代表団訪中の主要目的は周恩来総理に会うことだった。彼らは予め書面で五つの質問を用意したが、呉学文氏が私に中国語の翻訳を頼んだ。それから上層部に提出し、周総理の返事を待っていた。

八月十七日午前、周総理が午後に代表団に接見するとの通知が届いた。呉学文と私が代表団と共に紫光閣に到着したところ、濃い灰色の人民服姿の周総理が中国紅十字会会長李徳全《りとくぜん》、中国人民世界平和保衛委員会副主席の廖承志《りょうしょうし》、中国国際貿易促進委員会副主席の雷任民《らいにんみん》、中国人民外交学会副会長の喬冠華《きょうかんか》、外交部部長補佐陳家康《ちんかこう》、新聞局局長龔澎《きょうほう》、『人民日報』副編集長の楊剛《ようこう》、中国新聞工作者聯誼会副会長呉冷西《ごれいせい》、梅益《ばいえき》、王芸生《おううんせい》、副秘書長の張紀明《ちょうきめい》氏らを伴いすでに待っていた。

通訳は趙安博氏であった。私は趙氏の後ろに坐って通訳の勉強をした。二度目のことである。

主客が着席した後、周総理は、傍にあるテーブルの上に置かれたマイクの線が乱れていることに気づき、立ち上がってなおした。印象的だった。後に橘善守氏が文章でそれに触れたが、同じく感心したようだった。

代表団の来訪に歓迎の意を示し、総理は、前もって提出された問題は書面で回答を準備したが、皆さんに配るので読んで下さいと言った。

横田団長が代表して、「お忙しい中、会見して頂きまことに感謝致します。われわれは日中両国の友好を深め両国関係の正常化を促進したいと衷心から願い、日中両国の友好関係をぜひとも推進しなければならないと考えております。このたび中国に来て、こういった考えは益々強くなってきました。しかし、日本人の一部は、まだ新中国を誤解しています。帰国後、このような誤解を解き、日中両国国民の友好を深めるために努力したいと思います」と言ってから、周総理に質問した。

「日中関係正常化を促進するカギは何ですか?」

「それは、両国政府が共に人民の利益に基づき自主独立の外交を行ない、それをもって中日両国の関係を改善することにあります」と、総理は毅然と答えた。

共同通信社の久我豊雄氏がまた質問をした。

「中国は日中両国の関係改善のために何度も積極的、友好的な態度をとりましたが、日本政府はずっと消極的な態度をとっています。それゆえ中国側は、全国人民代表大会第二回会議での周恩来総理の発言と八月十六日の外交部スポークスマンの声明から見ても分かるように、日本政府に不満を抱いていて、しかも割合に強い態度でこれを表明したようですが、如何でしょうか?」

久我氏が触れた総理「発言」とは、一九五五年七月三十日に、全国人民代表大会第二回会議で、国際情勢とわが国の外交政策に関する演説の一部で、次のようなものである。

第二次世界大戦が終わってからもう十年になりますが、中国と日本両国間の戦争状態はいまなお取除かれていません。一九五四年十月、中国とソ連が日本との関係についての共同宣言を発表して以来、中国政府はさらに中日関係の正常化をうながすための多くの措置をとって来ました。しかしながら、わたしたちが日本政府の方から得た反応は、けっしてみながみなこの方向にそったものではありませんでした。

また、久我氏が言及した外交部の声明とは、会見の前日に日本外務省が中国大陸に居住する日本人の引き揚げ問題に関して、根拠もなく中国政府を名指し、無理な要求をしたことに対して外交部スポークスマンが、平等互恵、独立と主権の相互尊重に基づき、中日両国関係の正常化を促進し両国の平和友好を実現することは、中日両国人民の共通の願望である。ここ二年来、中国政府は再三にわたり正常化を促進する措置をとってきたが、日本政府は未だにそれに相応する努力を見せないばかりか、日本人居留民の帰国を利用して世論の目を逸らし正常化に対する消極的な姿勢を隠そうとした、と発表したものである。

久我氏の質問に対して、周総理は答えた。

その見方に同意します。中国人民と中国政府はここ二年来、日本人民と日本政府に友好の手を差し伸べてきました。圧倒的多数の日本人民が中国人民と同じように中日両国の友好を求め、両国関係の正常化を要求していると信じています。ところが日本政府が示した態度は決して全部そうではありません。日本政府は最近特に誠意のない態度を取っているので、中国人民は満足していません。

しかし、確かに不満はありますが、これは、われわれが中日両国関係の正常化を促進するために努力を続ける妨げにはなりませんし、わけても、われわれが中日両国人民の友好関係を深めるために努力するのを妨げるものではありません。

日本の方には、中国側が両国関係の正常化を焦っているから、日本政府は無理な要求をうんと出して中国政府を困らせてやろうと考えている人がいるかも知れませんが、このような考え方は間違っています。問題は、誰が焦り誰が焦っていないかというようなことにあるのではなく、中日両国関係の正常化を促進すべきかすべきでないかということにあります。中国政府が中日両国関係の改善に努力しているのは、それが中日両国人民に利益をもたらし、極東と世界の平和に役立つからであります。目下、中日両国の戦争状態はまだ終っていませんが、これは、両国人民にとっても極東と世界の平和にとっても不利益なことであります。中日関係の正常化は、中国と日本の双方に利益のあることであります。これは双方によってなされるべきで、一方だけの問題とみなしてはなりません。

横田団長は、全く同感で、日本の新聞・放送関係に従事する者として、できるだけの事をしなければならないと述べた。

『朝日新聞』記者の門田勲氏が続けて口を開いた。門田氏は普段は無口だが、時々その真意を図りかねることを言う。彼は、中国外交部スポークスマンの声明は戦争の賠償問題に触れたので、それについて説明してほしいと言った。

周総理は、
外交部スポークスマンは声明の中で、中国人民が、日本軍国主義による中国侵略戦争の間にこうむった莫大な損害についてふれています。この点について、日本政府はこれまで一度も責任ある釈明をしていません。それとは反対に、日本当局の発表した多くの言論を見ると、かえって中国の方が日本にすまないことをして、何か釈明しなければならないといったような印象さえうけます。中国外交部スポークスマンはこの点を取り上げて、中国人民が賠償を要求する権利のあることを説明したのであって、日本政府はそれに注意を払うべきであります。

と言った。

賠償問題は、以前から日本側が関心を示してきた問題であり、政権を握る人達にとっては中国の方から言及して欲しくない事である。周総理の発言は巧妙で、必ず賠償してくれとも、また賠償権利を放棄するとも言っておらず、ただ中国人民が賠償を要求する権利があると強調しただけである。日本当局はその本心を探りたくても簡単には解せない言葉である。

中国語のできる『毎日新聞』社記者の橘善守氏がとても鋭い問題を提示した。

「周総理は第三の問題に対する書面による回答のなかで、「中日関係の正常化をはかるあらゆる誠意ある努力は、すべて日蒋講和条約を廃棄に導くものでなければならない」と述べましたが、これは、日蒋講和条約の廃棄が、必ずしも中日両国関係の正常化を促進してゆくための前提となるのではなく、中日両国関係の正常化を促進していく上の目標であり、同時にその結果であると理解して良いですか？」周総理は橘氏の質問を注意深く聞いていたが、少々考えてから、「差不多」（「差不多」は、大体そのように理解して良いという意味）の三文字だけを答えた。

翌日の新華社の報道は周総理の三文字そのままを使わなかった。私の知る限り報道は呉冷西《これいせい》氏によって書かれたもので、周総理の三文字は「大体上可以这様理解」という違う言葉になっていたが、意味に影響を及ぼすものではなかった。

全国人民代表大会第二回会議中、周総理がアジア及び太平洋地域で集団平和の取決めを結ぶことを提案したが、その具体案はどうなっているかとの質問に対して、総理はこう答えた。

アジア及び太平洋地域の集団平和のとりきめを結ぶ問題は、情勢の発展に基づいて初めて具体化することができる。このような会議を開く場合には、参加国としてアジア諸国ばかりでなく、アメリカ州とオーストラリアの国々を含む太平洋沿岸の諸国も加えることが予想される。このような会議を開くためのカギは、中米関係と中日関係の改善にある。それには、話し合いの道によって、目下の国際紛争を一歩一歩解決してゆくよう、関係方面が共同で努力する必要がある。こうすれば、アジア及び太平洋地域の集団平和の取決めを結ぶうえに希望がもてるようになる。

横田氏は周総理の話を聞き、「日本人はこのような会議を開いてアジア及び太平洋地域の集団平和の取決めを結ぶことに非常に賛成しています。日本人はこぞってこれを支持していると言えます」と語った。代表らはまた、両国新聞業界の友好的な往来は両国人民の友好を深め、両国関係の正常化を促進することに役に立つと語ったが、周総理は、今度の中国訪問が良い役割を果すようにと期待を語った。

日本を訪問する中国の新聞記者はその時までまだ一人もいなかった。横田団長は、「中国報道界代表の日本訪問が一日も早く実現するように望んでいます……帰国後、新中国訪問の感想を発表することにより、日中両国国民の友好が必ず促進されるに違いありません」と言った。

周総理は、両国人民の相互理解を深めるために、帰国後、中国で見聞きしたことを全面的かつ善意的に、しかも批評を帯びた扱い方で報道してほしいと言った。

会見は、午後五時三十分から七時十五分まで二時間近く続いた。お互いに意見を交わし、質疑に答える形をとり、効率よく行なわれた。日本側から様々な質疑があったが、書面で提出した問題の枠を越えていなかったとも言える。代表団が事前に出した質問と周総理の書面での回答は次のようなものである。

問——ジュネーブにおける中米大使会談によって世界の緊張緩和の情勢は一層促進されるように思われますが、周総理のお考えは如何でしょうか?

答——中国はジュネーブで行なっている中米大使級会談が積極的な効果を収めるよう希望しています。中国側ではこのために努力しています。双方ともに和解の精神をもち、また対等の基盤の上に立ってそれ相応の努力を払うならば、中米会談は、中米関係の改善と世界の緊張した情勢、まっさきに極東の情勢をさらに緩和するのに役立つであろうと私達は考えています。

問——ソ連政府の機関紙は、昨年十二月「ソ連と中国はサンフランシスコ条約は日本人民の利益を侵害するものとみている。しかし、同条約は対日関係を調整する障害とはならない」と評論し、日本人民の注目を引いた。これについて、周総理のご意見を承りたい。

答——サンフランシスコ講和条約は、国際上の取決めに背き日本民族の利益を損なう条約であります。それは、中国を閉めだし、ソ連の合理的な提案を拒み、インド、ビルマなどアジアの国々の意志にそむいて結ばれたものであります。中国人民はあくまでこの条約に反対します。しかし、サンフランシスコ講和条約に対する中国人民の態度は、中華人民共和国と日本との講和条約の締結にいたる中日関係の正常化の促進をけっして妨げるものではありません。

問——中日国交正常化のためには、日本と蔣介石側との「日華平和条約」は根本的な障害となるでしょうか？

答——日本政府が、中国人民自身の選んだ中華人民共和国政府と講和条約を結ばないで、中国人民から見捨てられた蔣介石一味といわゆる講和条約を結んだことに、中国人民は憤りを感じないわけにゆきません。こうした事態を本当に変えようと欲しないで、いわゆる「二つの中国」というやり方に同調しようとしている人がいまなおいますが、これも中国人民のあくまで反対するところであります。したがって、中日関係の正常化を図るあらゆる誠意ある努力は、すべて日蔣講和条約を廃棄に導くものでなければなりません。

日蔣講和条約が存在してはいますが、それでも、中日関係の正常化を促進するために、中国政府は一連の措置を講じてきました。遺憾なことは、日本政府がいまなおそれ相応の努力をしていないことであります。もし、日本政府が同じように誠意を持っているなら、中日関係の正常化を実現する道は見つけることができます。

問――周総理は鳩山首相かその代理者が中国を訪問することを期待すると言われましたが、それは中日国交回復の緒となるものと予想してよいでしょうか？

答――各国政府指導者間の直接の接触は、相互の理解を深めるのに役立つものであります。しかし、中日関係の現状のもとでは、中日両国政府指導者の相互訪問の時機はまだ熟していないかも知れません。それで、松本七郎氏と田中織之進氏が私に、鳩山首相の中国訪問を歓迎するかどうかと訪ねた際、私は歓迎すると答える一方、鳩山総理がその代表を派遣して中国を訪問させる方がもっと現実的であるかも知れないと指摘しました。もしこのことが実現すれば、中日関係の改善に役立つでありましょう。

問――周総理は過日の人民代表大会で、アメリカを含めたアジア集団安全保障体制を提唱されたが、これは世界平和確立のため極めて重要な方策と考えられるので、さらに具体的なご意見を承りたい。

答――今年の七月三十日、私は第一期全国人民代表大会第二回会議で行なった発言の中で、「インド政府が最初に提唱した集団平和を実現するため、中国人民は、アメリカも含めたアジア及び太平洋地域の国々が、目下この地域にある対立的な軍事ブロックの代わりに集団平和の取決めを結ぶよう望んでいる」と述べました。

ここではっきりさせておきたいことがありますが、それは、インドのネール首相が最初に提唱した集団平和の樹立、平和地域の拡大の主張に答え、早くも一九五四年のジュネーブ会議で私が「中華人民共和国政府は、アジアの諸国がお互いに話し合い、お互いに相応の義務を負うという方法で、ともにアジアの平和と安全を守るために努力すべきであると考えるものである」と述べていることです。私達はさらに、われわれのこの主張は、アジア以外の、どの国をも閉め出すものではないと声明しました。その後、中国がインドやビルマとともに提唱した平和共存の五原則及びアジア・アフリカ会議が満場一致で採択した世界の平和と協力の促進に関する宣言は、集団平和の樹立と平和地域の拡大の道をさらに大きくきりひらきました。したがって、アメリカを含めたアジア及び太平洋地域の国々が、集団平和のとりきめを結ぶべきだというわれわれの主張は、この一連の情勢の発展に基づいて出したものであります。

われわれの主張するこの集団平和のとりきめは、国際連合憲章の規定にまったく合致するものであります。その目的とするところは、諸国間に分裂と対立をもたらすのではなく、諸国間の平和なつきあいと友好協力を図り、これによって、目下この地域に存在している対立的な軍事ブロックに取って代わることにあります。この主張の現実性は、世界平和に有利な情勢が発展するにつれて、一層はっきりしてくるものと私達は信じています。

## 永く後世に残る浅沼精神

### 原稿にない言葉

……台湾は中国の一部であり、沖縄は日本の一部であります。それにもかかわらず、それぞれの領土から分離されているのは、米帝国主義のためであります。米帝国主義は日中両国人民の共同の敵であります……。

私が日本社会党書記長浅沼稲次郎氏のこの話を中国語に通訳した途端に、会場から嵐のような拍手が沸き起こった。

これは、一九五九年三月十二日の夜、「政協礼堂」で行なった浅沼稲次郎氏の講演現場である。

書記長の浅沼稲次郎氏を団長とした日本社会党訪中使節団が北京に到着したのは三月五日だった。私は代表団に随行しなかったが、北京で行なった幾つかのイベントに参加した。あの日、浅沼稲次郎氏の講演の通訳を担当するとの通知をもらい、私は指定された時間に接待事務局に着いた。

演説の原稿はすでに中国語に翻訳されていたが、日本語原文と対照して少し潤色した。

浅沼稲次郎氏の講演が始まった。氏は原稿を一区切りずつ読み、私は中国語原稿を読み上げ、演説はしばらく原稿通りに進んだ。その後、アメリカがアジアで緊張した情勢を作っていることに言及し、外国におけるアメリカの軍事基地を取り除くことを要求した浅沼氏は、話の勢いで上述の「米帝国主義は日中両国人民の共同の敵」との発言をした。元来はない内容であったが、通訳する時に常に書くものを持っていた私はすぐ自分の原稿に記入し、中国語に通訳した。

この言葉は、当時の中日民間交流の中でも最高の論調だと思う。それが、社会党右派をリードした浅沼稲次郎氏の口から出たことに、正直に言うと私はびっくりして一瞬自分の耳まで疑った。

講演後、私達は「人間機関車」と言われる浅沼氏の後ろについて「政協礼堂」を出た。代表団接待係の責任者である蕭向前《しょうこうぜん》氏が嬉しそうに私に言った。

「すばらしい！　浅沼稲次郎氏は明確に『米帝国主義は日中両国人民の共同の敵』と言い出した。本当に意外でした。」

「それは日本語原稿にはなく、浅沼先生がその場で加えた言葉でした」と教えたところ、蕭氏も驚きの色を隠さなかった。

浅沼氏は演説の中で、大きな力を入れて日本政府のアジア政策を批判し、岸内閣が日米安保条約の改正を企てていることを暴露し、その中国を敵視する政策によって、日中の関係は極めて困難な事態に陥ったと指摘した。岸内閣に対して、氏は政策を改め、日中関係正常化の速やかな実現を図るようにと要求した。

中日関係について、氏は中国が提出した政治三原則、一、中国を敵視する言動を停止し再び繰り返さない事、二、「二つの中国」を作る陰謀をやめること、三、中日両国の正常な関係の回復を妨げないこと、は正しいものであると肯定し、社会党は中国は一つしかない、台湾は中国領土の一部であり、台湾問題は中国の内政であって、「日蒋平和条約」を廃棄すべきだと主張し、日米による安全体制を粉砕して日中国交の速やかな回復を実現するため、社会党は強大な国民運動を巻き起こそうと考えていると言った。

講演の翌日、自民党幹事長の福田赳夫氏は岸信介氏の指示を受け、浅沼氏に電報による抗議をした。「新聞報道によると、あなたは北京で『アメリカは中日両国の共同の敵、社会党は米帝国主義と戦います』との発言をしたそうです。もし本当であれば、それは正面から友邦であるアメリカを敵視し、日本が堅持している国際的な立場を根本的に否定することと言わざるを得ません。あなたの立場を考えるなら、その話が国内外に与える影響は非常に大きく、まことに遺憾に思います。前述した報道の厳重性に鑑み、その経過を明確に説明して頂きたい。それと同時に、国際問題に関する言動の影響を充分に考え、慎重に行動して頂きたい」。

社会党書記長代理の成田知巳氏は三月十四日、東京で記者会見を行ない、自民党幹事長が不意に他の政党の代表団に抗議の電報を打つことは非常に軽率であり、社会党内部事務に対する乱暴な干渉であると指摘した。浅沼氏の演説について成田氏は、台湾はアメリカに支配されアメリカが日本で軍事基地を所有していることは事実であり、アメリカが極東の安全を脅かしていることも事実である、それによって日本と中国は「共同の危害」を受けることとなる、浅沼書記長は社会党の政策と自分の信念に基づいて演説を行なったので、社会党は浅沼書記長の言動を信頼していると述べた。

その前日、浅沼稲次郎氏は北京で記者会見を行ない、自民党幹事長の「抗議」に反駁した。氏は「私は、『米帝国主義は日中両国人民の共同の敵』と言ったが、アメリカ人民のことを指しておらず、アメリカ帝国主義政策を批判しただけである。社会党の立場からすれば、国内では資本主義に反対し、国際では帝国主義と闘うことは当然であり非難されることではない」と言った。

浅沼氏がなぜ講演中に原稿にないあの肝心な言葉を加えたかについて私はこう考えている。当時、日本政府はアメリカと日米安全保障条約の改正を急いでいて、社会党は日本労働組合総評議会、ほかの労働組合並びに民間団体との関係を強めることに力を入れ、安保条約改正を阻止する闘争を展開しようと計画していた。中国訪問を通じて、浅沼氏は社会党の目標を実現する決心を強めたのではないかと。

## 周恩来と浅沼稲次郎

浅沼氏講演の三日後の三月十五日、周総理は紫光閣で社会党訪中使節団と会見をし、林麗韞《りんれいおん》と私は会見の通訳を担当した。二人は総理と浅沼氏の後ろに坐り、事前に決めた通りに林は周総理の話を、私は浅沼氏の話を通訳した。

主客が着席後、周総理がまず鈴木委員長の健康状態について訊いた。浅沼氏は感謝の意を示し、今回の演説（三月十二日の講演）を巡って日本の新聞が相当騒いでいるようだと言った。

周総理は「(代表団に随行している) 新聞記者と皆さんは一致していますか? 口喧嘩をするのですか? 皆さんが中国を訪問している最中だから、国交回復と中日友好を増進することでは一致しているでしょう?」とユーモアを含めて言った。

浅沼氏は「二年前に、私達使節団は日中国交を回復するために、張奚若《ちょうけいじゃく》・浅沼共同コミュニケを発表しました」と言った。

周総理は、「歴史的な文献はいまでも残っております。それは人民外交の成果でした」と肯定した。

浅沼氏は続けた。

「それ以来、われわれは国交回復に努力してきました。然るに、保守党政府の非友好的な政策によって日中関係が中絶したことを遺憾に思っております。社会党は、国と国との外交がなくとも、国民外交の立場に立って友好関係をすすめることを決定しました。この決定に基づいてこちらに参ったわけであります」。

浅沼氏は鈴木茂三郎委員長の周総理への書簡を出した。総理はそれを受けて林麗韞に渡し、林の通訳を聞いてから話した。

「社会党友好代表団が中国に来られたことを歓迎します。二年前浅沼さんが来られた時に示されたご見解に全く同感です。この間に中日関係が中絶におかれているのは残念なことです。私達は社会党代表団が日中両国の国交回復を目指していることには歓迎の意を表します。私は張・浅沼コミュニケの発展することを希望します。皆さんは国民外交をやっているのです。皆さんの会談が一層発展することを望んでおります。そのほうが私たち総理や外交部長が話をするより効果があると思います」。

浅沼氏は代表団員を紹介した後、続けて言った。

「第一に国交問題を一日も早く解決しなければならんと思います。友好関係が行なわれねばならんと思います。こんど私達が訪中したので、日本では国民外交の窓口が開いたと言って、非常に大きな期待が寄せられていますし、新聞では騒いでいます。どうかこの国民外交が発展するようにと期待します。申し上げたい第一点は、中国と日本の関係が正常な状態になること、平和五原則・(バンドン)十原則の上に立つことが望まれるということです。第二点は……もし日本がアメリカとの軍事同盟をたち切れば、中ソ友好同盟条約中の軍事項目も自ら解消されると思うのですが、いかがですか。また日本社会党は核兵器の持ち込みに反対していますが、アジア全体が核非武装地域になるべきだと思うのであります。この他、経済、文化、技術交流等のお話もありますが、一応政治に要約すると以上であります」。

周総理は言った。

「浅沼書記長の言われた問題を政治の角度からみると極めて重要なことだと思います。これは中日国交回復にとって、重大な課題となる問題です。私は、浅沼先生にお答えする前に、三月十二日に行なわれた演説に感謝します。私は、この演説は日本の大多数の人民の願望を代表されたものと感じております。社会党の提起されている運動、とくに中日国交回復と日米安全保障条約粉砕の運動が盛り上がっているのを知っております。この運動は、中日関係改善のために決定的な意味を持っております。浅沼先生は中日外交回復のために、運動が必要であるということを言われましたが、中国人民はこれを支持します。当日は張奚若会長が支持を表明しましたが、私は中国政府を代表して支持のお約束をします。演説は中日両国間の停滞状態を打開する重要な文献であるとみなしております。この演説について私の意見を一、二点申し上げたい。しかしすでに浅沼先生が大要をおっしゃられているので、私も外交部長も申し上げる必要はない。しかし新聞記者もおられるので、中国政府がどう考えているかを申し上げます。

それは日本の自由民主党と岸信介、政権を握っている人々の問題です。新聞の報道によると、彼らにこういう警告をするのは必要なことです。彼らは中国敵視、二つの中国をつくる陰謀を捨てていません。もっとも重要な点は、彼らが中日国交回復を阻害していることであります。社会党は促進しようとし、彼らは妨げております。新聞でみると、成田書記長代理が、これは（浅沼演説に対する自民党福田幹事長の非難は）社会党に対する干渉であると抗議しておられます。どうして他の政党が干渉するのでしょうか。この福田先生の態度ははっきりしています。彼らは中日関係が発展することを恐れているのであります……私は浅沼書記長の演説に感謝します。それは（福田非難によって）彼らの本質がどういうものであるかをはっきりさせたからであります。

それでは、中日関係についてお話します。さもなくば新聞から中国は内政干渉をしていると言われるからです。私の申し上げたいのは日本の内政ではなく、中日関係の問題であります。先ほど浅沼先生からも訊かれましたし、また福田幹事長も私に話をさせたいと思っているようでありますから、私は新聞記者諸君を前にはっきりとお話します」。

周総理は、さらに中日関係正常化、平和条約の締結、日本の独立と平和の保障などの問題について、中国政府の観点を述べた。

「皆さんは……日米安全保障条約改正に反対し、廃棄をめざして闘っています。同時にわれわれも台湾の解放を期し、中国への内政干渉、武装侵略に反対しているのです。この目標が達成された時、平和の集団安保体制もできるでありましょう。アメリカ帝国主義が中日両国民の共同の敵であるという説には賛成です。その点で浅沼先生の言われたことは正しい。福田幹事長がこれに反対するのも当然です。それは、アメリカによって、軍国主義を復活させようとしているからです。しかし大部分の日本人民はこれに反対しています。われわれは日本国民の感情を支持します……。われわれはアメリカの人民には友好的であります。アメリカ政府の侵略政策に対して反対しているのであります。政治問題についての意見では、私達はほとんど同じであると言えましょう……」。

浅沼氏は「私の演説をほめて頂きましたが、国内では資本主義と闘い、国際的には帝国主義と戦うということはいつも私どもが言っていることであり、事実闘いを行なっています……。それは、当然アメリカ帝国主義であります。さらに日中両国国民が国民外交に努力しているにも拘わらず、頑迷な保守内閣のために、未だ国交が回復しないのは残念です。日本と中国との関係が一日も早く正常化することを望んでやみません。今回、いままで中絶していた関係にいくぶん窓を開き得たと思います……」と言った。

周総理は「今回の国民外交の目的は成功しました」と認めた。

浅沼氏の演説は中国で広範な支持を受けた。代表団は行く先々で熱い歓迎を受け、浅沼氏は握手やサインを求められた。

演説が日本に及ぼした反響も大きかったので、私はその後の新聞を注意深く見て、帰国後の浅沼氏がずっと右翼分子に脅迫されていたことが分かった。三月二十四日、東京新橋駅前の広場で社会党中国使節団報告講演会が行なわれた際に、大日本愛国党など十幾つかの右翼団体が、「中共の手先社会党を撲滅せよ」の横断幕を掲げ、社会党党旗を破ったりし会場に乱入する騒ぎを起こした。ところが浅沼氏は、今日の講演会は、国民外交を進め日中国交を回復するために行なったものである、お前らの行動は、「満州事変」（九・一八事変）の前に軍部の後ろについた連中のやり方を思い出させる、このような破壊行為を排除し、日中国交の早期回復を推し進めようと、平然と演説を続けた。

大規模な日米安保条約反対運動が展開された後の一九六〇年十月十二日午後三時頃、次の選挙のため浅沼氏は東京日比谷公会堂で行なわれた自民、社会、民社三党党首講演会に出席し、演説を行なった。氏はこのように語った。

いよいよ解散、総選挙でありますが、日米安全保障条約に関して、主権者たる国民がその意思表示をなすということになっておるのであります。いわば今度の選挙の意義は、まことに重大なものがあろうと思うのであります。今度の安保条約の改正によって米軍の駐留はさらに十年間続けられますが、外国軍隊が二十五年の長きに亘って駐留するということは、日本の国始まって以来の不自然なできごとであります。……憲法第九条で「国際紛争を解決する手段としては永久にこれを放棄する」、これがためには陸海空軍一切の戦力は保有しない、国の交戦権は行使しないと決定をしたのであります。この決定によって、日本は再軍備はできない、他国に対して軍事基地の提供、軍事同盟は結ばないことになったはずであります。

日本が完全独立国家になるためには、アメリカ軍隊には帰ってもらう、アメリカの基地を返してもらう、そうして積極的中立的政策を行なうことが日本外交の基本でなければならぬと思うのであります。ところが岸内閣の手によって条約の改正が行なわれたが、これによって日本とアメリカとの関係は、相互防衛条約を結ぶことになりました。そうして戦争への危険性が増大をしてまいったのであります。……われわれは、このさいアメリカとの軍事関係は切るべきであろうと思います。……

日本と中国との関係ですが、中国とはまだ形式的には戦争の状態のままであります。政府自民党は日台条約でつじつまを合わせていますが、中国は一つ、台湾は中国の一部であると私どもは考えなければならぬのであります。日本は一日も早く中国との間に国交を正常化することが日本外交の重大な問題であります。しかるに池田内閣は、国連においては、中国の代表権問題に関してアメリカに追従する反対投票を行なっているのであります。われわれはいま国連の内部の状況をみるときに、私どもと同じように中立地域傾向が高まっておるということを見逃してはならぬと私は思うのであります。もしアジア・アフリカに中立主義を無視して、日本がアメリカ追従の外交をやっていけば、アジアの孤児になるであろうということを明言してもさしつかえないと思うのであります。自民党のなかでも石橋氏や村松氏のように常識をもち、よい見通しをもった方々がおるのであります。……われわれは保守陣営のなかでも、中国との関係を正常化することを希望して行動する人がありますならば、党派をこえて、その人を応援すると言いたいと思うのであります

浅沼氏が演説をしている間に、人ごみに紛れ込んだ右翼分子がビラを配ったりヤジったりして、観客は演説が聞えなくなったこともある。

浅沼氏が「選挙のさいは国民に評判の悪いものは全部捨てておいて、選挙で多数を占むると――」と話した時、前大日本愛国党と「全アジア反共青年連盟」のメンバーである右翼分子が、多くの人が注目

している中、ナイフを持ち壇上の浅沼稲次郎氏を刺した。

浅沼稲次郎氏はファシスト暴徒によって命を奪われた。六十一歳の若さで未完の事業を残し、夢を抱いたままこの世を去った。

ある政治評論家は浅沼稲次郎の死について、日本の右翼勢力が、高まってきた日本国民の日米安全保障条約反対運動を見て危機感を深めたことを指摘し、北京で演説を行なった浅沼氏はずっと彼らの目の上のたんこぶだったと分析した。同評論家は、浅沼氏は元々社会党内の右派で、相当長い間、左翼陣営内の人達から「ダラ幹」と呼ばれていた、しかし、日本国内外情勢の発展に連れ、日本民族の危機を目の当たりにし、氏は思想を昇華し、党の立場を超え、目下もっとも重要な政治課題を「米帝国主義は日中両国人民の共同の敵」の一言にまとめた、戦前の暗黒政治を耐えてきた、卓越した政治家の風格をもっていたと、後期の氏を高く評価した。

周恩来総理は十月十三日に、社会党本部に弔電を送った。弔電は浅沼稲次郎氏を「日本のすぐれた愛国的政治家であり、また中国人民の尊敬する友人でありました」と評価し、「まさに日本人民が反米愛国の正義の闘争において大きな勝利をかちとり、日本の総選挙がまもなくやってこようとする時にあたり、浅沼先生が刺殺されたことは絶対に偶然の事件ではなく、それは米日反動派が日本人民に対して新しい攻撃をはじめたことの重大なのろしであります。しかし米日反動派のこのような卑劣な行為はさらにみずから人心を失い、日本人民をさらに広く団結させ、闘争を進めさせるだけでありましょう」という内容が書かれていた。

浅沼事件は日本国民の怒りを燃やし、より多くの大衆が目覚めさせられた。日本各地で相次いで抗議やデモ活動が行なわれ、十五日には一日のうちに四百万人あまりの労働者が八百の地区で大規模なストライキを行ない、米日反動派が浅沼氏を殺害したことに抗議し、新日米安全保障条約の廃棄と池田内閣の即時引責辞職を求めた。十月二十日、社会党は浅沼氏の葬儀を行ない、『人民日報』は「浅沼氏の鮮血は決して無駄には流されない」という社説を掲載した。

その後日本では、浅沼氏の名言は「浅沼精神」と呼ばれた。もちろんそうは思わない人もいる。

## 「抽象」と「具体」

一九六一年十月四日午後五時半、周総理は西華庁で黒田寿男団長が率いる日中友好協会代表団と会見したが、私は臨時に呼ばれ通訳を務めた。

周総理は、中日両国人民が共に米帝国主義の侵略政策と戦争政策の被害を受けていると言い、浅沼氏の演説のことを長時間話した。

「私は社会党の浅沼先生が残してくれた『米帝国主義は日中両国人民の共同の敵』という言葉は正しく、賢明であると言わなければなりません。日本人民は自分の行動で浅沼先生のお言葉の正しさを証明しました。卑劣な敵によって浅沼先生は殺害されました。これは誰が日本人民の敵か、誰が日本人民に忠実なのか、誰が日本人民の代表かを証明しました。『米帝国主義は日中両国人民の共同の敵』との言葉は、今は浅沼先生の遺言となっていますが、今後の情勢の発展が、浅沼先生のその言葉は正しく、永遠に輝くものであることを証明すると思います。

日本では、浅沼先生はどんな状況の中でその言葉を言い出したのかを知りたい人がいると聞きましたが、ここにいる皆さんは浅沼先生を良く知っておられるし、あるいは同じ政党の同士であって、私より先生のことがお分かりだと思います。私は先生が中国訪問をなさった時にだけ、何回かお会いしました。民族解放のために命を捧げた烈士の遺言を尊重すべきですし、ましてその言葉は正しいものなので尚更のことだと思います。そのお言葉は、浅沼先生が北京で行なった講演中に自ら論断したものです。浅沼先生が中国の影響を受けたという言い方がありますが、これを否定はしません。しかし、浅沼先生の受けたもっと大きな影響は米帝国主義が与えたものだと思います。もしも、米帝国主義が日中両国人民を敵視しなければ、浅沼先生は何の根拠もなくその話をすることはなかったでしょうし、その言葉も影響を及ぼさないでしょう。二年後の今日、その言葉は西太平洋では依然として大きな影響力を持っています。もしそれが中国人民に影響されたものであると言われるなら、それは米帝国主義が中国人民を敵視し、中国人民がそれに反対したからだと思います。

アメリカ帝国主義は中国人民だけではなく、日本人民をも敵視しています。浅沼先生はその点に気づいたので、その言葉を言い出したのでしょう。もし浅沼先生の言葉が中国側に押しつけられたものであるというなら、それは偉大な日本民族英雄に対する侮辱になります。中国人民は自分の国を代表する人物を尊敬しますし、自分の意見を他人に押しつけたりしません。今日のように皆さんと会談し、お互いに意見交換をすることはできますが、皆さんが言おうとすることまで押しつけることはできないでしょう。したがって、中国人民が浅沼先生に押しつけたという言い方は、われわれ双方に対する侮辱だと思います。民族の英雄を守るために、こういった発言に反駁しなければなません。いわゆる「押しつけ」は、米帝国主義と日本の反動派のでっち上げに違いありません。浅沼先生の報告は帰国後すでに党の了承を受けたのですから、「押しつけ」という言い方は社会党を侮辱することにもなります。

浅沼委員長の話を改めようといった意見もあったようですが、浅沼氏の発言が正しいことは事実によって証明されたのに、民族の英雄の正しい言葉をなぜ直さなければならないのですか?」

周総理は少々皮肉気味に続けた。

「もし、どうしても修正したければ、その権利を充分持つものがあります。アメリカ帝国主義です。つまり、アメリカ帝国主義が浅沼先生の主張を受けいれ、戦争政策と侵略政策を放棄し、日本での軍事基地を取り除き、沖縄を返還し、日米安全保障条約を撤廃し、台湾を中国に返還して、日、米、中、ソの相互不可侵の条約を結ぶことを実現させるなら、『米帝国主義は日中両国人民の共同の敵』との言葉を直す必要があります。したがって、その修正はアメリカ自身がしなければならないのであります。

また、次のようなことになれば、この言葉を訂正することになるでしょう。つまり、中日両国人民の闘争によって米帝国主義の政策が東方で失敗し、アメリカ人民が立ち上がり、いまの政府を中日両国人民に友好的な政府に変えることが実現できれば、です。

しかし、この二つの可能性はまだ現実のものとなっていません。第一の可能性である、アメリカ帝国主義が政策を変えることはその兆しすら全く見えていません。第二の可能性ですが、いままでの闘争はまだアメリカをそこまで追い詰めていません。それ故、浅沼先生の遺言は現実に合致しており、その正しさも証明されているのです。

その言葉の半分は中国と関係があります。米帝国主義が中国を侵略しているので、中国人民はそれに反対するのです。われわれは浅沼先生のそのご発言を断固支持します。残りの半分は日本人民に関係するもので、日本人民に判断してもらうべきですが、あなた方の去年以来の行動はすでにその正しさを証明しました。さらに言うと、アメリカ帝国主義は中日両国人民のみならず、全世界の平和を愛する人民の共通の敵です。中立国家会議で宣言された新植民地主義は、アメリカのことを指したものです。

浅沼先生の言葉について、社会党と日本人民が議論していると聞いたので友好の角度からこのような話をしました。長すぎたかもしれませんが、ご理解下さい。

帝国主義、植民主義に反対することは、日本人民にとって、直接アメリカの侵略と占領制度に反対することであります。この理念をもって戦ったがゆえに、社会党は日本人民の間で声望が高まっているのです。浅沼先生がそのために亡くなられましたが、その影響は大変大きいでしょう。いま社会党内で浅沼先生の言葉を修正することについて議論されていますが、友人として、それは害ばかりあって益はないと思います。皆さんはどう思いますか？

何故他の人ではなく、浅沼先生が刺されたのでしょうか？　浅沼先生は戦いの前線に立って米帝国主義に反対していたけれども、他の人はそうしていなかったからだと思います。今になってこれを議論しようとは、どういう思いつきなのでしょう？　私には理解し難いことです。

たとえ米帝国主義が圧力によって政策を変え、あるいは政治上の失敗をしてしまったとしても浅沼先生のお話の精神は依然正しく間違ってはいないのです。したがって、私個人は、浅沼先生の言葉の是非を議論することより、それをどう解釈するか、どう実現するかを考えた方がいいと思います。浅沼先生の言葉は抽象的でした。それ故、具体的な闘争の中でその具体的な政策と戦術を研究しなければならないのです。つまり、反米闘争の中で中日両国人民は何に反対すべきか、どの点に反対するのかを研究すべきだということです。日中友好協会と日本人民、そして社会党は、その具体策と戦術を研究した方が良いのではないかと思います。

いまの日本の情勢から言うなら、日本がアメリカ帝国主義の支配をはね除け、中立国になるには、長い闘争が必要だと思います。浅沼先生、社会党及びほかの進歩的な政党がそのために戦ってきました。アメリカの支配から独立することが基本であり、他の方法はないのです」。

周総理の話を聞き、穂積七郎氏が発言した。

「浅沼氏の米帝国主義に反対する発言は、社会主義者としてとても自然なものです。したがって、社会党の各機関は浅沼氏が率いた第二回の中国訪問使節団の報告を承認したわけです。のちに、一人か二人がそれを批判したかも知れませんが、あくまで個人的な見解であり党の決断は変わっていません。それに、わが党の日中問題に対する方針も以前と何ら変わりがありません。党内の一、二名から違う意見が出されても、それを克服する自信があります。

今年の初め頃、党の代表大会で第三回の使節団を中国に送ることが決められましたが、六月に中央委員会は再び確認し、日中国交の回復を促進しアジアの平和を勝ち取るために、努力することを決めました。さらに、使節団の基本方針は、第一回、第二回の中国訪問の成果を確認しそれを一層発展させることとなり、決して後退したり停滞したりはしません。実際にわが党は日米安全保障条約を認めない立場に立っており、米帝国主義、米軍基地、軍国主義の復活に反対するために戦っています。しかし、周総理の言われたように、浅沼氏のあの言葉は短くて抽象的で、充分でないところがたくさんあります。したがって、それを具体化しなければなりません。浅沼氏が演説した日からすで二年半が過ぎ、米帝国主義の政策にまた重要な進展がありました。それ故、第三回の使節団は米帝国主義政策について具体的な事実を一つずつ指摘し、これを焦点とし中国側と充分かつ詳細な討論を行ない、一致した見解を具体的に示し、克服策を練るのが最も理想的だと思います。このような考えをもって早めに第三回の使節団を派遣したいと思っていますが、この点中国側の歓迎と協力を求めたいと思います」。

「友好と共同の闘争任務を確立することに基づいてさらなる討論を行なうことならば、いつでも歓迎します」と周総理が答えた。

黒田団長が、「多忙な中で時間を割いて下さり、有難うございました」と、感謝の意を述べた。

通常なら、ここまで話して会見が終りになるところだが、周総理は何か思いついたようで、再び口を開いた。

「穂積さんの発言に追加したいことがあります。浅沼先生の言葉が抽象的だと言ったのは、浅沼先生の発言を批判することではなく、その言葉にはたくさんの具体的な事実が含まれていたという意味です。敵は『具体』的です。たくさんの具体的な事実からまとめた結論は、抽象的であっても具体的な闘争と具体的な実践を促進することができるのです。『抽象』をこのように理解していただきたいのです」。

「私も全く同じ考えをもって先の話をしました」と、穂積氏は直ちに応じた。

周総理は、穂積氏の発言から、「抽象」という言葉が曲解され利用されやすいと鋭敏に感じとった。浅沼氏の演説を巡って論争のさなかであったが故に曲げられてしまう恐れがある。この「追加」発言は周総理の、政治における敏感かつ極めて高度な判断から出たもので、その思惟の綿密さと機敏さは一流の外交家の風格を感じさせるものであった。

# 西華庁での記者会見

一九六四年五月十六日午前、私は新華社国際部の呉学文《ごがくぶん》氏から、周恩来総理が共同通信社専務理事の岩本清氏に接見するのですぐ新華社に来て欲しいとの電話を受けた。車を呼び、急いで新華社に向った。

岩本清氏のことは全く知らず、呉学文氏の簡単な紹介で少し知るようになった。

一九二六年、東京帝国大学法学部政治学科を卒業した岩本氏は、共同通信社の前身、国際通信社に入社し、大阪支社経済通信部に配属された。同年五月、国際通信社と東方通信社が合併し、日本新聞連合社が設立された。一九三三年二月、氏は新聞連合社東京本社に戻り、五月にはニューヨーク特派員として渡米した。一九三六年の初めには新聞連合社と電通社が合併し社団法人同盟通信社が成立され、岩本氏はニューヨーク支局長に任命された。一九三七年に帰国後外信部部長となり、一九四二年から日本帝国主義が降伏するまで同盟通信社駐華中（中国の中部地域）総局局長、南方総社次長兼マニラ支社長を歴任したが、一九四五年十月、同盟通信社は解散した。同年十一月、社団法人共同通信社が成立され、翌年の六月、岩本氏は渉外部長を兼任し、駐日米軍司令部との連絡を担当、のちに総務局長と編集局長になった。一九五二年の元日の朝、ソ連閣僚会議議長のスターリン氏が「日本国民に対する年頭のメッセージ」を岩本編集局長に送り世界のビッグニュースとなった。一九五八年の十二月に前任の専務が辞任したため、氏は常務理事から専務に昇進した。

一九六四年春、岩本氏はアメリカ、ソ連、イギリス及び中国の四ヶ国訪問を計画し、四月八日の晩に東京を出発し、四十日にわたる外遊の後五月十八日に帰国した。氏は各国の代表的な通信社と接触し、その責任者と会談を行なうことにより共同通信社との提携を強化するとともに、各国の現状と国際情勢を視察した。

北京が岩本氏の最後の訪問地であったが、氏にとって、戦後初めての中国訪問であった。社長の呉冷西《ごれいせい》氏を初めとする新華社の面々が岩本氏を熱く歓迎した。岩本氏は、共同通信社と新華社はそれぞれの国を代表する通信社で、まだ国交が正常化されていない状況下ではあるが、歴史的に深い関係がある両国は協力と提携関係を強めるべきだと考えていた。氏は呉冷西氏と率直に意見交換をし、両社間でニュースと画像を交換することに合意し、記者交換問題についても意見を交わした。

岩本氏は、北京を離れる前日の五月十六日に周総理が接見するという通知を受けた。

その前から、岩本氏は新華社に対して周総理に会いたい旨を申し出、予め用意した質問を提出してあった。日本を含めた西側のメディアは、社長や編集局長が海外訪問をする際、あの手この手を使って相手国の指導者へのインタビューを実現させ、新聞でその会話を掲載する習慣がある。共同通信社に加盟する地方の新聞社が多かったこともあり、専務理事は中国を訪問する機会を利用し周総理へのインタビューを申し出たのだった。

会見は中南海西華庁で行なわれた。呉学文と私が岩本氏に伴って着いた時、周総理、廖承志氏、呉冷西社長、鄧崗《とうこう》副社長（新華社）、外交部新聞局局長の龔澎《きょうほう》氏らがすでに到着して待っていた。

あの日の通訳は私だった。

主客が着席後、柔らかな雰囲気の中、周総理が岩本氏に共同通信社の状況を聞いた。会見開始後の三十分間はこのような話題が中心だったが、その後インタビューが始まった。

岩本氏は真っ先に日中関係問題を取り上げた。

「まもなく第二次世界大戦が終わり二十年になりますが、日中両国関係はいまなお正常化されていません。総理に日中関係正常化の前途についてお伺いしたいと思います」。

周総理は答えた。

「中国政府は日本の与党を含めた友人が提出した積み上げ方式に賛成します。その積み上げ方式は一歩一歩前進すべきものだと思います。外来の勢力に阻まれ、一歩は前進したものの、二歩、三歩も後退したら、事態は悪化する一方です。したがって、われわれはその前進を継続させなければならず、あるところに達した時点で双方が断固たる政策を取り、国交を回復するのです。

断固たる政策というのは、時機が成熟すれば質的な変化が起こることです。つまり、形の上で正常な国家間の関係を回復するのです。簡単な問題ではありませんが、日本政府は一つの中国を明確に認め、中華人民共和国が中国人民を代表する唯一の合法政府であることを承認しなければなりません。日本が同時に中国と蒋介石一味と外交関係を結ぶことは許されません。『断固たる』政策とはこのことを指しています。

日本当局の中に、中国は一つで台湾問題は中国の内政であるから、局外の人間がかれこれ言うことではないという人がありますが、それに賛成します。それは大多数の日本人民の声を反映していると思います。どのような妨害があったとしても中日の国交回復はきっと実現できると信じています」。

「総理に明確にお答え頂きありがとうございます。日中貿易の問題についてさらにお伺いしたいと思います。日中関係が正常化していない今、日中貿易の前途をどうお考えでしょうか?」との岩本氏の二つ目の質問に対し、周総理はこう言った。

「中日貿易はまだ初期の段階にあると思いますが、今後は平等互恵、有無相通ずる基礎の上に発展して行くでしょう。もし、中日両国の協力の範囲をアジア、アフリカにまで拡大すれば、中日貿易の前途もさらに広がるでしょう。原料開発、物品の生産と供給、工業の発展、機械設備の提供、マーケットの拡大、資金の積み上げ、技術協力などの各方面において協力できることは大いにあります。これは第二回アジア・アフリカ会議の重要な課題であります。日本は第一回のアジア・アフリカ会議に政府代表を派遣しましたが、第二回の会議にも参加しないはずがないと思います。これは各国の指導者がバンドン会議の精神に基づき共同の発展と協力について討論する絶好のチャンスであり、植民地主義を進める事ではありません」。

岩本氏は、「日本人は中ソの対立問題に非常に強い関心を持っています。できればこの点についてご意見をお聞かせいただきたいと思います」と第三に中ソ関係について質問したが、周総理は「中国共産党とソ連共産党の論争は一つの政党ともう一つの政党との論争ではなく、多数の政党と多数の政党の間で行なわれたマルクス・レーニン主義の原則を巡る重大な論争です。この論争は、いずれマルクス・レーニン主義の基礎の上で解決されると思います。しかし、何時解決できるかというと、それは論争の発展の状況で判断しなければなりません」と簡単に答えた。

「日本人が関心を寄せているもう一つの問題は、今年の秋、中国が国連に入れるかどうかであります。中国はこの情勢をどのように推測していますか？」との岩本氏のまたの質問に、周総理は答えた。

「今年秋の国連総会ではこの問題を巡って少し変化があるでしょうが、大多数の国の支持を得るには至っていません。アメリカはこの趨勢を妨げるために必ず極少数の追随者を利用し新たな悪巧みをすると思います。それにアメリカは、われわれが中国人民を代表することを承認する一方、『台湾地位未定』の口実を設け、台湾を中国から分割し引き続き国連におこうと企てる可能性もあります。それにはわれわれは断固として反対します」。

当時はまだ中国は核実験を開始していなかったが、外国のメディアは中国が核実験の準備を急いでいると盛んに報道したので、岩本氏は第五番に、いつ核実験を始めるのかと訊いた。

周総理はまず中国の核兵器に対する立場を述べた。

「中国は、全世界人民の声に従い、一貫して核兵器の全面禁止と徹底的な廃棄を強く主張して来ました。しかし、今現在、核の廃棄はまだ実現のできるものではありません。核兵器が二、三の大国に独占され、他の国を威嚇する手段として使われています。したがって、われわれはそれに対抗する手段を持たなければなりません。もちろん、われわれの最終の目的は全面的に核兵器を禁止することであります。中国がいつ核兵器を持つようになるかについては、一国の総理として、時間の計算はできても言えません。言えるのは、世界で核兵器の禁止や撤廃が実現できなければ、いずれ中国も核兵器を持つようになるだろう、ということだけです」。

「周総理はアフリカを訪問した際に、『過去、蒋介石と二度合作したことがあるが、彼はアメリカの支配に甘んじるとは思わない』とおっしゃいましたが、新たな国共合作の可能性はありますか？」と岩本氏はさらに質問した。

「アフリカでの話は歴史に関したものです。第一回目は、孫中山先生が指導した局部地区の革命政府との合作で、第二回目は、国民党の全国的な政府と合作したのです。現在、情勢は根本的に変化しました。共産党が全国を統治しています。ところが、私は合作の可能性はまだあると思います。というのは、韓国の李承晩と南ベトナムのゴ・ジン・ジェムの後の人もアメリカの意思によって変えられたでしょう」。

岩本清氏は周総理との会見に大変満足し、ホテルに戻ると呉学文とノートを照合して、長い談話録を整理してから共同通信社に送った。

# 車中会談

早朝、北京発の特別列車が北西に百キロ離れた密雲ダムに向って走った。

列車には周恩来総理と松村謙三氏一行が乗っていた。密雲ダムの工事現場を視察するために、一行は朝早く出発した。前日、国務院外事弁公室から通知をもらった私は、通訳として随行したが、イギリスのカンタベリー大司教ヒューレット・ジョンソン博士夫妻も同行していた。

乗車する前に、通訳の段取りについて教えてもらっていなかったので、私はてっきり列車がダムに着いてから出番が来ると思い込んだ。まさか、周総理が往復の四時間を利用して汽車の中で会談を行なうとは考えもしなかった。

これは松村謙三氏の戦後初めての中国訪問で、時は一九五九年十月であった。

この年、私は山西《さんせい》省洪洞《こうどう》県の農村に下放（下郷運動、新中国で、上級幹部が農村に入り実際に労働することにより、官僚主義、主観主義などの欠陥を克服すること）された。九月中旬のある日、畑仕事をしていたところに突然所属の外文出版局から、北京に戻れとの電報が届けられた。何があったのか知らぬまま急いで帰った。十周年国慶節式典に参加する外賓と松村謙三氏を迎える準備のためであったことは北京に着いてから初めて知った。

松村氏の中国訪問は偶然ではなく、当時の中日関係と緊密な繋がりがあった。新中国成立後、中日両国の関係はずっと正常でないままだったが、一九五二年五月の高良とみ氏ら三人の国会議員が初めて中国訪問を実現し、中国国際貿易促進委員会と第一回中日民間貿易協定を締結した。以来、両国人民の絶えまない努力によって、中日の民間貿易にはしだいに向上の趨勢が見えてきた。ところが一九五八年五月、長崎で右翼分子による中国国旗侮辱事件が起こり、両国間の友好的な雰囲気がまたも壊された。これは当時の岸内閣がアメリカに追随し、中国を敵視する政策をとったことの必然的な結果であったのは言うまでもない。

「長崎国旗事件」の発生によって、中日両国間がやっとの思いで作り上げた交流ルートはほぼ全て中断され、中国側が日本の中小企業に特別な配慮で物資を提供する「細いパイプ」だけが残された。日本政界の識者はこの厳しい情勢を憂慮し、一九五九年からいろいろな活動を展開し中日関係の改善を図った。一九五九年の九月、前総理の石橋湛山氏が先に来訪し、それに引き続いて十月に周恩来総理の招請を受け、松村謙三氏が代表団を引き連れ中国を訪れた。

## 此の時　声無きは　声有るに勝る

後の中日関係の進展から見ると、周恩来総理がこのような時に松村氏を招いたことは非常に重要な意義を持っていたことが分かる。

当時、岸内閣は「共産主義と最後まで対抗する」と表明し、中国に対して「静観」の態度をとりながら、何とかして日米安全保障条約を改正しようと企てていた。そのため、与党自民党内の一部の人は困惑し、松村氏の中国訪問は一種の冒険だと冷淡に扱っていた。それ故に、松村氏は控えめにせざるを得ず、一般の友好訪問の形しか取れなかった。各階層の日本国民が松村氏一行の訪中に大いに期待していたにもかかわらず、氏本人は訪問を通じ中国側に日本の立場を説明すると同時に中国の内情を探り出し、中日両国間の困難な局面を打開する契機を見つけようと考えただけで、中国との「共同声明」や「取決め」などを発表する意思は当初からなかった。

中国側は松村氏の訪問を非常に重視した。代表団が北京に到着して三日目の十月二十一日、周総理は人民大会堂「上海の間」で歓迎パーティを催した。中国側がいかに重視していたかは、パーティに出席した人物から見ても明らかだった。日本と密接な関係を持つ政界、経済界、文化・新聞業界の代表的な人物、郭沫若《かくまつじゃく》、廖承志《りょうしょうし》、劉寧一《りゅうねいいち》、張奚若《ちょうけいじゃく》、蔡廷鍇《さいていかい》、王震《おうしん》、章漢夫《しょうかんぷ》、雷任民《らいにんみん》、胡愈之《こゆし》、李燭塵《りしょくじん》、楚図南《そとなん》、許広平《きょこうへい》、王崑崙《おうこんろん》、侯徳榜《こうとくぼう》、陽翰笙《ようかんしょう》、連貫《れんかん》、呉克堅《ごかつけん》、劉西元《りゅうせいげん》、趙樸初《ちょうぼくしょ》、楊煜《よういく》、欧陽予倩《おうようよせん》、梅蘭芳《メイランファン》、呉茂蓀《ごもそん》、周培源《しゅうばいげん》、謝冰心《しゃひょうしん》、謝南光《しゃなんこう》、区棠亮《おうどうりょう》、林士笑《りんししょう》、蕭方洲《しょうほうしゅう》、丁拓《ていたく》氏らが全員列席した。

周総理が「上海の間」の入り口に立ち、孫平化《そんへいか》氏の紹介を聞いて、日本の来客と暖かい握手を交わした。松村謙三氏、自民党国会議員の竹山祐太郎氏、井出一太郎氏、古井喜実《ふるいよしみ》氏、日本長期信用銀行常務田林政吉《たばやしまさきち》氏、松村謙三氏の次女の小堀治子氏、四男の平山久雄氏、秘書の田川誠一氏、通訳の大久保任晴《おおくぼたかはる》氏、善隣通商会社の幹部社員堀池友治《ほりいけともはる》氏の一行だった。下放されていた私は、久しぶりに通訳を務めて、緊張を免れなかった。

歓迎会が始まり、周総理が立ち上がって挨拶をした。緊張して雑念が浮かんだ私は、それが最も忌むべきものだと知って、懸命に気持ちを整え総理の挨拶を通訳した。原稿のない即興のものだった。

「松村謙三先生は、石橋湛山先生に続いて中国を訪問されました。松村先生と石橋先生はともに、中日両国人民が手を携え極東と世界の平和のため、そして中日両国人民の友好を促すために努力しようと言っておられます。松村先生には中国に長く滞在して頂き、各方面の友人と会談し、地方にも行って頂きたいものです。そうして新しい中国をより良く理解して頂くことができれば、中日両国人民が極東と世界平和のために貢献するための大きな力になると思います」。

松村氏も原稿を持たずに三十分程度の挨拶をした。

「盛大な歓迎宴会を催して頂き誠にありがとうございます。周総理並びに各方面に影響力のある方々と会い意見交換ができることを嬉しくまた光栄に思います。ここ数年私は、ずっと中国を訪問し周総理と直接会談したいと願っていました。今この願いが叶い本当に嬉しく思います……。日中両国の間には、不幸なことで過去に多くの問題がありました。それを非常に遺憾に思います。今の日本には、過去の間違いを繰り返したい人は一人もいないと断言できます。日本国民は平和の道を歩みたいと願っていて、日本は平和な環境の中でアジアの繁栄と共に生きて行かなければなりません。日本国民を代表してこの意思を表明したいと思います。日本は全力を尽くして世界平和の潮流について行かなければなりません。

中国人民が行なっている大規模な建設や、かってなかった民族の振興は歴史的な奇跡であります。この偉大な建設が、平和な環境の中で二十年、三十年続くなら、世界の歴史がそれによって変わって行くでしょう。これは疑う余地のないことで、アジアの自由と世界の平和に寄与するものであります」。

松村氏は、中国の各方面の人物と意見交換をし、新中国の巨大な建設と古文物や遺跡を見学する事と、それから、長年漢学を研究してきた漢学者として有名な山や川を遊歴し、また長年農業と教育に携わった人間として中国の農業と文化教育を知る事など、多種の目的を持って中国に来たと言い、「一言で言うと、私の最大の目的は今度の訪問を通じて双方が本当の意味での理解と親善を達成することにあります」と語った。

松村氏は、周総理と四回にわたって会談を行なった。会談は、代表団全員が同席したり、またマン・ツー・マンで行なったりした。いずれも長時間に亙り、深夜にまで至ることもあった。一番印象に残っているのは、十月二十五日に密雲ダム行きの特別列車の中での単独会談である。

列車に一つの公務車両がついていた。発車後間もなく、私は松村氏に伴ってそこに着いた。秋の明るい陽射しが車窓から射し込んで、客間のように見える車両が暖かった。一足早く着いた周総理が待っていた。

双方の約束通り、会談に参加したのは中国側の廖承志氏だけだった。のちに、この突っ込んだ会談は日本側から「車中会談」と名づけられた。

四回にわたった会談の中心は、如何にして中日関係を改善するかであった。和やかな雰囲気の中で会談が行なわれたとはいえ、原則問題において双方はともに譲らず、言うべきことをすべて言った。私個人の感想では、周総理は会談の中で終始主導的な役割を演じた。

会談中、双方が触れた主な問題をまとめると次の通りである。

（一）周総理は、松村氏が高齢を顧みず中日関係を改善するため代表団を率いて中国を訪問したことを高く評価するとともに、戦後、氏が農林大臣在任中に日本の食糧自給を実現させたことを称賛した。

（二）中日関係について

周総理は、「中日両国人民は平和共存五原則に基づき両国関係の改善を図るだけではなく、逐次に両国の正常な関係を回復し相互不可侵を実現しなければならない。われわれは、両国の正常な関係を回復してから、相互不可侵の条約を締結し、その範囲を極東及び全アジア・太平洋に拡大することができると思う」と言った。また岸内閣の中国敵視政策を強く非難し、ごく一部の人（与党内の一部の人も含めて）は中国を敵視し、「二つの中国」を作る陰謀に加わり、中日両国人民の友好関係の発展を妨げようとしていると語った。

松村氏は、周総理の中日関係における全般的な見方に賛成の意を示し、「全く正しいものである」、「日中両国は二千年来の友好の歴史を持っているので、今のような不幸な状態のままでおかれるはずがない。われわれはこの友好を回復しなければならない……世界では今平和の風が吹いている。われわれは中国と一緒に世界平和のために最大の努力をしたいと考えている」と言ったが、岸信介が中国を敵視しており、周総理の指摘したことは必ず変わっていくと、岸氏の弁解をした。

それに対して、周総理は語った。

「松村先生ら日本の友人が、いくら中国を理解して、友好的な態度をとってくれても、一個人にすぎない。岸信介氏は日本の首相である。一国の責任者が、中国敵視政策をとっていては、状況は全然違うだろう」。

(三) 日米安全保障条約について

周総理は、「岸内閣の日米安全保障条約改正は、アメリカに引き続きアジア各国を侵略するための軍事基地を保有させることになる。したがって、それは日本国内の問題だけではなく国際的な問題でもある。戦後、日本は半占領状態に置かれ外国の軍事基地が建設されるなど、不平等な条約に縛られている。これは不幸なことで、中国人民は深く同情している。目下、日本人民はその束縛から逃れようと、安保条約の改正に反対しその廃棄を求める闘争は日増しに強まっている。中国人民は日本人民のその闘争に共感し支持する。日本がアメリカの軍事同盟国となり、さらに軍国主義を復活させることを案じているからである」と、厳正な指摘をした。

しかし、松村氏はそれを認めず、「日米安保条約の改正は平等でない条約を平等に改めるだけで、中国が想像するように危険ではない。中国は中ソ同盟条約を締結しているが、本心から日本と戦いたいとは思っていないだろう。日米安保条約の改正も同じように、平和共存の動きと新しい平和運動が進展すれば、日米安保条約は存在しても紙同然になるだろう」と弁解した。

(四) 台湾問題について

周総理は、「日本にはごく少数ながら中国の領土台湾に手を染めようとしている人が確かにいる。中国は『二つの中国』あるいは『一中一台』を作る陰謀と『台湾独立』に反対する。日本の元軍人岡村寧次《おかむらやすじ》と辻政信が台湾に招かれ、『反攻大陸』(大陸を反撃すること。蒋介石が中国大陸から台湾に逃げた後、大陸を反撃すると唱えつづけた)の指導をしていたそうで、われわれはこのような動向に警戒をせざるを得ない」と言ったが、松村氏は、「台湾は日本が敗戦して放棄したものである。如何にして台湾問題を処理していくかは、それを獲得した方に解決してもらわなければならないもので、日本にこの問題を持ち出されるものではない」と、極力問題の本質から避けようとした。

（五）いわゆる「政経分離」の問題について

日本側は日中関係の改善を図る第一歩として、貿易を回復しようと考えているが、日蔣条約廃棄という敏感な政治問題に触れたくないので、政治と経済を切り離して考えようと極力主張した。この論点に対して、周総理は「中日両国人民の友好関係が進んでいるうちに、中日関係の改善とともに、一度中断された中日貿易関係が回復され両国の文化交流も一層発展する可能性がある。われわれはこの関係が発展するよう促さなければならない。これこそ政治である。政治を経済と切り離そうと考える人がいるようだが、これは奇怪な論理である。われわれは松村先生を中国に招請した。これも政治である。人間同士の関係自体が政治の関係であるからだ」と指摘した。

（六）松村氏は周総理に鳩山内閣の経済企画庁長官の高碕達之助氏を推薦した。

高碕氏は満州重工業開発会社の総裁、日本人経営の鞍山《あんざん》（今の遼寧省鞍山市）「昭和鉄鉱所」の会長を務めていた。日本降伏後、国民党に引き止められ中国に残った。共産党が接収管理した後、再び引き止められ中国で働いた。帰国後、公職追放の期間があり、一九五二年処分が解除されてから電源開発会社総裁に就任し、のちに政界入りした。一九五五年四月のバンドン会議に日本代表団の団員として出席し、周総理と面識があった。

松村氏は、今後、氏自身は政治問題に重点をおき、高碕氏は経済問題に取り組むという形で、共に日中関係の推進に努力したいと話した。

松村氏が訪中した翌年の七月十九日に、岸内閣が倒れ池田内閣が発足した。新内閣の政策動向は、人々に日中関係改善の一縷の希望を見せた。そして、その年の十月に高碕氏は日本実業代表団を引き連れ中国を訪問した。

松村氏の初めての中国訪問は、中国側にとっても、日本側にとっても、自分の立場を表明し相手の意図を知り相互理解を深める重要な機会であり、これをもって中日関係の行き詰まった状態を打開し、可能な改善策を見つけ出すものと感じられた。

松村氏の訪問が終った時、双方の了承でコミュニケも会談録も発表されなかった。しかし、これは会談の成果が何もなかったからではなく、双方の意思によるものであった。

当時、松村氏と周総理との会談を白居易の詩「此時無声勝有声」（此の時声無きは声有るに勝る）に喩えた人がいたが、私も同感で、大変適切なものだと思う。

松村氏の中国訪問は、双方の共同の努力を通じて、後の廖承志・高碕覚書貿易（ＬＴ貿易）と新聞記者交換の取決めの調印、すなわち、中日関係を一挙に民間交流から半官半民の段階へ移行させる基礎を築きあげた。

### 明日を見るように

周総理の招請に応じ、松村謙三氏の二回目の訪中が一九六二年の九月に実現した。双方の中心議題は依然、政治の問題だった。日本側は、日中貿易のさらなる発展を図りたいが、経済を政治から切り離し、いわゆる「政・経分離」の方針に固執し、中日関係の根本的な問題を避けたいという考えを持っていた。論争は初めから免れられないものであった。

中国側は松村氏の訪問を一回目と同じように重要視した。代表団が北京に到達した翌日の九月十五日の夜、周恩来総理と陳毅副総理が歓迎宴を催した。周総理は興に乗り情熱に溢れる演説をした。

「松村謙三先生が中国の土を踏まれた時は、ちょうど中国の中秋の佳節に当たっています。中国の古語に『花好、月円、人寿』（花は好く月は円にして人はながし）という一句がありますが、それをもって松村先生一行を歓迎します。月が丸いというのは団欒を象徴しています。アジア人民は団結しなければなりませんし、アジア、アフリカ、ラテン・アメリカの大家族として団結すべきです。中日両国人民は友好的に付け合わなければならず、子々孫々まで友好的に付き合っていくべきであります」。

周総理は、松村先生が中日両国人民の友好団結を促進することに努力しているばかりではなく、両国後代の友好の基礎を築くことにも努力したいという考えを持っていることにたいし、称賛の意を示してから、意味深いことを言った。

「われわれは目を遠くに放ち、将来を見なければなりません。松村先生の今度の訪問に当たり、われわれは今日のことだけを見るのではなく、明日のことも見なければなりません」。

松村氏は大変喜び、周総理に会釈してから立ち上がった。即興の話なので原稿はなかった。

「中国に着いた初日が丁度おめでたい中秋の節句に当たることを嬉しく思います。先ほど周総理は『花好、月円、人寿』と言われましたが、私も日中両国の関係が永遠に中秋の月のように丸くて明るく輝いて欲しいと思います。このたびの中国訪問で、周総理、陳毅副総理と意見交換をし、目下の日中両国の局面を改善し、両国の親善関係を促進する土台を作りたいと思います。われわれ兄弟のような二つの東方の国は、本当の兄弟のような関係を築かなければなりません」。

中国滞在中、松村氏は周総理と三回の会談をした。

三時間にも及んだ一回目の会談は九月十九日午後に行なわれた。周総理は中国の原則的な立場を述べ、日本側が堅持した「政経分離」の観点に対し、「政治と経済は切り離せないものである。したがって、経済問題を言及する前に政治問題を話さなければならない。中国が一貫して主張してきた『中日関係三原則』は変わらない」と強調した。(「長崎国旗事件」発生後、一九五八年に中国政府は中日交流再開の政治三原則を提出した。すなわち、一、日本政府は中国敵視政策をとらないこと。二、「二つの中国」を作る陰謀に加わらないこと。三、中日両国の正常関係の回復を妨げないこと。)

周総理は、日本は国連で中国を敵視する政策をとり続け、池田内閣のやり方は岸内閣と変わりがないと指摘した。

松村氏は、池田内閣は岸内閣とは違い、中国に対して前向きな態度をとっているし、氏の今度の中国訪問も池田首相の同意を得たことであり、日本が中国を敵視する政策をとろうとしているのではなく、今のような政策をとる理由は、自由陣営に属しているからだ、と日本政府の立場を極力弁明しようとした。

九月十七日に行なわれた二回目の会談は午後四時から夜八時まで続いた。会談中、茶菓子が一回出されたが、しかし、連続四時間の会談は高齢の松村氏にとって到底容易なことではなかった。

日本側は、政治問題はすでに一回目の会談で話されているので、今度の会談は経済問題を中心にしようと想定した。しかし、周総理は最初から厳正な指摘をした。

「昨日のＮＨＫニュースは、中日双方は一回目の会談を終え、政治と経済を切り離す問題について意見の一致をみたと報道しましたが、これは事実と合致していません。中国側の政治・経済不可分の主張は変わっていません」。

周総理は中国側の政治三原則について再び詳しく述べ、特に日本と台湾の関係を長く論じて、中国が「二つの中国」及び「台湾独立」の論調に反対するという原則的立場を説明した。

第二回の会談を通じ、周総理は当時の中日関係を次のような観点にまとめた。

中日両国関係は前述した政治三原則の上に打ち立てるべきである。両国の政治関係と経済関係は、結びついて発展し、また並行して発展するものでなければならない。しかも、この二つはお互いに影響し合い促進し合わなければならず、相反するものではない。両国関係の正常化の実現に役立てるために、中日両国人民はまず漸進的かつ積み上げの方式で両国の政治関係と経済関係を発展させる。

周総理のこの観点は、原則性と柔軟性が結合した典範とも言えよう。中国の一貫した主張と立場を堅持する一方で日本の立場も配慮してあり、弁証法に則った表現をとっている。たとえば、その一、中国は政治三原則と政治・経済不可分の原則を堅持し、「政治関係と経済関係は結びついて発展し、また並行して発展するものでなければならない」、「両者は相互に影響し促進し合わなければならず、相反するものではない」と指摘した。その二、会談中、日本側はずっと積み上げの方式で中日関係を発展させたいと主張した。それに対して周総理は、「あなた方は『積み上げの方式』と言っているが、われわれは『漸進的な方式』と呼んでいる。意味は同じである」と言い、日本側の言い方をも前述の観点に吸収した。その三、周総理は双方が「漸進的な方式」で、すなわち「積み上げの方式」で、政治と経済の関係を発展させ、「両国関係の正常化の実現に役立つ」と強調し、中日双方の努力のベクトル、すなわち到達すべき目標を「両国関係の正常化」と表明し、問題の核心を明確にした。

会談中、松村氏は外部に、中国側が日本側の主張に完全に同意した印象を与えたかった。これに対して、周総理は「私は共産党員で、松村先生は日本の自由民主党の党員です。二人の見方はどうして一致することができますか？　一致できないことは自然であり、全部が一致するのは不可能です。これを前提にして中日両国は平和共存を実行し、友好関係を発展させます。この点においては、私達は一致に到達しました」と言った。

松村氏はまた、中国が強くなったら脅威になると言い、「中国はおそろしく大きな国です。日本には、中国の人口が多いことを見て『黄禍』を心配している人がいます」と言った。

周総理は話した。

『『黄禍』論は考えられないことだと思います。これを言い出したのは欧州人でアジア人ではありません。数百年前、モンゴルが日本を侵略したことがありました。しかし、それは歴史上の出来事で、結局失敗に終わったじゃありませんか？　侵略者は成功できないのです。日本軍国主義は一八九四年から一九四五年まで中国を侵略しましたが、最後はやはり失敗しました。アジアの歴史の中で、モンゴル軍と日本軍国主義はともに失敗しました。中国はどうして日本を侵略することがありえましょうか？　中国が帝国主義から受けた被害は深刻であって、『おのれの欲せざる所を人にほどこすなかれ』、『黄禍』という言い方は、欧州人がアジアの団結を破壊するために言ったものです」。

会談は政治問題の後、経済問題に移った。議論の中心はすでにあった友好貿易の基礎の上に、さらに貿易を拡大することである。討論後双方は幾つかの原則を決めた。それは、「物々交換」、「総合貿易」、

「延払いによる支払い」、「長期契約」（五年）である。

これらの原則事項について、双方は廖承志と高碕達之助両氏が協議を通じて解決することに合意した。これはのちに中日関係の発展に重要な役割を果たした「廖・高碕覚書貿易」の源である。

第三回の会談は九月十九日に予定された。前日の夜、われわれは中国側が第二次会談の状況に基づいて起草した会談メモを日本語に翻訳した。十九日午前、孫平化氏がメモを日本側に渡し意見を求めた。メモの概要は次のとおりである。

周恩来総理と陳毅副総理は松村謙三先生と友好的かつ率直な会談を行なった。双方は、

一、中国側は政治三原則、貿易三原則が引き続き有効であることを重ねて表明した。

二、中日両国は社会制度が違っても、領土・主権の相互尊重、相互不可侵、相互の内政不干渉、平等互恵、平和共存の五原則を守らなければならない。

三、中日の国交を回復し、両国の経済及び文化を発展させ、両国人民の友好的な協力を増進することは、中日両国人民の共同の願望であり、双方は漸進的かつ積み上げの方式をとって、この願望の実現を促す。政治と経済は切り離せない。両国の政治関係と経済関係は結びついて発展し、また並行して発展しなければならない。双方は漸進的かつ積み上げの方式で政治関係を発展させると同時に、経済関係を発展させて行く。両者の関係は相互に促進し合い、相反するものではない。

四、中日両国人民の友好提携を増進したいという願望に従い、目下の状況の中、中日貿易は継続的に民間の個別貿易と中小額貿易の二種の形で行なう以外、物々交換、延払いによる支払い、総合貿

易、長期契約を結ぶなどの方式を採用し貿易を発展させることも考えられる。

中日貿易三原則とは、池田内閣発足後の一九六〇年八月に、周恩来総理が岸内閣に破壊された中日貿易関係を改善するために提出したものである。それは、一、すべての協定は、今後双方の政府が締結して、初めて保証がえられる。二、条件が熟すれば取り引きをする事ができ、民間契約を結ぶこともできる。お互いに友好を示しあい、そして双方の必要に基づいて会談し、契約を結び一定期間の取り引きをする事ができる。三、中小企業に特別な困難がある場合、個別的な配慮を加える。

周総理はまた、貿易三原則は政治三原則と繋がらなければならないと強調した。

この会議メモは会談の実態を反映すると同時に、周総理がまとめた観点も反映していたが、松村氏はそれがコミュニケに間違えられやすいし、外部に対して日本側がすでに中国の政経不可分の観点を受けいれた印象を与える恐れもあるので、発表に同意しなかった。日本側は文字が少なければ少ないほど良いと思い、幾つかの曲折を経て最後に一つの対案を出した。

午後四時前、対案は拒否されるのではないかと心配した日本側だったが、四時半に周総理が会見するとの知らせをもらい、中国側がほぼ承諾したと判断し、胸を撫で下ろしたようだった。

三回目の会見が始まった。挨拶の後、松村氏は廖承志氏に「会談の『文字説明』の起草に努力して頂いたことに感謝致します……。私は高碕先生に中国に来て頂き、具体的な問題に取り組むことを薦めます」と言った。

周総理は、「廖さんと松村先生は中日双方の総連絡人ですので、それは彼のすべきことです」と廖承志氏を指しながら言った。
「そうすると、今日われわれ二人はすでに仕事を始めたことになりますね」。
「しかもその仕事は成功を収めました。会談の内容は双方が口頭で発表しますが、誤解を招かないために文字に表した方が良いと思います。長さには制限がありません。いまから読むものは口頭発表で使って結構です」と周総理が言ってから、読み始めた。

周恩来総理、陳毅副総理は松村謙三先生と十六、十七、十九日の三日に亙って友好的かつ率直な会談を行なった。

中国側は政治三原則、貿易三原則、政経不可分の原則を堅持することを重ねて表明するとともに、これらの原則は引き続き有効であると考える。

双方は、貿易をさらに促進し、発展させたいとの願いを表明した。

双方は漸進的かつ積み上げの方式をとり、政治関係と経済関係をふくむ両国の関係の正常化をはかるべきであると一致して認めた。

この「口頭発表」は妥協の結果であり、双方の具体的な状況を考え中国側の最低限度の要求を表わす一方、日本側の最大限の譲歩を体現するものだった。この共同発表について廖承志氏は何度も日本側と話し合ったが、すべて周総理の直接の指導に基づいたものであることは言うまでもない。ところが、周総理が「口頭発表」を読み上げた後、松村氏はやはり心配で、何回も「口頭発表ですよ。共同声明ではないですね」と念を押した。周総理は、「共同声明ではありません」とはっきり答えた。

会談後、両国のマスコミは共にこの「口頭発表」をニュースの形で公表した。

当日の夜、松村謙三氏は民族文化宮で返礼の宴を催した。周総理、陳毅副総理らおよそ百人の人が招かれた。

松村氏は、「周総理、陳副総理との会談は日中両国の親善の基礎を築き上げ、道を切り拓きました。今度の訪問は来た甲斐があり、意義のある訪問でした。われわれは大きな喜びと満足を抱いて帰国いたします」と言った。

周総理は即興の挨拶をした。前述した中日関係に関する観点を述べ、「松村謙三先生一行の中国訪問は、中日関係の改善に貢献しました。中国はそれを歓迎し支持します」と表明した。

双方の努力によって、松村氏の言われたように、氏の二回目の訪中は後の中日関係の発展に道を開いた。そして、一九六二年十月二十六日、高碕達之助氏は大手二二社の代表四二人から成る大型代表団を引き連れ北京に到着した。双方は、周総理と松村氏会談の趣旨に基づいて、中日長期貿易の拡大問題を巡って具体的な商談をした。貿易会談はすぐに一致を見、一九六二年十一月九日、廖承志と高碕達之助の両氏が、北京で「中日長期の総合貿易覚書」に調印し、五年（一九六三年より一九六七年まで）の長期貿易取決めに合意し、取決めの具体的実行について毎年一回話し合いを行なうことを決めた。

周総理と松村氏の政治会談で決めた原則に基づき、双方は個々の取引が当該取引に関わる日本側当事者と中国対外貿易進出口公司との間で個別に契約を締結して行なわれ、両国政府に保証してもらうことで一致した。中国は延払いの方法で日本からプラントを輸入し、売る方は日本輸出入銀行の資金を使うこととなった。これは中日貿易で、中国が日本から新技術を導入し、プラントを輸入する発端となった。

こういった具体的な成果は、双方の努力によって貿易正常化及び政府間貿易協定の締結に向けて一歩前進したことを示した。周総理は、覚書貿易の取決めは中国が提出した貿易三原則の第一項、すなわち政府間の協定に近づいたと高く評価した。

一言で言うと、高碕氏の中国訪問は覚書貿易の誕生を成就させた。中国側は廖承志事務所を成立し覚書貿易に関する事務の処理を担当するが、日本側は「高碕事務所」と呼ばれる「日中総合貿易連絡協議会」事務所を成立した。

こうして、「廖（Liao）、高碕（Takasaki）覚書貿易」、すなわち「ＬＴ貿易」が正式に世に出た。

### 実質的な一歩を踏み出す

周総理が三回目に松村謙三氏を中国に招いたのは、一九六四年四月のことだった。そして、今回の訪問を通じて、中日関係は民間交流から半官半民へ実質的な一歩を踏み出したのである。

松村氏の訪中の後ろには、このような背景があった。一九六三年、ＬＴ貿易の輸出入総額が一億ドルに達したが、連絡をより密接にし、仕事を進めるために、双方は北京と東京での連絡事務所の相互設置について話し合い、相手国に常駐する代表の相互派遣を検討し始めた。双方は、また相互理解を深めるために新聞記者を交換する必要があると深く感じ、その準備を考えるようになった。

中日関係が日毎に改善され新段階へ向かおうというこの時に、松村氏は代表団を率いて中国を再訪した。言うまでもないが、この訪問は池田総理の支持を得たのであった。

当時、中日間の行き来は香港経由だったが、松村氏は香港まで遠回りしたくないと言い、直接門司港から「玄海丸」で秦皇島《しんのうとう》（河北省秦皇島市）に上陸した。

松村氏は北京に着き、周総理と五時間にわたる政治会談を行ない、廖承志氏とLT貿易連絡事務所の相互設置及び新聞記者交換問題について充分な意見交換をして、円満な協議をまとめた。四月二十日、北京で、廖承志氏と岡崎嘉平太氏は、「廖承志事務所と高碕事務所の連絡事務所の相互設置ならびに代表の相互派遣に関する会談メモ」の交換をした。「メモ」は、中国側は日本に廖承志事務所東京駐在連絡事務所を設置し、日本側は中国に高碕事務所北京駐在連絡事務所を設置し、双方が首席代表一人、代表二人、随員二人の計五人を派遣することを決めた。

廖承志氏は、また松村謙三氏と「廖承志事務所と高碕事務所の中日双方の新聞記者交換に関する会談メモ」を交換した。「メモ」は、双方はそれぞれ通信社、新聞、テレビ局の記者八人（のちに九人に改められた）を派遣することを決め、記者交換に関する具体的な事務は、双方の連絡事務所に処理してもらうと規定した。

連絡事務所の相互設置と新聞記者交換は、中日両国関係が新たな段階に入り、民間交流から半官半民段階へと転換する重要な印であった。

池田内閣がアメリカ、台湾と日本国内の右翼勢力に反対される中でこの一歩を踏み出すことは容易ではなかった。これは、日本の支配階級内部でも分裂が始まったことを意味した。

日本政府がこの一歩を踏み出したことは国際情勢の発展と切り離せないが、中国の国際的地位が絶え間なく高くなって来たことと、中国の対日の方針・政策の正確さ、特に周恩来総理が外交家として用いた優れた闘争技術が、これを促すための重要な役割を果たした。当然のことながら、それは日本の広範な人民と見識のある方々の長期に亙る努力の結果でもあり、松村謙三氏の政治的見識と彼の心血もそこに含まれている。

# 心に残る教え

「阮玲玉《ルワンリンユイ》」。

周総理の口から初めてこの名前を聞いた時、私は慌てた。意味が分からず、書き方さえ知らなく、周総理が日本の友人と会見する重要な場で、私は通訳に詰まってしまった。

一九五七年三月十一日の午後だった。中南海紫光閣で、周恩来総理は著名映画監督の牛原虚彦《うしはらきよひこ》氏を団長とする日本映画代表団と会見し、談話中に一九二〇年代の人気女優阮玲玉《げんれいぎょく》氏をお客さんに紹介した。阮玲玉は、多くの人にとって馴染みのある名前だった。しかし、幼い時を植民地の大連で過ごした私は、上海など中国の他の地方のことにうとく、知識も不足で、まして映画のこと、とりわけ映画界の歴史には全く関心がなかったので聞いたことはなかった。助けがほしかった。

困った私を見ると、周総理は私の通訳ノートを取り寄せ、鉛筆で「阮玲玉」の三文字を書いた。そして、字がぞんざいに思ったようで、再び字画一つ一つを書き直した。漢字通りに日本語で「げんれいぎょく」と通訳すると牛原団長らは頻りに頷いて、阮玲玉のことを知っているようだった。

会見後、周総理は中国側の同席者に私が口篭ったことを話し、「若者に歴史を知ってもらわないと。歴史を切断してはならない。それは良くないことだ」と言った。

当時中国の一般社会では、若い世代の歴史教育を重視しない傾向があった。総理はそれを指摘すると同時に、私の弱点と今後の努力目標を教えてくれた。心が暖まった。総理の手跡が残されたノートは、今でも手元に置いて大切に保管している。

総理の通訳への要求は厳しいものであったが、彼らの通訳業務そして政治面での成長をも重視し、関連部門に、必要な条件を整え多くのことについて勉強させ、もっと政策を把握させよとよく指示した。

ある時、総理は人民大会堂で日本の友人に会うこととなった。接待班責任者の孫平化《そんへいか》氏が、私と他の係員を引き連れ、一足先に大会堂「福建の間」に行って総理を待ち仕事の報告をしようとした。

やがて総理が現われ、孫平化氏が報告を始めた。通訳として、報告の内容を聞いて良いのかどうかが分からなく、私は離れたところに坐った。それに気づいて、総理は、「君、ここに坐っていなさい！　君も報告を聞いて。どうして自分のほうから人民と離れた立場に立つのか？」と言った。声が厳しかったが、優しそうにも感じた。そこで、私は会見の背景について多くを知ることができ、当日の通訳に大変役に立った。

周総理は普段標準語を話していた。一世代上の国家指導者の中で、総理の話は一番分かりやすいものだった。にもかかわらず、稀に特徴のある発音をすることがある。ある時総理は日本関西経済代表団と会見した。総理は日本が経済をもって東南アジアへの進出を急いでいることに言及し、東南アジアの人々が日本のことに触れるとすぐ「tan hu shi bian」、と言った。周総理は実は「tan hu se bian」（談虎色変——虎の話をするだけで顔色が変わる。普段恐れているものは、噂を聞いただけで顔色が変わるという意味である）と言いたかったが、色（se）をshiと発音したため一瞬「事変」（発音はshi bian）と勘違いをし、何の事変を指しているかを頭の中で一生懸命考えた。しかし、前後から見ると違う気がしたが、どう言うことか分からなかった。間違えた通訳ではいけないので、しばらく通訳を止《と》めた。周総理は意外な顔をして「日本語には、『談虎色変』という言葉はないか？」と訊いた。やっと気がつき、慌てて日本語に訳した。

実は、会見の前にも周総理は同じ問題に数回触れ、同じように「談虎色変」を使っていた。しかしそのことを全然知らず、私は即座に理解することができなかった。通訳人員にさらに多くのことを勉強させることがどれほどに重要であるかを痛感した。

## 民間交流と周恩来

中日関係正常化前の民間交流の時期には、日本からの文化代表団や文化芸術界の人々の来訪が多かった。周総理はこれら来訪客との接触を重視していた。

一九六〇年十月、時まさに日本人民の大規模な日米安全保障条約反対運動の直後に当たり、俳優座、文学座、民芸、葡萄の会、東京芸術座の五つの劇団が代表団を結成し中国を訪問した。五つの劇団が一遍に中国公演を行なうことは、日本演劇の歴史の中でも前代未聞のことであった。周総理は演劇を観賞しに行っただけでなく、十月八日に中山公園で日本の劇団のために催された園遊会にも参加した。

知らせをもらい、私は中山公園に赴いた。

園内にはたくさんのテーブルが置かれ、大勢の両国の俳優がテーブルを囲んでお茶を飲みながら睦まじく会談した。しばらくして周総理が現れ、園内の雰囲気は一段と活気を帯びた。総理は日本のお客様に挨拶をしてから席に着いた。「女の一生」を主演した女優の杉村春子さん、「夕鶴」を主演した山本安英さんが総理の傍に坐り、監督兼俳優の千田是也さんとご夫人の岸輝子さん、そして監督の村山知義《むらやまともよし》さんも総理の近くに着席した。総理は若い時に芝居をした経験があり、今日皆さんに会えてとても親しみを感ずると言い、これだけの俳優さんが中国を訪れることはこれが初めてであり、中日の演劇の交流はとても重要な意義を持っていると語った。

ある時、周総理はある日本文化代表団と会見した。

綺麗な着物を纏った女流作家の有吉佐和子氏は、周総理に中国文化が彼女に与えた影響を話し、中国の演劇が好きであると表明した。すると総理は、越劇（地方劇。オペラのように歌う。発祥地は浙江省紹興であるが、のち上海周辺でさかんになる）の「紅楼夢」を推薦した。

『紅楼夢』は中国の四大古典小説の一つで、ある青年男女が封建制度の束縛に反対し、結婚の自由を求めた物語です。越劇『紅楼夢』が北京で上演された際、観客の受けが大変良く人気がありました。残念ながら今はもう上演されていませんが、皆さんはこれから上海に行くでしょうから特別に公演をしてもらいましょう」と、会見の場で即座に指示をした。喜んだお客さんは総理の好意に深く感謝した。

会見が終わり記念撮影の時間となった。名前の順番からすると有吉佐和子氏は周総理と離れた場所に立つことになるはずだったが、彼女はいきなり総理の傍に立った。そして、その貴重な瞬間がカメラに収められ歴史に残った。

一九五七年五月、周総理が中南海で日本考古代表団並びに日本現代劇・劇作家代表団と会見した。いつもと違って、周総理はお客さんに一人ずつ質問をして日本の状況を聞いた。代表団に女性が一人いて、「新制作座」の創始者の真山美保《まやまみほ》氏だった。彼女は女優であり劇作家でもあった。当時の新制作座はまだ創立して六年経ったばかりだった。

会見が行なわれる前に、周総理は「新制作座」が新型劇団であることを人から聞いたそうで、真山氏に「新しい発想で新しい劇団を作ったそうですがそれは本当ですか?」と尋ねた。

「はい、本当です。芸術が大衆から生まれ、大衆の中で発展して大きくなることが分かってから、私は生まれ育った東京を離れ地方に行きました。毎日勤勉に働いている大衆の中に入り、彼らのために台本を書き、お芝居をして、そして彼らから意見を求めました。私は人民の中で生き、大衆と一緒に芸術を創造したいと思っています」。

「あなたは大衆と一緒に暮らしていますか?」と、総理がまた聞いた。

「はい。一年の大部分、私は紡織工場、鉱山、造船所あるいはほかの工場や農村、漁村、山村におります」。

「作品はどういう主題を扱っていますか?」

「主に労働者と農民の苦悩を扱うものですが、女性労働者の生活ぶりを扱う作品もあります。彼女達を励ますためにこういった作品を書きました。いまの日本では、多くの人が社会的な差別を受けることに悩んでいます。このようなことを思いますと、悲しくなります」。

「確かにそうです。ところで、お客さんの反響はどうですか？」

「お客さんの多寡は劇場の大きさに影響されます。多い時は二千人を超えますが、平均して八百から千人ぐらいです」。

「どうやってお客さんを集めますか？　公演の形式はどうやって決めますか？」

真山さんから「新制作座」の宣伝やチケットの発行などの様子を聞いて、周総理はまた質問した。

「生活はどうやって維持しますか？」

「チケットの収入で充分に間に合っていますが」。

「外部の援助は全然ありません？」と、総理は念を押した。

「チケットの収入で充分です」と真山さんははっきりと答えた。

周総理は手で膝を叩いて、「それは結構！　実に結構なことです！　みなさんの選んだ道は正しいものです。今後、みなさんは困難に遭うこともあるでしょうが、是非頑張ってほしいものです。みなさんの芸術は『人民大衆から生まれ、人民大衆の中で発展して行く』ものなのですから」と称賛した。

のちに、真山美保さんは文章でこのように語った。

周総理の話を聞いて、涙を堪えきれませんでした。祖国の日本でさえもらえなかった認知と理解を周総理から頂いたのですから。ずっと以前から、「真山青果《まやませいか》の娘はいったい何が好きなんでしょう？　大衆という言葉をいじくりまわして本当の大衆の心は分かっていないじゃないか」と冷やされました。二十代からずっと思ってきました。どんなに中傷されても、自分の考えと態度を変えないと。ここ数年、私は耐え難い侮辱に耐え理解してもらえないことを悩んできましたが、大衆に暖かく見守られながら今日まで頑張ってきました。遥かな異国の北京で、周恩来総理に励まされるとは、思いもよりませんでした。

劇団創立初期、参考になる手本がなかったことに悩んでいました。自分の手で模索しながら前へ進むことしかできませんでしたが、その困難な時期に、毛沢東主席が延安で発表した談話録を偶然の機会に見つけました。中に述べてあることが日本の状況といかに酷似していることかと驚き、自分の教科書にしたのでした――と。

周総理との会談を通して真山美保氏は、今後「新制作座」をどの方向に発展させるかについて考えを固めたという。真山氏は「周総理との談話は一回だけでした。しかし、あの時以来、周総理の言葉を思い出すといつも、彼の暖かい心が感じられるのです……周総理の質問は自然に見えましたが、本当は事前に詳しい調査をなさったと思います。たとえそうだったとしても、総理が質問した時の機敏さと鋭さは生涯忘れ難いもので、ずっと味わっていたいものです」と言った。

## 「精養軒はまだありますか」

周総理は外国の友人に会う時、いつも礼をもって対等に接した。よほどのことがない限り、総理はいつもお客さんより先に会見の場所に行って待っていた。特別な理由があってどうしても遅れることになった場合でも、必ず秘書を通して事前に接待部門に通知し、お客さんを待たせることはなかった。それに、お客さんが到着すると、常に玄関まで迎えに行き、一人ずつ握手を交わし、目を見ながら心を込めて挨拶をした。東南アジアや南アジアからお客さんを迎える時に、先方の習慣に従って手を合わし、イスラム国家の女性客には軽く頭を下げてお辞儀をするのであった。

周総理の礼儀正しさについては、どうしても言わなければならないことがある。一九六三年十月、日本は北京で大規模な工業展覧会を開催した。十月五日の晩、前首相石橋湛山氏が北京飯店西ホールで返礼の宴を催した。千人ぐらいの参加者がいたので、宴会の間には数十のテーブルが置かれ、後ろの人は前が見えない状態だった。

周総理は、石橋氏に引き続いて情熱溢れる挨拶をし、それからテーブルを回って、日本の友人と一人ずつ杯を合わせ、時には簡単な会話を交わした。日本側の事務局長の押川俊夫氏がのちに、「全くの予想外のことで少し慌てました。周総理はわれわれと杯を合わせ、さらに一緒に『東京―北京』を歌って、歌い終わったら楽譜までもらいました。その時のことは永遠に忘れません」と語った。

同じ日の午前、日本工業展覧会が北京で開幕され、周総理はわざわざ参観しに行った。周総理の到来は日本記者団の注意を引き、彼らは八方手を尽くして接近しようとした。安全を配慮して、警備員は記者の接近を断ったが、一人の女性記者が勇気を奮い起こし、総理に近づき質問をした。たぶん答えないだろうなあと思ったが、総理は彼女の質問を丹念に聞き、そして丁寧に返答した。それを見ると他の記者達も取り囲んできた。直接周総理にインタビューできるとは彼らにとって願ってもないことだった。

周総理の参観が終わり、日本側の事務局のスタッフが記念帖をもって来て揮毫を申し出た。総理は帰ってから書くと快諾し、果たして翌日に書いた辞を日本側に送った。

松村謙三氏の中国訪問中に起こった幾つかの出来事も、周総理の紳士ぶりを示すものだった。高齢の松村氏が階段を上ったり下りたりする時に、周総理は必ず私に松村氏を支えるようにと言いつけた。松村氏の五回目、すなわち、氏の最後の中国訪問は、一九七〇年の三月から四月にかけて行なわれた。すでに八十七歳高齢の松村氏は、思考能力が以前よりずっと衰えていて、時々答えが質問とずれたり支離滅裂なことを言ったりした。

四月十九日、周総理は人民大会堂「福建の間」で松村氏一行と会見をした。私はちょうど「休暇」をとり東京の新華社支社から帰っていたので、この接待の仕事に加えてもらった。

会見開始後まもなく松村氏はいきなり話し出した。全然つじつまの合わない話で、しかも何を言っているのか分からなかった。日本の友人が心配そうに松村氏を見、在席した双方の皆が周総理の反応を気にしていた。ところが周総理は松村氏を理解した。総理は松村氏の唐突な発言を気にすることなく自分の話を続けた。会見後、総理は自ら松村氏を支えるためにやって来て、「福建の間」の外まで見送った。寛容な周総理を見て、日本のお客さんは大いに感動した。

松村氏が最後に来訪した際、朝日新聞社社長の広岡知男氏を連れてきた。広岡氏の目的は周総理の単独インタビューであったが、代表団が北京に到着した三月下旬から四月の十九日に周総理が代表団と会見する日まで、単独会見はなかなか実現できなかった。朝日新聞社はそれを大変焦っていて、当該社の北京常駐記者の秋岡家栄《あきおかいえしげ》氏が私に、「当社は周総理への単独インタビューをとても重視しています。広岡社長の中国訪問中に、オーナの上野氏が亡くなられましたが、社としては依然社長の帰国を考えていません」と、言ったことがある。私は直ちにそのことを上に報告したが単独会見は到底実現できなかった。

広岡知男社長が代表団と一緒に周総理の会見に列席した。意外なことに、会見が始まるとすぐ周総理は、「今日朝日新聞社の広岡社長もおみえですが、私の談話はあなたへの談話にもなります」とわざわざ言った。

一九七一年十月二十八日、周総理は北京で朝日新聞社編集局長の後藤基夫氏が率いる記者団のインタビューを受けた。東京にいた私は、『朝日新聞』の特ダネを読んで、インタビューの様子を知った。

貴社の広岡社長は昨年春、故松村謙三先生とご一緒に来訪されたが、私と単独ではお会いできなかった。社長を代表してこられた後藤編集局長と、いまお会いするわけだが、帰国されたらどうぞよろしくお伝え下さい。松村先生が逝去されることは思いも及ばなかったことであり、もう先生と再会することはできなくなりました。

二十五年後の一九九六年十二月、私は東京で朝日新聞社顧問の中江利忠氏（氏は後藤氏に続き、編集局長と社長を歴任した）に会った。氏は、一九七一年に後藤編集局長と中国を訪問して周総理に会ったことを追憶した。

「ちょうど中国は、国連での代表権が回復される前夜であり、日中国交回復の前の年でもありました。あの会見は歴史的なものであります。会見中、周総理はわざわざ広岡社長と松村謙三先生のことに触れました……」。

周総理は日本の友人と会談を行なった時に、たまに若い時に行ったことのある日本への懐かしい気持ちを表していた。周総理は十九歳の時、国難を救う真理を求めるために日本に渡った。京都の嵐山には、彼の書いた不朽の詩が今でも残っている。

一九七二年九月、中日の国交が回復された頃、私は東京で記者をしていた。聞くところによると、周総理は来訪した田中角栄首相に「上野公園の精養軒はまだありますか？　桜は昔のように毎年咲きますか？」と訊き、旧遊の地を再び訪れたいという気持ちが窺えたという。そこで、私は一九六二年十月に、周総理が北京で高碕達之助氏を招宴した時のことを思い出した。

高碕氏は周総理に、適当な時期に日本を訪問して欲しいと言ったが、周総理は「今はまだ不可能です。しかし日本を訪問したいと思っています。法律では仮釈放の規定がありますが、もし総理の私に『仮辞職』ができれば、日本訪問を実現できるでしょう」と答えた。

松村氏が最後の中国訪問を行なった際、私は接待の仕事に加わった。人民大会堂で松村氏一行の到着を待っていた時、総理は帰国したばかりの私に日本の近況を尋ねた。総理は、一九六〇年代初期から東京で建設が進んでいる高速道路、そして高速道路が高層ビルの中層部の窓の外を通っていることに深い興味を示し、さらに琵琶湖のことを訊いた。

私は、琵琶湖はすでに観光名所になっているが一部は汚染されたと報告した。当時の中国では、「観光」はまだ耳慣れない言葉で、私がいきなり言い出したため、周総理はびっくりして「何？　湖の水が全部なくなったのか？」と訊いた。なんと総理は「観光」を「光光」と聞いたようだった。（「観光」の中国語発音は、「光光」に似ている。「観光」は guan guang で、「光光」は guang guang と言い、なくなるの意味である。）私はすぐ「光光」ではなく、旅行の名所になったと説明した。総理はほっとして爽やかに笑った。

# 記者時代

# 新華社東京支社の創立

一九六四年九月から一九七八年の六月まで、私は新華社東京支社で記者をしていた。途中一年ほど本社に戻ったが、それを除いても日本での滞在は十四年間になる。

当時の海外勤務は普通三、四年で、一回延長しても、七、八年といったところである。「なぜ劉さんはそんなに長く日本にいたのですか？」と訊かれると、何時も「仕事の業績が悪く留年ばかりしていて、いつまでも『卒業』できなくて、つい十五年になりました」と冗談を言うが、本当の理由はもちろん違っていた。簡単に言うと、原因は文化大革命であった。

東京にいた十数年間に、中国はちょうど「文化大革命」の嵐の真っ只中にあった。新華社本社もほかの部門と同じように、二つの派に分かれ、それぞれ群衆組織を結成し、毎日吊るし上げ合ったりしていた。このような状況下で、本社から支社に記者を派遣することは難しかった。選ばれる人は大抵ある派に属していたので、必ず別の派から反対されたからだった。

私の場合は例外だった。外文出版局から出向したもので、新華社の派閥闘争とは無関係だった。当時特派員は、査証期限の都合で休暇を取り毎年北京に帰っていた。毎回、休暇が終りに近づき、外事局の責任者は必ず私を呼び、「もうちょっと東京で頑張ってほしい」と言った。のちに早く帰国したいと思うようになったが、組織の決定に断固服従しなければならなかった。こうやって、「ちょっと」ずつが、とうとう日本滞在十年超となってしまった。

## 長くて困難に満ちた道

『光明日報』の記者として日本駐在を始めたのは、一九六四年九月二十九日である。

この日、われわれ七名の新聞記者が新華社国際部副部長の丁拓《ていたく》氏に率いられて、戦後第一陣の特派員として東京に着任した。新華社東京支社もこれをもって正式に発足した。

当時、中日関係はまだ正常化されていなかった。新華社東京支社の設立は通常の形を取らず、中日双方の特派員の相互派遣によって実現したものである。中日両国の新聞記者交換は、今日ではごく自然なことであるが、当時は極めて困難なことだった。その実現に辿り着くまでの道のりは長く、また困難なものだった。

中日両国は十五年間に亙ってこの道を辿った。一九四九年新中国が誕生して以来、一九六四年までの間だった。私の知る限りでは、この十五年間で新華社記者の丁拓《ていたく》、呉学文《ごがくぶん》両氏だけが、数回代表団に随行し日本で短期取材活動をした。

当時、中日両国の戦争状態がまだ終了しておらず、日本政府はただアメリカに追随しているばかりで、中国敵視の政策をとり不当な要求をしていたため、中国記者の日本への長期滞在はできなかった。

一九五七年八月、東京で行なわれた第三回原水爆禁止世界大会はその一つの例である。当時、丁、呉両氏は中国代表団に伴われ来日して会議の報道をした。会議後、引き続き取材をしたかったので在留資格延長の申請をしたが、日本政府はいわゆる「規定」を持ち出し、指紋を押すことを要求した。それは人格に対する侮辱だと思い容認しなかったため、とうとう査証の期限が切れ、彼らは代表団と一緒に帰国した。

その後、国際情勢の進展に伴い、中日関係にもいろいろな変化が起こった。一九五八年五月、中国国旗を侮辱する「長崎国旗事件」が発生し、中日両国間にできあがっていた民間交流ルートはほぼ全面的に中断された。情勢は非常に険しくなった。

この状況を見て日本政界の良識派は、行き詰まった両国関係の改善を図ろうと乗りだした。一九五九年十月、与党自民党顧問の松村謙三氏は、前首相の石橋湛山氏に続き周恩来総理の招請を受け中国を訪れた。一九六二年九月、松村氏は再び来訪して、双方は政治と経済問題に集中して会談を行なった。双方は当時から記者交換問題を解決したいという考えを持っていたが、機未だ熟せず、正式な会談には持ちこめなかった。

駐在記者の交換という時、自民党衆議院議員の田川誠一氏に触れなければならない。かつて『朝日新聞』社の記者をしていた田川氏は、後に松村謙三氏の秘書になり、松村氏が中国を訪問するたびに氏について中国を訪れた。中国の状況調査や、松村氏訪中の準備をするため、独自で中国に来ることも度々あった。

中日両国の新聞記者交換は、松村氏が三度目に中国を訪問した一九六四年四月に決められたものである。同年二月に田川氏は中国を訪れ、廖承志《りょうしょうし》、丁拓《ていたく》氏らとそれぞれ記者交換について初歩的な意見交換をした。

複数の新聞社と通信社から委託を受けた田川氏は、積極的に廖承志氏に常駐記者を交換すべきだと提案した。氏は、一度に数社の新聞社及び通信社の記者交換を実行することは難しいかも知れないが、取り敢えず通信社一社、新聞社一社の間で行なった方が良いのではないかと言ったところ、廖氏は即座に、もっと多くの記者を交換しても良いと応じた。

田川氏は中国の態度がかなり和らいできたことを感じ、日本は中国の提出している幾つかの原則にはっきりした姿勢さえ示せれば、他の問題では中国側も柔軟に対応するだろうと思うようになった。氏は、廖氏の記者交換への態度が積極的だと判断した。

廖氏と会った日の午後、田川氏は新華社国際部副部長の丁拓氏と、記者の呉学文氏（当時の中華全国新聞工作者協会国際連絡部副部長）に会い、記者交換を巡って意見を交わした。田川氏はかつて呉氏と数回接触したが、丁氏に会うのは初めてだった。呉、丁両氏はともに日本語が堪能で、会談は直接日本語で行なわれた。

会談中、丁、呉両氏は過去のことを説明した。今からほぼ七、八年前、中国が、来訪した日本新聞協会事務局長の横田実氏に記者交換の問題を提起した。横田氏は口頭では承諾したが、なぜかその後ずっと返事がなかった。丁、呉両氏は、中国は記者交換に対して積極的であり、ずっとその実現に向けて何らかの手立てをしたかったと言った。それを聞き、田川氏は、日本も積極的であるので是非これを実現させたいと表明した。

田川氏は、また日本の新聞業界の競争は非常に激しく、一度に多くの記者を中国に送ることには、各方面の調整が必要で時間がかかりそうなので、取り敢えず、お互いに二名ずつ派遣した方が妥当だと言い、さらに、共同通信社と新華社が先行して記者交換を行なえば政府の賛同も得やすいし、他の新聞社も追随できると説明した。田川氏の意見に対して、丁、呉両氏は、中国に八つ（当時）の新聞、通信、放送機構があり、しかもそれぞれ既に外国に記者を派遣しているので、新華社だけが日本に記者を派遣することになったら、他社は納得しないだろうと言った。

丁、呉の両氏は、中国の記者が日本に常駐している間、日本からの保障が必要だと言ったところ、田川氏は具体的に何を指しているのかと訊いた。両氏は、まず日本国内では取材の自由が必要であり、中国記者が他の外国の記者と同じ待遇を受けるべきで、記者交換は平等な扱いの下に行なわれる、お互いに利益を与えるものだと言った。田川氏は「そのことについては余り重く考えないで頂きたい。もし中国がそのように考えるなら、記者交換は国交が回復するまで待たなければなりません」と言ったが、両氏は「中国とフランスの記者交換は数年前から始まりましたが、その時中仏の国交はまだ正式に樹立されていませんでした」と答えた。

田川氏は最後に、帰国後にもう少し日本政府の意図を探り、新聞、通信、放送業界の意見を調整して、それから日本新聞協会を通じて中国に連絡すると表明し、「とにかく、日中両国の記者交換を一日も早く実現させたいと思います」と言った。

田川氏の活動が、記者交換の実現に積極的な役割をしたことは否定できない。当初、氏は記者交換の具体的な事務は日本新聞協会を通じて処理されると考えていたが、中国は日本新聞協会が台湾と関係を保っていたことを考慮し、氏の当該協会と関連づける提案を認めなかった。

## 記者交換の取決めを結ぶ

二ヶ月後の一九六四年四月、松村謙三氏が三回目の中国入りをした。周総理、廖承志など指導者は、池田首相の支持を得た氏と数回に亙り会談を行ない、両国関係を民間交流の段階から半官半民の段階へと実質的な一歩を踏み出させた。その具体的な形として、中日双方は、東京と北京で相互にＬＴ貿易事務所を設置すること及び常駐記者を交換するとの取決めを結んだ。

記者交換の会談に参加した中国側の人員は孫平化《そんへいか》氏、王暁雲《おうぎょううん》氏等で、日本側は竹山祐太郎、岡崎嘉平太、古井喜実、大久保任晴の諸氏だった。双方が結んだ取決めの内容の主な項目は以下の通りである。

一、廖承志氏と松村謙三氏との会談の結果にもとづき、中日双方は新聞記者の交換を決定した。

二、記者交換に関する具体的な事務は、入国手続きを含めて廖承志事務所と高碕事務所が窓口として連絡し、処理する。

三、交換する新聞記者の人数は、それぞれ八名以内とし、一新聞社または通信社、放送局、テレビ局につき、一人の記者を派遣することを原則とする。必要な場合、双方は、各自の状況にもとづき、八人のわくの中で適切な訂正を加えることができる。

四、第一回の新聞記者の派遣は、一九六四年六月末に実現することをめどとする。
五、双方は、同時に新聞記者を交換する。
六、双方の新聞記者の相手国における滞在期間は、一年以内とする。
七、双方は、相手方新聞記者の安全を保護するものとする。
八、双方は、相手側新聞記者の取材活動に便宜を与えるものとする。
九、双方の記者は駐在国の外国新聞記者に対する管理規定を順守するとともに、駐在国が外国新聞記者に与えるのと同じ待遇を受けるものとする。
十、双方が本取決めを実施する中で問題に出会った場合、廖承志事務所と高碕事務所が話し合いによって解決する。

取決めの内容は中国側の要求をほぼ反映したと言える。中国記者がまだ国交の樹立していない日本での安全と、取材活動中に差別されないよう保障を取りつけたものであると同時に、日本側の現状をも配慮したものである。例えば、当時の日本政府の規定によって、共産党の国から来た中国記者の日本滞在が一年を超えたら、滞在延長の書類に指紋を押さなければならないこととなっていた。われわれは日本当局のその侮辱的なやり方に反対したが、すぐその規則を変えることはできないので、困惑した日本側当事者に配慮し、滞在期間を一年にすることに同意した。一年経ったら一度帰国して、それから再び日本へ赴く手続きをする。このように、必要に応じて常駐することもでき、指紋も押さずにすんだ。連絡機構も親台の日本記者協会から離れてやりやすかった。

後になって、この取決めを実施する前に日本側の強い要求に基づいて、双方は相互派遣の記者の数を九名に改めた。

中日双方が常駐記者を交換する「会談メモ」を取り交わして以後、新華社は国務院外事弁公室の直接リードの下で、一九六四年七月から駐日記者を物色し、新華社東京支社の設立を計画し始めた。当時選ばれたのは、丁拓《ていたく》（首席記者）、劉徳有《りゅうとくゆう》、劉宗孟《りゅうそうもう》、劉延州《りゅうえんしゅう》、田家農《でんかのう》、李国仁《りこくじん》で、『人民日報』の記者がなかなか決定せず、しばらくしてから、李紅《りこう》に決まった。

われわれ七人の中には、長期に亙って新聞の仕事に携わり豊富な経験を持つ者もあれば、大学の新聞学科を出た者もいた。私は外文出版局の日本向けの雑誌『人民中国』編集部に属し、日本向けの宣伝や翻訳の仕事に長く従事して来たが、新聞記者をしたことはなく、今度もまた出向の形で新華社に異動になった。七人のうち、英語が出来るのは李紅さんだけで、他の全員は日本語が話せた。

同年七月、日本に赴任することが決まった人は、全員新華社に集まり学習を始めた。当時の新華社は仕事の条件が悪く、充分なスペースがなかった。このため、われわれは新華社の庭にある狭い小屋を見つけて、猛暑を凌ぎながら、文書を読み、雑談をし、討論をして学習をしていた。学習の主な内容は、中央政府が批准したLT貿易事務と駐日記者の仕事の方針及び対日方針・政策で、編集、翻訳そして新聞記事の書き方等の業務学習も行なわれた。仕事の方針の中に、中日関係が複雑だった当時、「長期に立脚、人に口実を与えない」（長期に亙り日本に滞在するために、できるだけ口実を与えない）という重要な一項目があった。

中国は常駐記者を日本に派遣することを重視した。出発前、陳毅《ちんき》副総理は人民大会堂で記者団全員に接見し、自分の革命経歴を紹介してから、何度も日本は資本主義国であり、「悪の坩堝」のようなところなので、長期間仕事を続ける皆さんには身の潔白を保ってほしいと話した。

廖承志氏も記者団を引見し、日本の情勢を分析し注意事項を語った。「会談メモ」では新聞社一社につき一名の記者を派遣することが明確に決められたため、私達もそれぞれ一つの新聞社を代表しなければならなかった。そこで、廖氏との会見の場で、丁拓は新華社、李紅は『人民日報』、劉徳有は『光明日報』、劉宗孟は『大公報』、劉延州は『文匯報』、田家農は『北京日報』、李国仁は『中国新聞社』と、それぞれが代表する通信社と新聞社が決められた。

われわれ七人は、対外的には統一的な中国記者団の形をとり、国内では新華社東京支社となった。取決めの規定に基づき、中国は九名の記者を派遣することができるが、一度には人が集まらなかったので、取り敢えず七名にして、二名を保留にした。

出発する前に、新華社総社社長朱穆之《しゅぼくし》氏がわれわれと会見し、励ましの言葉をくれた。

中日両国の間ではまだ直航便のない時代だったため双方の行き来はともに香港経由で、われわれも例外ではなかった。われわれ七人は九月下旬に北京を発ち香港に着いたが、九名の日本特派員も同じ日に香港に到着した。その夜、双方の記者達は香港のあるレストランで食事をともにした。ＡＡ製（割り勘）だった。

九月二十九日午後、われわれを乗せた飛行機は九龍の啓徳空港を発ち、夜の八時過ぎに羽田空港に着陸した。すでに東京に到着していた廖承志事務所の首席代表の孫平化氏、高碕事務所の代表、日本の友人、マスコミが空港まで出迎えてくれた。彼らの話によれば、九名の日本記者も同じ日に北京に着いたそうだ。

中国特派員の渡日は各方面の注意を引いたが、翌日の新聞はそれほど大きく取り上げなかった。『朝日新聞』と『毎日新聞』は一面の目立たないところに短い記事を載せただけで、『日本経済新聞』は一枚の写真と共に二段組みのニュースを出した。『産経新聞』の扱いは幾分大きく、「中共記者団七人が来日」という見出しで、三段組みの記事を掲載した。

このようにして、第二次大戦後初めて中日両国は、新聞記者の交換を実現した。新華通信社東京支社もこれによって正式に発足することとなった。

### 四回住まいを変える

東京に着き、まず住むところを決めなければならなかった。まだ中国にいた頃、日本に着いたら部屋を幾つか借りて事務所にしようと考えていたが、日本に来てみると、短期間に適当な部屋を見つけることはそう容易ではないことがわかった。そこで、われわれは取り敢えず一般のホテルに泊まることにした。最初の宿舎は、東京千代田区一番町のダイヤモンドホテルだった。イギリス駐日大使館の後ろにあって、皇居からそう離れていなかった。少し先に歩けば、皇居の高い城壁とお堀が見える、とても良いところだった。

東京に着いた翌日の九月三十日は、ちょうど中華人民共和国成立十五周年の前夜にあたった。その晩、日本の友人と愛国華僑は、ダイヤモンドホテルの一階のロビーで、記念パーティを催し、われわれと共に中国の国慶節を祝った。そして、パーティの様子を紹介したものが、われわれの日本到着後本社に送った最初の記事となった。

ダイヤモンドホテルでの暮らしは数日しか続かなかった。われわれはそこを出て、千代田区永田町のグランドホテルに移った。

グランドホテルは、国会議事堂や議員会館そして総理官邸に近い。五分程歩けば国会に行けるので取材には好都合だった。そこに移ってすぐ、昼は部屋を仕事場兼接客間として、夜は寝室にして使い始めた。われわれは部屋に一台の白黒テレビを置き、絶えずニュースをチェックしていた。まだ業務を始めたばかりの頃は、いろいろな設備や条件が整っておらず、新聞掛けさえなかった。そこで、われわれは、各社の新聞を昼間はベッドに広げ、夜は床に移すことを繰り返していた。

日本では、新しいところで仕事を始める際に、関連部門を回って挨拶をする習慣がある。これは「表敬訪問」と言われるが、われわれはそれを「お寺まいり」と呼んでいた。この習慣に従って、われわれは数日をかけ、首席の丁拓氏に引き連れられて、各新聞社、通信社、テレビ局、そして幾つかの政党、民間団体に表敬訪問に出かけた。支持と協力を求めたところ、皆は中国特派員の着任に熱烈な歓迎の意を示し、積極的に協力すると言ってくれた。

数日後、読売新聞社政治部記者の田村祐造さんが記事の中で、日中両国の国交がまだ回復していない時に実現された記者交換は大変なことで、中国記者にとって、知り合いもなく土地にも不案内な日本での生活と仕事はきっと多くの困難があるだろうと書いた。それを読んだ東京に住む一人の少女が、田村氏を通してお菓子を送り届けてくれ、情熱の溢れる手紙も添えてくれた。何よりの励ましだった。後に、私と劉延州は手紙の住所をたよりに少女の自宅を訪ねてお礼をした。

われわれ特派員より先に到着した廖承志事務所東京連絡事務所首席代表の孫平化《そんへいか》、代表の呉曙東《ごしょとう》、陳抗《ちんこう》、随員の林波《りんぱ》、康敏《こうびん》諸氏も、正式な仕事のできる場所が見つからず、同じくホテル暮らしをしていた。後に彼らは東京紀尾井町の農研ビルに幾つかの部屋を借り、高碕事務所の向い側に事務所を設けた。宿舎も、ホテルから東京文京区春日の川口マンションに移った。これはおよそ一九六四年末のことだった。

仕事の便宜を考え、われわれ記者団も同じ頃にグランドホテルから同マンションに引っ越した。

川口マンションは国会議事堂には遠いが、神保町や大学から近かったため、取材には都合の良い場所であった。

マンションは劇作家の川口松太郎の長男浩氏が経営するもので、当時の生活水準からは高級住宅と言えた。川口松太郎夫人の三益愛子さん、嫁の野添瞳《のぞえひとみ》さん、末子の息子さんと娘さんは皆俳優で、芸能一家だった。マンションの住民は多くはなく、ほとんどが芸能関係者で、川口一家も同じマンションに住んでいた。

マンションの一階にはスナックがあった。引越したばかりの頃、表に食べに行くのが面倒だったのでいつもそこで食事を済ませた。世に広く名を知られている三益愛子さんや野添瞳さんらが自ら料理を運んだりするのが、何とも言えず印象的だった。

われわれは三階をフロアごと借り、一つの日当たりの良い接客間を特派員の共同事務所に充てた。

私は田家農と同じ部屋に住んでいた。部屋には西向きの窓が一つあり、夕方机に向かっていると、夕日に赤く染められた空に富士山が掛かっているのが見え、シルエットのように美しかった。

川口マンションは取材に便利な点がたくさんあったが、高級住宅なので家賃が高かった。一部屋の賃貸料は月十数万円にもなり、当時の日本の大学卒業生がもらう給料の二、三ヶ月分に相当するものだった。これはかなりの金額であり、マンション暮らしは長く続くものではなかった。後に国務院の批准を得て、廖承志事務所は東京渋谷区恵比寿三丁目三五番の土地を買い、そこにあった日本三菱鉱業の寮をこわして、事務所と住居を含む三階建てのビルを作った。

新居の周辺は住宅街で高いビルはなかった。日本当局から事務所の建設許可がもらえなかったので、私達は「孫平化宿舎」の名義でビルを建てた。見た瞬間は学校と間違えるくらい立派なビルで、人の目を引いた。

川口マンションから恵比寿の新居に引っ越したのは一九六七年七月で、中国国内では文化大革命がすでに始まっていた。孫平化氏はまだ川口マンションに住んでいた時に帰国したので、「孫平化宿舎」には一日も泊ったことがなかった。後に人々が冗談で、あの新しい建物は孫平化のいない孫平化宿舎だと言った。

恵比寿の新居は、渋谷区と目黒区の境にあり、街の中心からは遠く、記者にとって理想的な住所ではなかった。それに、目立つものがないことも不便だった。タクシーに乗り運転手に地名を言っても判らなかったが、幸い近所にサッポロビール工場があったので、それを目印にして初めて家まで安全に送ってもらえた。

新居に移ると、日本の習慣に従い近所への挨拶回りをした。ごく少数の人は新中国を理解しておらず偏見を持っていたが、多くの人は歓迎の意を示してくれた。

中日関係正常化後の一九七三年から、恵比寿事務所の一部は中国大使館の商務処となった。

## 首席記者の帰国

新華社東京支社が設立されてすぐ、緊張の日々の連続だった。一九六四年十月、われわれがグランドホテルに泊るようになって間もなく、三つの出来事が発生したが、そのことは今も深く印象に残っている。その一は、十月十五日にフルシチョフの解任が宣告されたこと。その二は、翌日の十六日、中国の第一発目の原子爆弾実験が成功したこと。その三、池田首相が喉頭癌に罹り入院し、日本の政局が次期総理の人選問題を巡って揺れ始めたことである。

数日の間、新聞やテレビ局はこの三つの大きな出来事について多くの報道をした。われわれも毎日綿密に新聞をチェックし、関連のテレビ番組を見のがさず、さらに各界の人に直接取材をして公開されるニュースや参考消息を編集していた。大忙しの毎日だった。

東京支社が設立して三ヶ月も経たないうちに、もう一つの出来事が発生した。それは、首席記者の丁拓氏が不意の出来事で帰国させられたことである。

前述したように、支社が設立した初期に丁氏は皆を連れて関連機関などに表敬訪問をしたが、代々木にある日共中央本部にも行った。あの日、日共中央の指導者、袴田里見氏らが東京支社の記者全員と会見した。

当時は、ちょうど日共の第九回党代表大会が開かれる前で、中国はすでに彭真《ほうしん》氏を団長とする中共代表団が大会に参加すると発表した（その後、日本政府が査証を発行しなかったため代表団の日本入りは実現できなかった）。会見中、袴田氏は「九大」に参加して会議の取材をするようにと誘ったが、丁拓氏は難色を見せ、なかなか明確な態度を示さなかった。傍に坐っていた私達までがいらいらして、どうするのかをはっきりして欲しいと思ったが、誰もが口を出せるような状況ではなかった。

丁拓氏が判断に苦しむのには理由があった。日本に発つ前に、氏は国務院外事弁公室主任の廖承志氏に二つの問題に関して指示を仰いだ。一つは、新華社東京支社の日共「九大」への取材について、二つ目は、支社の記者が日共とどうやって接触するかの問題であった。廖氏は、「九大」の取材については、日本のブルジョア新聞記者と共に出入りし、統一行動をとる、それから、日本政府に注意されると東京支社の活動に影響を及ぼしかねないので、できれば日共の本部に行かないで、日共の指導者と接触する際には別の所で会うと、原則的な指示を出した。これは、新華社東京支社の「長期に立脚し、人に口実を与えない」という方針に完全に合致したものであった。

ところが、袴田氏の招請は即答し難いものであった。日本のブルジョア新聞記者を招かず中国の記者だけを呼ぶというニュアンスさえあったので、廖氏の指示とは食い違って、丁拓氏はどうしても即座に答えることができなかった。事務所に戻ると丁氏はすぐに、廖承志事務所の責任者に報告し、それから早速文字報告をまとめ、北京の上層部に渡してもらうように訪日代表団に託した。

やがて、特派員には、日共「九大」に参加すべしとの返事が届いた。これは日本が彭真氏らの入国を拒否した新しい状況に繋がるかもしれないと私は推測した。丁拓氏は、直ちに新華社協力会社のジャパン・プレス社長の佐藤重雄氏を通じて、日共中央に取材の申し出を伝えてもらった。しかし、すでに手遅れだった。佐藤氏の話によれば、日共は記者会見を開き、大会には一切の新聞記者を呼ばないと発表し、しかも日共の第九回代表大会はすでに開幕したという。

その後間もなく、丁拓氏は本土からの指示を受け、十二月十九日に帰国させられた。東京支社が発足してまだ二ヶ月が経ったばかりの出来事であった。

今から見ると、このことは当時の中日両党がソ修（ソ連修正主義）への対応など重大な国際問題を巡って微妙な間柄になったことを反映したものである。理屈から言えば、記者にとって取材は正当な業務であるが、中国記者が日共の第九回党代表大会を取材するかどうかは、なんと二つの政党の関係を測るバロメータになっていたのだ。それに、中国国内の上層部指導者の間で、この問題に対して違う考えが存在していたことも暗示していた。われわれのいる東京まで、いろいろな説が伝わってきて、ある指導者は、これを処理した人間は「杓子定規の人」だとか、または、「杓子定規の人」は東京にではなく、北京の方にいる、等々、色々なことを言っていたという。果たしてなぜ首席記者を帰国させたのか、その本当の理由は未だ知らず仕舞なのだ。

丁拓氏が帰国した後、本社は中国国際放送の張紀明《ちょうきめい》氏を首席記者に任命し、張氏は文化大革命開始まで東京で仕事をしていた。

## 日常の取材活動

外国記者は一般の外国人（外交官以外）と同じく、日本在住が長びくと、外国人登録書をもらう手続きをしなければならず、または外務省情文局に登録して記者証明書をもらわなければならない。日本に来たばかりの頃、中日の国交はまだ回復されていなかったので、こういった手続きを全部高碕事務所がしてくれたが、国交回復後は自分でするようになった。

外国記者を管理する機能として、外務省情文局は、局長による毎週一回のブリーフィング会があった。

しかし、中日関係が正常化する前は台湾の記者が参加したため、われわれは誘われなかった。黒田瑞夫《みずお》氏が情文局局長をした頃に状況がすこし変わったとは言え、氏はただ霞山会館にわれわれを招いて会食をしただけで、しかも回数もほんのわずかしかなかった。

一九七六年十月、フォーリン・プレス・センターが設立され、外国記者管理の仕事は、外務省情文局からそこに移された。

フォーリン・プレス・センターの重要な仕事の一つは、日本政府が公表した各種のニュースと資料を外国の特派員に提供することである。このようなニュースと資料は、常に「本件は何月何日何時何分までオフ・レコである」という赤いはんが押してある。

フォーリン・プレス・センターのもう一つの重要な活動は、記者会見を行なうことと、外国の記者を集めて日本各地に見学旅行をすることで、われわれもそのような旅行に参加したことがある。参観したい所や、会見したい人があれば、センターに希望を提出すれば手配してもらえる。

ニュースをより多く収集するために、私ともう一人の記者は日本に着いて間もなく新聞業界の友人を通じて、首相官邸記者クラブに加入した。歴代内閣総理大臣の記者会見にはほとんど参加することができた。

そのほか、私を含めて三人の特派員がジャパン・ナショナル・プレス・クラブの個人会員になった。このクラブの創立初期には、外国記者の参加は許されなかったが、一九七二年前後から、一部の活動に中国の記者と他の外国の記者にも参加させるようになった。一九七六年、日本記者クラブは新しく会員制にすると言い、外国の特派員も会員として吸収するようになった。

日常生活に関する取材と報道は大量にあった。当時、われわれの報道の大半は、日本の大衆運動と日中友好活動で、日本の政局の変化と経済状況についても多少あった。ところが、一九六六年に文化大革命が始まってから、中国国内の情勢にピタリと合わせ「毛主席に忠実」であるように、われわれは日本人民が毛沢東思想を「活学活用」（毛沢東思想を学習し活かすこと）することと、日本青年の間に日増しに強まってきた学生運動を一生懸命に報道した。このような「極左」の思想に影響され、われわれは日本の経済発展と技術の進歩を報道する勇気がなかった。先進的な工業技術を目にしても、それをニュースに書くことはなく、西洋を崇拝して外国に媚びているとのレッテルが貼られることを恐れていた。

当然のことだが、われわれが毎日一番多く相手にしたのは、新聞とテレビだった。朝起床して最初の仕事は、郵便受けに行くことだった。新聞の量が多いので、詳しく読めば勿論、おおざっぱに目を通しても二時間はかかった。重要なニュースがあった時など、どんなに速いスピードで記事を書いても、出来上がるのは正午辺りだった。

われわれはいつも、新聞をめくりながら、一方でテレビのニュース番組や他の番組を見ていた。もちろん娯楽のためではない。六方に目を利かし、八方に耳を効かす能力も必要であった。

夕刊の時もほぼ同じだった。時折、重要なニュースがテレビで流れたが夕刊には報道がなかった。その時、われわれはテレビニュースに基づき記事を書いて本社に送ったのだった。

日本の雑誌の種類は驚くほど多い。月刊、週刊、そして大量の専門的な雑誌等数千種類はあると言われている。当然全部読むのは無理だが、一部はとっていた。しかし、取った雑誌を全部読むのもなかなか大変だった。長年の観察から、コマーシャルベースの月刊と週刊には本当に重みのある文章は少なく、とりわけ一部の週刊誌の内容は極めて不健康に感じた。見出しは目立っても（人騒がせのため）、中身は全くない文章も多い。

記者として、毎日部屋に閉じ込もっているのはやはり良いことではなく、外に出て行って現場の記事を取って来なければならない。東京で必要な取材をする外、われわれは地方に行って集会の取材をしたり、座談に参加したり、また各界の人達にインタビューをした。

東京で取材した時も、地方に行った時も、われわれの後ろには必ず私服警官がいた。われわれが電車に乗れば、彼らも必ず同じ電車に乗った。彼らの言い分は、中国記者の安全のための警備対策だとか……だった。警察はまたわれわれの住所の近くに、拠点を作り、二四時間体制で見張っていた。

こういったことに対して、われわれは泰然としていられたが、われわれと接触した日本の友人にとっては、大きな心理的圧力になったようだ。

一九六六年六月、アメリカの核潜水艦が横須賀に入港した際に、中国特派員の高地《こうち》と陳泊微《ちんはくび》の二人が取材に行ったが、日本当局は劉徳有らが日本のデモ参加者と一緒にスローガンを唱えたと噂を立てた。国家公安委員長の永山氏が閣議で「これは取材を超えた政治活動だ」とまことしやかに言い、佐藤首相も厳しく調査すべきだと指示した。

われわれは即時に日本側に交渉を申し込んだ。田川誠一氏が関係方面を通じて知った事の真相は、あの雨の日に、中国記者の傘が少し動いたようで、それをみていた私服警官は中国記者がスローガンを唱えたと報告したことが発端であった。彼らは最初に写真が証拠になると訴えたが、後に写真を撮っていなかったと改めた。最後に、外務省と法務省は日本側の指摘は根拠のないものだと承認した。いわゆる劉徳有が現場にいたことも虚構であって、われわれは記者会見を開いて日本当局に厳重なる抗議を提出した。

私が東京で仕事をしていた十数年間ちょうど文化大革命の真っ最中であった。北京に駐在していた日本の特派員は、所属していた新聞社が「反中国」の報道をしたかどで中国の滞在資格を取り消された人もあれば、疑われて逮捕され数年間拘束された後中国から追放された人もいた。最後は、北京に駐在する特派員は一人だけが残された。このような緊張した雰囲気が東京にも伝わらないはずはなく、われわれも最悪の事態に備えていた。

## 常に仕事の環境を改善

書いたニュースや記事を国内に送る通信手段も幾つかの段階を経てきた。東京に着いた頃、われわれは漢字で記事を書き、「ジャパン・プレス」の小泉省吾さんに「碼電」といわれる電報符号に訳してもらい、東京国際電報局（ＫＤＤ）を通じて新華社に送った。効率が悪く値段も高かった。時には、日共中央機関紙の『赤旗』に掲載された長い文章の全文を翻訳したり、あるいは詳細なダイジェストを翻訳したりしたため、文章が長くなり、数千文字、数万文字にのぼる時もしばしばで、それを全部打つのに数時間はかかった。昼間ならまだしも、ＫＤＤの夜の当番に当たった人は、このような長い文章を受け取ってかなり頭の痛い思いをしたようだった。時々、電報局の職員が、長文を電報局に持ち込む私達を見て、「もうこれ以上このような長文を送らないで」という表情で、「今晩、またこのような長い文章がありますか」と、ついつい訊いたりもした。

仕事が展開するに連れ、東京支社には内勤職員の必要も出てきた。ところが、記者の定員数が限られていたため、本社は他の職員を派遣することができなかった。当時の外国駐在員は夫人を同伴しないのが一般的だったが、内勤の問題を解決するために、本社は慣例を破って劉延州と私の夫人の来日を許した。一九六六年春、彼女らが東京に来ることとなった。出発する前に、突貫で「碼電」を覚え、支社に着くと即、仕事に使った。

東京の華僑総会も、数名の華僑青年を送りわれわれの仕事を支援してくれた。彼らの名前は、劉美河《りゅうびか》、鮑雪平《ほうせっぺい》、陳啓星《ちんけいせい》、符美和《ふびわ》である。祖国に忠実なうえ、非常に真面目な青年達で、一生懸命仕事をしていた。運転も電報の翻訳も、そして受付も接待もできる有能な人もいた。

記者の仕事が深夜まで続くのはごく普通である。そのため、青年達もよく夜遅くまで働いていた。たとえどんなに遅くまで仕事をしても、必ず翌日の朝に出勤し、日曜日も休日も問うことなく、「仕事」となればすぐ姿を見せた。彼らはまた記者に伴なわれて地方に行き、ノートをとったり、調べに行ったりして、記者の生活の面倒も見ていた。

一九六七年夏、恵比寿の新居に移った後、支社がＫＤＤに直通するテレックスを設置した。そこで、われわれは信号をＫＤＤに送り、そこを通して北京に送った。しかし、効率は依然として悪かった。

一九七二年、中日関係の急速な発展とともに通信状況も大きく変貌した。共同通信社社長の福島慎太郎氏が中国を訪問し、新華社と業務提携する協定に調印した。取決めに基づき、新華社と共同通信社は、北京―東京間の専用線を取りつけた。これによって、東京の新華社支社の記事は、直接本社に伝えられ、共同通信社北京支社の記事も直接その本社に届けられることとなった。

一九七三年一月一日、両者の社長が専用線を通じて新年祝賀の言葉を交わした。一九七八年、鄧小平氏が訪日した後、双方はさらに通信設備を改善し、当日の日本の新聞を切り抜きそのままファクスで北京に送っても、数十秒とかからない速さになった。しかし、この通信条件の根本的な変化は、私が東京を離れ北京に戻った後の出来事であった。

# 佐藤内閣とその中国政策

## 頭越しの外交

一九六四年九月、われわれ特派員の第一陣が東京に着いて間もなく、池田首相が病で倒れた。病名は一時、喉の炎症だと報じられたが、日本記者のプライベートな話によって、喉頭癌だと分かった。それ以降、入院した首相の病状が毎日報道され、メディアは、復帰は極めて困難であり不可能であろうと推測した。世論の中心は、池田総理に続く次期総理に誰がなるかに移った。

当時、総裁選への出馬宣言をしたのは、佐藤栄作、河野一郎、それに藤山愛一郎の三氏であった。のちに、自民党は総裁選を行なわず、「話し合い」の形によって次期総裁を選出すると決め、川島正次郎氏と三木武夫氏が「調整」に乗り出した。それからの数日間、両氏は、今日は甲に接触、次は乙と会談、そしてまた丙と話しをするなど、走馬灯のように関係者達に働きかけた。

政界も世論も池田勇人の後を継ぐ一番有力な候補者は誰かといろいろ推測したが、意見が纏るところまではなかなか至らなかった。今日はこの新聞が佐藤栄作が一番有望だと言い、明日はまた別のテレビ局が河野一郎の可能性が大きい、さらに明後日になると某通信社が記事を出し、まことしやかに藤山愛一郎が首相に就任するのは間違いない、等々。

やがて「調整」の仕事が終わり、自民党は両院議員総会を開き、そこで池田勇人が病床から書いた書簡が読み上げられた。書簡には「佐藤栄作君をわが党の総裁に推薦します」と一言しか書かれていなかった。こうして、次期総理の問題はいかにも簡単に解決された。私を含めた多くの人々は、今までの動きは全くのお芝居だということがやっと分かるようになった。総裁を誰にするかは、すでに裏で決められていて、局外にいる人間が知らなかっただけであった。

このようにして、佐藤内閣が発足し八年近く続いた。一九六四年十一月から一九七二年七月にかけて、佐藤栄作氏が総理大臣の座を占め、その在任期間は戦後の総理大臣の中で最も長いものだった。

佐藤内閣の対中国政策はアメリカに追随し中国を敵視するものだった。就任早々、佐藤政府は、彭真《ほうしん》氏を団長とする中国共産党代表団に査証を与えずその入国を拒否した。このため中国代表団は、日共第九回党大会に参加することができなかった。その後、佐藤氏は台湾を訪問し、中国政府から強烈な抗議を受けた。さらにアメリカと沖縄返還に関する共同声明を結んだ際に、佐藤政府は「韓国、台湾条項」を加え、「韓国の安全は日本自身の安全にとって緊要である……台湾地域における平和と安全の維持も日本の安全にとってきわめて重要な要素である」とまで書き入れ、中国の領土台湾に野心を抱き、中国人民を断固敵視する政策を進めることは明らかだった。

池田内閣の時代にようやく盛りあがり始めた中日関係は、佐藤政府の一連の対中国政策によって再び冷却化の一途をたどることになった。

七〇年代に入ると、佐藤政府の対中政策が、袋小路に入り込んだことがはっきりして来た。一九七〇年秋より、カナダ、イタリアなど西側陣営の国が相次いで中国と国交を結び、中国を承認する国の数は急速に増加した。一九七一年になり、状況はさらに変化した。

この年の七月、休暇で私は帰国して新華社の特派員学習班に参加した。十六日の午前、まだ勉強中だったが、ラジオからアメリカ国家安全保障問題担当補佐官のキッシンジャーが、密かに北京に来て周恩来総理と会談をし、アメリカ大統領の中国訪問を宣言した、という世界を驚かせたビッグニュースが流れた。

日本政府も巨大な衝撃を受けた。同盟国として、事前に断ることなく、わずか発表する三分前に日本当局に知らせただけで、アメリカはこのような重大な外交処置を単独でとったのだった。佐藤栄作がどうして腹を立てず、また焦らずにいられようか？　驚いた日本当局は、「これは頭越しの外交だ」と叫んだ。

一方、中国の国連代表権の回復問題において、日本は以前からずっとアメリカに追随してそれを妨げてきたにもかかわらず、一九七〇年に入り、中国の国連代表権の回復を要求するアルバニア案を支持する国の数が初めて半数を超えた。台湾の議席を保つため、アメリカは、総会出席国の三分の二以上の賛成を必要とする「重要事項指定決議案」をでっちあげたが、否決される可能性が大きくなったので、「逆重要事項指定決議案」を提案した。もちろん、佐藤政府も躊躇うことなく共同提案国となっていた。私は、佐藤首相が国会質疑の中で、詭弁を弄し「中国が全世界に祝福される形で国連に加入することが一番望ましい」と言ったことを、自分の耳で聞いたことがある。

一九七一年十月二十五日、第二六期国連総会が開かれ、まず台湾の議席を守るいわゆる「逆重要事項指定決議案」の採決が行なわれ、賛成五五、反対五九、棄権一五、投票不参加二で否決された。その後、中国招請を求めるアルバニア案の採決が行なわれ、圧倒的多数の七六票の賛成、反対三五、棄権一七、不参加三で可決された。情勢の進展がこれだけ早まったことは、佐藤の予想外のことであり、手痛い打撃にもなった。

内外の圧力の緩和と政局の安定、そして受動的な立場から脱するため、佐藤栄作氏は二股をかける手口を使い、反中を堅持する一方、中国との関係を改善する姿勢を見せようとした。ある晩、日中文化交流協会の事務局長（当時）の白土吾夫《しらとのりお》氏が、恵比寿にある廖承志事務所に来て、「この間首相官邸に呼ばれました」と意外なことを言い出した。

白土氏の話によると、佐藤首相は政界と密接な関係を持つ「劇団四季」の芸術総監督浅利慶太氏を通して、ある夜白土氏を首相官邸に呼び寄せたという。「総理は日中関係正常化が実現できる条件を知りたかったようですね」。

白土氏は自分の理解に基づき意見を述べたが、佐藤氏は「恵比寿（廖承志事務所）に最高指導者に直接に近づける大物がいると聞いたが……」と言ったという。

このことについては、朝日新聞社が出版した『佐藤栄作日記（第四巻）』の中にも記載された。

一九七一年十月二十九日、金曜日。

浅利（慶太）君が白土（吾夫）君と一緒に来る。内密に帰したが、白土君なるものは素性が判らないが中島健蔵君の部下であり、戦後北京と往復三十二回と云う。周首相とも度々会っておる。どれだけ効果ありか判らぬが懇談して帰す。

後に、白土氏がある人から聞いた話によると、佐藤首相のうけた印象は、ほかの誰よりも白土氏の話は素直で、耳に逆らい普通口にしにくいようなことまで言ってくれた、ということだった。

## 聴き手のない演説

ある日、田川誠一氏は、レストラン「楼外楼」に私ともう一人の記者の王泰平《おうたいへい》を食事に招待し、「保利さんが中国問題について是非とも中国特派員に会って話したがっている」と言い、自民党幹事長の保利《ほり》茂《しげる》との面会を勧めた。

保利氏との会談は、東京平河町にある保利事務所で行なわれた。会談にはほかの誰も居合わせていなかった。氏は、日中関係を前向きに考えたいと言ったが、肝心な台湾問題では曖昧で、はっきりした態度を見せなかった。それに対して、われわれは、「中国の台湾に対する態度は明確で、一貫したものである。中華人民共和国は中国を代表する唯一の合法政府であって、台湾は中国領土の不可分の一部である。『二つの中国』論と『一中一台』論に反対する」と述べた。政府を代表できないが、中国の出方を探ろうとする保利氏には、はっきりさせておかないといけないと思って言ったわけだ。保利は、佐藤首相より少々友好的になっているが、基本的な考えではまだ佐藤を超えていないという印象を与えた。

その後間もなく、一九七一年十月下旬に、東京都知事美濃部亮吉氏が、保利氏の周恩来総理宛ての書簡を持って中国を訪問したことが報道を通じて耳に入ったが、保利氏との会見を思い出さずにはいられなかった。会見の時には、保利氏は何も言わなかったが、自ら中国特派員に会うと言い出したことは、きっとその書簡と何らかの関係があると、私達はさらにその後のマスコミの動向に注意を払った。

美濃部氏が北京に着き、書簡を中日友好協会の幹部に手渡し、その後、北朝鮮を訪問して再び北京に戻った。

十一月十日に、周恩来総理が美濃部氏一行と会見したが、「日本政府から最近書簡が届けられましたが、それは『二つの中国』論に立つ内容であるので、認めるわけにはいきません」と言い、書簡の受け取りを拒否した。

保利書簡にどのような内容が書かれていたかは当然公表されなかったが、後に氏本人が時事通信社のインタビューでそれを明らかにした。そのさわりの部分は、このようであった。

貴国とわが国の関係は……はなはだ不幸な間柄になっているが、今日もはやこの不自然な状態をこのまま放置することは許されない。この状態を早急に克服し、新しい両国関係を樹立すべきときが到来している。そこで私は、由来中国は一つであり、中華人民共和国政府は中国を代表する政府である、台湾は中国国民の領土であるとの理解と認識に立っている。同時に日本はあくまで平和国家、福祉国家としての大道を踏まえ、余力をアジアに貢献する方策を探索、実行すべきである。

保利書簡は「中国を代表する唯一の合法政府」という代わりに「中華人民共和国は中国を代表する政

府」といい、台湾に言及するところも、「中国領土の不可分の一部」と言わずに、苦心に苦心を重ね「台湾は中国国民の領土」と表した。肝心な「唯一の政府」をわざと除き、台湾を「中国国民の領土」にしたことは、日本と台湾の既存の関係を維持し日台条約を廃棄しないまま、中国政府と接触する道を打開しようとしたものである。その本質は「二つの中国」、あるいは「一中一台」を作ることにある。佐藤政府の中国政策の基本は少しも変わっていないことは明らかである。中国がそれを容認しないのは当然のことであった。

のちに、『朝日新聞』記者の古川万太郎氏が保利茂氏の考えと「書簡」が登場した経緯を分析した。一九七一年に入り、日本の国連代表部から外務省に入ったすべての情報は、流れが中国の復帰へ向かっていることを示すものであったが、佐藤内閣は依然としてアメリカと共同提案国になることを選んだ。福田外相と保利茂幹事長は、一緒に「心中」するつもりで佐藤の裁断に任せたわけだが、いざ現実に中国の国連復帰が実現するとなれば、日本外交が破綻をきたしてしまうことを案じていた。さらに、国内政局から見ても、佐藤後を目指す福田にとって、最悪の情勢であり、何とかして中国との関係修復の糸口をつかみたかった。福田を支持する立場にあった保利が手助けする方策について苦慮していたところ、美濃部のブレーンで、保利とも昵懇の都政調査会理事の小森武氏が、美濃部の訪中の固まったところで、保利と美濃部の懇談の機会を設けた。その時の話し合いから、保利が日中関係打開に関する見解を書簡にまとめ、美濃部がこれを周恩来へ取り次ぐ、という話が纏まったのである。

保利が、どうして自民党議員の代わりに、対立する社会党が支持した美濃部に書簡を託したかというと、自民党内では信頼のできる使節を見つけられなかったからである。保利は、革新都知事の美濃部が橋渡しになってくれれば、中国側はもっと真剣に書簡を考えるだろうと思っていた。一方、美濃部の方は、自民党が政権を担当している以上、国交正常化は自民党政権によって実現させるほかなく、その最高責任者の一人が相当前向きの見解を持ち、またその胸中を率直に打ち明けているからには、それを中国側へ取り次ぐことが、党派を超え日本のためになると信じたのである。このような使命感以外に、美濃部が日本のキッシンジャーたらんとする思惑を抱いていたかどうか、誰も知るところではない。

古川万太郎の話によると、保利茂は書簡の起草に当たって田川誠一を相談相手にした。田川は書簡がまさか公表され、しかも突っ返されるような破目になろうとは夢想だにしなかった。本当のところ、これは誰か一人の問題ではなかった。政府・自民党首脳全体の中国問題に対する認識の浅さであり、情勢判断の誤りであったというべきであろう。というのも、この書簡の起草に当たっては福田も参加しており、さらに佐藤にも内容について了解を求めていたからである。まさに、中国側が認められないとして反駁した部分――「唯一の合法政府」の欠落こそ、保利や福田らが協議した結果、どうしても挿入できないとして落とした部分だったという。

この間の事情を、福田は後に次のように打ち明けている。

保利先生は書簡を美濃部さんと私に見せてたんだよ。美濃部さん、かなり抵抗したな、その時。つまり「正統政府」というんじゃあ、私は取り次げない。「唯一合法」という文章がどうしてもほしい、ということで抵抗しましたが、なお美濃部さんは、考えてみるということで別れたんですがね。その後第二回のそういう会談がありまして、その席で保利さんから、そういう「唯一合法」という文章は自分は入れることは出来ない。しかしあなたがあなたの主観において述べられる分には、支障はありません、ということで、その手紙を美濃部さんが携行するということを了承したわけです。

一九七一年七月五日の内閣改造によって入閣した外相の福田氏は、中国問題で野党に追及されたところ、野党の風当たりを避けるため、しきりに「アヒルの水かき」という表現を使っていた。それは、日本外交はまさにアヒルが泳ぐように、水面上は何事もないように見えても、水面下では忙しく二本の足を動かし続けていたのであり、佐藤内閣は、中国との関係を改善するのに何も動きを見せなかったかのように見えたが、実はアヒルのように水面下では両足を絶えず動かしていて、他の人からは見えなかっただけだ、という意味であった。

「アヒルの水かき」という言い方は中国にはなかった。新聞記事を書いた時、中国人の分かる言葉にしたかったのだが、どうしても適訳が見つからなかった。結局そのまま直訳して必要な説明を加える形にした。ところが、繰り返し使っているうちに直訳が習慣になり決まった言い方になった。よくよく考えてみると、この「アヒルの水かき」はとてもいい表現であったのだ。

福田はこの言い方で、佐藤政府は密かに種々のルートを通じて復交実現へ奮闘している、とほのめかしたようであった。その「アヒル」について、福田はしばしば「日本アヒルもあれば中国アヒルもあり、青い目のアヒルもある」と語り、ルートの多様さを誇るような言い回しをしていた。人々が福田の指す「アヒル」とは一体どのようなものなのか注意して見ていたが、保利書簡の問題が世に知られ、それが美濃部亮吉を指したものだということが分かった。

ここで、過去佐藤政府の反中政策と一定の距離を保ち、さらに反対と批判の態度をとっていた田川誠一が、なぜ保利茂に協力して中国と繋がりを持たせたのかが、ずっと私を困惑させた。それは、保利に協力することは佐藤の苦境脱出に力を貸すことになるのではないか、と思うからである。

田川の言動について、古川万太郎氏はこう分析した。

――国際情勢が大きく変化し中米の関係も改善し始めたが、日中関係が大いに遅れそうな状況を目の当りにして、長期に亙って日中関係の改善に携わってきた田川は、政府と中国側との間を取り持つパイプ役を果たさんと気負うような心情となったわけである。その原因は三つ考えられる。第一には、師事していた松村謙三が他界し、他に遠慮しなければならぬ人がいなくなったこと。第二には、田川の属していた中曽根派の中曽根康弘から、保利への協力を頼まれるとなれば、いやとは言い難かったこと。第三には、長年苦労してきた日中関係だけに、いまこそその力量を発揮すべき時期にきたと判断したこと、などの事情が考えられる。

古川氏の分析は要点を突いていたと思う。

この期間内、佐藤は何度も公の場で「いつかどこかで、中国と大使級の会談を行ないたい」とし、会談の議題は「日中関係正常化を含むすべての問題にまで拡大したい」と表明した。世論を作り人の耳目を惑わすために、佐藤はまた日本のすべての駐海外大使館に、直接あるいは第三国を通じて中国の使節と接触するチャンスを掴み既成の事実を作るようにと指示を出した。しかし、佐藤政府の指した中国との関係の改善は、中国と郵政協定、気象協定、渡り鳥協定を結び、中国の駐在人員の入国続きを簡略化にするなどといった、取るにたりないものばかりであり、根本的に両国の政治関係を解決する意図が全く見えなかった。

一九七二年以後、佐藤内閣は内政、外交面ともに極めて困難な状態に陥り、「末期症状」を呈していた。一九七二年六月十七日、佐藤首相は自民党議員総会で退陣の意を表明し、首相官邸記者クラブで記者会見を行なった。

会見場に入って来た佐藤は、部屋一杯の記者を見た途端（私達中国人記者を含む新聞記者が大勢いたが、少数のテレビのカメラマンもいた）、顔色が変わった。そして、腰掛けるや否や「テレビの記者に会うとは言ったが、新聞記者には会いたくない」とかなり不機嫌そうな口ぶりで言った。佐藤は新聞記者の報道がテレビほど客観的で、真実ではないと思い、ずっと新聞記者を嫌っていたという。

佐藤の話を聞いた新聞記者は怒ったが、佐藤の方もかなり怒っていたようで、どうしてもテレビ局の記者だけと会見すると固執した。記者が抗議を申し込んだところ、佐藤は怒りを抑えきれず、机を叩いて「分かった、こうしよう。君ら帰れ！」と叫ぶと、新聞記者は次々に会場から出て行き、空になった椅子と二台のテレビカメラだけが会場に残された。私もいったん部屋を出たが、日本の記者と「統一行動」を取る必要がないと思い、再び会場に戻ってテレビカメラの後ろに立った。すると、空席に向かって演説をする佐藤栄作が映った。二十数分間も続いた演説であった。

日本政治史の中でも空前絶後の挙動であろう！

# 田中首相就任前後

## 庶民宰相の誕生

佐藤栄作の失脚後、日本の政局の焦点は次期首相に誰がなるかに移った。もちろんこれはわれわれの取材の重点項目でもある。われわれは多くの新聞社、通信社及びテレビ局の記者と接触したが、その大半は政治部の記者だった。彼らは、与党の取材担当、野党の動向調査などと細かく分担が決められいて、最も新しく最も重要な情報、またはトクダネを得るため、常日頃から取材相手と親しくしている。

昼間の政治家は概して忙しく暇がない。そこで記者はその時間を避け、夜間や早朝に家まで行って取材をする。これは「夜討ち」、または「朝駆け」と言われる。一方、政治家もこれら記者を利用し、虚々実々の情報を流す代わりに彼らの口から政界の動向を聞き出すのである。

記者の力を過小評価してはならない。もし派閥のリーダが能力のある記者を一人、さらにその編集部の部長や編集局長を味方にすることができれば、それはまさに十人の政治家を味方にすることに等しい。なぜかと言えば、これには幾つかの理由が挙げられる。第一は、信用のできる記者を通じて他の派閥の情報が得られ、その動向を把握できること。第二に、信用のできる記者を通じて自分の主張を報じてもらい、自分に有利な記事を書いてもらえること。第三は、記者を自分の足にすることができること。例えば、新政府の成立や内閣改造の場合、大物が表に立つのは目立ち過ぎるので、信頼のできる記者を連絡役に頼んだり、伝言してもらったりする。

このように、政治部記者は政界の取材相手と非常に密接な関係を保っているので、一般論だが彼らの視点にはそれぞれ傾向があって、その取材相手（担当）の政治主張を反映するものになると言える。したがって、新聞社や通信社の政治部は与党各派閥の見方が集約されたところにもなっている。

当時、次期首相が誰になるかについて記者達の意見は二つに分かれていた。一つは、福田赳夫、もう一つは田中角栄だった。

前者の意見を持つ人たちは、福田は佐藤栄作の支持を得ているし本人は東大卒で学歴が高く、佐藤が退陣した時には首相に最も近い職である外相を務めていたことを理由にそう考えた。しかし、福田赳夫が総理になると、「佐藤亜流」が必ず出現し日中関係に大きな変化はないだろう、というのも彼らの一般的な見方だった。

田中の勝利を主張した人は、田中は牛の行商人の父親を持ち本人もあまり教育を受けていないが、多くのゼネコン業者に支持され、しかも豊富な資金力と行動力を持っている。その田中なら変化する国際情勢にきっと適応でき、日中関係においても成果を上げるだろう、と言った。

佐藤退陣以前から、われわれは佐藤内閣はもう長くない、もう時間の問題だと予感した。ある日、国会衆議院に取材に行き、佐藤派の久野忠治《くのちゅうじ》氏に会った。

佐藤派の多くは中国に接近したくなかったようだが、中にはわれわれと仲の良い友人も何人かいた。久野忠治もその一人だった。彼は中国に好意を持ち、かつて数回中国を訪問し、われわれも時々議員会館にある彼の事務所を訪ねるなどして親しい間柄だった。別の用で議員会館に行ったついでに事前の約束なしに久野氏を訪ねたこともあるが、氏が部屋に居る時には必ず歓迎し、政局に関することを紹介してくれた。

あの日、われわれは久野氏の借りた委員長室で、氏と話し合った。氏は、佐藤派内の田中擁立グループは約八〇人になると分析し、確かな口調で次期総理は田中角栄であろうと言った。

佐藤派は当時の自民党内では最大派閥で一〇四人もいた。しかし、その佐藤派も一枚岩ではなかった。田中が佐藤派内で自分の勢力を築いていることをずっと前から聞いていたが、久野氏の話を聞いてそれは本当で、久野氏もグループの一人であることが分かった。これは、派閥内の多くの人が「身在曹営心在漢」（『三国志』に由来する表現。漢（劉備）の旧臣の徐庶がのちに曹操の陣営にあったときも心は漢にあったということ）、すなわち、籍は佐藤派においているが、心は田中に向いていたと言えよう。いったん田中がこの人たちを引き抜けば、たちまち自民党内の最大派別が誕生するだろう。

一九七二年五月九日の晩、自民党内で「元帥」と呼ばれていた木村武雄氏らが、東京のある料亭で、田中を擁立する「有志の会合」を行なった。今まで「地下活動」をしてきたこの集団は、この時から完全に公のものになった。事態は、久野氏の言ったように展開して来た。

総裁選の勝利を目指して、田中角栄は多数を獲得する活動を始めた。日本の政界は、中国戦国時代の言葉を借りて、田中の動きを「合従連衡」に喩えた。田中はまず大平派と連合し、さらに三木派を味方にして「三派連合」の形を整え、のちに、中曽根派も加えたのでとうとう四派連合となった。

最初の頃、中曽根康弘の態度は明確ではなかった。彼は自分が出馬し総裁選に参加するかどうか、田中を支持するかどうか決め兼ね、ただじっと情勢の変化を傍観していた。六月十九日になり、中曽根はようやく田中を支持することを表明した。

しかし、三派連合にせよ、四派連合にせよ、その中核は田中派と大平派の連合であり、目的は、当然福田赳夫の当選を阻止することにあった。

田中、大平、三木の三派は、派閥首脳会談を通じてある政策協定を作り出した。協定の序文には次のような内容が書かれた。

われわれはかつてない重大な歴史転換期に置かれている。これを乗り越えるために、われわれは時代遅れの政治及び行政の桎梏を脱し、国民の積極性を発揮させせなければならない。われわれは以下のことについて合意に達し、共同努力を通じてそれの実現を促成させることに決心した、と。

協議書は、国内政策、外交政策を含め五つに分かれ、第三点は「日中国交正常化はいまや国論であり、政府間交渉を通じて中国との平和条約の締結を図る」となっている。

「三派連合」が東京のあるホテルで公表され、私達も取材に行った。やがて、三大派閥のリーダーがステージに現われ、田中角栄が真中に坐るだろうと思ったところ、三木が遠慮するでもなく真中に腰を下ろした。その堂々ぶりに少々驚いたが、年齢順にしたがったのではないかと推測した。

「四派連合」が結成した後、「田中角栄を励ます会」が東京で開かれ、各勢力の代表が励ましの言葉を贈ったりして、田中の総裁選への勝利を祈った。いよいよ会議が終りに近づき、田中の第一秘書の早坂茂三がわれわれ中国特派員を田中氏に引き合わせた。上機嫌の田中氏は、われわれと握手を交わしながら「やア、やア」と繰り返した。

この時期、東京三番町にある三木武夫の事務所を訪問することもあった。三木氏は、好物の落花生をわれわれに勧めて、自身も食べながらインタビューを受けた。中日関係に関して、特に台湾問題の処理に関して意見を求めたが、氏は中日関係の全体状況を述べ、両国関係の改善を主張し正常化を実現すべきだと強調した。然るに、台湾問題に対してコメントはなかった。あの日の三木は、態度は友好的だったが実質的な問題には触れることがなかった。

「四派連合」の中で、キーマンの大平正芳は田中角栄と非常に親しく、こと中国問題について田中は絶対に大平の意見に従うと言われるほどの間柄だった。われわれはその大平に取材を申し出、虎ノ門近くの「自転車会館」の大平事務所でインタビューをした。台湾問題を如何に解決するかと訊いたところ、大平は少し考えてから慎重に「この問題はネゴシエーションを通じて解決できると信じています」と言った。具体的な答えではなかったので、同じ問題を繰り返して訊いたが、「先にも話したように、私はネゴシエーションを通じて解決できると信じます」と、全く同じことが言われた。特別なニュアンスをほのめかす意味もあってか、わざと外来語を選んだ点が印象的だった。

大平はすでに成算が出来ていて、真摯な交渉によって双方とも受け容れられる方法がきっと見つかり、台湾問題は正常化を妨害するものにはなり得ないと、われわれはこの取材を通じて感じ取った。

自民党は、七月初旬に臨時党大会を開き新総裁選を行なうと発表した。六月下旬になって、われわれは各方面からの情報をまとめて分析し、田中角栄当選の可能性が比較的大きいと判断した。当時、中国国内もこの問題に大いに関心を寄せ、いろいろなルートを通して情報収集をして、しかも既に初歩的な判断を下したと言われた。しかし、意見はやはり二つに分かれた。非公式にわれわれの耳に入ったこういった意見は、田中角栄だったり、福田赳夫だったりして、選挙に近づくに連れ、伝わってきた消息は福田に傾くようになった感じさえあった。

第一線の記者としてこのような時期こそ「観察歩哨」の役割を果たさなければならないと思った。そこで、われわれは集めていた情報や見解などを随時国内に報告した。後半になり、福田に勝算があるようになってきたと中国側が予測したにも関わらず、われわれはやはり田中角栄氏当選の可能性が極めて大きいと判断した。しかし、世の中に「万が一」というものがあって、のちに引けなくなるようなことを言ってはならないと思い、われわれは報告の最後に「福田当選の可能性を除外することもできない」との一句を加え、一応、「安全係数」の高い結論を出したのだった。

一九七二年七月五日、東京は暑かった。午前中、自民党の臨時大会の取材に、われわれは日比谷公会堂を訪れた。公会堂は満席となり、熱気が漂っているような雰囲気だった。

十時五十分、第一回の投票が始まった。立候補は田中角栄、福田赳夫、大平正芳、三木武夫の四人で、四七九人の選挙権を持つ代表が出席したので、過半数は二三九票であった。投票結果、田中角栄が一五六票、福田赳夫が一五〇票、大平正芳が一〇一票、三木武夫が六九票を獲得して、四人はすべて過半数を超えなかった。福田よりわずか六票多い田中だったが優勢はもう明らかになった。場内には拍手が沸き起こったが、喜び、驚き、失望、茫然の感情がこもった拍手だった。田中と福田はじっと椅子に座ったまま、表情に何の変化も見せなかった。

候補者全員過半数を超えなかったので、規定により上位の二名の間で「決選投票」が行なわれることとなった。結果は十二時三十四分に公表され、田中角栄が二八二票、福田赳夫が一九〇票、無効が四票だった。これは「四派連合」の約束通りに、大平、三木、中曽根ら三派の多数が田中を支持したことを表した。もちろん、福田を支持する人もいた。三木、中曽根両派の中で、福田に票を投じた人は四〇人もいた。

これで田中が自民党総裁となり日本の次期首相となることが動かぬ事実となった。場内には再び熱烈な拍手が響き渡った。田中角栄は立ちあがり、いつものように右手を上げ、そして深々と場内にお辞儀をしてから福田赳夫に手を差し伸べた。福田がどんな心境でいたのか察することは出来ないが、田中との祝賀の握手を交わさなければならなかった。田中角栄の表情は終始厳しかった。

それから、田中氏は短い辞を述べ各方面の応援と支持に感謝の意を表した。

## 周恩来のメッセージ

七月六日、第六九回臨時国会で首相選が行なわれ、田中角栄は内閣総理大臣に就任し、戦後一一人目の総理大臣となった。五十四歳だった。戦後の日本政治史の中で、田中の当選は全く目新しい現象だった。一九五五年に二つの保守政党が合併して以来十七年間、首相に選ばれた人間はほぼ全員が官僚出身だったが、今度の田中角栄はそれとは異なり、正真正銘の「庶民宰相」であった。

これだけ激しい競争を経てなぜ福田ではなく田中が当選したかについて、東京にいた私はある日本の友人からこのような分析を聞いた。

「日本の政局は時計の振り子みたいなものです。右に行ったら次は左に戻るのです。ずっと右にいられるわけがないのです。この現象は法則のようなものです。佐藤栄作が推し進めた政策は対中国政策も含めて、彼を袋小路に追い詰めた。国民が現状の改善を要求した結果、田中角栄が内外の情勢に応じて首相の座に登ったわけです」。

一九七二年七月七日の『朝日新聞』は社説でこう書いた。

長い間、国民の多くは、政治に変化を期待することの空しさを感じてきた。しかし、いま田中首相の登場を迎えて、変化への予感と期待がよみがえろうとしている。新首相が持つ、内外の情勢に敏感に反応する若さの可能性や、門閥や学閥と無縁の庶民的個性が、今度の新首相登場に、単なる政権担当者の交代にとどまらない政治一新の発芽を期待させるのであろう。

田中の第一秘書の早坂茂三は、『政治家田中角栄』の中でこう書いた。

世界的に大きな転換の時代を迎えようとしていた昭和四十七年という時点で、田中と福田がポスト佐藤を巡って、政権を競ったことは、政治心理学的にみて、きわめて興味深い現象であった。「田中」が民衆に育てられ、〃民〃を象徴する政治家であるのに対して、「福田」は一高、東大、大蔵省で育ち、いわば〃官〃を象徴する政治家であった。「田中」と「福田」の対立は、社会的深層部分において「民権派」と「国権派」の対立であった。この対立は古代の大和国家が成立して以来、繰り返されてきた日本における政治結構の宿命である。

古川万太郎氏は『日中関係史』の中で、一歩踏み込んで分析した。

田中勝利の背景にあったのは、一言で言えば、八年の長きにわたる佐藤・福田体制のもたらした、硬直した官僚政治への党内人心のうみづかれであろう。政局の大転換に直面し、自民党は、佐藤と同体質ともいえる福田よりも、非官僚派の実力者田中による局面の打開を選択した。田中の勝利は、田中・大平・三木三派の一致結束した「反福田連合」戦術の成功であったが、その戦術は、例えば国際情勢への対応を行き詰まらせた右傾路線への批判を盛り上げるのに効果的であった。大平、三木、中曽根三派の佐藤・福田批判の大合唱は、このような空気を党内に広く浸透させ、福田の不人気を増幅させたのである。したがって、田中氏の勝利は、田中個人の人心掌握力もさる事ながら、三派のこうした活動に負うところが極めて大きかったと言うべきであろう。むろん、この総裁選挙が、このようなきれいごとの政策論争や、政治姿勢を問う争いに終始したわけではなかった。激しい総裁選挙に付きものの「ポスト」や「金」が、田中、福田両陣営の間で入り乱れたことはいうまでもない。

田中がすぐ組閣に着手した。七日に第一次田中内閣が発足し、三木武夫が国務相になり、大平正芳は外相となった。

自民党総裁選後、われわれは取材の中心を、共同通信社の新聞記事とテレビニュースを通じて田中内閣の政策、とりわけ対中国政策を追跡することに移った。

七月五日、総裁選直後の記者会見で、田中は「戦後四分の一世紀の日中関係は、二千年の歴史から見れば、そのひとコマにすぎない。再び紛争を起こすことがないように、直面目な態度で正常化に取り組んでいく。これまでは一方通行で、中国に迷惑をかけている。しかし、正常化の機が熟してきていると思う」と語っている。七月六日夕方、首相就任後の田中が、演説を行ない再び中日関係に触れ、「中華人民共和国との国交正常化交渉を急ぎ、激動する世界情勢の中にあって平和外交を強力に推進して行く」と発言した。

さらに、大平外相の態度も目立っていた。外相就任直後の記者会見で、「内閣が発足したばかりで、今後の政治スケジュールは決まっていない」としながらも「国交正常化のために、首相または外相の訪中が、ある段階で必要と思う」と言い、台湾問題について、「日中国交正常化の交渉を進めていき、それが完結する状態になった時には、日台条約が存在するとは考えられないと思う」と言った。

新政権が対中外交において、佐藤政権のそれとどう違うかと質問されたところ、大平は「正常化のために決意をもって当たる。福田前外相の対中姿勢との違いはこれからよくみて欲しい。これまでの外交は、米国の出方を見て、それに同調していれば間違いはなかったが、これからは険しくても、自前の分別でやらねばならない」と答えた。

過去において、何事にも慎重すぎるほど慎重だった大平は、極めて積極的な姿勢を見せ世論の注意を引いた。

田中の首相就任演説も、田中・大平の記者会見での発言も、ともに日中関係正常化の早期実現を明確に宣言したのである。これは、戦後の日本内閣にして、初めての事である。

七月十日朝、事務所にいる私は、ある記事に目を引かれた。新華社の日本における原稿発行所、「中国通信社」からの記事であった。九日の夜、周恩来総理は北京人民大会堂で、イエメン人民民主共和国の代表団を歓迎する宴席で演説を行ない、田中内閣の発足に触れ、「長年に亙って中国敵視政策を取り続けて来た佐藤政権は、任期満了を待たずに下野した。田中内閣は七日に成立、外交に関し、中日国交正常化の早期実現を目指すことを明らかにしたが、これは歓迎に値する」と述べたという。

日本の新聞各紙は、周総理の発言を報道した。

イエメン政府代表団を歓迎することは、元々日本と直接関係はなかった。ところが、周総理はそれに際し速やかに田中内閣にメッセージを送った。その反応の鋭さは全く感心するもので、私は周総理のある言葉を思い出した。

「外交とは、戦機を絶対に逃がしてはならないものである。もし戦機を逸したら挽回のできない損失をこうむることもある」。

考えてみれば、周総理が田中内閣に見せた姿勢も彼の優れた外交戦術に違いないだろう。


（以下下巻）

## 著者紹介

劉 徳有（りゅう・とくゆう／Liu Deyou）

1931年大連生まれ。1952年より中国外文出版局勤務（日本向け総合誌『人民中国』翻訳・編集）。1964年から1978年東京駐在（『光明日報』記者、新華社記者・首席記者）。帰国後、中国外文出版局副局長、中華人民共和国文化部部長補佐、副部長（次官）を歴任、対外文化交流活動に従事。1984年から88年、中日友好21世紀委員会中国側委員。2000年春の叙勲で勲二等旭日重光章を授かる。現在、中国対外文化交流協会常務副会長、中華日本学会会長、北京大学客員教授、北京外国語大学客員教授、ほか多数。

主著に『在日本十五年』（邦訳『日本探索十五年』）『現代日語趣談』（邦訳『日本語の面白さ』）『戦後日語新探』（邦訳『日本語の旅』）『随郭沫若戦後訪日』（邦訳『郭沫若・日本の旅』）『心霊之約——我親歴的中日文化・学術交流』『旅懐吟箋——漢俳百首』等多数。中国語訳に芥川龍之介『芋粥』有吉佐和子『祈祷』大江健三郎『ふいの唖』尾崎一雄『虫のいろいろ』野間宏『残像』等。

## 訳者紹介

王 雅丹（おう・がたん／Wang Yadan）

中国北京化工学院（現北京化工大学）卒。1992年渡日。1999年横浜国立大学工学部生産工学科博士課程中退。現在、東南アジア文化友好協会評議員。中国語への翻訳に『現在、是我们贖罪的時候』（中国青年出版社、2000年、原書、加藤亮一著『今は、つぐないの時』）。


**時は流れて——日中関係秘史五十年（上）**

2002年7月30日　初版第1刷発行©
2002年11月30日　初版第2刷発行

著 者　劉　徳　有
訳 者　王　雅　丹
発行者　藤 原 良 雄
発行所　株式会社 藤 原 書 店
〒162-0041　東京都新宿区早稲田鶴巻町523
TEL　03（5272）0301
FAX　03（5272）0450
振替　00160-4-17013
印刷・製本　美研プリンティング





Printed in Japan
ISBN4-89434-296-0

Ⅵ 魂《こころ》の巻――水俣・アニミズム・エコロジー　　解説・中村桂子

*Minamata : An Approach to Animism and Ecology*

四六上製　544 頁　**4800 円**（1998 年 2 月刊）◇4-89434-094-1

水俣の衝撃が導いたアニミズムの世界観が、地域・種・性・世代を越えた共生の道を開く。最先端科学とアニミズムが手を結ぶ、鶴見思想の核心。

月報　石牟礼道子　土本典昭　羽田澄子　清成忠男

Ⅶ 華の巻――わが生き相《すがた》　　解説・岡部伊都子

*Autobiographical Sketches*

四六上製　528 頁　**6800 円**（1998 年 11 月刊）◇4-89434-114-X

きもの、おどり、短歌などの「道楽」が、生の根源で「学問」と結びつき、人生の最終局面で驚くべき開花をみせる。

月報　西川 潤　西山松之助　三輪公忠　高坂制立　林佳恵　C・F・ミュラー

Ⅷ 歌の巻――「虹」から「回生」へ　　解説・佐佐木幸綱

*Collected Poems*

四六上製　408 頁　**4800 円**（1997 年 10 月刊）◇4-89434-082-8

脳出血で倒れた夜、歌が迸り出た――自然と人間、死者と生者の境界線上にたち、新たに思想的飛躍を遂げた著者の全てが凝縮された珠玉の短歌集。

月報　大岡信　谷川健一　永畑道子　上田敏

Ⅸ 環の巻――内発的発展論によるパラダイム転換　　解説・川勝平太

*A Theory of Endogenous Development : Toward a Paradigm Change for the Future*

四六上製　592 頁　**6800 円**（1999 年 1 月刊）◇4-89434-121-2

学問的到達点「内発的発展論」と、南方熊楠の画期的読解による「南方曼陀羅」論とが遂に結合、「パラダイム転換」を目指す著者の全体像を描く。

〔附〕　年譜　全著作目録　総索引

月報　朱通華　平松守彦　石黒ひで　川田侃　綿貫礼子　鶴見俊輔

---

**人間・鶴見和子の魅力に迫る**

## 鶴見和子の世界

**R・P・ドーア、石牟礼道子、河合隼雄、中村桂子、鶴見俊輔ほか**

学問／道楽の壁を超え、国内はおろか国際的舞台でも出会う人すべてを魅了してきた鶴見和子の魅力とは何か。国内外の著名人六三人がその謎を描き出す珠玉の鶴見和子論。〈主な執筆者〉**赤坂憲雄、宮田登、川勝平太、堤清二、大岡信、澤地久枝、道浦母都子ほか。**

四六上製函入　三六八頁　**三八〇〇円**（一九九九年一〇月刊）◇4-89434-152-2

---

**『回生』に続く待望の第三歌集**

## 歌集 花道

**鶴見和子**

「短歌は究極の思想表現の方法である。」――脳出血で倒れ、半世紀ぶりに復活した歌を編んだ歌集『回生』から三年、きもの・おどりなど生涯を貫く文化的素養と、国境を超えて展開されてきた学問的蓄積が、リハビリテーション生活の中で見事に結合。

菊判上製　一三六頁　**二八〇〇円**（二〇〇〇年二月刊）◇4-89434-165-4

## 伝説の書、遂に公刊

# 歌集 回生

鶴見和子
序・佐佐木由幾

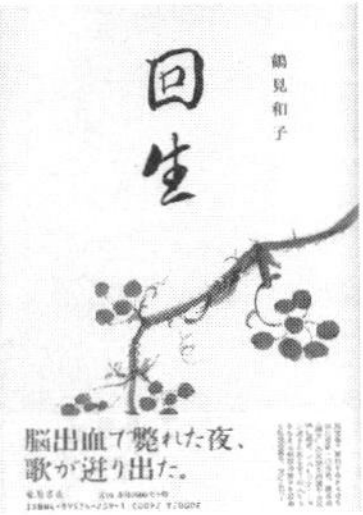


脳出血で斃れた夜から、半世紀ぶりに迸り出た短歌一四五首。著者の「回生」の足跡を内面から克明に描き、リハビリテーション途上にある全ての人に力を与える短歌の数々を収め、生命とは、ことばとは何かを深く問いかける伝説の書。

菊変型上製　一二〇頁　二〇〇〇円
（二〇〇一年六月刊）
◇4-89434-239-1

## 最新かつ最高の南方熊楠論

# 南方熊楠・萃点の思想

（未来のパラダイム転換に向けて）

鶴見和子　編集協力＝松居竜五

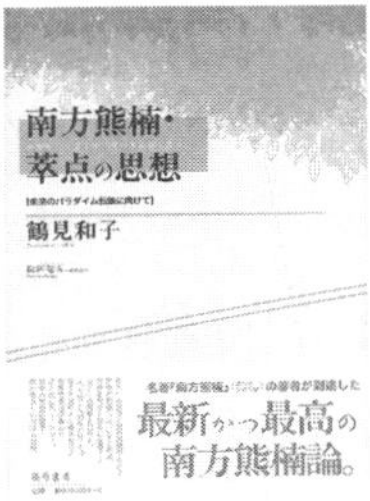


「内発性」と「脱中心性」との両立を追究する著者が、「南方曼陀羅」と自らの「内発的発展論」とを格闘させるために、熊楠思想の深奥から汲み出したエッセンスを凝縮。気鋭の研究者・松居竜五との対談収録。

A5上製　一九二頁　二八〇〇円
（二〇〇一年五月刊）
◇4-89434-231-6

## 映像で綴る鶴見和子のすべて

〈藤原映像ライブラリー〉

# 回生

（鶴見和子の遺言）

国際的社会学者にして思想家、鶴見和子の生涯と学問の宇宙を、初めて映像空間にて総合的に再現！

第1部　新しい思想――内発的発展論
第2部　わが生涯――学問と道楽

〔出演〕**鶴見和子**／森安由貴子／沢井余志郎／鶴見俊輔／武者小路公秀／三輪公忠／高野悦子／花柳乃布美／花柳恵太郎／大石芳野／上田敏／石牟礼道子（以上登場順）

**監督**　金大偉　**脚本**　能澤壽彦

カラー　一二八分　一八〇〇〇円
（二〇〇一年九月刊）
◇4-89434-246-4

## 思想の〝誕生〟の現場へ

# 鶴見和子◉対話まんだら

自らの存在の根源を見据えることから、社会を、人間を、知を、自然を生涯をかけて問い続けてきた鶴見和子が、自らの生の終着点を目前に、来るべき思想への渾身の一歩を踏み出すために本当に語るべきことを存分に語り合った、珠玉の対話集成。

**石牟礼道子**の巻　魂

## 言葉果つるところ

A5変判　予三二〇頁　予二二〇〇円
（二〇〇二年四月刊）

知 體 歌 命

**中村桂子**の巻
**佐佐木幸綱**の巻
**上田　敏**の巻
**武者小路公秀**の巻

（続刊）

A5変型判　並製
各二二〇〜三二〇頁
各二〇〇〇〜二二〇〇円＋税
隔月刊行予定

透谷没後百年記念出版

# 雙蝶

〔透谷の自殺〕

永畑道子

大ジャーナリスト徳富蘇峰の回想を通して、明治文学界の若き志士、北村透谷の実像に迫る。透谷を師と仰ぐ藤村。何が透谷を自殺に追い込んだか？作家永畑道子が、一〇年の取材をもとに一気に書き下した、通説を覆す迫真の歴史小説。

四六上製　二四四頁　一九四二円
（一九九四年五月刊）
◇4-938661-93-4

玄洋社の生みの親は女だった

# 凜　りん

〔近代日本の女魁・高場乱〕

永畑道子

舞台は幕末から明治。幼少より父から男として育てられた女医高場乱《おさむ》は、西郷の死を心から悼む。興志塾（のちの玄洋社）を開き、頭山満ら青春さ中の男たちに日本の進路を学問を通して吹き込む乱。近代日本の幕開けをリードした玄洋社がアジアに見たものは？

四六上製　二四八頁　二〇〇〇円
（一九九七年三月刊）
◇4-89434-063-1

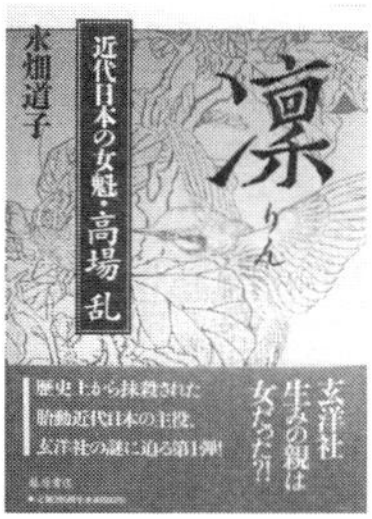


三井家を創ったのは女だった

# 三井家の女たち

〔殊法と鈍翁〕

永畑道子

三井家が商の道に踏みだした草創期に、夫・高俊を支え、三井の商家としての思想の根本を形づくった殊法、彼女の思想を忠実に受け継ぎ、江戸・明治から現代に至る激動の時代に三井を支えてきた女たち男たちの姿を描く。

四六上製　二一六頁　一八〇〇円
（一九九九年二月刊）
◇4-89434-124-7

日本女性史のバイブル

# 恋と革命の歴史

永畑道子

〝恋愛〟の視点からこの一五〇年の近代日本社会を鮮烈に描く。晶子と鉄幹／野枝と大杉／須磨子と抱月／スガと秋水／らいてうと博史／白蓮と竜介／時雨と於菟吉／秋子と武郎／ローザとヨギヘスほか、まっすぐに歴史を駆け抜けた女と男三百余名の情熱の群像。

四六上製　三六〇頁　二八〇〇円
（一九九七年九月刊）
◇4-89434-078-X

## 7　金融小説名篇集

吉田典子・宮下志朗 訳=解説
〈対談〉青木雄二×鹿島茂

ゴプセック――高利貸し観察記　*Gobseck*
ニュシンゲン銀行――偽装倒産物語　*La Maison Nucingen*
名うてのゴディサール――だまされたセールスマン　*L'Illustre Gaudissart*
骨董室――手形偽造物語　*Le Cabinet des antiques*

528頁　**3200円**（1999年11月刊）◇4-89434-155-7

高利貸しのゴプセック、銀行家ニュシンゲン、凄腕のセールスマン、ゴディサール。いずれ劣らぬ個性をもった「人間喜劇」の名脇役が主役となる三篇と、青年貴族が手形偽造で捕まるまでに破滅する「骨董室」を収めた作品集。「いまの時代は、日本の経済がバルザック的になってきたといえますね。」（青木雄二氏評）

## 8・9　娼婦の栄光と悲惨――悪党ヴォートラン最後の変身（2分冊）

*Splendeurs et misères des courtisanes*

飯島耕一 訳=解説
〈対談〉池内紀×山田登世子

⑧448頁 ⑨448頁　各**3200円**（2000年12月刊）⑧◇4-89434-208-1 ⑨◇4-89434-209-X

『幻滅』で出会った闇の人物ヴォートランと美貌の詩人リュシアン。彼らに襲いかかる最後の運命は？「社会の管理化が進むなか、消えていくものと生き残る者とがふるいにかけられ、ヒーローのありえた時代が終わりつつあることが、ここにはっきり描かれている。」（池内紀氏評）

## 10　あら皮――欲望の哲学

*La Peau de chagrin*

小倉孝誠 訳=解説
〈対談〉植島啓司×山田登世子

448頁　**3200円**（2000年3月刊）◇4-89434-170-0

絶望し、自殺まで考えた青年が手にした「あら皮」。それは、寿命と引き換えに願いを叶える魔法の皮であった。その後の青年はいかに？「外側から見ると欲望まるだしの人間が、内側から見ると全然違っている。それがバルザックの秘密だと思う。」（植島啓司氏評）

## 11・12　従妹《いとこ》ベット――好色一代記（2分冊）

*La Cousine Bette*

山田登世子 訳=解説
〈対談〉松浦寿輝×山田登世子

⑪352頁 ⑫352頁　各**3200円**（2001年7月刊）⑪◇4-89434-241-3 ⑫◇4-89434-242-1

美しい妻に愛されながらも、義理の従妹ベットと素人娼婦ヴァレリーに操られ、快楽を追い求め徹底的に堕ちていく放蕩貴族ユロの物語。「滑稽なまでの激しい情念が崇高なものに転じるさまが描かれている。」（松浦寿輝氏評）

## 13　従兄《いとこ》ポンス――収集家の悲劇

*Le Cousin Pons*

柏木隆雄 訳=解説
〈対談〉福田和也×鹿島茂

504頁　**3200円**（1999年9月刊）◇4-89434-146-8

骨董収集に没頭する、成功に無欲な老音楽家ポンスと友人シュムッケ。心優しい二人の友情と、ポンスの収集品を狙う貪欲な輩の蠢く資本主義社会の諸相を描いた、バルザック最晩年の作品。「小説の異常な情報量。今だったら、それだけで長篇を書けるような話が十もある。」（福田和也氏評）

## 別巻1　バルザック「人間喜劇」ハンドブック

大矢タカヤス 編
奥田恭士・片桐祐・佐野栄一・菅原珠子・山﨑朱美子=共同執筆

264頁　**3000円**（2000年5月刊）◇4-89434-180-8

「登場人物辞典」、「家系図」、「作品内年表」、「服飾解説」からなる、バルザック愛読者待望の本邦初オリジナルハンドブック。

## 別巻2　バルザック「人間喜劇」全作品あらすじ

大矢タカヤス 編　奥田恭士・片桐祐・佐野栄一=共同執筆

432頁　**3800円**（1999年5月刊）◇4-89434-135-2

思想的にも方法的にも相矛盾するほどの多彩な傾向をもった百篇近くの作品群からなる、広大な「人間喜劇」の世界を鳥瞰する画期的試み。コンパクトでありながら、あたかも作品を読み進んでいるかのような臨場感を味わえる。当時のイラストをふんだんに収め、詳しい「バルザック年譜」も附す。